国家精品课程"国际金融学"教材
普通高等教育"十一五"国家级规划教材
中国首届大学出版社图书奖
华东地区大学出版社第五届优秀教材奖
南京大学优秀教材一等奖

商学院
文库

国际金融学

（第五版）

裴 平 等 编著

扫码申请更多资源

南京大学出版社

图书在版编目(CIP)数据

国际金融学 / 裴平等编著. — 5 版. — 南京：南京大学出版社，2022.6(2025.7 重印)
ISBN 978 - 7 - 305 - 25468 - 0

Ⅰ. ①国… Ⅱ. ①裴… Ⅲ. ①国际金融学 Ⅳ.
①F831

中国版本图书馆 CIP 数据核字(2022)第 038971 号

出版发行　南京大学出版社
社　　址　南京市汉口路 22 号　　　邮　编　210093
书　　名　国际金融学
　　　　　　GUOJI JINRONGXUE
编　　著　裴　平　等
责任编辑　武　坦　　　　　　　　编辑热线　025 - 83592315
照　　排　南京南琳图文制作有限公司
印　　刷　常州市武进第三印刷有限公司
开　　本　787×1092　1/16　印张 19.5　字数 474 千
版　　次　2022 年 6 月第 5 版
印　　次　2025 年 7 月第 2 次印刷
ISBN 978 - 7 - 305 - 25468 - 0
定　　价　58.00 元

网址：http://www.njupco.com
官方微博：http://weibo.com/njupco
微信服务号：njuyuexue
销售咨询热线：(025) 83594756

Preface

The world is undergoing great changes that have not been seen in a century. The world economic center has shifted from the Atlantic Area to the Pacific Area which covers a wider range of region and involves a population of unprecedented size. The development and prosperity of the Asia Pacific economy is remarkable. The world political pattern has gradually evolved from Westernization to multi-polarization, the game between major powers has intensified, the influence of emerging economies has increased, and the international political order dominated by the United States is facing challenges. Breakthroughs have been made in the scientific and technological revolution. Advanced technologies such as new materials, bio-engineering and artificial intelligence have accelerated the transformation and upgrading of industrial structure. The world economic pattern is being adjusted and reshaped. At the same time, trade friction, financial crisis, rigional wars, global climate change, and COVID-19 are also hindering human civilization and progress.

In the great changes unseen in a century, great transformation and turbulence are bound to occur in the international financial field. They are not only the driving forces or an important outcome of the great changes unseen in a century, but also exert a far-reaching impact on the future of world development. Therefore, systematic study of international financial theory and knowledge, insights into the changes of the global financial market, and guidance of international financial practice with objective laws and scientific methods are of great significance to cultivate high-level financial talents and realize the great rejuvenation of the Chinese nation.

After returning from overseas study in 1987, Professor Pei Ping has been teaching the course of international finance in Nanjing University and has established a teaching team. In 1994, Professor Pei and others published the first edition of *International Finance*. In the following 20 years, the second, third and fourth edition of *International Finance* were published consecutively. The first to fourth editions of *International Finance* were selected as teaching materials by many universities or used for on-the-job training by many organizations, and won the first prize of excellent teaching materials of Nanjing University, excellent teaching materials of Jiangsu Province, excellent achievements of philosophy and social sciences of Jiangsu Province, the fifth excellent teaching materials award of University Press in East China, the first prize of best seller of China University Press Association, the first China University Press award, etc. It has also been included in the teaching materials of the National Excellent Course "International Finance" and the national planning teaching materials of the Eleventh Five Year Plan for general higher education. However, international finance textbooks must keep pace with the times. They should not only fully reflect the theoretical development and practical exploration in the field of international finance, but also focus on improving the teaching and scientific research level and talent training quality of international finance. Based on this guiding ideology and with unremitting efforts made by the authors, the fifth edition of *International Finance* is now presented to readers.

International finance is a subject that combines theory and practice to study the laws, channels and modes of turnover and circulation of international monetary capital.

International finance is a new independent discipline. The early research on international finance can be traced back to the rise of Western European cities and the development of market trade in the 13th century. It was not until the late 1960s that international finance was recognized as an independent discipline. Many experts and scholars believe that in the economic development stage from mercantilism to classical political economy, the research on international finance is mainly regarded as international trade theory and method or the extension of monetary and banking theory and methods. International finance itself has not formed a distinctive knowledge structure and theoretical system. After the outbreak of the world economic crisis in 1929, particularly right after the collapse of the international gold standard system in the 1930s, experts and scholars paid much more attention to the theoretical and practical issues of international finance with a lot of research devoted and even different schools formed then. An initial foundation of International Finance as an independent discipline was established at that time as well. After the Second World War, with the acceleration of the internationalization of production and capital, the scale of international capital flow has expanded rapidly, and has become an important force to promote global economic growth. In the late 1960s, experts and scholars from the United States, Britain, Japan and France published a large number of academic papers, works and textbooks on international finance theory and practice. Marked by the international finance monographs of American economists Whittaker and Henin, international finance stood out from international trade and monetary banking, becoming an independent discipline combining theory and practice. Different from international trade, which mainly studies the international circulation of goods, services and technology, international finance mainly studies international monetary payment and capital transfer; unlike monetary banking which mainly reveals the general laws of monetary capital movement in the fields of production, circulation and distribution; international finance mainly reveals the specific laws of the operation and interrelationship of international currency, capital and financial institutions. At the same time, as an important symbol of independent discipline, international finance also has its own professional terms, concepts, rules, knowledge structure and theoretical system.

In the field of international finance, relations between various factors are rather complicated and ever changing. People with different social and cultural background have different perspectives and understandings of international finance. Therefore, the research object of international finance is constantly changing and expanding. So far, there is no consensus on the research object of international finance. The author believes that the selection of research objects of international finance should be conducive to revealing the law of international monetary capital turnover and circulation, reflecting the important changes and innovations in the field of international finance, and guiding the international financial practice at a global level. Combined with the fundamental status-quo of the country and practical demand of talent training, the teaching and research contents in the fifth edition of *International Finance* mainly include: balance of international payments, foreign exchange and foreign exchange market, the determination and change of exchange rate, exchange rate policy, foreign exchange control, international capital flow, international monetary system, international reserves, national risks and financial crisis, European monetary integration, and China's foreign-related financial practice.

The long-standing centralized planning system and closed-door policy have seriously hindered the development of financial market and foreign-related financial activities. There is almost no space for the development of international finance in China. After 1978, with the deepening of reform and opening-up, China's financial market grew rapidly, foreign-related financial activities increased constantly in the meantime. Accordingly, Chinese experts and scholars pay more and more attention to the research of international finance and the cultivation of international financial talents. However, realistically speaking, many existing research results, particularly those teaching materials, are mainly limited to the comments and extension of international finance theory and practice of the west. The theory and practice of western international finance presupposes market economy, which is based on private ownership, but reflecting the general law of the operation of market economy to a great extent. China's development of a socialist market economy with public ownership as the main form requires the combination of the basic characteristics of the socialist system and the general laws of the operation of the market economy. Therefore, we should neither accept nor deny the theories and practices of western international finance, but adopt a scientific attitude to discard the dregs and take the essence for our own use. Marx made incisive comments on the early of the west international finance theory and practice, and had a huge plan to systematically study international finance. He paved the way for us to study international finance with a scientific world outlook and methodology. As latecomers, we ought to continue to move forward along the road paved by Marx. While referring to western international financial theory and practice, we should study international finance under socialist market economy and "write the paper on the land of the motherland", so as to make a positive contribution to the development of Chinese original international finance and the cultivation of high-level international financial talents.

In the process of writing the fifth edition of *International Finance*, the author further improved some contents in the fourth edition, supplemented cutting-edge theory and practice, and integrated many new insights. I hope that the fifth edition of *International Finance* can exhibit characteristics of inheritance and innovation to a greater extent.

1. Strengthen the logic of text structure. The contents involved in international finance are complex and constantly changing, and there is no consensus about the structure and theoretical system. Therefore, the structural arrangement of many treatises and teaching materials is rather chaotic, the contents of each chapter is often in lack of logical relations between the previous chapter and the next one. To avoid such problems, the author combs and compares the logical relations of classic works and teaching materials of international finance and teaching materials both at home and abroad, and believes that it is reasonable to arrange the contents of each chapter in sequence according to the starting point of international finance, from macro to micro, from a country's foreign financial relations to the global financial order. The specific method is: take the starting point of international financial activities-balance of international payments as the first chapter, gradually push forward to the chapters of foreign exchange and foreign exchange market, the determination and change of exchange rate, exchange rate policy, foreign exchange control, international capital flow, international monetary system, international reserves, international risks and financial crisis, and European monetary integration, and finally, comment on China's foreign-related financial practice. It is supposed that structural arrangement of such can improve rigorousness and cohesion of the logic of teaching materials.

2. Improve the theoretical and academic level. With the in-depth development of reform and opening-up, particularly after joining the World Trade Organization, China's foreign investment expanded, foreign exchange transactions increased, foreign financial institutions entered Chinse market, the domestic financial market grew rapidly, and China became more active in overseas investment and international financial services. Therefore, domestic institutions and residents have a deeper understanding of international finance and are no longer unfamiliar with international financial theories. In this context, superficial discussion on the knowledge and theory of international finance can neither meet people's thirst for knowledge of international finance, nor the requirements of further opening of China's financial market. Needless to say, it is not conducive to the cultivation of high-level international financial talents. To improve both theoretical and academic level of the fifth edition of *International Finance*, the author makes a theoretical analysis and conducts academic discussion on the most important parts in the textbook, such as balance of international payments, determination and change of exchange rate, exchange rate policy, international capital flow, national risk and financial crisis, international monetary system, European monetary integration, and RMB internationalization to enable readers to more acutely examine the international

monetary capital flow, and to accurately grasp the essence and law of the international monetary capital flow.

3. Emphasize scientific analytical methods. To study the theory and practice of international finance, we should take promoting the construction of a community with a shared future for humankind as our mission under the guidance of Marxist world outlook and methodology. Otherwise, we will miss the right direction of research and fall into the quagmire of vulgar economics. At the same time, both qualitative and quantitative analyses should be combined to utilize a more scientific and analytical framework. For a long time, domestic experts and scholars have paid more attention to qualitative analysis in international financial research, and been accustomed to literal description rather than quantitative analysis. In particular, there is a lack of clear and accurate description of the problems through geometric graphics, mathematical derivation, statistical description and empirical test. The lack of analytical methods contributes to the fact that the domestic research on international finance generally fall behind that of western countries such as the United States, Britain and Japan. Meanwhile, research results based on those methods have reduced values in application and operability. Marx once pointed out that only when a science successfully uses mathematics can it be truly developed and mature (Lafarge recalls Marx, P. 7). Marx successfully combined qualitative analysis with quantitative analysis, and accomplished the scientific masterpiece *Capital*. Modern economists of the west use mathematical methods in economic research in a proficient manner. Their exposition of international financial theory and practice is relatively concise and accurate, and many research results have high application value or operability. International finance can not be truly developed without "mathematical intervention". Therefore, in the fifth edition of *International Finance*, on the one hand, the author strengthened qualitative analysis; on the other hand, he also introduced more quantitative analysis such as geometric figures, statistical description, mathematical derivation and empirical test to make the analytical method used in a most scientific way.

4. Reflect the latest achievements in the field of international finance. After entering the 21st century, the field of international finance has become unprecedentedly active. Changes and innovations in balance of international payments regulation, foreign exchange transactions, exchange rate policy, innovation of financial instruments, international capital flows, investment and financing of multinational corporations, national risk management, financial crisis prevention, regional monetary integration, reform of the international monetary system, and financial deepening and opening-up in emerging countries take place one after another. Meanwhile, China's scale of foreign-related financial activities is expanding and international financial influence is deepening. In particular, the internationalization of RMB, the financial support of Belt and Road Initiative and the positive role played in the reform of the international financial system have obviously enhanced China's voice in international finance. All these not only greatly enrich the theory and practice of international finance, but also exert great

impact on the theoretical research and practical exploration of international finance in the future. To fully demonstrate the new achievements in the field of international finance, the author adds new theories and cases in the fifth edition of *International Finance*, and uses the latest versions of data and materials available.

5. Contact with China's foreign-related financial practice. The ultimate goal of studying international finance and cultivating international financial talents is to use correct theories to guide specific practice and provide strong support for the healthy and steady development of the national economy and the great rejuvenation of the Chinese nation. After decades of reform and opening-up, China's achievements in financial development and innovation have attracted worldwide attention, and have injected vitality into the international financial field. However, the overall level of China's financial development isn't in match with its international economic status as the world's largest import and export trading country, the second largest economy and the most important manufacturing center. The experience and lessons of China's financial development and innovation need to be summarized, and the problems in China's financial development need to be solved. For the healthy development of the national economy and the great rejuvenation of the Chinese nation, it is necessary to cultivate excellent talents who understand China's foreign-related finance and can solve the problems they face. Based on this, the author specially addressed and discussed China's foreign-related finance practice, especially China's relationship with major international financial institutions, China's use of foreign capital, China's support for The Belt and Road Initiative and RMB internationalization, etc.

Facing profound changes unseen in a century, we realize that the great rejuvenation of the Chinese nation is full of opportunities and challenges. In the field of international finance, China must enhance its overall financial strength and enhance its voice in international finance considering the fierce global competition. This requires strengthening the teaching and scientific research of international finance and cultivating a large number of excellent international financial talents. Although the author has made unremitting efforts, there will be some imperfections in the fifth edition of *International Finance* which needs to be further enriched and improved. The author sincerely expresses thanks for advice from the readers.

导　论

世界正处于百年未有之大变局。世界经济重心从大西洋向太平洋转移，其覆盖范围之广、涉及人口之多前所未有，亚太经济的发展与繁荣令人瞩目。世界政治格局从西方化逐步演化为多极化，大国间博弈不断加剧，新兴国家影响力增强，以美国为主导的国际政治秩序面临挑战。科技革命取得突破性进展，新材料、生物工程和人工智能等先进技术加快产业结构转型升级，国际经济格局正在调整与重塑。与此同时，贸易摩擦、金融危机、局部战争、全球气候变化，以及新冠疫情等也困扰着人类社会的文明与进步。

在百年未有之大变局中，国际金融领域势必发生巨大的变化与动荡，这不仅是百年未有之大变局的推动力或重要产物，而且也会对世界经济发展的未来产生深远影响。因此，系统学习国际金融理论和知识，洞察全球金融市场风云变幻，用客观规律和科学方法指导国际金融实践，对培养高层次金融人才和实现中华民族伟大复兴都具有重要意义。

1987年从海外学成归来后，裴平教授就一直在南京大学讲授国际金融学课程，并且组建了课程教学团队。1994年裴平教授等出版了《国际金融学》第一版，在随后的20多年里又连续出版了《国际金融学》第二版、第三版和第四版。虽然《国际金融学》第一至第四版被许多高校选为教材或被众多单位用于继续教育，而且获得了南京大学优秀教材一等奖、江苏省优秀教材奖、江苏省哲学社会科学优秀成果奖、华东地区大学出版社第五届优秀教材奖、中国大学出版社协会畅销书一等奖、中国首届大学出版社图书奖等，还被列入国家精品课程"国际金融"教材和普通高等教育"十一五"国家级规划教材，但国际金融学教材还必须与时俱进，既要充分反映国际金融领域的理论发展和实践探索，也要着眼于提高国际金融的教学科研水平和人才培养质量。基于这样的指导思想，经过编著者不懈努力，《国际金融学》第五版呈现在读者面前。

（一）

国际金融学是研究货币资本在国际间周转与流通的规律、渠道和方式的一门理论与实务相结合的学科。

国际金融学是一门新兴的独立学科。早期对国际金融的研究可追溯到13世纪西欧城市的兴起和集市贸易的发展。到20世纪60年代末，国际金融学才被公认为是一门独立的学科。许多专家学者认为，从重商主义到古典政治经济学的经济学发展阶段，有关国际金融的研究还主要表现为国际贸易理论与方法，或者货币银行理论与方法的拓展或延伸，国际金融学本身并没有形成特征鲜明的知识结构和理论体系。1929年世界经济危机爆发,特别是20世纪30年代国际金本位制度崩溃后,专家学者越来越关注国际金融的理论与实践问题,并对其做了大量研究,形成了不同学派,进而为国际金融学作为一门独立学科奠定了坚实基础。第二次世界大战后,随着生产与资本国际化进程加快,国际资本流动规模迅速扩大,且成为推动全球经济增长的重要力量。20世纪60年代末,美国、英国、日本和法国等国家的专家学者出版了大量国际金融理论与实务方面的论文、著作和教材,以美国经济学家惠特克和海宁的国际金融专著为标志,国际金融学从国际贸易学和货币银行学中脱颖而出,成为一门理论与实务相结合的独立学科。与主要研究国际间商品、劳务和技术流通的国际贸易学不同,国际金融学主要研究国际间的货币支付和资本转移;与主要揭示生产、流通和分配领域内货币资本运动一般规律的货币银行学不同,国际金融学主要揭示国际间货币、资本和金融机构运作及其相互联系的特殊规律。同时,作为独立学科的重要标志,国际金融学也有了自己的术语、概念、规则、知识结构和理论体系。

国际间货币资本周转与流通所涉及的事物纷繁复杂、千变万化,而且不同的社会制度和文化背景又使人们对国际金融领域中各种事物的观察角度和认识程度存在较大差异。因此,国际金融学的教学研究内容是在不断变化与丰富的,迄今尚未形成共识。编著者认为,国际金融学研究对象的选择应有利于揭示国际间货币资本周转与流通的规律,有利于反映国际金融领域出现的重要变化与创新,有利于指导各国乃至国际社会的国际金融实践。结合国际金融人才培养的基本国情和现实需要,《国际金融学》第五版涉及的教学研究内容主要包括国际收支、外汇与外汇市场、汇率决定与变动、汇率政策、外汇管制、国际储备、国际资本流动、国家风险与金融危机、国际货币体系、欧洲货币一体化,以及中国涉外金融实践等。

在较长时期,集中计划体制和闭关自守政策严重妨碍了金融市场发育和涉外金融活动开展,国际金融学在中国几乎没有发展的空间。1978年后,随着改革开放不断深入,中国的金融市场迅速成长,涉外金融活动日益增多。与此相适应,中国的专家学者也越来越重视国际金融的研究和国际金融人才的培养。但实事求是地说,现有的不少研究成果,特别是一些教材还主要局限于西方国际金融理论与实践的评述及其外延。西方国际金融的理论与实践立足于私有制为基础的市场经济,但它在很大程度上反映了市场经济运行的一般规律。中国发展以公有制为主体的社会主义市场经济,这就要求将社会主义制度的基本特征与市场经济运行的一般规律结合起来。因此,对西方国际金融的理论与实践既不能全盘接受,也不能全盘否定,而是要以科学的态度,去其糟粕、取其精华,为我所用。马克思生前对西方早期国际金融理论与实践做出过精辟的论述,也曾有过系统研究国际金融的庞大计划,他为我们开辟了用科学的世界观和方法论研究国际金融的道路。作为后来者,我们要沿着马克思开辟的道路继续前进,在借鉴西方国际金融理论与实践的同时,研究社会主义市场经济条件下的国际金融理论与实践,并且要"把论文写在祖国的大地上",为发展具有中国原创性的国际金融学和培养高水平的国际金融人才做出积极贡献。

<h2 style="text-align:center">(二)</h2>

在《国际金融学》第五版的写作过程中,编著者进一步完善了第四版中的部分内容,补充了接近理论与实践前沿的新内容,还融入了不少新的思考,希望《国际金融学》第五版更

富有传承与创新的基本特征。

1. 加强篇章结构逻辑性

国际金融学所涉及的内容复杂多变,且尚无形成共识的知识结构和理论体系。因此,不少论著和教材的结构安排比较零乱,各章内容之间往往缺乏承上启下、逐步推进的逻辑关系。为尽可能避免这样的问题,编著者对国内外具有代表性的国际金融论著和教材的逻辑关系做了梳理和比较,认为根据国际金融的起点,按照从宏观到微观,从一国对外金融关系到全球金融秩序的逻辑顺序,依次安排各章内容是比较合理的。其具体做法是:以国际金融活动的起点——国际收支为第一章,逐步向外汇与外汇市场、汇率决定与变动、汇率政策、外汇管制、国际储备、国际资本流动、国家风险与金融危机、国际货币体系、欧洲货币一体化各章推进,最后对中国涉外金融实践进行论述。这样的做法,能够使教材篇章结构的逻辑性得到加强。

2. 提高理论层次和学术水平

随着改革开放向纵深发展,特别是加入世界贸易组织后,中国的外来投资规模扩大、外汇交易增多、外资金融机构进入、国内金融市场迅速成长,同时中国也更多地进行海外投资和开展国际金融业务。中国机构与居民所掌握的国际金融知识越来越多,对一些国际金融理论也不再陌生。在这样的背景下,仅对国际金融的知识和理论做浮光掠影或隔靴搔痒式的论述,已不能满足人们对国际金融的求知欲和中国金融市场进一步开放的要求,也不利于培养高水平的国际金融人才。为提高《国际金融学》第五版的理论层次和学术水平,编著者对教材中比较重要的内容,如国际收支、汇率决定与变动、汇率政策、国际资本流动、国家风险与金融危机、国际货币体系、欧洲货币一体化,以及人民币国际化等做了比较深入的理论分析,力求使读者能够更加敏锐地审视国际间的货币资本流动,并且能够比较准确地把握国际间货币资本流动的本质和规律。

3. 讲求分析方法的科学性

研究国际金融理论与实践,要以推动人类命运共同体建设为使命,坚持马克思主义的世界观和方法论,不然的话,就会迷失正确的研究方向,陷入庸俗经济学的泥潭;同时,还要把定性分析和定量分析相结合,讲求分析方法的科学性。长期以来,国内专家学者在国际金融研究中比较偏重于定性分析,习惯于文字性描述,不够重视定量分析,特别是通过几何图形、数学推导、统计描述和实证检验对所研究的问题进行清晰而准确的刻画。分析方法方面的不足导致国内对国际金融所做的研究未能达到国际先进水平,而且分析方法方面的不足也使不少研究成果缺乏应用价值或可操作性。马克思曾指出,一门科学只有在成功地运用数学时,才算真正发展,走向成熟(拉法格《回忆马克思》第7页)。马克思成功地把定性分析与定量分析结合起来,写出了科学巨著《资本论》。国际金融学没有"数学介入"就不能得到真正发展。因此,在《国际金融学》第五版中,编著者一方面强化了定性分析的力度,另一方面也较多地引入了几何图形、统计描述、数学推导和实证检验等定量分析,尽可能地使分析方法更加科学。

4. 反映国际金融领域新成果

进入21世纪后,国际金融领域空前活跃,在国际收支调节、外汇交易、汇率政策、金融工具创新、国际资本流动、跨国公司投融资、国家风险管理、金融危机防范、区域货币一体化、国际货币体系改革,以及新兴国家金融深化与开放等方面的变化与创新层出不穷。与此同时,作为世界第二大经济体,中国的涉外金融规模和国际金融影响力越来越大,特别是人民币国际化、"一带一路"金融支持,以及在国际金融体系改革中发挥积极作用等都明显提升了中国的国际金融话语权。所有这些不仅极大地丰富了国际金融的理论与实践,而且还会对未来国际金融的理论研究和实践探索产生巨大影响。为充分反映国际金融领域的新成果,编著者在《国际金融学》第五版中增加了新的理论和案例,也尽可能地选取新的数据和资料。

5. 联系中国涉外金融实践

研究国际金融,培养国际金融人才,归根到底就是要用正确理论指导具体实践,为国民经济健康发展和实现中华民族伟大复兴提供强有力的支持。经过数十年改革开放,中国的金融发展与创新取得了巨大成就,也为国际金融领域注入了活力。但是,中国金融发展的总体水平还不能与中国作为世界第一大进出口贸易国、第二大经济体和最重要制造业中心的国际地位相匹配。中国金融发展与创新的经验教训需要总结,中国金融发展中的问题需要解决,国民经济健康发展和实现中华民族伟大复兴更需要培养了解中国涉外金融,并且能够解决所面临问题的优秀人才。出于这样的认识,编著者在《国际金融学》第五版中对中国涉外金融实践,特别是对中国与主要国际金融机构的关系、中国利用外资与对外直接投资、中国对"一带一路"建设的金融支持,以及人民币国际化等做了专门的论述与探讨。

(三)

除导论外,《国际金融学》第五版共分为11章,各章的先后顺序及其主要内容如下:

第一章,国际收支。国际收支是国家之间经济交往的账面价值表现,国际收支平衡是一国宏观经济调控的重要目标。本章论述了国际收支内涵、国际收支平衡表及其编制方法、国际收支差额、国际收支失衡、国际收支调节,以及国际收支的主要理论。

第二章,外汇与外汇市场。外汇是指以外国货币表示的,可用于国际债权债务清算的支付手段,汇率则是指一种货币与另一种货币的交换比率。本章论述了外汇的概念与分类、汇率的概念与分类、汇率的标价方法、外汇市场的功能与参与主体,以及当代外汇市场的主要交易方式。

第三章,汇率决定与变动。汇率是一种货币与另一种货币之间的交换比率,其本质是两种货币各自所代表的价值量之比。本章论述了不同汇率制度下的汇率决定、影响市场汇率变化的主要因素、汇率变化对社会经济发展产生的影响,以及重要的汇率理论。

第四章,汇率政策。汇率政策是指政府在一定时期内,为实现宏观经济政策目标而对汇率变动施加影响的制度性安排与具体措施。本章论述了汇率政策及其传导机制、汇率制度选择、汇率水平管理、政府对外汇市场的干预,以及汇率政策与其他经济政策的配合等。

第五章,外汇管制。外汇管制是指一国政府为平衡国际收支、维持汇率稳定以及实现其他政治经济目的,通过调整交易规则和交易条件,直接控制外汇的交易数量和汇率水平,并对境内和其他管辖范围内外汇交易实行的限制。本章论述了外汇管制的概念与目的、外汇管制的类型、外汇管制的作用与影响、外汇管制的主要措施、货币自由兑换,以及中国现行外汇管理体系等。

第六章,国际储备。国际储备是指在对外收支发生逆差时,一国可以直接利用或有保证地通过其他资产兑换,以弥补国际收支逆差和保持汇率稳定的一切普遍被接受的资产。本章论述了国际储备的概念与特征、国际储备的构成与作用、国际储备的供给与需求,以及国际储备的管理等。

第七章,国际资本流动。国际资本流动是指资本从一个国家或地区,转移到另一个国家和地区。本章论述了国际资本流动的概念与类型、当代国际资本流动的特征与影响、跨国公司投融资管理,以及国际资本流动的主要理论等。

第八章,国家风险与金融危机。国家风险是指跨越国境,从事信贷、投资和金融交易所可能蒙受损失的风险。金融危机是金融风险积聚到一定程度后的总爆发,集中表现为全部或大部分金融指标急剧和超周期的恶化,并且已对社会经济发展造成了灾难性影响。本章论述了国家风险的概念与分类、国家风险评估、国家风险防范、金融风险与金融危机、当代金融危机,以及金融危机的主要理论等。

第九章,国际货币体系。国际货币体系是指在国际经济关系中,对货币在国际间发挥国际货币职能及其他有关国际货币问题所制定的原则、法规和所建立相关组织机构的总称。本章论述了国际货币体系的内涵与演进、国际金本位制、布雷顿森林体系,以及牙买加体系及其改革等。

第十章,欧洲货币一体化。欧洲货币一体化主要是指欧洲经济共同体成员国在货币金融领域紧密合作与协调,最终建立起统一的货币体系。本章论述了欧洲货币一体化的历史渊源、欧洲货币联盟、欧元启动及其经济影响、欧洲主权债务危机,以及最优货币区的主要理论等。

第十一章,中国涉外金融。随着经济改革开放的扩大与深入,中国的涉外金融活动越来越频繁,其影响力也越来越大。本章论述了中国与主要国际金融机构的关系、中国利用外资与对外直接投资、中国对“一带一路”建设的金融支持,以及人民币国际化等。

为读者更好地掌握《国际金融学》第五版中的理论与知识,编著者对各章内容进行了小结,并且还列出了复习思考题。

面对百年未有之大变局,实现中华民族伟大复兴充满着机遇和挑战。在国际金融领域,中国必须在激烈的国际竞争中增强整体金融实力和提升国际金融话语权,这就需要加强国际金融的教学科研,培养出一大批优秀国际金融人才。尽管编著者做出了不懈努力,但《国际金融学》第五版中还会存在这样或那样的不足,还需要进一步充实与完善。为此,编著者欢迎专家学者和广大读者的批评指正。

目 录

第一章　国际收支   1

 第一节　国际收支及其平衡表 …………………………… 1

 第二节　国际收支失衡与调节 …………………………… 7

 第三节　国际收支理论 ……………………………………… 15

 本章小结 ……………………………………………………… 28

 复习思考题 …………………………………………………… 29

第二章　外汇与外汇市场   30

 第一节　外汇与汇率 ………………………………………… 30

 第二节　外汇市场 …………………………………………… 36

 第三节　外汇交易 …………………………………………… 41

 本章小结 ……………………………………………………… 49

 复习思考题 …………………………………………………… 49

第三章　汇率决定与变动   50

 第一节　汇率决定 …………………………………………… 50

 第二节　汇率变动 …………………………………………… 55

 第三节　汇率决定与变动理论 ……………………………… 65

 本章小结 ……………………………………………………… 78

 复习思考题 …………………………………………………… 79

第四章　汇率政策   80

 第一节　汇率政策及其传导机制 …………………………… 80

第二节 汇率制度及其选择 ……………………………………… 87

第三节 汇率水平管理 ……………………………………… 93

第四节 政府对汇率变化的干预 ……………………………………… 96

第五节 汇率政策与其他经济政策的配合 ……………………………… 100

本章小结 ……………………………………… 114

复习思考题 ……………………………………… 115

第五章 外汇管制 116

第一节 外汇管制概述 ……………………………………… 116

第二节 外汇管制主要措施 ……………………………………… 121

第三节 货币自由兑换 ……………………………………… 126

本章小结 ……………………………………… 131

复习思考题 ……………………………………… 132

第六章 国际储备 133

第一节 国际储备概述 ……………………………………… 133

第二节 国际储备的供给与需求 ……………………………… 137

第三节 国际储备管理 ……………………………………… 140

本章小结 ……………………………………… 148

复习思考题 ……………………………………… 149

第七章 国际资本流动 150

第一节 国际资本流动概述 ……………………………………… 150

第二节 当代国际资本流动的特征与影响 ……………………… 156

第三节 跨国公司投融资管理 ……………………………… 163

第四节 国际资本流动理论 ……………………………… 174

本章小结 ……………………………………… 186

复习思考题 ……………………………………… 186

第八章　国家风险与金融危机 188

第一节　国家风险概述 188

第二节　国家风险评估 192

第三节　国家风险防范 201

第四节　金融危机 205

第五节　金融危机理论 212

本章小结 222

复习思考题 222

第九章　国际货币体系 224

第一节　国际货币体系概述 224

第二节　国际金本位制 226

第三节　布雷顿森林体系 229

第四节　牙买加体系及国际货币体系改革 233

本章小结 239

复习思考题 239

第十章　欧洲货币一体化 240

第一节　欧洲货币一体化概述 240

第二节　欧元启动的经济影响 245

第三节　欧洲主权债务危机及其应对 247

第四节　最优货币区理论 252

本章小结 257

复习思考题 257

第十一章　中国涉外金融 258

第一节　中国与主要国际金融机构的关系 258

第二节　中国利用外资与对外直接投资 267

第三节 中国对"一带一路"建设的金融支持 …………………… 276

第四节 人民币国际化 ………………………………………… 282

本章小结 …………………………………………………………… 288

复习思考题 ………………………………………………………… 289

主要参考文献 …………………………………………………… 290

后　记 …………………………………………………………… 293

第一章　国际收支

国际收支是国家之间经济交往的账面表现,国际收支平衡是一国要实现的外部平衡目标。因此,国际收支是研究一国开放条件下所面临经济问题的切入点,也是国际金融学的研究起点和基础。本章将首先介绍国际收支的概念及国际收支平衡表,然后阐述国际收支失衡及其调节机制和措施,最后系统探讨关于国际收支的主要理论。

第一节　国际收支及其平衡表

国际收支问题是一个非常复杂的问题,对其全面分析研究的前提在于建立起关于国际收支的基础分析框架,即准确界定国际收支的基本概念与内涵,以及设计统计报表对国际收支进行系统记录和描述。

一、国际收支的概念

"国际收支"(Balance of Payments)的概念是随着国际经济交易范围的不断扩大而不断发展演变的。在 17 世纪初以后的很长一段时间内,它只是被简单地理解为一国的贸易收支,而且仅仅是指货物贸易收支,这是国际收支概念的萌芽时期。第一次世界大战以后,国际经济交易的内容和范围不断扩大,尤其是 20 世纪 20 年代之后,国际资本流动在国际经济中扮演着越来越重要的角色,贸易收支已不能涵盖国际经济交易的全部内容,此时的国际收支指的是一国在一定时期内外汇收支的总和,它包括所有涉及外汇收支的国际经济交易,如国际贸易、国际资本借贷等,这是狭义的国际收支概念。第二次世界大战以后,国际经济交易的内涵和外延又有了新的发展,狭义的国际收支概念已不能准确、客观地反映实际情况,因为它不能反映易货贸易、补偿贸易和无偿援助等一系列不涉及外汇收支的国际经济交易,由此国际收支的概念得到了进一步的扩展,它不再以外汇收支作为基础,而是以国际经济交易作为基础,这就是我们现在所使用的广义的国际收支概念。

经过长期的演化与发展,人们对国际收支的基本概念已达成共识,根据国际货币基金组织(International Monetary Fund, IMF)在最新版本的《国际收支和国际投资头寸手册》(第六版)中的说明,国际收支是某个时期内居民与非居民之间的交易汇总统计表,被定义为一国在一定时期内(通常为一年)居民与非居民之间进行的全部经济交易的系统的货币记录。国际收支概念的内涵非常丰富,应从以下三方面加以理解:

第一,国际收支记录的内容是一国居民与非居民之间进行的国际经济交易。居民是经济概念,是指在一国经济领土内具有经济利益的经济单位。一国的经济领土,不仅包括一国政府所管辖的地理领土,还包括该国天空、水域和临近水域下的大陆架,以及该国在世界其他地方的飞地。对于一个国家来说,居民主要包括自然人、法人和政府机构三类。自然人的判断依据是其居住地点和居住时间,无论一个自然人国籍如何,只要在一个国家居住时间长达一年以上就是该国的居民。据此,移民被认为属于其工作所在国的居民,即使其仍保留着出生国的国籍;在一国居住时间一年以上的留学生、旅客也属于所在国的居民;但是官方外交使节、驻外军事人员等被认为属于派出国的居民,是其工作所在国的非居民。法人包括企业和非营利机构,法人在哪个国家注册成立就是该国的居民,据此跨国公司的母公司和子公司分别属于所在国的居民,它们之间的经济交易应该记入国际收支。对于政府机构而言,一国其境内各级政府机构以及设在境外的使领馆、军事机构均是该国居民,凡是设在该国的外国使领馆和国际组织机构都是该国的非居民。联合国、世界银行以及国际货币基金组织等国际组织则是任何国家的非居民。

第二,国际收支不以货币支付为基础,而是以国际经济交易为基础的系统的货币记录。所谓交易主要包括四种类型:① 交换,即一个经济体向另外一个经济体提供一宗经济价值(包括实际资源或金融资产)并从对方得到价值相等的回报。② 转移,即指一个经济体向另外一个经济体提供了经济价值,但是并没有获得任何的回报或补偿。③ 移居,即一个人把住所从一个经济体搬迁到另一个经济体的行为。移居导致该个人原有的资产负债关系发生了转移,进而使得两个经济体的对外资产和负债关系也相应发生了变化,这一变化应记录在国际收支中。④ 其他根据推论而存在的交易。在一些情况下虽然没有发生实际资源或金融资产的流动,但可以根据推论确定交易的存在,这部分交易也需要记录在国际收支中。比如国际直接投资者利用海外子公司收益进行再投资,尽管没有涉及两国之间的资金和服务的实际流动,但也要在国际收支中反映出来。

第三,国际收支是一个流量概念,是对一定时期内(通常为一年)国际经济交易进行的记录和汇总。与国际收支密切相关的是国际投资头寸(International Investment Position)。国际投资头寸是指某个时点上一个经济体的对外金融资产和负债的余额状况,是一个存量概念。国际投资头寸的变动主要是由一定时期内国际收支中的各种经济交易所引起,也可能是由价格变化、汇率变化和其他调整引起的,但是这些变化和调整并不反映在国际收支中。国际收支的范围大于国际投资头寸,比如国际经济交易中的对外捐赠、侨民汇款和战争赔款等无偿交易均属于国际收支范畴,但它们并不反映在国际投资头寸中。

二、国际收支平衡表

为了及时、准确地分析和掌握对外经济状况,一国需要将其居民与非居民之间所发生的国际经济交易进行收集和整理,编制国际收支平衡表。国际收支平衡表是一国根据复式簿记原理和特定账户分类编制出来的一种统计报表,它系统记录了一国在一定时期内的全部国际经济交易,集中反映了一国国际收支的具体构成和总体状况。为了便于成员国编制平衡表,并使各国的平衡表具有可比性,国际货币基金组织从1948年开始陆续出版《国际收支手册》,最新的版本是2009年出版的《国际收支和国际投资头寸手册》(第六版),对编制平衡表所采用的概念、准则、惯例、分类方法以及标准构成都做了统一规定或说明。本书按照最新版本的《国际收支和国际投资头寸手册》(第六版)介绍国际收支平衡表的基本内容。

(一) 经常账户(Current Account)

经常账户是国际收支平衡表中最基本和最重要的账户,反映了一个国家与其他国家之间实际资源的流动状况,由货物和服务、初次收入和二次收入三个项目构成。

1. 货物和服务(Goods and Services)

货物即有形贸易,记录一国商品的进出口,划分为国际收支口径的一般商品、转手买卖下的货物净出口和非货币黄金三项。货物的进出口一般都按离岸价(FOB)计价,当货物的所有权在居民与非居民之间发生转移时记录下来。

服务即无形贸易,记录一国服务的输出入,主要包括对他人拥有的实物投入的制造服务(加工服务)、别处未涵盖的维护和维修服务、运输、旅行、建设、保险和养老金服务、金融服务等。

2. 初次收入(Primary Income)

初次收入账户记录的是居民与非居民机构单位之间的初次收入流量,反映的是机构单位因其对生产过程所做的贡献或向其他机构单位提供金融资产和出租自然资源而获得的回报,包括雇员报酬、投资收益和其他初次收入(如生产税、进口税、补贴和租金)等。

3. 二次收入(Secondary Income)

二次收入账户记录居民与非居民之间的经常转移。转移是指一个机构单位向另一个机构单位提供了货物、服务、金融资产或其他非生产资产而没有获得相应的经济回报,包括经常转移和资本转移,其中经常转移包括资本转移以外的所有其他类型转移,比如政府间经济军事援助、战争赔款、捐款及民间侨民汇款等。

(二) 资本账户(Capital Account)

资本账户记录的是:① 居民与非居民之间的应收和应付资本转移;② 居民与非居民之间非生产非金融资产的取得和处置。

资本转移是资产(非现金或存货)的所有权从一方向另一方变化的转移;或者是使一方或双方获得或处置资产(非现金或存货)的转移;或者为债权人减免负债的转移。资本转移包含三项:① 固定资产所有权的转移;② 与固定资产收买或放弃相联系的或以其为条件的资产转移;③ 债权人不索取任何回报而取消的债务。

非生产非金融资产的取得和处置是指自然资源、契约、租约和许可以及营销资产的交易。其中,自然资源包括土地、矿产权、林业权、水资源、渔业权、大气空间和电磁光谱;契约、租约和许可包括确认为经济资产的契约、租约和许可,这些资产为社会和其法律体系所创建,有时称为无形资产,比如专利、版权及经销权等;营销资产包括品牌、报刊名称、商标、标志和域名等。

(三) 金融账户(Financial Account)

金融账户记录的是居民与非居民之间的金融资产与负债交易,金融账户采用净额记录,包括直接投资、证券投资、金融衍生产品(储备除外)和雇员认股权、其他投资和储备资产五类。

(1) 直接投资。直接投资是跨境投资的一种,是指一个经济体的居民通过投资对另一个经济体的居民企业实施管理上的控制或重要影响。直接投资包括收益再投资、合并与收购、公司调换和其他公司重组、附加股息等。

(2) 证券投资。证券投资是指没有被列入直接投资或储备资产的,有关债务或股本证券的跨境交易和头寸,包括投资基金收益再投资、可转换债券、股票和债务回购、红利股等。

(3) 金融衍生产品(储备除外)和雇员认股权。金融衍生产品是一种金融工具,该金融工具与另一个特定的金融工具、指标或商品挂钩,通过这种挂钩,可以在金融市场上对特定金融风险本身(如利率风险、外汇风险、股权和商品价格风险、信用风险等)进行交易。雇员认股权作为一种报酬形式,是向公司雇员提供的一种购买公司股权的期权。

(4) 其他投资。其他投资是指没有被列入直接投资、证券投资、金融衍生产品和雇员认股权以及储备资产的金融交易,包括贸易信贷和预付款、贷款、货币和存款,以及其他应收应付款等。

(5) 储备资产。储备资产是一国货币当局拥有的对外资产,包括货币黄金、外汇资产、特别提款权,以及在国际货币基金组织的储备头寸等。

(四) 误差与遗漏净额(Net Errors and Omissions)

国际收支平衡表采用复式记账法,每笔交易都由两笔价值相等的账目表示并分别记录在借方和贷方,原则上表中的借方总额和贷方总额应该相等,借贷双方的净差额应该为零。但在实际编制时,由于统计数据来源多样、有些交易难以全面记录、统计时间和计价标准不一致、统计数据的真实性和准确性存在一定问题等原因,当把所有的账目加总之后会造成国际收支平衡表中出现净借方或贷方余额。因此,国际收支平衡表中单独设立了一个平衡账户,即误差与遗漏净额账户(见表1-1),其数额与该余额相等但方向相反,从而与之抵消。一般来说,如果出现借方余额,误差与遗漏净额这一项放在贷方,反之则放在借方。

表1-1 国际收支平衡表示例

	贷 方	借 方
(一) 经常账户		
1. 货物和服务		
(1) 货物		
(2) 服务		
2. 初次收入		
3. 二次收入		

续　表

	贷　方	借　方

（二）资本账户
　　1. 资本转移
　　2. 非生产非金融资产的取得或处置
（三）金融账户
　　1. 直接投资
　　2. 证券投资
　　3. 金融衍生产品和雇员认股权
　　4. 其他投资
　　5. 储备资产
（四）误差与遗漏净额账户

三、国际收支平衡表的编制方法

国际收支交易可划分为贷方交易和借方交易，其中贷方交易是指收到外国支付的交易，包括货物和服务的出口、从国外获得的初次收入和二次收入以及资本流入；借方交易是指向外国做出支付的交易，包括货物和服务的进口、向国外提供的初次收入和二次收入以及资本流出。

所有的国际收支交易，都可以运用"有借必有贷、借贷必相等"的复式簿记原则，以相同的金额分别记入国际收支平衡表的借方和贷方。所以，借贷方总额必定相等，即国际收支平衡表的差额为零。

在实际编制国际收支平衡表时，遵从的编制原则有：① 采用国际上通行的复式簿记法来记录各项经济交易，每一笔国际交易都要分别记录在借方和贷方。② 所有收入项目或本国负债增加、在国外资产减少的项目都列为贷方，称为正号项目。③ 所有支出项目或本国负债减少、在国外资产增加的项目都列为借方，称为负号项目。④ 原则上，贷方项目总额最后必须与借方项目总额一致，即国际收支平衡表中所有记录的净差额应该等于零。

国际收支平衡表的编制方法可以概括为：① 凡是引起本国从外国获得（实际或未来）货币收入的经济交易都记入贷方分录，凡是导致本国向外国支付（实际或未来）货币的经济交易都记入借方分录。② 凡是引起外汇供给的交易都记入贷方分录，凡是引起外汇需求的交易都记入借方分录。③ 金融账户的各个科目通常不是按照借方和贷方的发生总额来记录的，而是按借贷方净额来记录的。④ 无偿转移并没有对应的经济补偿，因此必须借助无偿转移账户来创造一个平衡分录。⑤ 官方储备的增加额记入借方，官方储备的减少额记入贷方。国际收支平衡表采纳的是所有权变更原则，即以所有权变更的时间作为交易各方记录这笔交易的时间。

下面以 A 国为例，说明国际收支平衡表的复式簿记方法。

【例 1−1】　A 国一家公司向 B 国出口 8 000 000 美元的商品，B 国进口商用他在 A 国银行的存款支付货款。这笔交易记为：

借：对外国私人短期负债　　　　　　　　　8 000 000
　　贷：商品出口　　　　　　　　　　　　　　　8 000 000

【例 1-2】 A国一位居民到国外接受教育培训花费 300 000 美元,此费用从该居民的海外存款账户中扣除。这笔交易记为:

借:服务进口   300 000
 贷:对外国私人短期资产   300 000

【例 1-3】 A国政府向国外提供无偿援助,其中动用官方储备 700 000 美元,另提供价值 800 000 美元的物资援助。这笔交易记为:

借:二次收入   1 500 000
 贷:官方储备   700 000
   商品出口   800 000

【例 1-4】 A国一家公司动用海外存款 2 000 000 美元,购买国外某公司的可转换债券。这笔交易记为:

借:证券投资   2 000 000
 贷:对外国私人短期资产   2 000 000

【例 1-5】 外商以 1 800 000 美元的设备投资 A 国,办合资企业。这笔交易记为:

借:商品进口   1 800 000
 贷:外国对本国的直接投资   1 800 000

【例 1-6】 A国一家公司在国外投资获得利润 2 000 000 美元,其中 800 000 美元在当地进行再投资,700 000 美元购买当地商品运回国内,500 000 美元结售给政府换成本币。这笔交易记为:

借:商品进口   700 000
  官方储备   500 000
  对外直接投资   800 000
 贷:投资收益   2 000 000

上述各笔交易汇总,可编制成国际收支账户,如表 1-2 所示。

表 1-2 A国国际收支平衡表   单位:万美元

项　目	借　方	贷　方	差　额
货物	(5)180+(6)70	(1)800+(3)80	630
服务	(2)30		-30
初次收入		(6)200	200
二次收入	(3)150		-150
经常账户合计	430	1 080	650
直接投资	(6)80	(5)180	100
证券投资	(4)200		-200
其他投资	(1)800	(2)30+(4)200	-570
储备资产	(6)50	(3)70	20
资本和金融账户合计	1 130	480	-650
总计	1 560	1 560	0

第二节　国际收支失衡与调节

一、国际收支失衡的判断

国际收支平衡表中的经济交易是按照复式簿记原理来记录的,所有经济交易记录后借方总额和贷方总额应该是相等的,借贷双方净差额为零,但这只是账面和会计意义上的平衡,不具有经济学意义。那么,如何判断一国国际收支是否平衡呢? 通常的方法是将国际收支平衡表中的各个项目区分为自主性交易和调节性交易进行考察判断。自主性交易是指交易者基于特定经济目的而自主进行的交易,比如商品和服务贸易、投资收益和雇员报酬等。调节性交易是指为了弥补自主性交易收支不平衡而发生的交易,比如动用官方储备和对外借款等。如果一国自主性交易的借贷双方金额相等,则称为真正意义上的国际收支平衡;当贷方金额大于借方金额时称为国际收支顺差;当借方金额大于贷方金额时称为国际收支逆差。后两者统称为国际收支失衡或者不平衡。

二、国际收支失衡的度量

从理论层面来说,可以将一国国际经济交易划分为自主性交易和调节性交易来判断一国的国际收支状况,但在实践中国际经济交易的目的或动机并不容易识别。我们可以在国际收支平衡表中画上一条线,将所有的自主性交易放在线上,而将所有的调节性交易放在线下,因此自主性交易可以称为线上项目,调节性交易为线下项目。一国线上项目为贷方差额,或者线下项目为借方差额时,该国国际收支处于盈余状态;一国线上项目为借方差额,或者线下项目为贷方差额时,该国国际收支处于赤字状态。更进一步,我们在国际收支平衡表中并不仅仅画上一条线,而是同时画上几条线,用几个差额来相互补充地说明一国国际收支状况,这些差额主要有贸易差额、经常账户差额、资本和金融账户差额和综合差额等。

(一) 贸易差额

贸易差额是指一国在一定时期内货物和服务出口与进口的差额,如果这一差额为正表示该国存在贸易顺差,为负表示该国存在贸易逆差,为零则表示该国贸易收支平衡。贸易差额是分析一国国际收支状况时非常重要的一个指标,这是因为贸易收支在很多国家的整体国际收支中占有很大比重,而且贸易收支数据尤其是货物贸易数据可以通过海关部门及时收集,因此贸易差额能够较为迅速地反映一国国际收支状况。此外,贸易差额还综合表现了一国的产业结构、产品质量和生产效率,反映了该国产业在国际上的竞争力,是一国对外经济交往的基础,影响和制约着其他账户的变化。

(二) 经常账户差额

经常账户差额是指一国在一定时期内货物、服务、初次收入和二次收入贷方总额与借方总额的差额,当这一差额为正表示该国经常账户为顺差,为负表示该国经常账户为逆差,为零则表示该国经常账户平衡。经常账户顺差表明一国对外收入大于支出,该国对外债权增加;经常账户逆差则表明一国对外支出大于收入,该国对外债权减少。经常账户差额是国际收支分析中最重要的收支差额之一,它反映了实际资源在该国与他国之间的转让净额,以及该国的实际经济发展水平,被各国当作制定国际收支政策和产业政策的重要依据。国际经济合作组织经常采用这一指标来衡量各成员国经济,国际货币基金组织就特别重视各国经常账户的收支状况。

(三) 资本和金融账户差额

资本和金融账户差额是指一国在一定时期内国际收支平衡表中资本账户和金融账户中各项目的汇总差额。该差额具有两方面的分析作用:第一,资本和金融账户反映了一个国家资本市场的开放程度和金融市场的发达程度,可以为一国的货币政策和汇率政策调整提供依据。一般来说,一国资本市场开放程度越高则该国的资本和金融账户的流量总额就越大。第二,资本和金融账户与经常账户之间具有融资关系,根据复式簿记原理,经常账户中一笔实际经济资源的流动通常对应着资本和金融账户中一笔资产所有权的流动,在不考虑误差和遗漏因素时,经常账户差额必然对应着资本和金融账户在相反方向上数量相等的差额,因此资本和金融账户差额可以反映出一国经常账户的状况和融资能力。但是,随着经济和金融全球化的发展,两个账户之间的融资关系已经发生变化:一是资本和金融账户为经常账户提供融资受到诸多因素的制约;二是资本和金融账户不再被动地由经常账户决定,资本流动存在着独立的运动规律。

(四) 综合差额

经常账户、资本账户与剔除了储备资产项目以后的金融账户的汇总差额称为国际收支综合差额,如果该差额为正则称该国国际收支存在顺差,为负则称该国国际收支存在逆差,为零则称该国国际收支平衡。综合差额仅仅将储备资产变动作为线下交易,它所包括的线上交易最为全面。在不考虑误差与遗漏因素的情况下,综合差额与储备资产项目等值反方向变动,由此可以采用综合差额来衡量国际收支对一国储备资产所造成的压力。当综合差额出现失衡时,就要通过变动储备资产来加以平衡。综合差额的状况与一国汇率是否稳定密切相关,而动用储备资产弥补国际收支失衡、维持汇率稳定又会对一国货币发行量产生重要影响。综合差额这一概念比较综合地反映了一国自主性国际收支的状况,是全面衡量和分析国际收支状况的指标,国际货币基金组织也倡导使用"综合差额"这一概念。因此,综合差额是非常重要的,在没有特别说明的情况下,所谓的"国际收支顺差或逆差"通常指的是综合差额顺差或逆差。

(五) 误差与遗漏净额

误差与遗漏的出现是由于一些客观的统计方面因素和人为的主观方面因素所导致,该金额过大会影响一国国际收支状况分析的准确性。当前国际上普遍采用 IMF 制定的标准,即误差与遗漏净额的绝对值不应该超过当年进出口总额的 5%。超过这一标准说明该国国际收支平衡表中数据失真情况十分严重,有可能影响政府对宏观经济形势的分析,进而阻碍政府做出正确的宏观调控决策。一般而言,该净额出现在借方且金额较大则表明有大量资本外流,严重时称为资本外逃;出现在贷方且金额较大则说明有大量的资本内流,这些资本流动就是通常所说的"热钱"的一个重要组成部分。

三、国际收支失衡的成因

国际收支平衡是一国所追求的外部平衡目标,但实际上国际收支失衡是一种常态或必然现象,而国际收支平衡则是一种特例或偶然现象。导致国际收支失衡的原因多种多样:有经济因素,也有非经济因素;有内部因素,也有外部因素;有实物因素,也有货币因素。各国政治制度、经济条件以及开放程度不同,导致其国际收支失衡的原因也不尽相同,而且一国在经济发展的不同时期其失衡的原因也不一样。一般来说,一国国际收支失衡的成因主要包括以下几类。

(一) 周期性因素

一国典型的经济周期包括繁荣、衰退、萧条和复苏四个阶段,这种经济条件的变动会使一国形成顺差与逆差交替出现的国际收支失衡。对于一国经常账户,在经济繁荣时期,国内消费和投资需求旺盛,进口会大幅度增加,往往会使该账户出现逆差;而在经济萧条时期,社会总需求降低,这会引起出口的增加和进口的减少,往往会使该账户出现顺差。对于一国资本和金融账户,经济繁荣时期国内投资前景看好,国外资本大量流入国内,这会使该账户出现顺差;而在经济萧条时期,国内资本大量外流,则会使该账户出现逆差。二战以后,各国经济关系日益密切,一国经济衰退会加速其他国家经济衰退,从而使得各国更容易受周期性因素影响而出现国际收支失衡。

(二) 结构性因素

世界各国由于自身具备的自然资源和生产要素禀赋的差异,形成了自己独有的经济布局与产业结构,进而决定着其进出口商品的结构和规模。当国际分工格局或国际需求结构发生变化,而一国的产业结构及其生产要素配置不能相应调整时,这些结构性因素变化就会导致该国形成国际收支失衡。这种失衡通常反应在贸易项目或经常项目上,具有长期、持久的特征,纠正起来相当困难。从供给角度来看,当一国出现自然资源枯竭或者劳动力成本大幅度上升时,便不能维持原先的国际分工格局,从而会导致该国贸易项目出现逆差;从需求角度来看,消费者偏好的改变、新的替代材料的出现都会使国际需求结构发生变化,该国如果不能适应这种变化而及时调整,也会出现贸易项目逆差。

(三) 收入性因素

经济条件的变化会引起一国国民收入出现较大波动,进而导致该国国际收支失衡。国民收入发生变化存在多种原因,可能是因为经济周期波动所导致,这属于周期性失衡;也可能因经济增长所引起,具有长期的性质,这属于持久性失衡。因此,在分析收入性失衡时必须具体情况具体分析。一般情况下,当一国经济高速发展和国民收入大幅增加时,全社会消费水平就会提高,总需求规模就会扩大,在开放型经济下就会出现出口减少和进口增加的现象,从而导致出现国际收支逆差。反之,当经济增长率较低和国民收入减少时,则会出现国际收支顺差。

(四) 货币性因素

一国通货膨胀或通货紧缩会引起国内物价上升或下降,使得国内与国外物价水平发生相对变动,进而引起该国国际收支失衡,这种失衡可以是短期的,也可以是中期或长期的。例如,当一国货币供应量增加时,该国生产成本与物价水平普遍上升,从而出口商品价格相对高昂、进口商品价格相对便宜,必然导致出口下降和进口增加,从而导致经常账户出现逆差。此外,货币供应量的增加还会引起国内利率下降和资本外流,进而造成资本和金融账户的逆差。两种作用结合在一起,就会造成一国国际收支逆差。反之,一国货币供应量的增长相对较少,则会发生国际收支顺差。

(五) 季节性和偶然性因素

一般来说,生产和消费会存在季节性变化规律,进口和出口也会随之发生变化。例如,对于以农产品作为主要出口商品的发展中国家,在农产品收获的季节可以通过出口农产品而形成贸易顺差,但在农产品收获之前需要进口化肥、农机设备,以及日常生活必需品,这又会形成贸易逆差,这使得贸易差额具有十分明显的季节性变化。

此外,无规律的偶然灾变也会引起国际收支失衡,例如,洪水、地震等自然灾害往往会影响国内生产秩序而导致短期内出口下降,但为应对自然灾害又需要增加食品、药品以及其他生活必需品的进口,从而出现国际收支失衡。一般地说,偶然性因素对一国国际收支的影响是一次性和暂时性的,可以动用该国外汇储备来加以解决。

(六) 投机性和避险性因素

投机性和避险性短期资本流动也会造成一国国际收支失衡,甚至还会加剧已经存在的国际收支失衡。投机性资本流动是指利用国家之间的利率差异以及预期的汇率变动来获取收益的国际资本流动,包括稳定性和不稳定性两类,其中稳定性投机与市场力量相反,有助于一国货币汇率的稳定,而不稳定性投机则会使一国外汇市场变得更加混乱。

避险性资本流动主要是指资本外逃,它不是主动追求获利,而是被动规避风险。当一个国家出现经济风险、政治风险或战争风险时,在该国拥有资产的居民或非居民就会把资金转移到相对安全的国家,这会造成该国资本的大量外流。不稳定投机和资本外逃具有突发性和隐蔽性的特点,往往会成为一国国际收支失衡的重要原因。

四、国际收支失衡的调节

国际收支与国民经济其他变量密切相关,它的失衡会对整个国民经济产生非常不利的影响,比如持续性的逆差会引发外汇储备流失、本币汇率贬值及国际债务危机等,而持续性的顺差则会带来国内供求失衡、通货膨胀及国际贸易摩擦加剧等。因此,当今各国在追求充分就业、物价稳定和经济增长等内部平衡目标的同时,都在进行国际收支调节以努力实现国际收支平衡的外部平衡目标。传统观点认为,国际收支逆差对经济所造成的危害大于国际收支顺差,故主要强调对前者的调节;但二战以后某些国家发生了长期顺差,对经济发展也带来了不利的影响,因此对国际收支顺差的调节也得到了其应有的重视。国际收支调节是指消除一国国际收支失衡的内在机制与作用过程。通常使用的国际收支调节方法主要有自动调节机制和政策调节机制两大类。

(一) 国际收支的自动调节机制

国际收支的自动调节机制,是指在没有政府干预的情况下,经济体系内部其他变量与国际收支相互影响和制约的过程,其实质是失衡引起的国内经济变量对国际收支的反作用过程,这种机制使一国国际收支失衡可以在一定程度上得以减轻,乃至能自动恢复平衡。

1. 国际金本位制度下的国际收支自动调节机制

早在1752年,英国经济学家大卫·休谟(David Hume)提出了"物价—金币流动机制",其内容为:在国际金本位制度下,金币可以自由铸造、自由兑换和自由输出入,黄金直接充当货币,因而国际收支差额会导致黄金的跨国流动,从而影响一国的货币供应量,进而通过物价的变动影响进出口,使得一国的国际收支失衡得以调节。例如,当一国国际收支出现逆差,则本国黄金净流出,国内货币供给量减少,引起国内物价水平下跌,因而本国商品在国外市场上的竞争力提高,而外国商品在本国市场上的竞争力会下降,结果是本国出口额增加,而进口额减少,该国国际收支逆差得以改善。反之,当一国国际收支出现顺差,则自动调节机制的结果正好相反。

2. 纸币本位固定汇率制度下的国际收支自动调节机制

根据对国际收支作用的经济变量不同,这种机制可以划分为利率调节机制、价格调节机制和收入调节机制三类。具体内容为:

第一,利率调节机制。利率调节机制,是指国际收支失衡引起的利率变动反过来对国际收支的调节,一般从经常账户、资本和金融账户两个方面发挥作用。例如,在固定汇率制度下,当一国出现国际收支逆差时,该国货币当局为了维持固定汇率通常会抛售外汇储备和回购本国货币,这会造成本国货币供应量的减少和市场利率的上升。利率上升表明本国金融资产收益率上升,从而导致本国资本外流减少和外国资本流入增加,从而使该国资本和金融账户得以改善,并减轻国际收支逆差的程度。反之,一国国际收支顺差会通过货币供应量的增加和市场利率的下降,导致本国资本外流增加和外国资本流入减少,从而使该国国际收支顺差减少甚至消除。

第二,价格调节机制。价格调节机制,是指国际收支失衡引起的一般物价水平或相对物价水平的变动反过来对国际收支的调节。例如,在固定汇率制度下,当一国出现国际收支逆差时,该国货币供应量会减少,这将使社会公众所持有的现金余额低于其意愿水平,该国居民就会减少对商品和劳务的支出,从而引起本国物价水平的下降。本国商品相对价格的下降,会提高本国商品的国际竞争力,从而增加出口和减少进口,该国国际收支逆差状况得以改善。反之,一国国际收支顺差会使得本国物价水平上升,削弱该国商品的国际竞争力,进而在一定程度上降低其国际收支顺差。

第三,收入调节机制。收入调节机制,是指国际收支失衡引起的国民收入自发性变动反过来对国际收支的调节。例如,在固定汇率制度下,一国由于出口的减少导致国际收支逆差,同时出口的减少又会引起国民收入减少,从而引起进口的减少,这就部分地抵消了出口减少的影响,从而改善该国经常账户逆差状况;此外,国民收入下降也会降低本国对国外金融资产的需求,从而该国资本和金融账户也得以改善,进而减轻该国整体国际收支逆差程度。反之,当一国国际收支出现顺差时,国民收入的上升会通过进口增加和资本的外流而降低该国整体国际收支顺差。

纸币本位固定汇率制度下的国际收支自动调节机制如图1-1所示。

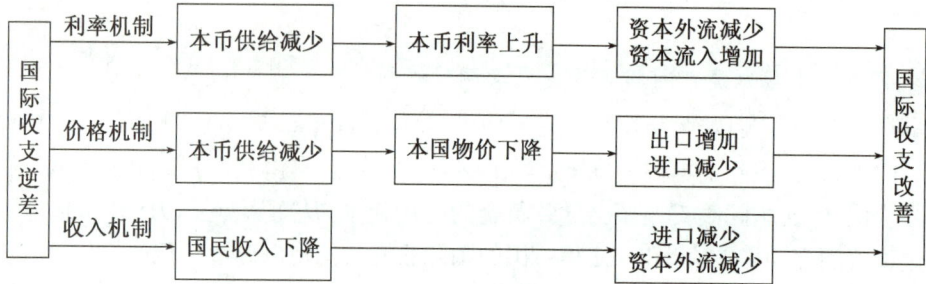

图1-1　纸币本位固定汇率制度下的国际收支自动调节机制

3. 纸币本位浮动汇率制度下的国际收支自动调节机制

在纸币本位浮动汇率制度下,一国货币当局不干预外汇市场,而允许外汇市场上外汇供求的变动来决定汇率的变动。例如,当一国国际收支出现逆差时,外汇需求就会大于外汇供给,在货币当局不干预外汇市场的前提下,外汇汇率上升而本币汇率下跌。外汇汇率上升会造成本国商品相对价格下降,而外国商品相对价格上升,从而导致出口增加和进口减少,如果该国满足"马歇尔—勒纳条件"或者"毕肯戴克—罗宾逊—梅茨勒条件",就可以改善国际收支逆差。反之,当一国国际收支出现顺差时,本币汇率的上升会导致出口减少和进口增加,从而使得其国际收支趋于平衡。

(二)国际收支的政策调节机制

虽然国际收支自动调节机制能够通过各种经济变量在一定程度上调节国际收支失衡,但这些机制只能在特定经济条件和环境中才能发挥相应的作用,而且作用时间和效果不能得到保证,尤其是固定汇率制度下自动调节的过程还会影响国内宏观经济目标。因此,当一国面临国际收支失衡时,该国政府通常不能仅仅依靠经济体系内部的自动调节机制来恢复国际收支平衡,而必须积极采取适当的政策措施来调节国际收支。一般来说,国际收支调节政策主要包括外汇缓冲政策、需求管理政策和供给调节政策,其中需求管理政策又可分为支出增减和支出转换两类政策。如图1-2所示。

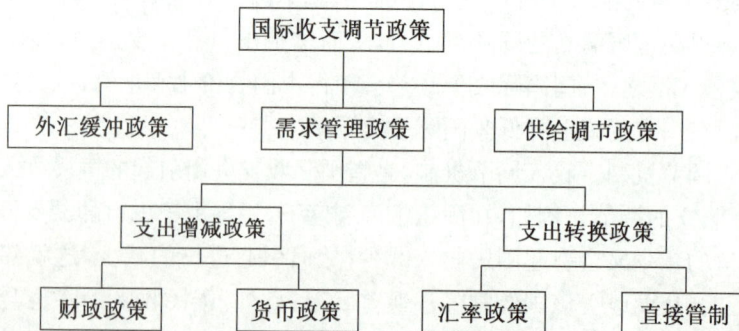

图1-2　国际收支的政策调节机制

1. 外汇缓冲政策

外汇缓冲政策是指一国通过动用官方储备或者国际信贷来调节国际收支失衡的一种政策。该政策的基本做法是一国货币当局建立外汇平准基金，该基金保持一定数量的外汇储备和本国货币，当该国出现国际收支逆差时，货币当局就动用该基金在外汇市场上卖出外汇，以消除市场中的超额外汇需求，反之则买进外汇以消除超额的外汇供给。这种政策以外汇作为缓冲体（Buffer），因而称为"外汇缓冲政策"。

外汇缓冲政策对于短期因素造成的暂时性失衡是非常有效的，它使得一国外部失衡仅对外汇储备产生影响，而不会影响国内经济的运行。由于一国的外汇储备规模总是有限的，因此该政策不能用来解决长期性、根本性的失衡，否则不仅不能解决失衡，反而将使外汇储备大量流失或外债大量累积，也无法从根本上解决失衡问题。当国际收支出现持续逆差时，可以将外汇缓冲政策与其他政策结合起来，以期更有效地调节国际收支失衡。此外，运用该政策还需要一国具备一定的必要条件，比如实施该政策所需的充足外汇和实施公开市场操作的有效条件等。

2. 支出增减政策

支出增减政策是指一国通过改变社会总需求或国民经济中总支出水平，进而改变本国对外国商品、劳务和金融资产的需求，以此来调节国际收支失衡的一种政策。这类政策主要包括财政政策和货币政策。

（1）财政政策是指政府通过调整政府支出和税收，实现对国民经济需求管理的政策。财政政策通常用来调节国内经济，但国内总需求的变动可以改变物价和利率等经济变量，而这些变量的变动又会引起国际收支的变动，因而财政政策也可以用来调节国际收支。例如，当一国国际收支出现逆差时，紧缩性财政政策可以从两方面调节国际收支失衡：一方面，减少政府支出或增加税收会通过降低国民收入而压缩进口，从而调节经常账户失衡；另一方面，总需求减少会降低国内物价，而物价下降会刺激出口和抑制进口，也有利于调节经常账户失衡。需要注意的是，总需求下降往往会导致国内利率也相应下降，在不限制资本国际流动的情况下会引起资本大量外流，从而在一定程度上抵消了经常账户的改善，因此配合实施资本管制将更有利于紧缩性财政政策发挥作用。

（2）货币政策是指货币当局通过调整货币供应量，实现对国民经济需求管理的政策，主要包括调整再贴现率、法定存款准备金率和开展公开市场业务三种货币政策工具。由于货币供应量的变动会引起物价和利率的变动，所以货币政策也可以用来调节国际收支。例如，当一国国际收支出现逆差时，紧缩性的货币政策也可以从两方面调节国际收支失衡：一方面，货币供应量的减少可以抑制消费和投资需求，从而通过减少进口而改善经常账户；另一方面，货币供应量的减少还会导致国内物价降低，从而通过增加出口而改善经常账户。货币政策对资本和金融账户的影响不同于财政政策，紧缩性货币政策会通过货币供应量的减少而提升利率，在不限制资本国际流动情况下会吸引资本大量流入，从而改善资本和金融账户，使一国整体国际收支状况得到进一步改善。因此，在国际收支失衡的调节过程中，货币政策的作用比财政政策更大。

3. 支出转换政策

支出转换政策是指不改变社会总需求和总支出水平而改变其方向的政策,也就是将国内支出从外国商品和劳务转移到国内商品和劳务上来。这类政策主要包括汇率政策和直接管制政策。

(1) 汇率政策是指运用汇率的变动来调节国际收支失衡的政策。当一国国际收支出现逆差时,汇率政策在不同的制度背景下有不同的做法:第一,汇率制度的变更。在一国原先采用固定汇率或盯住汇率的情况下,货币当局可以采用浮动汇率制或弹性汇率制,由外汇市场供求自行决定汇率,进而以汇率的自发变动来改善国际收支逆差。第二,外汇市场干预。在汇率由市场决定的情况下,该国货币当局可以参与外汇市场交易,在外汇市场上购入外币和售出本币,通过本币贬值来增加出口和减少进口,从而改善其国际收支。第三,官方汇率贬值。在实行外汇管制的国家,汇率不由外汇市场供求确定,而是由货币当局人为规定,货币当局可以通过公布官方汇率贬值,直接运用汇率作为政策工具实现奖出限入,以改善其国际收支。

无论具体做法如何,汇率政策都是通过改变汇率水平来调节国际收支的,但是汇率政策效果会受到一些条件的约束,一是进出口商品的弹性需要满足"马歇尔—勒纳条件"等相关条件;二是本币贬值对国际收支所产生的影响可能会存在时滞效应;三是本币贬值后贸易伙伴没有实施竞争性贬值政策;四是本币贬值会诱发资本外逃,导致资本和金融账户出现逆差。

(2) 直接管制政策是指政府对国际经济交易采取直接行政干预的政策,包括财政管制、贸易管制和外汇管制等措施。财政管制是指政府通过管制进出口商品的价格和成本来调节国际收支的政策措施,主要有进口关税政策、出口补贴政策和出口信贷政策等。贸易管制是指政府采取的直接限制进出口数量的政策措施,主要有进口配额制、进口许可证制、规定苛刻的进口技术标准、歧视性采购政策和歧视性税收政策等。外汇管制是一国政府为平衡国际收支而对外汇交易所进行的限制,包括对外汇买卖、外汇汇价、国际结算以及资本流动等诸多方面的外汇收支与交易所做的规定。外汇管制方法主要有贸易外汇管制、非贸易外汇管制、对资本输出入进行管制、对非居民银行账户进行管制、对黄金现钞输出入进行管制和实行复汇率制等。

与财政、货币和汇率政策相比,直接管制政策有两方面的优点:一是政策效果迅速而显著。财政、货币和汇率政策必须通过市场机制、经过一段时间才能奏效,而且不一定能完全达到预期目的,直接管制政策在政策当局处理得当的前提下则可以迅速达到预期目的。二是有针对性选择实施。直接管制政策是选择性政策工具,在局部性因素导致国际收支失衡时,可以有选择地针对该部分实施管制,不必影响整个经济体系,而财政、货币和汇率政策则较难做到这点。然而,直接管制政策也有一些明显的弊端:一是不可避免地使市场产生扭曲,导致资源配置效率低下,社会福利不能实现最大化;二是直接管制措施易于察觉,容易引起其他国家报复,从而导致各国之间的"贸易战";三是政策保护受益者容易形成依赖性,导致直接管制措施具有长期、持续的倾向;四是直接管制措施无法根本改善国际收支失衡,一旦管制措施取消则国际收支失衡会再次出现。

4. 供给调节政策

从供给角度分析,产业政策和科技政策等影响一国商品和劳务供给的政策措施也属于国际收支调节政策。产业政策的核心旨在优化产业结构,根据国际市场变化和本国资源禀赋来合理规划产业结构,在鼓励优势产业和战略性产业发展壮大的同时,调整、限制甚至取消另一些产业部门,从而适应国际市场和提高本国产业竞争力,改善甚至消除结构性国际收支失衡。当今科学技术是第一生产力,知识在经济增长中发挥着核心作用,国家之间的经济竞争实质上是科技竞争,合理的科技政策能够提升本国整体科技水平,增加出口商品的技术含量与竞争力,从而改善本国国际收支。制定合理的科技政策包括加强科学基础理论研究,鼓励技术发明与创新,引进国外先进技术,加快科技成果的应用与推广,增加教育投入以提高劳动者素质等。产业政策和科技政策的一个特点是长期性,在短期内难以取得显著的效果,但它可以从根本上提升一国的综合实力和国际竞争力,从而达到调节国际收支失衡、实现内外均衡的效果。

在开放经济条件下,各国经济之间密切相关,既相互依赖又相互影响,当一国采取有利于调节本国国际收支失衡的政策措施时,也会对其他国家产生影响,因此各国之间加强政策协调是十分必要的。狭义上的国际协调机制是指各国通过磋商等方式来共同设置国际收支调节政策,如设置共同的汇率政策、货币政策和财政政策等,来协调各国之间的国际收支和国内经济。广义上的国际协调机制具有更加广泛的内容,包括凡是在国际范围内能够对各国国际收支调节政策产生一定程度制约作用的一切行为,按照协调程度的不同,可以由低到高分为信息交换、危机管理、避免共享变量的冲突、部分协调和全面协调五个层次。国际收支的国际协调机制包括相机性和规则性两种协调方式,其中前者是指各国在没有既定协调规则的条件下,通过临时性协商确定各国应该采取的政策措施,后者是指通过制定出明确的规则来指导各国采取相应的政策措施。尽管国际收支的国际协调机制可以给参与协调的国家带来许多利益,但这种协调带来的利益往往存在相当大的不确定性。

第三节　国际收支理论

国际收支理论是国际金融学的基础理论,它研究国际收支的决定因素、国际收支失衡的原因以及国际收支调节的政策含义。国际收支理论有着悠久的历史,最早的国际收支理论可以追溯到 18 世纪中叶英国经济学家大卫·休谟提出的"物价—金币流动机制"。随着世界经济形势的变化和经济思潮的更替,国际收支理论不断发展。20 世纪初期,马歇尔将需求弹性分析用于进出口贸易的分析,后经罗宾逊和勒纳发展成国际收支的"弹性论"。二战之后,凯恩斯理论在西方国家盛行,哈罗德(R. F. Harrod)、梅茨勒(Laoyd Metzler)和马克鲁普(Fritz Machlup)在投资乘数理论基础上提出了国际收支的"乘数论"(Multiplier Approach)。同时,亚历山大以凯恩斯宏观经济理论为基础提出了国际收支的"吸收论"(Absorption Approach)。20 世纪 60 年代,随着货币学派的兴起,蒙代尔(R. Mundell)和约翰逊(H. Johnson)提出了国际收支的"货币论"(Monetary Approach)。

这些理论不仅丰富了国际金融的理论体系,而且为各国政府调节国际收支状况、维持内外经济的均衡与协调发展提供了理论依据。

一、国际收支古典论

(一) 产生背景

国际收支古典论是指由英国经济学家大卫·休谟于 1752 年在文章《论贸易平衡》中所提出、后经李嘉图等人补充发展并不断完善的"物价—金币流动机制",它揭示了在国际金本位制度下物价变动对国际收支失衡的自动调节作用,为西方国家制定和实施自由放任的国际收支调节政策提供了理论依据。国际收支古典论产生于国际金本位制时期,所谓金本位制度是指以一定重量和成色的黄金作为本位货币的货币制度。国际金本位制度是一种组织松散的国际货币制度,各国自觉遵守以下货币纪律:① 各国货币均以一定数量的黄金定值,每一单位货币有其法定的含金量。② 金币可以自由铸造、自由兑换、自由输出入。③ 各国的货币储备为黄金。国际金本位制度在 1880—1914 年期间盛行于西方主要资本主义国家,为世界经济的发展创造了良好的国际金融环境,极大地推动了国际贸易、国际投资以及世界各国的经济增长。

(二) 物价—金币流动机制

"物价—金币流动机制"的前提假设如下:① 国际收支等于贸易收支,不存在资本流动;② 不存在超额黄金储备,黄金外流意味着物价的下跌;③ 生产和贸易对价格变动立即做出反应,价格下跌使出口总值增加,从而改善国际收支逆差;④ 各国金融当局严格遵守金本位制度,即自由铸造、自由兑换、自由输出入的原则。"物价—金币流动机制"是国际金本位制度下的国际收支自动调节机制,其思想逻辑如下:在国际金本位制度下,一国国际收支顺差意味着本国黄金净流入,黄金流入会导致国内货币供应量上升,从而引起该国物价水平的上涨。物价上涨将会削弱本国商品在国际市场上的竞争力,提高外国商品在本国市场上的竞争力,从而使该国商品出口减少、进口增加,直到该国消除国际收支顺差。反之,一国国际收支逆差意味着本国黄金净流出,黄金外流会导致国内货币供应量下降,从而引起该国物价水平的下降。物价下跌将会提高本国商品在国际市场上的竞争力,削弱外国商品在本国市场上的竞争力,从而使该国商品出口增加、进口减少,直到该国消除国际收支逆差。因此,在国际金本位制度下,无论一国出现国际收支顺差还是逆差,无须任何的政府干预,"物价—金币流动机制"会自动发挥调节作用,消除国际收支顺差或逆差,从而达到国际收支平衡。

"物价—金币流动机制"可以采用图示方法来直观说明,如图 1-3 中所示。图中横坐标表示本国商品价格和金币数量,其原因在于金币数量少时商品价格也低;纵坐标表示本国净出口,数值为正表示贸易顺差,为负则表示贸易逆差。如果本国金币数量越少,则商品价格就越低,本国商品在国际市场上的竞争力就越强,国际市场对本国商品的需求量就越多,从而本国的贸易顺差就越大,可以用图中 AE 线段来表示。同理,如果本国金币数量越多,则商品价格就越高,本国商品在国际市场上的竞争力就越弱,国际市场对本国商品的需求量就越少,从而本国的贸易逆差就越大,可以用图中 BE 线段来表示。假设初始时,本国金币数量较少,对应的商品价格较低,本国将表现出贸易顺差,可以用图中 A 点表示,此时本国存在 AA' 规模的贸易顺差,本国金币数量就会增加同等规模。金币数量的增加会使得本国商品价格上升,商品价格的上升会导致贸易顺差变小,经济会沿着线段 AE 向 E 点趋近。而对于 B 点的经济来说,此时本国存在 BB 规模的贸易逆差,金币数量就会减少同等规模,金币数量的减少会使得本国商品价格下降,商品价格的下降会导致贸易逆差变小,经济会沿着线段 BE 向 E 点趋近。因此,无论初始时经济处于 AB 线段上哪一点,长期中都会自动趋近于贸易平衡点 E,E 点的商品价格和金币数量就是自动均衡下的均衡价格和均衡金币量。

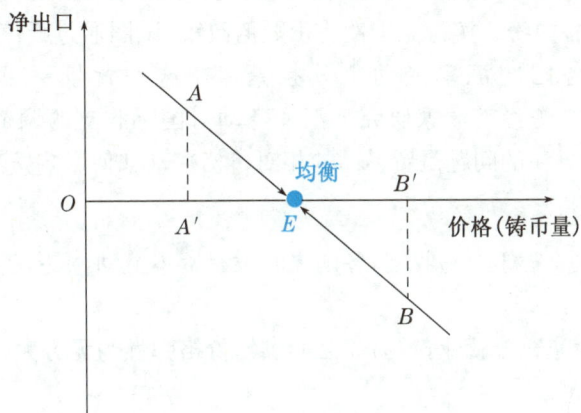

图 1-3 物价—金币流动机制

(三) 评价

国际收支古典论最早系统研究了国际收支问题,该理论提出的"物价—金币流动机制"在理论和实践方面均有重大意义。从理论方面来看:重商主义认为贵金属货币是衡量财富的唯一标准,而贸易逆差会使得贵金属货币外流和本国财富减少,因而国家必须干预对外贸易。休谟则指出,贵金属货币在国家之间的流动会通过"物价—金币流动机制"自动达到平衡,重商主义的担心是多余的,因而倡导自由放任、自动调节的理论主张,这成了20 世纪 30 年代以前西方各国制定自由放任国际收支调节政策的理论依据。从实践方面来看:在国际金本位制度下,"物价—金币流动机制"会自动发挥国际收支调节作用,西方各主要资本主义国家的国际收支确实也基本上保持了平衡状态,国际收支古典论较为准确地反映了当时各国国际收支的实际情况。因此,国际收支古典论无论在理论方面还是实践方面都具有非常重要的意义。

国际收支古典论也存在着明显的局限性,主要是"物价—金币流动机制"要真正发挥其自动调节国际收支失衡的作用,必须受到以下条件的约束:① 该理论仅适用于纯粹的金本位制度,要求各国自觉遵守自由铸造、自由兑换和自由输出入等货币纪律。② 要求一国在出现贸易顺差时不将流入金币作为超额黄金储备,在逆差时也不会将超额黄金储备投入流通,任由国内商品价格随着金币数量变动而变动。③ 要求贸易顺差或逆差国的进出口必须具有足够的价格弹性,且进出口数量能够对价格的变动做出迅速和有效的反应。④ 要求经济系统中不存在大量失业,否则金币数量的变动只会引起国民收入的变动,而物价水平不一定相应地变动。⑤ 要求具有完全竞争的市场环境,如果存在不完全竞争或者垄断,该理论将无法正常发挥作用。

随着1929年世界性经济危机的爆发和随后30年代国际金本位制度的崩溃,国际收支古典论发挥作用的环境和条件逐渐消失,"物价—金币流动机制"也就很难继续起到自动调节国际收支的作用,经济学家对国际收支理论开始了新的探索。

二、国际收支弹性论

在20世纪30年代国际金本位制度全面崩溃,世界经济陷入萧条,为了转嫁国内危机和刺激本国经济复苏,各国纷纷实行竞争性货币贬值政策,试图通过贬值刺激出口来改善国际收支,在此期间各国的汇率变动十分频繁。在这一背景下,以琼·罗宾逊(J. Robinson)为代表的西方经济学家研究了汇率变动对国际收支的调节问题,提出了国际收支弹性论,该理论关注的问题是贸易品的相对价格变动如何影响贸易平衡。

(一) 假定条件

(1) 假定国际收支等于贸易收支,各国之间没有资本流动,汇率变动前贸易收支账户处于平衡状态;

(2) 假定经济中非充分就业,贸易商品的供给价格弹性为无穷大,即国内外贸易商品价格保持不变;

(3) 运用局部均衡分析,假定收入、偏好等其他条件不变,只考虑汇率变化对贸易收支的影响。

(二) 马歇尔—勒纳条件

假设 X 是本国的出口量,M 是本国的进口量,P_X 是本币表示的出口价格,P_M 是外币表示的进口价格,e 是汇率(直接标价法),则本国出口和进口的需求函数可以分别表示为 $X(P_X/e)$ 和 $M(eP_M)$,本国的贸易收支差额 B 定义为:

$$B = P_X X - e P_M M \tag{1-1}$$

若采用本币贬值来改善本国贸易收支,则需要满足以下条件:

$$\frac{dB}{de} = P_X \frac{dX}{de} - \left(P_M M + e P_M \frac{dM}{de}\right) > 0 \tag{1-2}$$

将式(1-2)两边同乘以 $\frac{e}{P_X X}$,可得

$$\frac{dX}{de}\frac{e}{X} - \frac{e P_M M}{P_X X}\left(1 + \frac{dM}{de}\frac{e}{M}\right) > 0 \tag{1-3}$$

由于出口和进口的价格弹性分别为

$$\varepsilon_X = -\frac{dX}{d(P_X/e)}\frac{P_X/e}{X} = \frac{dX}{de}\frac{e}{X} \text{ 和 } \varepsilon_M = -\frac{dM}{d(eP_M)}\frac{eP_M}{M} = -\frac{dM}{de}\frac{e}{M}$$

又由于初始时贸易收支处于平衡状态,即 $eP_M M = P_X X$,则式(1-3)可进一步表示为

$$\varepsilon_X + \varepsilon_M > 1 \tag{1-4}$$

该条件被称为"马歇尔—勒纳条件",如果该条件能够成立,即本国的出口商品需求价

格弹性和进口商品需求价格弹性之和大于1,则该国贸易收支状况会因本币贬值而得到改善。

(三) 毕肯戴克—罗宾逊—梅茨勒条件

上述分析中暗含的假定条件是贸易商品的供给价格弹性为无穷大,即出口商品的本币价格和进口商品的外币价格均保持不变,这一假定的一个前提是经济处于非充分就业状态。但这只是一种特殊情况,如果推广到更为一般化的情形,在贸易商品的供给价格弹性不是无穷大的情况下,本币贬值改善贸易收支状况的条件将变为:

$$\frac{\varepsilon_X(\eta_X+1)}{\varepsilon_X+\eta_X}+\frac{\varepsilon_M(\eta_M+1)}{\varepsilon_M+\eta_M}>1 \tag{1-5}$$

该条件被称为毕肯戴克—罗宾逊—梅茨勒条件,式中 η_X 和 η_M 分别表示出口商品和进口商品的供给价格弹性。

如果令 η_X 和 η_M 同时趋向于无穷大,则式(1-5)中可以简化为 $\varepsilon_X+\varepsilon_M>1$。可见,"马歇尔—勒纳条件"实际上是"毕肯戴克—罗宾逊—梅茨勒条件"在贸易商品供给价格弹性为无穷大情况下的一个特例。

(四) J 曲线效应

在现实经济中,本币贬值到底能否改善一国贸易收支状况呢? 大量的研究文献实证分析了各国在不同时期的进出口弹性是否满足"马歇尔—勒纳条件",然而实证结论并不一致,一些研究表明贸易量对价格变动所做出的反应往往存在时滞,这一现象被称为"J曲线效应"。"J曲线效应"是指当一国货币贬值后,最初会使该国贸易逆差继续扩大,只有经过一段时间后贸易逆差才会逐渐缩小,最终使得该国贸易收支状况得到改善。如图1-4所示,假设一国在时点 t_0 实行本币贬值,贬值并没有马上改善该国贸易收支状况,在 t_0 到 t_1 时间段内该国贸易逆差反而继续扩大,只有在经过时点 t_1 之后,贸易逆差才会逐步缩小,在时点 t_2 该国实现贸易收支平衡,并在此时点之后该国由贸易逆差转为贸易顺差。由于该曲线与英文字母"J"的形状十分相似,因此称之为"J曲线效应"。

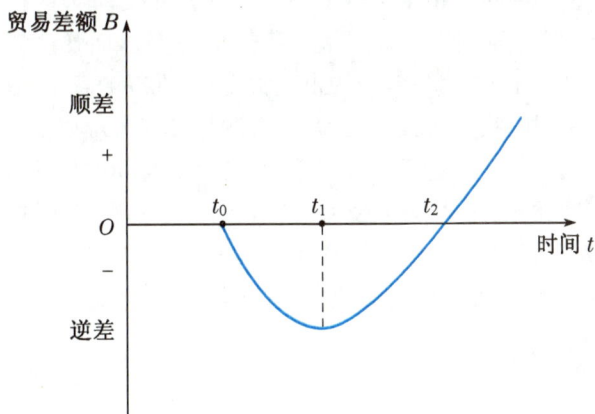

图 1-4 本币贬值的 J 曲线效应

之所以会产生"J曲线效应",是因为在本币贬值对国际收支的作用过程中,会依次经过货币合同、传导和数量调整三个阶段。在货币合同阶段,在贬值前已签订的贸易合约仍然按原有的价格和数量执行,如果出口合同以本币计价,进口合同以外币计价,这样出口收入不变,进口支出增加,那么本币贬值必定导致贸易逆差扩大。在传导阶段,进出口商品的价格在签订合同时已经开始改变,但是进出口数量因认识滞后、决策滞后、订货滞后、替代滞后和生产滞后等原因而在短期内不会发生改变,即使有可能发生改变,其变化幅度也远小于价格变化幅度,从而使一国贸易逆差继续扩大。在数量调整阶段,进出口数量不仅得到调整,而且其变动的幅度将逐渐增大并超过价格变化的幅度。此时,本币贬值开始发挥改善国际收支状况的效应,贸易差额将从逆差趋向平衡并最终实现贸易收支的顺差。

综上所述,"J曲线效应"产生的主要原因在于:在短期内,一国进出口需求价格弹性较低,致使 $\varepsilon_X + \varepsilon_M < 1$,本币贬值会加大其贸易逆差,经过一段时间后进出口需求价格弹性将逐渐变大,以致满足 $\varepsilon_X + \varepsilon_M > 1$,从而一国贸易收支逆差得到改善。因此,"J曲线效应"并没有否定"马歇尔—勒纳条件",从长期来看,"马歇尔—勒纳条件"仍然是成立的。

(五) 评价

国际收支弹性论是在国际金本位制度全面崩溃和20世纪30年代全球性经济危机的背景下产生的,它不仅指出了在纸币流通条件下可以用纸币贬值来调节国际收支,而且提出了货币贬值改善国际贸易收支的前提条件。国际收支弹性论填补了国际收支古典理论失效后的空白,成为当代西方国际收支理论的重要组成部分,它适合了当时西方国家制定经济政策的需要,并在许多国家调节国际收支的实践中取得了一定的效果。

国际收支弹性论的局限性主要表现在:① 该理论建立在局部均衡分析的基础上,假定收入等其他条件不变,只考虑汇率变动对一国贸易收支的影响,而实际上其他条件并非不变。② 该理论假定没有国际资本流动,而当今国际资本流动规模巨大,本币贬值不仅影响到贸易收支,还会影响到资本和金融账户。如果人们预期本币贬值是一个长期趋势,就会造成资本的净流出,使得该国资本和金融账户乃至整个国际收支状况出现逆差。③ 该理论采用的是一种比较静态分析方法,认为在短期内本币贬值由于"J曲线效应"而不会立即改善贸易收支,但是在长期中本币贬值不仅会通过相对价格变动影响贸易收支,还会通过国民收入、货币供应量和绝对价格水平等诸多经济变量的变动对贸易收支产生重大的影响。④ 应用该理论时需要测度进出口商品的需求价格弹性,而弹性的估计是一个较为复杂的问题,一是进出口商品种类繁多,结构也经常变动,难以测算;二是进出口需求不仅受价格变动影响,还会受国民收入等其他因素影响,测算弹性时难以把价格对进出口需求的影响单独分离出来;三是弹性值也不是一成不变的,会随时间推移而改变。

正是由于存在以上局限性,国际收支弹性论通常被认为是较为肤浅和片面的,要对国际收支问题进行更为全面和深入的研究,必须考察国际收支与整个宏观经济之间的关系,这也成为建立在凯恩斯宏观经济学基础之上的国际收支乘数论和吸收论的理论出发点。

三、国际收支乘数论

在20世纪30和40年代,凯恩斯主义的追随者哈罗德、劳埃德·梅茨勒和弗里茨·马克鲁普等将凯恩斯经济学拓展到了国际收支领域,提出了国际收支的乘数论。该理论基本观点是:一国的进口决定于国民收入,自主性支出的变动会通过乘数效应引起国民收入变动,进而影响该国国际收支状况。

(一) 假定条件

(1) 不考虑国际资本流动,贸易差额就是国际收支差额;

(2) 假定非充分就业,贸易商品的供给弹性为无穷大,进出口和收入的变动不会改变商品价格水平;

(3) 运用局部均衡分析,假定汇率、价格、工资和利率等变量保持不变,只考虑国民收入变动对贸易收支的影响。

(二) 开放经济下的乘数效应

在开放经济中,国民收入 Y 是由消费 C、投资 I、政府支出 G 以及净出口 $(X-M)$ 所决定的。假定消费、投资和进口均为国民收入的线性函数,政府支出和出口均为自主性变量(即外生变量),并假定政府对外转移支付不存在,则开放经济的宏观经济模型为:

$$C=C_0+cY \qquad (1-6)$$
$$I=I_0+hY \qquad (1-7)$$
$$M=M_0+mY \qquad (1-8)$$
$$Y=C+I+G+(X-M) \qquad (1-9)$$

其中,C_0、I_0 和 M_0 分别表示自主性消费、投资和进口,$c(0<c<1)$、$h(0<h<1)$ 和 m $(0<m<1)$ 分别表示边际消费倾向、边际投资倾向和边际进口倾向。将上述方程组联立求解,可求得开放经济中均衡国民收入为:

$$Y=\frac{1}{1-c-h+m}(C_0+I_0+G+X-M_0) \qquad (1-10)$$

由于边际储蓄倾向 $s=1-c$,式(1-10)又可表示为

$$Y=\frac{1}{s-h+m}(C_0+I_0+G+X-M_0) \qquad (1-11)$$

其中,$1-c-h=s-h>0$。

(1) 本国出口增加 ΔX 对国民收入的影响为:

$$\Delta Y=\frac{1}{s-h+m}\Delta X \qquad (1-12)$$

其中,$\frac{1}{s-h+m}$ 称为对外贸易乘数。它表示,出口的增加将导致国民收入的倍数增加。据此,边际储蓄倾向和边际进口倾向越小,边际投资倾向越大,则对外贸易乘数就越大,国民收入的倍数增加幅度也越大。

(2) 国内支出增加 ΔA 对国民收入的影响为:

$$\Delta Y=\frac{1}{s-h+m}\Delta A \qquad (1-13)$$

其中,$\frac{1}{s-h+m}$ 反映了国内支出增加对国民收入的乘数效应。但由于 $\frac{1}{s-h+m}<\frac{1}{s-h}$,所以在开放经济中的乘数小于封闭经济中的乘数。其原因在于,开放经济条件下国内支出的增加会引起国民收入的增加,但增加的国民收入并没有全部购买本国产品,而有一部分收入购买了进口产品。由于进口替代了国内生产,形成了国民收入流量的漏出,因

而开放经济中的乘数小于封闭经济中的乘数。

(三) 国际收支收入调节机制

在开放经济条件下,如果假定不存在国际资本流动,则一国国际收支差额可表示为:

$$B=X-M=X-(M_0+mY) \tag{1-14}$$

将式(1-11)代入式(1-14),整理得:

$$B=X-M=X-M_0-\frac{m}{s-h+m}(C_0+I_0+G+X-M_0) \tag{1-15}$$

以下分别考察出口和国内支出的变化对一国国际收支所产生的影响。

(1) 如果假定其他条件都保持不变,则一国出口增加可以直接改善该国的国际收支状况。但与此同时,出口的增加会通过外贸乘数作用提高国民收入水平,而国民收入水平的提高又会引起进口增加,从而间接导致国际收支状况趋于恶化。所以,出口增加一方面会产生改善国际收支状况的直接效应,另一方面还会产生恶化国际收支状况的间接效应。用 ΔX、ΔM^* 分别表示出口增加对于国际收支状况的直接效应和间接效应,则有:

$$\Delta B=\Delta X-\Delta M^* \tag{1-16}$$

由于:

$$\Delta M^*=\frac{m}{s-h+m}\Delta X \tag{1-17}$$

代入式(1-16)可得:

$$\Delta B=\frac{s-h}{s-h+m}\Delta X<\Delta X \tag{1-18}$$

由此可见,一国出口增加会改善其国际收支状况,但改善的程度小于出口增加的程度;反之,一国出口减少会恶化其国际收支状况,但出口的减少同时会引起国民收入的减少,进而导致进口的下降,所以该国国际收支的恶化程度也小于其出口减少的程度。

(2) 当一国消费、投资等国内支出增加时,可通过乘数效应提高国民收入水平,而国民收入提高又会引致该国进口增加,从而产生恶化国际收支状况的间接效应。因此,假定其他条件不变,若一国国内支出增加 ΔA,则其数量关系为:

$$\Delta B=-\Delta M^*=-\frac{m}{s-h+m}\Delta A \tag{1-19}$$

所以,一国国内支出自主增加会恶化该国国际收支,但恶化的程度小于国内支出的增加额;反之,一国国内支出减少可通过乘数效应使该国国民收入减少,而国民收入减少又会引致该国进口减少,从而间接地使该国国际收支状况得到改善,但改善程度小于国内支出减少的程度。

上述分析表明,一国的出口或国内支出的自主变动,对该国国民收入的影响相同,但是对国际收支的影响不同,其影响效果取决于乘数效应的大小。据此,对货币贬值效应而言,其不仅取决于进出口供求弹性,而且受到乘数效应的影响,因而通过贬值改善贸易收支或国际收支逆差的程度变得更小。

(四) 哈伯格条件

在国际收支弹性论中,只要满足"马歇尔—勒纳条件"($\varepsilon_X+\varepsilon_M>1$),本币贬值就可以改善一国贸易收支状况。但国际收支弹性论只分析说明了货币贬值的直接效果,而国际收支乘数论还进一步分析说明了货币贬值的间接效果。即因本币贬值所引起的进出口的变动除了直接带来国际收支的变动外,还会通过国民收入的变化,产生引致性进口的变动,从而进一步影响国际收支状况。基于此,西方经济学家哈伯格将国际收支弹性论的价格效应与国际收支乘数论的收入效应结合起来,提出了如下条件:

$$\varepsilon_X + \varepsilon_M > 1 + m \qquad (1-20)$$

该条件也被称为"哈伯格条件",它显然比"马歇尔—勒纳条件"更富有现实意义,因为它考虑了货币贬值通过收入的变动对国际收支所产生的影响。只有当$(\varepsilon_X + \varepsilon_M > 1 + m)$得以满足时,该国国际收支状况才会因本币贬值得到改善。

上述分析仅适用于小国开放经济,如果是大国还要考虑外国回应问题。在有外国回应的两国模型中,贬值国的出口增加,非贬值国的进口增加,其国民收入随之下降,导致非贬值国进口支出减少,从而减少了贬值国向非贬值国的出口。所以考虑到外国回应,"哈伯格条件"就需要进一步修正为:

$$\varepsilon_X + \varepsilon_M > 1 + m + m^* \qquad (1-21)$$

式中,m^*表示贸易伙伴国的边际进口倾向。因此,在进出口供给弹性无穷大的情况下,大国只有在进出口需求弹性之和大于1,加上本国和外国的边际进口倾向时,贬值才能改善国际收支。

(五) 评价

区别于国际收支弹性论强调研究汇率和价格的变动对贸易收支的影响,国际收支乘数论则建立在凯恩斯宏观经济分析框架之上,从国民收入恒等式出发,着重从收入角度研究贸易收支问题,揭示了国际收支的收入调节机制,在一定程度上反映了客观经济现实,是国际收支理论的重大进展。

国际收支乘数论的局限性主要表现在:① 该理论假定一国存在闲置资源,没有达到充分就业,因而出口的增加只会引起国民收入的增加。但如果国内已处于充分就业,出口增加就意味着是过度需求,这将造成需求拉起的通货膨胀。而且,出口增加所引起的总需求增加还不同于投资增加所引起的总需求增加,后者虽然也会引起通货膨胀,但从长期来看,经过一段时期后会形成新的生产能力,增加总供给,从而一定程度上抵消过度需求,而出口所引起的过度需求不会形成新的生产能力。② 该理论没有考虑国际资本流动,因而它关于国民收入对国际收支影响的分析也是片面的。事实上,国民收入的增加虽然会刺激进口增加,恶化一国贸易收支状况,但国民收入上升往往又意味着经济繁荣,会吸引大量外国资本净流入,改善一国资本和金融账户收支,从而抵消对经常账户收支的不利影响。因此,在研究国际收支的收入调节机制时,需要做更加全面和深入的分析。

四、国际收支吸收论

1952 年,美国经济学家西德尼·亚历山大(Sidney Alexander)在一篇题为《贬值对贸易收支的效应》的论文中,以凯恩斯宏观经济理论为基础,从一国国民收入与支出的关系出发,对国际收支问题进行了更为深入的研究,提出了国际收支的吸收论。该理论在国际收支理论与凯恩斯宏观经济理论之间建立了全面的联系,标志着国际收支理论进入了成熟发展阶段。

(一) 理论框架

在凯恩斯主义宏观经济理论中,开放经济条件下的国民收入恒等式为:

$$Y=C+I+G+X-M \tag{1-22}$$

式中,Y、C、I、G、X、M 分别表示国民收入、消费、投资、政府支出、出口和进口。经移项整理后得:

$$X-M=Y-(C+I+G) \tag{1-23}$$

以 B 代表贸易差额,则有:

$$B=X-M=Y-(C+I+G) \tag{1-24}$$

从式(1-24)中可以看出,国际收支弹性论和国际收支乘数论都是着眼于式(1-24)中对外关系的变化,即出口 X 和进口 M 的变化。与此相反,吸收论则从对内关系的研究着手,通过国民收入与支出的差额来说明国际收支状况。以 A 代表国内支出总额,即 $A=C+I+G$,亚历山大将其命名为"吸收",则式(1-24)变为:

$$B=Y-A \tag{1-25}$$

亚历山大赋予这一会计恒等式以逻辑上的因果关系,认为右端($Y-A$)为因,左端 B 为果,由此得出结论:当国民收入大于总吸收时,国际收支为顺差;当国民收入小于总吸收时,国际收支为逆差;当国民收入等于总吸收时,则国际收支平衡。

吸收论具有强烈的政策含义,根据吸收论理论模型,国际收支调节政策无非就是改变总收入和总吸收的政策,即支出增减和支出转换政策。如果调节国际收支逆差,可以采用紧缩性财政和货币政策以减少对进口商品的需求,同时运用支出转换政策以消除紧缩性政策降低总收入的负面影响,使进口需求减少的同时,收入能增加,从而达到内外平衡的目标。

(二) 货币贬值效应分析

对货币贬值效应的分析是国际收支吸收论的核心内容之一。对式(1-25)取增量形式可得:

$$\Delta B=\Delta Y-\Delta A \tag{1-26}$$

从此式出发,亚历山大将国际收支弹性论关于货币贬值效应的研究做了进一步推进。他认为,货币贬值对贸易收支差额的影响,只可能通过两种方式进行:① 货币贬值导致该国生产的变化,从而使贸易收支差额被收入变化和收入引致的吸收变化的两者差额所改变;② 货币贬值可改变与任一既定实际收入水平相联系的实际吸收量。货币贬值对收入有直接效应 ΔY,而对支出的效应则可分为两部分,即作为收入变动的结果和收入以外的其他原因所产生的变动。前者可表示为 $c\Delta Y$,其中 c 是边际吸收倾向;后者可记为 ΔA_d,亚历山大称其为贬值对吸收的"直接效应"。由于

$$\Delta A=c\Delta Y+\Delta A_d \tag{1-27}$$

所以

$$\Delta B=(1-c)\Delta Y-\Delta A_d \tag{1-28}$$

由式(1-28)可知,货币贬值对国际收支状况的实际效果将取决于三个因素:① 货币贬值对收入所产生的直接效应;② 边际吸收倾向的大小;③ 货币贬值对吸收的直接效应。

货币贬值对收入的直接效应表现在如下三个方面:① 闲置资源效应。货币贬值对收入的基本影响表现为,对出口与进口替代的需求增加将会通过乘数效应带来国民收入的增加。但正如亚历山大所指出的,仅当该国经济中有闲置生产能力能够把增加的需求引入生产过程时,这一闲置资源效应才能发生作用。换句话说,该国经济存在未被充分利用的资源是贬值增加收入的前提条件。② 贸易条件效应。包括亚历山大在内的许多经济学家都认为,一国的出口商品一般比进口商品更加专业化,货币贬值导致以外币计算的出口价格下降,而以外币计算的进口价格上升,所以货币贬值将会恶化贬值国的贸易条件,其结果是该国收入趋于下降。③ 资源配置效应。马克鲁普认为,虽然贬值会恶化贸易条件,但由于贬值会影响资源配置,在贬值过程中资源从国内生产率相对较低的部门向生产率相对较高的出口部门转移,生产率的提高可以抵消贸易条件的恶化,净结果是提高该国收入。特别是,在由于汇率高估和外贸管制导致微观经济扭曲、资源配置非优的情况下,资源配置效应将会起作用。在短期内,就业量和贸易条件的变化掩盖了资源改变使用对收入的影响,但从长期看,资源更经济和更有效使用是提高收入水平的最重要因素。当闲置资源效应很小时,货币贬值的资源配置效应尤为重要,总的就业水平可以保持不变,但通过资源更为有效的利用,产量仍然可以增加。

货币贬值对吸收的直接效应,从某种程度上可以认为是货币贬值导致通货膨胀的结果。货币贬值会通过多种渠道提高国内物价水平,最直接的是通过进口价格的提高。由于进口价格提高增加了生产成本,从而导致使用进口原料及中间产品的本国产品价格提高,进口替代产品和出口产品的价格也会上升。由于一般物价水平在贬值后会上升,这就减少了本国商品竞争能力的持续提高。如果国内价格继续上涨,直到本国产品可以替代进口品的倾向或出口更多的倾向消失为止,则贸易差额作为货币贬值的结果将又回归到原来的状况,没有得到明显改善。担心本币贬值的效果将大部分或全部被贬值导致的通货膨胀所抵消,实际上正是当前人们对贬值效果存有疑虑的主要原因。

但问题还有另外一面,即本币贬值也倾向于减少吸收,本币贬值对吸收的直接效应被认为有抑制价格上涨对贸易收支产生消极影响的作用。通过如下一些机制,货币贬值将倾向于减少吸收:① 现金余额效应。它是指人们愿意以现金余额形式持有一定水平的实际收入,如果现金余额因价格上涨而购买力下降,人们就会通过减少实际收入下的支出以及出售资产或债券,建立他们认为合适的现金余额水平。前者意味着实际支出相对于实际收入会减少;后者将压低资产和债券价格,导致市场利率提高,发挥减少企业投资支出和居民消费支出的作用。② 收入再分配效应。这是指由于出现通货膨胀的缘故,将会产生收入从有较高边际吸收倾向的经济单位转向有较低边际吸收倾向的经济单位的趋势。由于本币贬值会直接提高许多商品的价格,而贬值对工资的影响是间接和滞后的,因此收入会从工资收入阶层向利润收入阶层再分配,而后者的边际消费倾向小于前者,因而收入再分配效应将倾向于减少吸收。③ 货币幻觉效应。它是指人们较多重视货币价格而较少重视货币收入的心理现象。短期存在的货币幻觉有可能导致实际支出下降,如在价格水平较高时,人们选择较少的购买和消费,即使他们的货币收入成比例提高。

上述分析表明,货币贬值对收入的直接效应和对吸收的直接效应表现在诸多方面,其综合效果是不确定的。特别是在一国已处于充分就业状态、实际收入不能相应于较高的国外需求而增加时,贬值只能通过压缩吸收来改善贸易收支差额,但其作用是微弱的。因此,在本币贬值的同时,有必要实施紧缩需求的政策手段,以达到改善贸易收支状况的目的。

(三)评价

国际收支吸收论建立在凯恩斯宏观经济学基础之上,采用一般均衡分析的方法,将国际收支和整个国民经济的诸多变量联系起来进行分析,从而克服了国际收支弹性论局部均衡分析的局限性,较之前进了一大步。同时,吸收论还具有强烈的政策配合含义。当一国出现国际收支逆差时,若国内存在闲置资源,在采取本币贬值的同时,应注意运用扩张性的财政货币政策来增加收入;若国内各项资源已达到充分就业,应注意运用紧缩性财政货币政策来减少吸收,这样可以实现内外经济的共同平衡。因此,吸收论具有较强的应用性。

国际收支吸收论的局限性主要表现在:① 该理论是建立在国民收入会计核算恒等式基础上的,并没有对收入、吸收与贸易收支之间的因果关系提供令人信服的逻辑分析。实际上,收入与吸收固然会影响贸易收支,但反过来贸易收支也会影响收入与吸收。② 吸收论对本币贬值效应的分析有两个重要的假定,即贬值是出口增加的唯一原因和生产要素的转移机制运行顺畅,这与现实存在较大的差距。③ 吸收论同样忽略了资本流动在国际收支中的作用,仍然把贸易收支作为主要研究对象,因此该理论所做的分析也是不全面的。

五、国际收支货币论

20 世纪 60 年代以来,国际资本日益增加的流动性,从根本上改变了世界经济的运行环境,从而改变了国际收支理论的分析焦点。而宏观经济理论本身也在不断发展这一事实,特别是货币主义的重新崛起,又为这种分析焦点的转变提供了理论上的支持。20 世纪 60 年代末 70 年代初,芝加哥大学的罗伯特·蒙代尔和哈里·约翰逊等人将起源于芝加哥学派的国内货币主义向国际金融领域延伸和扩展,形成了国际收支的货币论。

(一)假定条件

(1)假设一国经济处于长期充分就业均衡状态,其实际货币需求是实际收入的稳定函数。

(2)假设购买力平价长期内成立,即存在一个高效率的世界商品市场和资本市场,由于完全自由的套买、套卖和套利活动,使得"一价定律"得以成立,一国商品价格水平等于世界市场价格水平,一国利率水平等于国际资本市场利率水平。

(3)假定货币供应量的变化不会影响到实物产量。

(二)国际收支失衡的原因

国际收支货币论通过以下模型来说明国际收支失衡的原因:

$$\begin{cases} M_d = kPY & (1-29) \\ M_s = m(D+F) & (1-30) \\ M_d = M_s & (1-31) \end{cases}$$

式中，M_d 为名义货币需求量，P 代表国内物价水平，Y 为实际国民收入，k 是一个常数，表示名义货币需求量与名义国民收入 PY 的预期比率；M_s 为名义货币供应量，D 为基础货币的国内部分（即国内信贷量），F 为基础货币的国外部分（即国际储备量），m 为货币乘数。方程(1-29)是货币需求方程，表明一国货币需求量是国内物价水平和实际国民收入的正比函数；方程(1-30)是货币供给方程，在现代银行体系中，每增加一单位国内信贷量或国际储备量都会产生货币乘数效应，使一国货币供应量倍数增加；方程(1-31)是货币市场均衡方程。

假定最初货币市场处于均衡状态，即 $M_d = M_s$，若由于某种原因（如中央银行扩大国内信贷量），使得一国名义货币供应量超过名义货币需求量（即 $M_s > M_d$），则人们持有的货币存量将超过他们意愿持有的水平，人们必然会增加对国外商品和金融资产的需求，最终导致国际收支逆差；相反，若由于某种原因（如收入增加），造成名义货币需求量上升，超过名义货币供应量（即 $M_d > M_s$），则人们持有的货币存量将小于他们意愿持有的数量，人们必然会减少对国外商品和金融资产的需求，最终导致国际收支顺差。因此，国际收支货币论认为，国际收支失衡的根本原因应该归咎于货币供求的不平衡。当货币供应量大于货币需求量时，会造成国际收支逆差；当货币供应量小于货币需求量时，会造成国际收支顺差。

(三) 国际收支失衡的调节

国际收支货币论对国际收支失衡的调节，主要包括以下三方面的内容：

(1) 国际收支的失衡现象是暂时的，可通过货币调节机制自行消除，不可能长期存在下去。当 $M_s > M_d$ 时，国际收支出现逆差，该国的国际储备下降，其基础货币 $D+F$ 下降，结果导致货币供应量 M_s 倍数下降，直到 $M_s = M_d$ 时，国际储备停止流出，国际收支恢复平衡；当 $M_d > M_s$ 时，国际收支出现顺差，该国的国际储备增加，其基础货币 $D+F$ 上升，结果导致货币供应量 M_s 倍数增加，直到 $M_s = M_d$ 时，国际储备停止流入，国际收支恢复平衡。需要注意的是，在以下两种情况下，这种国际收支的自动调节机制可能会遇到困难。

① 如果一国采取抵消政策来对抗国际储备的变动对货币供应量的影响，则该国国际收支失衡便有可能无法自动得到调整。例如，当 $M_s > M_d$ 时，一国出现国际收支逆差，国际储备 F 下降，但货币当局在公开市场上购买证券，使国内信用 D 上升，且国内信用增加量等同于国际收支逆差额或国际储备的减少量。此时该国货币供应量不会因国际储备的下降而减少，货币供应量将持续地大于货币需求量，国际收支逆差将一直存在下去。

② 造成国际收支失衡的干扰因素持续存在。例如，经济的持续增长会导致过多的货币需求，如果这种对货币的过度需求始终不能通过增加基础货币中的国内部分 D 来得以满足的话，国际储备资产的流入将持续存在，国际收支顺差也将持续存在下去。

(2) 关于本币贬值对国际收支失衡的调节作用，国际收支货币论认为，本币贬值首先会提高贸易品的国内价格,并通过贸易品和非贸易品的替代性使非贸易品的价格也会提高,物价水平的提高将导致对名义货币余额需求的增加。在货币供应量不变的情况下,人们必然会通过出售商品和金融资产来满足增加的名义货币需求,从而使国际收支状况得以改善。但需要注意的是,本币贬值对改善一国国际收支状况的效应只有在货币供应量保持不变的情况下才会发生。如果货币供应量增加了,本币贬值所引起的名义货币需求的增加由增加的货币供应量得以补充,而不需要通过增加商品供给、减少消费支出或出售金融资产的方法来补充,结果一国国际收支状况将得不到改善。因此,本币贬值对国际收支的影响只是暂时的,从长期来看,控制货币供应量的增长是影响国际收支状况的关键因素。只有将货币供应量的增长率维持在适度水平上,才能从根本上保证国际收支平衡。

(3) 在浮动汇率制下,国际收支失衡可以立即由汇率的自动变化而得到纠正。当一国国际收支由于货币的过度供给出现逆差时,该国货币立即自动贬值,人们的实际货币余额下降,于是减少支出重建实际货币余额,名义货币需求将上升直到将过度的货币供给完全吸收,国际收支将自动恢复平衡。国际收支顺差的调节正好与之相反。由此可见,在固定汇率制下,国际收支失衡表现为国际储备的流出流入,一国在长期内丧失了控制货币供给和国内货币政策的自主权;在浮动汇率制下,国际收支失衡由汇率的自发变动纠正,不发生国际储备的流出流入,一国货币当局可以保持对货币供给和制定货币政策的自主权。

(四) 评价

国际收支货币论较以前的国际收支理论前进了一大步,主要表现在:① 货币论所注重的是国际收支调节的另一层面,即其研究焦点不是放在出口、进口、投资和消费等一国经济活动的实物层面,而是通过对货币当局国际储备持有量的变动及其决定因素的分析,把研究重点集中于货币层面,这是国际收支理论分析重心的一次重大转移,将会使国际收支调节理论更具一般性。正如货币分析学派所声称的,它所要提供的是关于国际收支而不是经常账户的理论。② 在政策主张上,货币论与其他国际收支理论也有重大区别。国际收支弹性论偏向于运用汇率政策作为纠正国际收支失衡的主要手段;国际收支吸收论则偏向于运用需求管理政策通过增加产出减少国内吸收来改善一国国际收支状况;而国际收支货币论则把国际收支的货币调节放在首位,强调货币政策的运用,认为只要保证货币供应的适度增长,就可以保持国际收支的平衡,这在高度货币化的当代社会具有实际意义。

国际收支货币论的主要缺陷表现在:① 过于强调货币因素对国际收支的影响,而忽视对收入水平、支出政策等实物因素的分析。实际上,是商品流通决定货币流通,而不是货币流通决定商品流通,因此,我们不应当仅仅从货币市场分析国际收支失衡的原因及其调节。② 国际收支货币论的假定条件不一定能成立。如货币供应量的变化不影响实物产量、一价定律等都与现实情况有较大差距,这给国际收支货币论的运用带来许多限制。

本章小结

国际收支是国家之间经济交往的账面表现,国际收支平衡是一国要实现的外部平衡目标。国际收支是研究一国开放条件下所面临经济问题的切入点,也是国际金融学的研究起点和基础。国际收支问题是一个非常复杂的问题,对其全面分析研究的前提在于建立起关于国际收支的基础分析框架,由此本章首先介绍了国际收支的基本概念与内涵,以及国际收支平衡表的账户设置与编制方法。一国国际收支是否平衡通常根据国际收支平衡表中自主性交易的借贷双方金额是否相等来判断,国际收支失衡的度量方法包括贸易差额、经常账户差额、资本和金融账户差额、综合差额以及误差与遗漏净额等,国际收支失衡的成因包括周期性、结构性、收入性、货币性、季节性和偶然性以及投机性和避险性等因素。国际收支失衡会对整个国民经济产生非常不利的影响,各国在追求内部平衡目标的同时,都在进行国际收支调节以努力实现外部平衡目标。国际收支调节是指消除一国国际收支失衡的内在机制与作用过程,国际收支调节方法主要有自动调节机制和政策调节机制两大类。其中自动调节机制包括国际金本位制度下的"物价—金币流动机制",纸币本位固定汇率制度下的利率、价格和收入调节机制,以及纸币本位浮动汇率制度下的汇率调节机制。国际收支调节政策主要包括外汇缓冲政策、需求管理政策和供给调节政策等,其中需求管理政策又可分为支出增减和支出转换两类政策。西方国际收支理论是本章学习的重点与难点,它研究国际收支的决定因素、国际收支失衡的原因以及国际收支调节的政策含义,包括国际收支古典论、弹性论、乘数论、吸收论和货币论等。这些理论不仅丰富了国际金融的理论体系,而且为各国政府调节国际收支状况、维持内外经济的均衡与协调发展提供了理论依据。在学习这些理论时,我们都需要从其假定条件、基本内容及政策主张三方面去理解和把握,并能对这些理论进行客观公正的比较和评价。

复习思考题

1. 试述国际收支的概念及内涵。
2. 试述国际收支平衡表的主要内容。
3. 试述国际收支平衡表的编制原则与方法。
4. 试述国际收支失衡的度量方法。
5. 试述国际收支失衡的主要成因。
6. 试述国际收支的自动调节机制。
7. 试述国际收支的政策调节机制。
8. 试比较国际收支弹性论、乘数论、吸收论和货币论的异同。

第二章 外汇与外汇市场

国际间货币收支关系的发展必然会导致国际支付手段的产生，并应用于国际清算。同国内交易一样，国际交易起初也是由黄金作为主要支付手段的，但不久外汇就取代了黄金成为主要的国际支付手段，进而导致外汇交易的出现和兴盛。外汇与外汇市场是国际金融研究的主要内容之一。

第一节 外汇与汇率

一国内部的债权债务的清偿通常是通过收付该国的法定货币实现的。但由于各国都有自己独立的货币和货币制度，一国货币一般不能在另一国流通。因此，国与国之间的债权债务的清偿，就需要将本国货币兑换成外国货币，或将外国货币兑换成本国货币。

一、外汇的含义

外汇（Foreign Exchange）是国际汇兑的简称。准确把握外汇的含义，需要从动态和静态两个方面理解：一是动态含义，是指国际间为清偿债权债务，将一国货币兑换成另一国货币的过程；二是静态含义，是指国际间为清偿债权债务进行的汇兑活动所凭借的手段或工具，也可以说是用于国际汇兑活动的支付手段和支付工具。

国际金融学主要研究静态含义的外汇，它又有广义与狭义之分。广义的外汇泛指一国拥有的一切以外汇表示的资产或证券，如以外汇表示的纸币和铸币、存款凭证、定期存款、股票、政府公债、国库券、公司债券和息票等。根据 2008 年 8 月实施的《中华人民共和国外汇管理条例》，外汇是指以外币表示的可以用作国际清偿的支付手段和资产：① 外币现钞，包括纸币、铸币；② 外币支持凭证或者支付工具，包括票据、银行存款凭证、银行卡等；③ 外币有价证券，包括债券、股票等；④ 特别提款权；⑤ 其他外汇资产。狭义的外汇是指以外币为载体的一般等价物，或以外币表示的、用于清偿国际债权债务的支付手段，其主体是在国外银行的外币存款以及银行汇票、支票等外币票据。

严格地说,一种货币能被认为是外汇,必须同时具备三个条件:第一是外国发行,即这种货币是由外国政府或货币当局发行的;第二是各国普遍接受,在国际经济往来中这种货币被各国普遍接受和使用;第三是自由兑换,这种货币必须能够自由地兑换成其他国家的货币或购买其他信用工具以进行多边支付。国际货币基金组织按照货币的可兑换程度,把各国货币大体分类为:可兑换货币(Convertible Currency)、有限制的可兑换货币(Restricted Convertible Currency)、不可兑换货币(Non-convertible Currency)。严格意义上的外汇应是可兑换货币。

二、外汇的种类

依据外汇的来源、兑换条件、交割期限的不同,可对外汇做如下分类:

(1) 依据外汇的来源不同,外汇可分为贸易外汇和非贸易外汇。贸易外汇是指通过贸易出口而取得的外汇;非贸易外汇则是通过对外提供服务(劳务、运输、保险、旅游等)、投资(利息、股息、利润等)和侨汇等方式取得的外汇。

(2) 依据可否自由兑换,外汇可分为自由外汇和记账外汇。自由外汇是指不须经过货币发行国批准,就可随时兑换成其他国家货币的支付手段;记账外汇是指必须经过货币发行国的同意,才能兑换成其他国家货币的支付手段。记账外汇一般是在双边贸易支付结算协议的安排下,设立账户记载彼此间的债权和债务,并在年度终了时,进行账面轧差,结出余额。由于记账双方协定开立专用账户用于贸易清算,故记账外汇也可称为协定外汇或清算外汇。

(3) 依据外汇的交割期限不同,外汇可分为即期外汇和远期外汇。即期外汇是指外汇买卖成交后,在两个营业日内办理交割的外汇,又称为现汇;远期外汇是指外汇买卖双方按照约定,在将来某一日期办理交割的外汇,又称为期汇。

三、汇率及其标价方法

汇率是指一种货币与另一种货币的交换比例。广义上讲,汇率是两国货币的相对价格,即以一种货币表示的另一种货币的价格。

由于两种货币的相对价格可用这两种货币互为表示,即以本国货币表示外国货币的价格,或以外国货币表示本国货币的价格,因此汇率有两种不同的标价方法。

(一) 直接标价法(Direct Quotation)

直接标价法是以若干单位的本国货币来表示一定单位的外国货币的标价方法。例如,2021 年 1 月 15 日,人民币外汇市场牌价为:$100=RMB 646.33,即是直接标价法。在直接标价法下,当一定单位的外国货币折算的本国货币的数额增大时,说明外国货币币值上升,本国货币币值下降,称为外币升值或本币贬值;反之,当一定单位的外国货币折算成本国货币的数额减少时,称为外币贬值或本币升值。目前,世界上除了美国和英国外,各国都唯一地采用直接标价法。

(二) 间接标价法(Indirect Quotation)

间接标价法是以若干单位的外国货币来表示一定单位的本国货币的标价方法。例如,2021年1月13日,伦敦外汇市场英镑兑美元的汇价为:￡100＝＄136.34,这是间接标价法。在间接标价法下,当一定单位的本国货币折算的外国货币的数额增大时,说明本国货币币值上升,外国货币币值下降,称为本币升值或外币贬值;反之,则称为本币贬值或外币升值。目前,世界上只有美国和英国采用间接标价法。

四、汇率的分类

一般说来,汇率可简单地分成两大类:一是由政府制定的官方汇率,通常是由政府根据国内外经济形势及本国经济政策的需要确定,一般不轻易改变。银行在从事外汇交易的时候,只能采用该汇率,或仅能以此为中心作小幅度的变动,此种汇率通常在有外汇管制的国家普遍存在。二是由外汇市场供求因素决定的市场汇率,也称汇价。从外汇交易的角度看,汇率可分为六类。

(一)基础汇率和套算汇率

基础汇率(Basic Rate)是指一国所制定的本国货币与基准货币之间的汇率。一国在对外提供自己的外汇报价时,应首先挑选出具有代表性的某一外国货币(关键货币或代表货币),然后计算本国货币与该外国货币的汇率,由此形成的汇率即为该银行的基础汇率(又可称为中心汇率或关键汇率),该汇率是本币与其他各种货币之间汇率套算的基础。关键货币往往是国际贸易、国际结算和国际储备的主要货币,并且与本国的国际收支活动有着密切的关系。二战以后,美元成为重要的国际支付手段,故许多国家把本国货币对美元的汇率作为基础汇率。

套算汇率(Cross Rate)是指在基础汇率的基础上套算出的本币与非关键货币之间的汇率。如果本币与美元之间的汇率是基础汇率,那么本币与非美元货币之间的汇率即为套算汇率。在国际金融市场上,一国货币与其他外国货币的汇率可根据基础汇率推算出来。由于主要外币之间的交易十分频繁,这些外币与关键货币之间的汇率均可随时直接获得,因此根据主要货币与关键货币的汇率(即基础汇率),可推导出本国货币与其他非关键货币的汇率,即所谓的交叉汇率。例如,2021年1月8日,美元对人民币的汇率为:＄100＝RMB646.33,美元对港元的汇率为:＄1＝KH＄7.7536,则根据这两个基础汇率可以套算出港元对人民币的汇率为:KH＄100＝RMB 83.36(RMB 646.33＝KH＄775.36,KH＄100＝RMB 646.33/775.36×100＝RMB 83.36)。

(二)买入汇率、卖出汇率、中间汇率和现钞汇率

买入汇率(the bid rate)和卖出汇率(the offer rate)是银行买卖外汇的汇率报价。买入汇率(也称买入价)是银行从同业或客户手中买入外汇所支付的汇率,而卖出汇率(也称卖出价)是银行向同业或客户出售外汇时所索取的汇率。通常外汇银行低价买入外汇,高价卖出外汇,买入汇率和卖出汇率之间的差额就是外汇银行的收益,一般约为0.1%(也就是中间价上下各0.05%),具体情况受外汇市场行情、供求关系以及外汇银行的经营策略影响。

外汇银行所报出的两个汇价中,前一个数值较小,后一个数值较大。在直接标价法下,数值较小的为外汇银行的买入汇率,数值较大的为外汇银行的卖出汇率。例如,2021

年 2 月 3 日,纽约外汇市场报出的英镑对美元的汇率为：£1＝＄1.362 8～1.367 0,前者
(1.362 8 美元)为外汇银行从客户手中买入 1 英镑外汇所支付的美元数额,为买入汇率；
后者(1.367 0 美元)为外汇银行出售 1 英镑外汇所收取的美元数额,为卖出汇率。两者的
差额(0.004 2 美元)是外汇银行从事外汇交易的收益。而在间接标价法下,数值较大的为
外汇银行的买入汇率,数值较小的为外汇银行的卖出汇率。例如,2021 年 2 月 3 日,纽约
外汇市场美元兑瑞士法郎的汇率为：＄1＝SFr 0.920 2～0.920 8,前者(1/0.920 2)是外汇
银行卖出瑞士法郎的美元价格,为卖出汇率；后者(1/0.920 8)是外汇银行买入瑞士法郎
的美元价格,为买入汇率。

买入汇率和卖出汇率的平均数称为中间汇率(也称中间价),不过银行一般是先确定
外汇的中间汇率,再按前述方法计算出外汇的买入汇率和卖出汇率。

现钞汇率(Bank Notes Rate)是指银行买卖外国钞票的价格。一般情况下,外国钞票
既不能在本国流通,又不能直接用于支付,银行买入外国钞票后,必须将其运送到货币发
行国才能使用,因此需要花费一定的运费和保险费,同时也损失一定的在途利息。因此,
银行的现钞买入价要比外汇买入价低。

(三) 电汇汇率、信汇汇率和票汇汇率

电汇汇率(Telegraphic Transfer Rate,T/T Rate)也称电汇价,是买卖外汇时以电汇
方式支付外汇所使用的汇率。电汇是银行在支付外汇时,采用电报、电传等方式通知国外
分支机构或代理行解付汇款,其特点是外汇解付迅速,银行占用利息较少,能减少汇率波
动风险,因此国际支付大多采用电汇的方式。但一般情况下,电汇汇率价格较高。

信汇汇率(Mail Transfer Rate,M/T Rate)也称信汇价,是买卖外汇时以信汇方式支
付外汇所使用的汇率。信汇一般采用信函方式通知解付行支付外汇,因此所用时间比电
汇长,银行可以在一定时期内占用客户资金,故信汇的价格通常比电汇低一些。

票汇汇率(Demand Draft Rate,D/D Rate)也称票汇价,是买卖外汇时以票汇方式支
付外汇所使用的汇率。通常情况下,银行在卖出外汇时,开立由其国外分支机构或代理行
解付汇款的汇票,交由汇款人自带或寄往国外取款。票汇汇率较低,其汇率水平不仅取决
于期限长短,而且取决于外汇汇率的预期变化。

(四) 即期汇率和远期汇率

按照外汇买卖成交后交割时间的长短不同,汇率可划分为即期汇率和远期汇率。

(1) 即期汇率,也称现汇汇率,是指交易双方成交后,在两个营业日内办理交割所使
用的汇率。一般来说,即期汇率就是现时外汇市场的汇率。

(2) 远期汇率,也称期汇汇率,是指买卖双方成交时,约定在未来某一时间进行交割
时所使用的汇率。远期汇率是以即期汇率为基础约定的,而又与即期汇率存在一定的差
价。当远期汇率高于即期汇率时,称为升水(Premium)；当远期汇率低于即期汇率时,称
为贴水(Discount)；当远期汇率和即期汇率相等时,称为平价(Par)。汇率的升水、贴水或
平价主要受利率差异、外汇供求关系以及汇率预期等因素的影响。

银行外汇报价一般直接报出即期汇率,但对远期汇率报价主要有两种方式：一是直接
报价,其方法与即期汇率报价相同,即直接将不同交割日期的远期汇率的买入价和卖出价

表示出来；二是用远期差价或掉期率（即期汇率和远期汇率之间的差额）报价，即银行在报出即期汇率的同时，也报出远期汇率与即期汇率的偏离值或点数。交易者可根据报价信息计算出远期汇率。

在直接标价法下，远期汇率等于"即期汇率＋升水"或者"即期汇率－贴水"。假定2021年1月30日香港外汇市场外汇报价，美元的即期汇率为$1＝HK$7.8147，六个月美元升水134点，则六月期美元汇率为$1＝HK$（7.8147＋0.0134）＝HK$7.8281。

在间接标价法下，远期汇率等于"即期汇率－升水"或者"即期汇率＋贴水"。例如，2020年11月16日，在伦敦外汇市场上，英镑兑美元的即期汇率为：£1＝$1.3314，三个月美元升水175点，则三月期美元汇率为：£1＝$（1.3314－0.0175）＝$1.3139。

（五）名义汇率和实际汇率

根据汇率的形成与物价水平的关系，一般将汇率分为名义汇率、实际汇率。

（1）名义汇率（Nominal Exchange Rate）一般指汇率的市场标价，即外汇牌价公布的汇率。它表示一定单位的某种货币名义上兑换多少单位的另一种货币。在许多情况下，一国货币与外国货币之间名义上的兑换率的变动与这两种货币实际购买力之比的变动往往不一致。为此，可采用"实际汇率"这一概念来表达两国货币间汇率的实际变动趋势。

（2）实际汇率（Real Exchange Rate）是用两国价格水平或者财政补贴和税收减免率对名义汇率加以调整后的汇率。在不考虑财政补贴和税收减免的因素时，实际汇率是指名义汇率对通货膨胀进行调整后的结果，即外国商品与本国商品的相对价格，反映了本国商品的国际竞争力。在开放经济条件下，各国政府为了达到"奖出限进"的政策效果，往往对出口产品进行财政补贴和税收减免，对进口产品则征收一定的附加税。在这种情况下，实际汇率是名义汇率对财政补贴和税收调整后的结果。

① 利用消费物价指数（批发物价指数或GDP平减指数）计算出的实际汇率为：

$$RER = \frac{E_n/P_d}{1/P_f} = \frac{E_n P_f}{P_d} \qquad (2-1)$$

式（2-1）中，RER为本国货币与外国货币的实际汇率（用若干本币表示一定数量的外币的标价法，下均同）。E_n为本国货币对外国货币的名义汇率；$P_d = P_d^t/P_d^0$，为本国物价指数变动率，其中P_d^t为本国t期（即计算日）的物价指数，P_d^0为本国基期物价指数；$P_f = P_f^t/P_f^0$，为外国物价指数变动率，其中P_f^t为外国t期物价指数，P_f^0为外国基期物价指数。这种实际汇率一般用来解释物价变动即通货膨胀对名义汇率的影响。

② 利用本国贸易商品的国际市场价格指数计算的实际汇率为：

$$RER^* = E_n \times P_t/P_d = P_t'/P_d \qquad (2-2)$$

式（2-2）中，P_t为本国贸易商品的国际市场价格指数变动率（以外币表示），P_t'为以本国货币计值的本国贸易商品国际市场价格指数，$P_t' = E_n P_t$。该公式强调的是本国贸易产品的国际价格与国内价格指数的差异对实际汇率的影响。

③ 利用工资增长指数计算的实际汇率为：

$$RER = E_n W_f/W_d \qquad (2-3)$$

式（2-3）是以本国劳动力成本竞争力变化计算的实际汇率，其中W_d代表本国工资指数变动率，W_f为外国的工资指数变动率。说明当本国工资水平的增长比外国工资水平的增长更快时,也会使本国货币的实际汇率提高,从而影响本国商品的竞争力。

④ 由于有关税存在,出口商及进口商面临的实际汇率水平会受到影响,故也应进行相应调整,公式为:

$$RER_x = E_n(1-t_x)P_f/P_d \qquad (2-4)$$

$$RER_m = E_n(1+t_m)P_f/P_d \qquad (2-5)$$

式(2-4)和式(2-5)中,RER_x、RER_m 分别为出口商和进口商面临的实际汇率,t_x、t_m 分别为出口商和进口商面临的关税率(如为补贴则为负值),均以到岸价格(CIF)的一定比率表示,P_f、P_d 仍表示外国和本国的物价指数变动率。由式(2-4)可以看出,由于纳税使出口商的外币收入减少,实际上意味着它所赚外汇折合成本国货币的价值减少,即外币的实际汇率贬值。但如果是补贴则可以使出口商收入增加,故相当于外汇的升值。式(2-5)则表示由于进口需纳税而使进口商支出的本币值增加,即其购买进口产品所用外汇的实际汇率升值。从以上两个公式可以看出,当一国货币的名义汇率偏高,已严重影响了该国的国际收支状况,但由于某种原因又无法改变汇率时,可以通过调整税收或补贴的政策来达到与变动汇率类似的效果。

(六) 名义有效汇率和实际有效汇率

名义有效汇率(Effective Nominal Exchange Rate)是指一国货币与其各个贸易伙伴国货币的名义双边汇率(Bilateral Nominal Exchange Rate)的加权平均数。最常见的权数选择是贸易比重,即各贸易伙伴国在本国进出口贸易中所占的份额。这种汇率实际上表示本国货币对所有的或主要的外币的加权平均比价。在实际的操作中,往往选择一组外币(称货币篮子)的汇率的加权平均数来计算名义有效汇率。组成货币篮子的外币称为篮子货币或代表货币,它们一般是在本国的对外经济交往中占重要地位的货币。因而,名义有效汇率又经常被称为贸易加权汇率(Trade Weighted Rate)。

$$EER = \sum E_i q_i \qquad (2-6)$$

式(2-6)中,EER 代表贸易加权名义有效汇率,q_i 为本国以第 i 种篮子货币计值的进出口贸易额占本国以篮子货币计值的进出口贸易总额的比重,E_i 表示第 i 种篮子货币和本币的名义双边汇率。

实际有效汇率是指剔除通货膨胀后,一国货币与所有贸易伙伴国货币双边名义汇率的加权平均数。如果将现期名义有效汇率与某一基期的名义有效汇率作比较,可获得名义有效汇率指数,公式为:

$$eer = \sum e_i^* q_i \qquad (2-7)$$

式(2-7)中,eer 为名义有效汇率指数;e_i^* 为第 i 种篮子货币与本国货币的汇率指数;$e_i^* = E'_i/E_i$,其中 E'_i 为第 i 种篮子货币与本国货币的现期汇率,E_i 为基期汇率;q_i 为第 i 种篮子货币国的权数,它可按计算名义有效汇率的同样方法选取。

再将名义有效汇率指数按物价指数进行调整,可获得实际有效汇率指数,公式为:

$$eer^* = eer \times P_f/P_d \qquad (2-8)$$

式(2-8)中,eer^* 为实际有效汇率指数;P_f 为篮子货币国加权平均物价指数,$P_f = \sum p_i q_i$,其中 p_i 为第 i 种篮子货币国的物价指数;P_d 为国内物价指数。

在外汇市场上,各种外国货币汇率的变动趋势往往是不一致的。因此,当一国货币对某种外汇的汇率上升时,它对另一种外币的汇率却可能下降,或虽然同是上升或下降但幅度却有所不同。在这种情况下,仅仅考察本国货币与某一种外币的汇率变动并不能十分准确地把握本国货币汇率的变动趋势,实际有效汇率及有效汇率指数的计算可弥补这一缺陷。

第二节　外汇市场

二战以后,随着世界经济的迅速发展,外汇市场发生了巨大的变化,不仅形成了伦敦、巴黎、纽约、东京、新加坡、中国香港、苏黎世、阿姆斯特丹、卢森堡、马尼拉、开曼群岛和巴林等诸多国际金融中心,而且世界各地营业时间相互衔接,使得外汇交易可以在全球 24 小时不间断地进行。外汇市场及其交易活动的影响越来越大,受到人们的普遍关注。

一、外汇市场的含义及功能

(一) 外汇市场的含义

外汇市场是指从事外汇买卖或兑换的交易场所,或是各种货币彼此进行交换的场所,是金融市场的重要组成部分。

外汇市场上从事的外汇买卖可分为两种类型:一是本币与外币之间的相互买卖,即外汇的持有者按一定的汇率卖出外汇换回本币,外汇的需求者按一定的汇率用本币购买外汇,也被称为国内外汇市场;二是不同币种的外汇之间的相互交易,也被称为国际外汇市场。

外汇市场的组织形态主要有两种:一是有固定场所和设施的有形市场,如外汇交易所;二是没有固定交易场所的,即无形的、抽象的市场。无形市场通常表现为电话、电报、电传和计算机终端等各种远程通信工具所构成的交易网络,使外汇信息的流通和交易成为可能。

(二) 外汇市场的功能

外汇市场的主要功能包括以下几个方面。

1. 外汇买卖的中介

如同任何商品市场一样,外汇市场为外汇这一特殊商品的买卖提供了一个集中的场所。如果没有外汇市场,则外汇交易的一方寻找另一方以及发现交易价格就需要花费更多的成本,外汇交易的效率就会十分低下。

2. 平衡外汇的供求

外汇市场不仅充当了外汇买(需求方)卖(供给方)双方的中介,而且通过汇率的变动对外汇的供求起着平衡作用。一种外汇的供求不平衡则会导致其价格(汇率)的相应变动,而价格的变动又反过来影响外汇供求的变动,进而使外汇供求趋于平衡。

3. 宏观调控的渠道

外汇市场还是各国政府调节国际收支乃至整个国民经济的重要渠道,它们通过各种手段影响外汇市场的供求和外汇汇率的变动,进而达到调节国际收支乃至宏观经济的目的。

4. 保值与投机的场所

外汇市场的另一个功能是为试图避免外汇风险的交易者提供保值的场所。他们在外汇市场上可从事套期保值、掉期交易等外汇交易以避免外汇风险。同样,外汇市场也为那些希望从汇率波动中获取好处的投机活动提供了可能。

二、外汇市场的参与主体

外汇市场的参与者既有政府、企业等机构投资者,也有个人投资者,还有外汇银行、养老基金、保险公司、投资基金等不同形式且数目众多的金融组织。其参与主体包括以下几个方面。

(一) 外汇银行

在外汇交易过程中,外汇银行充当着重要角色。许多外汇银行拥有遍布全球的机构网络,承担着绝大部分的跨国资金调拨、借贷以及国际收支结算等业务,因而它们在外汇交易中发挥着核心作用。在外汇市场上,外汇银行的主要交易包括两个方面:一是充当外汇交易中介,即从希望出售外汇的客户手中购入外汇,再转手出售给需要购买外汇的客户,从中获取差价;二是调节外汇头寸,自主地买进或卖出外汇。

由于外汇市场上参与外汇交易并提供报价的外汇银行很多,因而外汇银行只有为客户提供更富有竞争力的报价才能迎合市场的需要,吸引和维持更多的客户,这使得银行所报的外汇价格一般能够符合外汇市场的供求状况。通常,只有外汇银行,特别是实力雄厚的外汇银行才是外汇价格即汇率的主要决定者(Price Maker)。

(二) 中央银行

各国中央银行也是外汇市场的重要参加者,代表政府对外汇市场进行干预。它们一是以外汇市场管理者的身份,通过制定和运用法规、条例等,对外汇市场进行监督、控制和引导,保证外汇市场上的交易有序地进行,并使其能最大限度地符合本国经济政策的需要;二是直接参与外汇市场的交易活动,主要是根据国家政策需要买进或卖出外汇,以影响外汇汇率走向。中央银行的这种外汇买卖活动实际上使其充当外汇市场的最后交易者或"清道夫",即因汇率不能充分调整(即达不到市场均衡汇率的水平)而导致的外汇供求差额由中央银行购进(当供大于求时)或售出(当求大于供时),进而维持外汇市场的均衡与稳定。

(三) 外汇经纪人

外汇经纪人主要为从事外汇买卖的银行"牵线搭桥",充当外汇交易的中间人。外汇市场的信息量大且瞬息万变,要求外汇交易者能随时掌握最新信息,迅速达成交易。业务繁重的外汇银行很难有效地处理和利用这些信息,因此外汇银行之间的交易大多通过外汇经纪人达成。外汇经纪人专门为银行代理外汇买卖业务,他们拥有庞大的信息网络,彼此之间也有紧密的联系,并且在世界许多外汇市场上设有分支机构。由于他们的存在,外汇银行能够以更快的速度和更有利的价格达成外汇交易。

外汇经纪人一般不直接为自己买卖外汇,只是通过提供咨询、信息、买卖代理及其他服务而赚取一定比例的佣金。由于外汇经纪人与外汇买卖活动无直接利害关系,从事外汇交易的银行才会对外汇经纪人的诚实与公正给予高度的信任。

(四) 非银行客户及个人

非银行客户及个人主要指因从事国际贸易、投资及其他国际经济活动而出售或购买外汇的非银行机构及个人。他们是外汇的最终供给者和需求者,外汇的供求关系和汇率走势最终是由他们决定的。但非银行客户通常并不能提出自己的外汇报价,而只能被动地接受,并按照外汇银行的报价进行外汇交易。他们不是价格的提供者和维持者,而是价格的接受者(Price Taker)。

三、外汇市场均衡

外汇市场均衡意味着市场参与者持有不同货币存款的预期收益率都相等,不再有套汇或套利空间,市场供求和市场汇率也因此处于稳定状态。

(一) 外汇市场均衡的基本条件

外汇市场均衡的基本条件就是利率平价得以成立。利率平价成立就是指在外汇市场上,不论持有何种外汇存款,存款的持有者不会因币种的不同而产生收益上的差异。

假定外汇市场上外汇存款的潜在持有者有美元存款和欧元存款可供选择,美元利率为8%,欧元利率为5%,但美元相对于欧元的年预期贬值率为6%。在这种情况下,欧元存款的年预期收益率比美元存款高3个百分点,人们总是愿意持有最高预期收益率的货币存款,则欧元存款的持有者会继续持有该货币存款,而美元存款持有者会卖出美元存款、买入欧元存款。因此,外汇市场上就会出现美元存款的过度供给和欧元存款的过度需求。相反,假定美元存款仍保持8%的利率,但欧元存款利率为10%,美元相对于欧元的年预期升值率为4%,则美元存款的年预期收益率高出2个百分点,于是会出现欧元存款的过度供给和美元存款的过度需求。只有当所有货币的预期收益率都相等时,即当利率平价成立时,才不会出现一种货币存款的过度供给和另一种货币存款的过度需求。

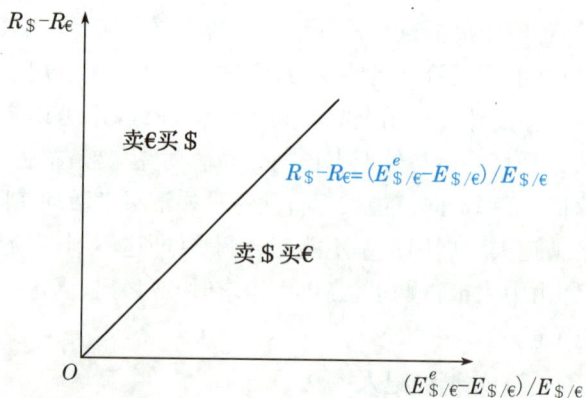

美元和欧元之间的利率平价可以用公式(2-9)表示:

图 2-1 利率平价

$$R_\$ = R_€ + (E^e_{\$/€} - E_{\$2/€})/E_{\$/€} \qquad (2-9)$$

式(2-9)中，$R_\$$、$R_€$ 分别表示美元利率和欧元利率，$E^e_{\$/€}$、$E_{\$/€}$ 分别表示美元相对于欧元的预期未来汇率和即期汇率，则 $(E^e_{\$/€} - E_{\$/€})/E_{\$/€}$ 表示美元相对于欧元的预期贬值率。当上式成立时，外汇市场上没有对某一种货币存款的过量供给和过量需求，从而外汇市场处于均衡状态。

(二) 即期汇率变化对外汇存款收益率的影响

即期汇率的变化会对外汇存款的预期收益率产生影响。首先假定存款利率和对未来汇率的预期保持不变，再进一步分析即期汇率变化对外汇存款的预期收益的影响。一般结论是：在其他情况相同时，本国货币的贬值会提高外汇存款以本币计算的预期收益率，而本币的升值会使外汇存款以本币计算的预期收益率降低。

假定当其他条件保持不变时，美元/欧元汇率为每欧元 0.375 美元，预期一年后美元对欧元的汇率为每欧元 0.383 美元，则美元对欧元的年预期贬值率为 0.02 或 2%[≈(0.383-0.375)/0.375]。这意味着买入 1 欧元的存款，不仅可以获得利息 $R_€$，还可获得 2% 美元的"额外收入"。如果当前美元对欧元的汇率变为每欧元 0.365 美元，预期汇率不变仍为每欧元 0.383 美元，则美元的预期年贬值率为 0.05 或 5%[=(0.383-0.365)/0.365]。

根据不同的当前美元/欧元汇率水平 $E_{\$/€}$，表 2-1 分别列出欧元存款的美元收益。其中假定对未来的预期汇率保持不变，仍为每欧元 0.383 美元，欧元的年利率不变，仍为 5%，可以发现，当美元/欧元汇率上升（美元相对欧元贬值），欧元存款以美元计算的预期收益率降低；当美元/欧元汇率下降（美元相对欧元升值），欧元存款以美元计算的预期收益率上升。也就是说，在预期汇率和利率不变的情况下，美元相对于欧元的贬值，使欧元存款相对于美元存款的吸引力下降（欧元存款的美元预期收益率下降），而美元相对于欧元的升值，使欧元存款的吸引力上升（欧元存款的美元预期收益上升）。

表 2-1　美元对欧元的即期汇率与欧元存款的预期美元收益

$E_{\$/€}$	$R_€$	$(0.383-E_{\$/€})/E_{\$/€}$	$R_€ + (0.383-E_{\$/€})/E_{\$/€}$
0.398	0.05	-0.04	0.01
0.383	0.05	0.00	0.05
0.375	0.05	0.02	0.07
0.370	0.05	0.035	0.085
0.365	0.05	0.05	0.10

根据表 2-1 的数据，可以画出反映当前美元/欧元汇率与欧元存款的预期美元收益的曲线，如下图 2-2 所示。

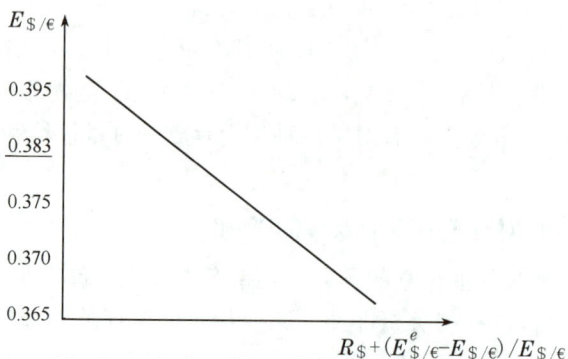

图 2 - 2　即期汇率与欧元存款的预期美元收益率

(三) 均衡汇率

能够使利率平价成立的市场汇率就是均衡汇率。继续假定美元利率($R_\$$)、欧元利率($R_€$)和预期美元/欧元汇率($E_{\$/€}$)都保持不变。在图 2 - 3 中,向下倾斜的曲线表示欧元存款的预期收益如何取决于当前的美元/欧元汇率,垂直的曲线表示给定水平的美元利率。

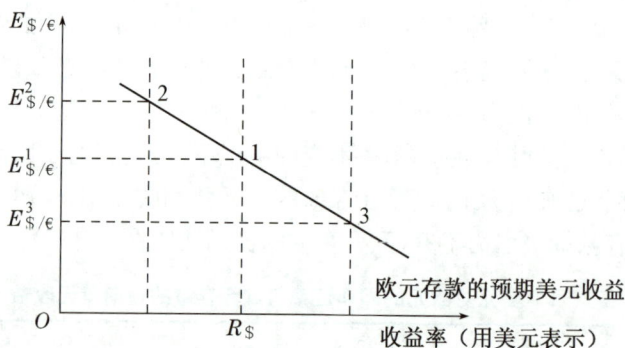

图 2 - 3　外汇市场均衡

图 2 - 3 中,汇率最初为 $E_{\$/€}^2$ 时,欧元存款的收益率比美元存款的收益率低($R_€ < R_\$$)。此种情况下,欧元存款的持有者愿意卖出欧元存款、买入美元存款,使欧元存款的供给和美元存款的需求同时增加,美元/欧元汇率趋于下降,即美元相对欧元升值,则美元/欧元汇率由 $E_{\$/€}^2$ 趋向 $E_{\$/€}^1$。汇率最初处于点 3 水平、汇率为 $E_{\$/€}^3$ 时,表明欧元存款的收益率比美元存款的收益率高($R_€ > R_\$$)。此种情况下,美元存款的持有者愿意卖出美元存款、买入欧元存款,使美元存款的供给和欧元存款的需求同时增加,美元/欧元汇率趋于上升,即美元相对欧元贬值,则美元/欧元汇率由 $E_{\$/€}^3$ 趋向 $E_{\$/€}^1$。一旦美元/欧元汇率到达 $E_{\$/€}^1$,欧元存款和美元存款就能够获得相等的收益,外汇市场在此点也达到了均衡,$E_{\$/€}^1$ 即为均衡汇率。

第三节　外汇交易

外汇交易主要分为即期外汇交易和远期外汇交易两大类。随着金融创新和金融全球化步伐的加快,当今外汇市场上的外汇交易品种越来越多,外汇交易的内涵也越来越复杂,这里只简单地对几种常见的外汇交易进行论述。

一、即期外汇交易

即期外汇交易(Spot Exchange Transaction),又称现汇交易,是买卖双方成交后在两个营业日内办理交割的外汇交易。即期外汇交易主要是为了满足机构与个人因从事贸易、投资等国际经济活动而产生的外汇供求,是外汇交易的主要组成部分。即期外汇交易采用的汇率被称为即期汇率(Spot Rate)。

(一) 即期外汇交易的交割

即期外汇交易的交割应在交易达成后的两个营业日内完成。这两个营业日的宽限期是从欧洲过去的外汇交易实践中沿袭下来的。因为过去的外汇交易多用票汇、信汇的方式进行,耗时较长。在欧洲大陆两个外汇市场之间完成交割手续一般需要两个营业日。而目前外汇市场的现汇交易虽然多采用电话、电报、电传等现代通信手段完成,交易时间大为缩短,但由于习惯原因,仍沿用交易后两个营业日内交割的做法。

若交易双方达成协议,以快于两天的正常交割速度完成交易,则其成交的汇率将和正常交割的汇率有所不同,以反映两地的利率差异。计算公式为:

汇率差异＝正常交割的即期汇率×两种货币利率差异÷360×提前日数

(二) 套汇

套汇是指为获取汇率差价而从事的外汇交易。如果外汇市场上两种货币的汇率存在差异,那么进行套汇交易就有可能获利。

【例 2-1　两角套汇】 假设在 A 外汇市场上英镑对美元的汇率为£1＝＄2,但在 B 外汇市场上英镑对美元的汇率为£1＝＄1.5,人们则可以在 B 市场上以£1＝＄1.5 的价格用 1.5 美元买入 1 英镑,然后在 A 市场上以£1＝＄2 的价格将 1 英镑卖出,可换回 2 美元,这样净赚 0.5 美元。同样,人们也可从 A 市场上以£1＝＄2 的价格用 1 英镑换到 2 美元,然后在 B 市场以£1＝＄1.5 的价格用 2 美元换回约 1.33 英镑(＝2÷1.5),净赚约 0.33 英镑。

以上从两种货币间公开的汇率差异中获利的套汇,称为两角套汇。此种套汇较为简单,其结果会使不同外汇市场的汇率差价消失。上例中,由于人们在 B 市场购买英镑、抛售美元,会使 B 市场英镑需求增加,从而英镑对美元汇率上升;反之,由于在 A 市场抛售英镑、购买美元,会导致 A 市场英镑对美元汇率下跌,直至 A、B 两市场英镑对美元的汇差消失。

【例 2-2　三角套汇】 从三种货币相互间的标价中隐含的汇率(即交叉汇率)差价

来获利的交易行为称为三角套汇。假定在某一外汇市场,加元、英镑、美元的标价为:

$$Can \$1 = \$0.2 \qquad (a)$$
$$\pounds1 = \$2 \qquad (b)$$
$$\pounds1 = Can \$8 \qquad (c)$$

那么,标价(a)、(b)中隐含英镑和加元的交叉汇率为$\pounds1 = Can \$10$,比标价(c)标明的英镑对加元汇率高出2加元,故可以首先从标价(c)入手,用8加元换到1英镑,然后按标价(b)用1英镑换到2美元,最后按标价(a)用2美元换回10加元,最终赚得2加元。也可以从标价(b)入手,用1英镑换2美元,再按标价(a)换成10加元,最后按标价(c)将10加元兑成1.25英镑,净赚0.25英镑。

除三角套汇外,还可以从三种以上外汇交叉汇率的不一致中进行套汇,称多角套汇。其方法与三角套汇相似。

由于当今世界各国外汇市场之间的信息传递迅速、交易速度提高,外汇市场上任何微小的汇率差异都将会被套汇者捕捉到,并很快消失,因而任何套汇机会都很难长时间地存在。但套汇仍具有重要的意义,因为套汇可能性的存在,各国外汇市场内以及国际外汇市场间不同货币的任何公开或隐含的汇率都会趋于一致。

(三) 套利

套利(Arbitrage)是指利用两地间的利率差异而赚取利润的行为。假定伦敦的存款利率为8%,而纽约的存款利率为10%,则人们把资金从伦敦转存入纽约,可多获2个百分点的利息收入(如果汇率不变)。英国某投资者有100万英镑资金,若他把这笔资金存入伦敦银行,一年后的本息收入为108万英镑($=100+100\times8\%$);若该投资者将100万英镑兑换成美元存入纽约银行,一年后可获美元本息220万美元($=200+200\times10\%$)(设$\pounds1 = \$2$,且一年后保持不变),换回英镑为110万英镑,则多获得2万英镑的利息收入。

也同样由于套利活动的存在,各国间微小的利率差异都会引起资金在国际间的快速流动,各国利率因而也会趋于一致。在上例中,由于英镑持有者纷纷将手中资金兑成美元存入银行,美国的利率会因资金供给的增加而下降,而英国的利率会因资金供给的减少而上升,这一趋势会一直持续到两地的利率差异消失。

二、远期外汇交易

远期外汇交易(Forward Exchange Transaction)是在外汇买卖成交后的未来某一特定日期进行实际交割的外汇交易,它包括所有交割期限超过即期外汇交易的正常交割期限(两个营业日)的外汇交易。远期外汇交易的目的不在于满足国际结算的需要,而是为了保值或投机,它使得交易者能够获得一种货币的确定的未来汇率,从而避免外汇风险;也可使投机者在汇率变动中赚取好处。

远期外汇交易的交割期限通常多于两个营业日但不超过一年,实际期限从远期外汇合约达成日加两个营业日起算。例如,某三个月远期外汇合约订立于1月1日,则交割期限从1月3日起算,交割日为4月3日。如果该月无此日,则以该月最后营业日为交割日。如果上例中的合约订立于3月29日,则交割期限自3月31日起算,交割日应为6月31日,但因该月没有31日,则以6月30日为交割日。

（一）远期外汇合约（Exchange Forward Contract）

远期外汇合约是交易双方签订的固定价格合约，约定在未来某一特定日期按固定价格交割一定数量的外汇，这一固定价格就是远期汇率。远期外汇合约是比较简单的一种远期外汇交易形式。远期外汇合约可以用来套期保值、投机和套利，使金融市场的参与者利用该市场的不完全有效性获得利益成为可能。

1. 套期保值（Hedge）

外汇套期保值是指采取某种措施减少由于汇率变化的不确定性引起的外汇风险。由于汇率变化的不确定性，外汇交易者面临交易风险。这主要是因为汇率的变动会使存在外汇结算的企业可能因其外汇收支以本币计算的价值发生变动而蒙受损失。这种因汇率变动导致的风险被称为汇率风险（Foreign Exchange Rate Risk）。例如，某英国进口商从美国进口了一批货物，价值 3 000 万美元，3 个月后以美元付款。如果此时英镑对美元的即期汇率为 £1＝＄2，则该进口商需支付 1 500 万英镑，但如 3 个月后英镑对美元汇率降至 £1＝＄1.5，则它要为支付 3 000 万美元的货款而付出 2 000 万英镑，因此多付了 500 万英镑。

为避免汇率风险，企业及银行可以在外汇市场从事外汇保值交易（Hedging）。外汇持有者进行套期保值的基本原则是使自己持有的外汇头寸为零，即要轧平头寸。外汇头寸分为即期头寸和远期头寸两种。即期头寸也就是交易者持有的某种外汇资产和负债在数额上的差异，若交易者持有的外汇资产金额大于其负债金额，则称该交易者持有外汇的长头寸（Long Position）；反之，则称交易者持有外汇的短头寸（Short Position）。而远期头寸是指交易者持有的某种外汇资产和负债除了数额上的差距外，还存在期限上的差距。对于即期外汇头寸，可以通过反向的即期外汇交易来轧平头寸；对于远期头寸，则可以通过反向的远期外汇交易来轧平头寸。

例如，中国海尔公司欲从美国进口价值 2 000 万美元的一批设备，三个月后付款。为了避免日后美元升值造成的损失，海尔公司可从美国花旗银行购买 2 000 万美元的三个月远期外汇，价格为 RMB 6.316 5/US＄。合约到期后，海尔公司向花旗银行支付 16 465 万元人民币取得 2 000 万美元用于进口支付。如果三个月后美元果然升值，价格为 RMB 6.399 0/US＄，则远期外汇合约使海尔公司避免了（6.399 0－6.316 5）×2 000＝165 万元人民币的损失。相反，如果三个月后美元贬值，价格为 RMB 6.267 5/US＄，那么，海尔公司需要多支付（6.316 5－6.267 5）×2 000＝98 万美元。因此，远期外汇合约在避免交易中产生的汇率风险的同时，也带来损失的可能性。

在上例中，进口商海尔公司把汇率的风险转嫁给了花旗银行。但是花旗银行也不愿自己承担汇率变化的风险，它也会利用远期外汇合约，在当天买入一笔 2 000 万美元的三个月远期美元，价格可能小于或等于 6.316 5RMB/US＄。可见，银行业也需要利用远期外汇合约来规避风险。

2. 投机

外汇投机是利用汇率波动而获利的行为。投机者可有意识地持有某种外汇的未轧平的头寸（Uncovered Position）来实现获利的目的。从广义上说，凡是持有未轧平的外汇头寸的交易者均属于外汇投机者,但外汇交易者持有外汇头寸通常有两种情况:一是由于从事国际经济交易的原因而持有了外汇头寸,只是由于某一原因而未能及时将其轧平,但交易者本身并没有从事外汇投机的动机;二是为了投机而蓄意持有某种外汇的头寸,或是不将其进行国际经济交易而持有的外汇头寸轧平。狭义的外汇投机者一般是指后一类外汇交易者。

利用远期外汇合约进行外汇投机意味着在预测外汇汇率将上升时先买进后卖出,在预测外汇汇率下降时先卖出后买进的交易行为。例如,6月15日,纽约外汇市场上三个月港元远期汇率为7.812 5HK＄/US＄,据投机者预测,港元将在三个月中升值,即美元对港元的远期汇率下降。于是,决定买入1 000万三个月远期港元,交割日为9月17日。如果港元果然升值,如8月17日,一个月远期美元汇率为7.810 5HK＄/US＄,则该投机者将签订另一份合约,卖出一个月远期港元,交割日为9月17日,到期将获利327.26美元[＝(1/7.810 5－1/7.812 5)×1 000]。如果判断失误,三个月后港元贬值,则该投机者遭受损失。

3. 抵补套利

在外汇市场的套利活动中,套利者一般会面临汇率风险,因为他在投资结束时需将以外汇持有的投资本息兑换回本国货币,如果到那时外汇的汇率下跌,投资本息的本国货币值就会下降,从而减少了套利的赢利所得。如果汇率方面的损失足够大,就可能会抵消套利的赢利,使之转为亏损。

为避免汇率风险,需将远期外汇交易和套利交易结合起来,此称为抵补套利(Covered Arbitrage)。仍以套利的例子说明,伦敦英镑存款利率为8％,纽约美元存款利率为10％,英镑对美元的即期汇率仍为￡1＝＄2,远期汇率为￡1＝＄2.02,即远期英镑有升水(美元有贴水)。为避免汇率风险,可采取以下交易:可先做一笔英镑对美元的即期交易,即以￡1＝＄2的即期汇率购入200万美元,将其存入纽约银行,同时利用远期外汇合约,以￡1＝＄2.02的远期汇率出售一年期的远期美元220万美元,换回英镑。则一年后套利者的英镑盈利为0.9万英镑[≈(200(1＋10％)/2.02－100(1＋8％)],即在消除了汇率风险后,套利者可获利润0.9万英镑,较前述套利(未抵补)所得2万英镑减少了1.1万英镑,这1.1万英镑即为套利者因美元有远期贴水而导致的汇率损失。

上述情况如果存在,就会吸引投资者从事抵补套利活动。然而套利者用英镑购买即期美元会扩大即期美元的需求,促使即期美元汇率上升,而套利者出售远期美元又会增加远期美元的供给,促使远期美元汇率下跌,因而远期美元的贴水会扩大。与此同时,套利活动如前述又会减少美国利率和英国利率的差异。这两个方面的过程会持续下去,直到美元远期汇率的贴水与英美两国的利差相等,此时由于套利者从美国高利率中获得的好处正好与他在美元汇率上受到的损失相同,抵补套利就会因无利可图而停止。

(二) 外汇掉期交易

外汇掉期交易是指同时包含一笔即期外汇交易和一笔币种、数额相同但方向相反的远期交易的一种合约,即在购买一笔即期外汇的同时又出售一笔数额相同的、同一币种的远期外汇,或在出售一笔即期外汇的同时购入相同数额、同一币种的远期外汇。一笔掉期外汇买卖可以看成由两笔交易金额相同、起息日不同、交易方向相反的外汇买卖组成的,因此一笔掉期外汇买卖具有一前一后两个起息日和两项约定的汇率水平。在掉期外汇买卖中,客户和银行按约定的汇率水平将一种货币转换为另一种货币,在第一个起息日进行资金的交割,并按另一项约定的汇率将上述两种货币进行方向相反的转换,在第二个起息日进行资金的交割。

最常见的掉期交易是把一笔即期交易与一笔远期交易合在一起,等同于卖出即期甲货币、买进乙货币的同时,反方向地买进远期甲货币、卖出远期乙货币的外汇买卖交易。

外汇掉期交易的功能之一是调整起息日。客户做远期外汇买卖后,因故需要提前交割,或者由于资金不到位或其他原因不能按期交割而需要展期时,都可以通过做外汇掉期买卖对原交易的交割时间进行调整。例如,一家美国贸易公司在1月份预计4月1日将收到一笔欧元货款,为防范汇率风险,公司按远期汇率水平同银行做了一笔3个月远期外汇买卖,买入美元卖出欧元,起息日为4月1日。但到了3月底,公司得知对方将推迟付款,在5月1日才能收到这笔货款。于是公司可以通过一笔1个月的掉期外汇买卖,将4月1日的头寸转换至5月1日。

外汇掉期交易的功能之二是防范风险。若客户目前持有甲货币而需使用乙货币,但在经过一段时间后又收回乙货币并换回甲货币,也可通过掉期外汇买卖来锁定换汇成本,防范风险。例如,一家日本贸易公司向美国出口产品,收到货款500万美元。该公司需将货款兑换为日元用于国内支出。同时公司需从美国进口原材料,并将于3个月后支付500万美元的货款。此时,公司可以采取的措施为:做一笔3个月美元兑日元掉期外汇买卖——即期卖出500万美元、买入相应的日元,3个月远期买入500万美元、卖出相应的日元。通过上述交易,公司可以轧平其中的资金缺口,达到规避风险的目的。

(三) 外汇期货交易

外汇期货交易是交易双方在交易所内通过公开叫价的拍卖方式,买卖在未来某一日期按既定的汇率交割一定数量外汇的期货合约的外汇交易。外汇期货交易合约是由交易所制定的标准化合约,该种交易是在期货交易所里进行的,故它又称为场内外汇期货。

1. 外汇期货合约的交易条件

(1)外汇期货的期限,指外汇期货合约实际交割的期限。各外汇期货交易所的交割期限一般只有3个月、6个月、9个月、12个月数种。每个月的交割日期也是固定的,如芝加哥商品交易所的交割日期一般分别为3月、6月、9月、12月的第三个星期三。

(2)协议价格,指外汇期货合约中规定的双方买卖外汇的汇率(价格),这由期货交易的双方根据行情自由确定。在各期货交易所,外汇期货协议价格的标价和即期外汇的标价方法也不同。它不是采用美元对其他外币的直接标价方法,而是采用美元的间接汇率即购买单位的其他外币所需的美元数额的方式。期货合约中规定的协议汇率由交易双方经讨价还价自由确定,交易所将随时公布最新的成交价(汇率)。

(3)交易的对象及金额,指期货合约中规定的双方买卖的外汇种类及其交易金额。在期货交易所内每份外汇期货合约的金额是标准化的,但每份标准化的期货合约的金额在不同交易所也是有差异的。

2. 外汇期货交易的保证金

每一位外汇期货交易者都需按其买卖的外汇期货金额的一定比例向期货交易所设立

的清算所交纳保证金,清算所在每个交易日营业结束后,根据该日的外汇期货收盘价,计算各交易所成员盈亏情况。对于买入外汇期货的交易成员而言,若该日收盘价高于外汇期货的协议价格,则有盈利;反之,该交易成员会出现亏损。对于出售外汇期货的交易成员来说则刚好相反,是在收盘价高于期货协议价格时有亏损,而在收盘价低于期货协议价格时有盈利。交易成员所获得的盈利将打入该成员的保证金账户,该成员可以随时将该笔增加的多余保证金以现金方式取走。反之,那些有亏损的交易成员的保证金账户将被减少,若因此而使该交易成员的保证金金额不足最低保证金的要求,清算所将要求其补加保证金(称为追加保证金)。如果该交易成员无力按时补足保证金,清算所有权强迫轧平其头寸,此称为平仓。保证金比例因交易所的不同而有差异。

3. 外汇期货交易与远期外汇合约的区别

与普通的远期外汇合约相比,外汇期货交易具有以下优点:① 报价更为公开、合理。由于外汇期货在交易所内集中进行,其报价可以经交易所及时对外公开,与私下个别交易的远期外汇合约相比,其价格水平更易为交易各方所了解,也更为公正合理。② 由于交易者实际上是与交易所进行交易,故违约的风险比远期合约要小得多。③ 由于交易的集中化和标准化,故其交易相对容易达成,手续也简便得多。④ 外汇期货的盈利会在当日的保证金账户上反映出来并可以提取。⑤ 由于外汇期货在到期前只需交纳保证金,并可提前出售,不必在到期时实际交割,故较小的资金即可经营巨额交易,不论是用于保值还是投机,所需资本均远远小于同样规模的远期外汇合约。

外汇期货交易也有不足之处。由于外汇期货的期限、金额等条件都是标准化的,因而很难完全符合每项具体的国际经济交易对远期交易的实际需要。此外,在外汇期货到期前,若出现亏损,交易者必须及时补交保证金,从而增加了持有成本。因此如果交易者在未来某日确实需要所交易的外汇,则期货交易的成本高于远期合约。

(四) 外汇期权交易

外汇期权又称外汇选择权,是指在一定期间内或一定期间后按协议的价格购买或出售一定数额的某种外汇(Underlying Asset,即标的资产)的权利。外汇期权可分为看涨期权(Calls)和看跌期权(Puts)。外汇看涨期权的买方在期权的有效期内(或期权到期时)有权从该期权的卖方按协议规定的价格购买某种外汇,故又被称为买方期权(Call Option);而外汇看跌期权则是指期权的卖方在期权的有效期内(或期权到期时)有权以协议规定的价格向该期权的买方出售一定数额的外汇资产,故又被称为卖方期权(Put Option)。期权根据其行使的条件,又可分为欧式期权(European Options)和美式期权(American Options)。欧式期权只有在期权到期时买方才可以行使其权利,而美式期权在期权有效期的任一时间买方都有权行使其权利。不过前者可通过从事一笔反向期权交易达到同样目的。

(1) 外汇期权交易可用来避免外汇风险。例如,设有一家瑞士进口商,进口了价值100万美元的货物,三个月后付款,为了防止因美元兑瑞士法郎的汇率上升而蒙受损失,它可以买入价值100万瑞士法郎兑美元的美元看涨期权,协议汇率为 $1=SFr 0.920 6,则该进口商可以每美元兑 1.458 6 瑞士法郎的固定价格在未来三个月的任一天内购入美元以支付进口货款。设购买当日的即期汇率为 $1=SFr\,0.919\,0$，期权费率为 1.85%，则其保值所费单位成本为每美元远期溢价 $0.001\,6$ 瑞士法郎加上期权费 $0.018\,5$ 瑞士法郎，共为 $0.020\,1$ 瑞士法郎，总成本为 2.01 万瑞士法郎（$=100\times0.020\,1$）。

与远期外汇合约及外汇期货交易相比，以外汇期权进行保值的优点是买方可以在有效期内随时进行交易，也可以任意放弃交易的权利，没有义务在到期时必须购入合约规定的外汇。当国际交易者对未来的外汇收支的可能性、金额、实现日期并不能确定的时候，采用外汇期权就非常合适，这样做不仅可以减少交易的成本、简化交易的手续，也可以使远期外汇交易更好地符合国际交易的实际需要。

(2) 外汇期权也可以用于外汇投机。如果投机者认为某种外汇的汇率会上升，则购买该外汇的看涨期权就有利可图了，此时只要该外汇在期权有效期内汇率上升的幅度足以超过投机者购买期权所费的成本，就可盈利。例如，假设某投机者购入价值 100 万瑞士法郎兑美元的美元看涨期权，协议汇率为 $SFr\,0.920\,6/\$$，期权费率为每美元 $0.018\,5$ 瑞士法郎，那么只要在期权有效期内美元汇率升至 $SFr\,0.939\,1/\$$（$1.458\,6+0.018\,5$）以上，就有利可图。设美元汇率升至 $SFr\,0.940\,1/\$$，则该期权买方行使期权按 $1.458\,6$ $SFr/\$$ 的协议汇率购入 100 万美元后，再按 $SFr\,0.940\,1/\$$ 的即期市场汇率出售，可多获外汇 1.95 万瑞士法郎（$=0.019\,5\times100$），扣除 1.85 万瑞士法郎的期权费后，可获净利 0.1 万瑞士法郎。同样道理，若投机者预期某外汇的汇率有下降的趋势，可以购买看跌期权，此时只要在期权的有效期内该外汇汇率下跌的幅度超过了投机者购买期权的成本，也可获利。

与采用即期外汇交易、远期外汇合约的方式相比，以外汇期权进行投机的优点在于所需资本少，因为外汇期权并不需要实际履行交割，投机者可通过出售期权来实现其盈利，它所需投入的资本仅为期权费，故同样的本金若采用期权的方式，投机的规模会比即期外汇交易或远期外汇合约方式投机的规模大很多倍，从而使盈利的可能规模也相应地扩大许多倍。具体扩大的倍数为期权费率（期权费与期权价值之比）的倒数。然而，外汇期权交易的风险与即期外汇交易和远期外汇合约相比也会按相同的倍数扩大。仍以上例来说明，设美元兑瑞士法郎的即期汇率为 $SFr\,0.920\,6/\$$，则在以即期外汇投机时，只要美元汇率升至 $SFr\,0.920\,6/\$$ 以上后，即可盈利。而购入看涨期权时，若美元汇率升不到 $SFr\,0.939\,1/\$$ 以上，就会亏损，若美元汇率升不到 $SFr\,0.920\,6/\$$ 以上，则损失掉前期投入的期权费，因为当即期汇率低于期权的协议汇率时，行使看涨期权是完全无利可图的，买方只能放弃其期权。

(五) 外汇互换交易

互换是两个交易主体之间私下达成的协议，以按照事先约定的方式在将来彼此交换现金流。它可以被看作是一系列远期合约的组合，常见的互换交易有利率互换和货币互换两种。

(1) 利率互换(Interest-rate Swap)，是指交易双方同种货币、不同利率形式的资产或者债务的相互交换。利率互换是常用的债务保值工具，主要用于管理中长期利率风险。交易者通过利率互换交易可以将一种利率形式的资产或负债转换为另一种利率形式的资产或负债。债务人根据国际资本市场利率走势，通过运用利率互换，可将其自身的浮动利

率债务转换为固定利率债务,或将固定利率债务转换为浮动利率债务。利率互换不涉及债务本金的交换,即客户不需要在期初和期末与银行互换本金。一般地说,当利率看涨时,将浮动利率债务转换成固定利率较为理想;而当利率看跌时,将固定利率转换为浮动利率较好。这样做有利于规避利率风险,降低债务成本。

利率可以有多种形式,任何两种不同的形式都可以通过利率互换进行相互转换,其中最常用的利率互换是在固定利率与浮动利率之间进行转换。例如,某公司有一笔美元贷款,期限 10 年,从 2010 年 8 月 3 日至 2020 年 8 月 3 日,利息为每半年计息付息一次,利率水平为 USD 6 个月 LIBOR+70 基本点(London Interbank Offer Rate,LIBOR)。该公司预期在今后十年之中,美元利率呈上升趋势,如果持有浮动利率债务,利息负担会越来越重。同时,由于利率水平起伏不定,公司无法精确预测贷款的利息负担,从而难以进行成本计划与控制。因此,公司希望能将此贷款转换为美元固定利率贷款,并可在外汇市场与银行做一笔利率互换交易。经过利率互换,在每个利息支付日,公司要向银行支付固定利率 7.320%(利率来源于金融机构的互换参考价格表;indication pricing schedule),而收入的 USD 6 个月 LIBOR+70 基本点,正好用于支付原贷款利息。这样一来,公司将自己今后 10 年的债务成本,一次性地固定在 7.320% 的水平上,从而达到规避利率风险的目的。

(2) 货币互换(Currency Swap),是指交易双方在一定期限内将一定数量的货币与另一种一定数量的货币进行交换。货币互换也是常用的债务保值工具,主要用来控制中长期汇率风险。虽然早期的"平行贷款"和"背对背贷款"就具有类似的功能,但是"平行贷款"和"背对背贷款"仍然属于贷款行为,在资产负债表上将产生新的资产和负债。而货币互换作为一项资产负债表外业务,能够在不对资产负债表造成影响的情况下,达到同样的目的。

例如,公司有一笔英镑贷款,金额为 8 000 万英镑,期限 7 年,利率为固定利率 3.25%,付息日为每年 6 月 20 日和 12 月 20 日。2013 年 12 月 20 日提款,2020 年 12 月 20 日到期归还。公司提款后,将英镑买成美元,用于采购生产设备。到期日,公司需将美元收入换成英镑还款,如果未来英镑升值,美元贬值(相对于期初汇率),则公司要用更多的美元来买英镑还款。这样,由于公司的英镑贷款在借、用、还上存在着货币不统一,就存在着汇率风险。该公司为控制汇率风险,决定与外汇银行做一笔货币互换交易。双方约定,交易于 2013 年 12 月 20 日生效,2020 年 12 月 20 日到期,使用汇率为£1=US＄1.34。这一货币互换的交易过程为:

(1) 在提款日(2013 年 12 月 20 日),公司与外汇银行互换本金。该公司从贷款行提取贷款本金 8 000 万英镑,同时支付给外汇银行,外汇银行按约定的汇率水平向该公司支付相应的美元。

(2) 在付息日(每年 6 月 20 日和 12 月 20 日),公司与外汇银行互换利息。外汇银行按英镑利率水平向公司支付英镑利息,该公司将英镑利息支付给贷款行,同时按约定的美元利率水平向外汇银行支付美元利息。

(3) 在到期日(2020 年 12 月 20 日),公司与外汇银行再次互换本金。外汇银行向该公司支付英镑本金,公司将英镑本金归还给贷款行,同时按约定的汇率水平向外汇银行支付相应的美元。

因此,由于在期初和期末,公司与外汇银行均按预先规定的同一汇率(£1＝US＄1.34)互换本金,且在贷款期间公司只支付美元利息,而收入的英镑利息正好用于归还原英镑贷款利息,从而使公司完全避免了未来的汇率变动风险。

本章小结

国际经济往来和债权债务的清算,离不开外汇这种交换媒介和支付手段。外汇是指以外国货币表示的、可用于国际债权债务清算的支付手段,而汇率则是指一种货币与另一种货币的兑换比率。本章首先论述了外汇的概念、分类以及一种货币可作为外汇的条件,然后对汇率的概念、标价以及不同的分类进行了分析。汇率的标价方法分为直接标价法和间接标价法两种。在外汇市场上,人们又根据不同的要求和角度把汇率细分为基础汇率、套算汇率、即期汇率、远期汇率、名义有效汇率与实际有效汇率等。本章还论述了外汇市场的功能与参与主体,最后又对当代外汇市场上的主要交易做了分析。

复习思考题

1. 简述外汇的概念。
2. 简述一种货币作为外汇应同时具备的条件。
3. 简述汇率的直接标价法和间接标价法。
4. 简述不同汇率的内涵及其计算。
5. 简述外汇市场的交易主体及其作用。
6. 简述远期外汇合约在外汇交易中的作用。
7. 比较外汇期货交易与外汇远期合约的差异。

第三章 汇率决定与变动

如前所述,汇率是一种货币与另一种货币之间的交换比率。如果把货币视为一种特殊商品,汇率又可被看作是以一种货币表示的另一种货币的价格。那么,这种交换比率或货币的价格是如何决定,又是如何变动的呢? 本章将从理论上做进一步的分析和论述。

第一节　汇率决定

在开放的市场经济条件下,任何商品交换比率或商品价格的形成都应按照价值规律的要求,遵循等价交换和市场供求的法则。货币作为一种商品,尽管有其特殊性,同样也不例外。因此,在国际货币兑换的过程中,两国货币的交换比率必须以价值平价或价值对等的关系为基础,并且能够充分反映外汇市场上的供求状况。换言之,汇率的本质是两国货币以各自所具有的价值量或所代表的价值量为基础而形成的交换比率,它的实际水平还受到外汇市场供求的影响。

一、金本位制度下的汇率决定

金本位制度泛指以黄金为一般等价物的货币制度,包括金币本位制、金块本位制和金汇兑本位制。金币本位制(Gold Special Standard)盛行于 19 世纪中期至 20 世纪初期,属于完全的金本位制度。后两种金本位制先后出现于由金铸币流通向纸币流通过渡和第一次世界大战后对黄金与货币兑换实行限制的时期,而且存在的时间较短,属于不完全的金本位制度。通常,金本位制度主要是指金币本位制。

(一) 汇率的价值基础

在金币本位制下,各国都以法律形式规定每一金铸币单位所包含的黄金重量与成色,即法定含金量(Gold Content)。两国货币的价值量之比就直接而简单地表现为它们的含金量之比,称为铸币平价(Mint Parity)或法定平价(Par of Exchange),黄金是价值的化身。铸币平价是决定两国货币之间汇率的价值基础,它可表示为:

$$1\ 单位\ A\ 国货币=\frac{A\ 国货币含金量}{B\ 国货币含金量}=若干单位\ B\ 国货币$$

例如,1925—1931 年英国规定,1 英镑金币的重量为 123.274 4 格令(grains),成色为 22 k(carats),即 1 英镑含 113.001 6 格令纯金(=123.274 4×22÷24);美国规定 1 美元金币的重量为 25.8 格令,成色为 0.900 0,则 1 美元含 23.22 格令纯金(=25.8×0.900 0)。根据含金量之比,英镑与美元的铸币平价是 4.866 5(=113.001 6÷23.22),即 1 英镑的含金量是 1 美元含金量的 4.866 5 倍,或 1 英镑可兑换 4.866 5 美元。按照等价交换的原则,铸币平价是决定两国货币汇率的基础。

(二) 外汇市场的供求

铸币平价与外汇市场上的实际汇率是不相同的。铸币平价是法定的,一般不会轻易变动,而实际汇率受外汇市场供求影响,经常地上下波动。当外汇供不应求时,实际汇率就会超过铸币平价;当外汇供过于求时,实际汇率就会低于铸币平价。正像商品的价格围绕价值不断变化一样,实际汇率也围绕铸币平价不断涨落。但在典型的金币本位制下,由于黄金可以不受限制地输入输出,不论外汇供求的力量多么强大,实际汇率的涨落都是有限度的,即被限制在黄金的输出点和输入点之间。

黄金输出点和输入点统称黄金输送点,是指金币本位制下,汇率涨落引起黄金输出和输入国境的界限。它由铸币平价和运送黄金费用(包装费、运费、保险费、运送期的利息等)两部分构成。铸币平价是比较稳定的,运送费用是影响黄金输送点的主要因素。以直接标价法表示,黄金输出点等于铸币平价加运送黄金费用,黄金输入点等于铸币平价减运送黄金费用。

假定,在美国和英国之间运送价值为 1 英镑黄金的运费为 0.03 美元,英镑与美元的铸币平价为 4.866 5 美元,那么对美国厂商来说,黄金输送点是:

黄金输出点=4.866 5+0.03=4.896 5(美元)
黄金输入点=4.866 5-0.03=4.836 5(美元)

(三) 汇率波动的规则

在金币本位制下,汇率波动的规则是:汇率围绕铸币平价,根据外汇市场的供求状况,在黄金输出点与输入点之间上下波动。当汇率高于黄金输出点或低于黄金输入点时,就会引起黄金的跨国流动,从而自动地把汇率稳定在黄金输送点所规定的幅度之内(图 3-1)。

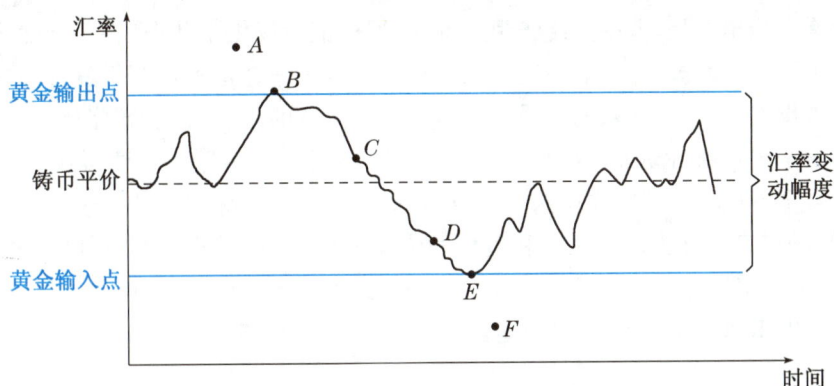

图 3-1　金币本位制下汇率波动的规则

图 3-1 表示一段时期内美国外汇市场上英镑汇率波动的轨迹。如果汇率高于铸币平价,则意味着英镑的需求大于英镑的供给,这往往是由于美国对英国产生国际收支逆差所引起的。在 A 点,美国厂商情愿在国内用美元购买黄金,并把黄金运到英国偿还债务。因为以输出黄金偿还 1 英镑债务的代价(铸币平价+运送费用=4.8665+0.03=4.8965美元)小于在 A 点上用美元购买英镑所付出的代价。因此,汇率是不可能升至 A 点或高于黄金输出点的。在 B 点,美国厂商在国内购买黄金,并把黄金运送到英国偿还债务,或是到外汇市场上购买英镑偿还债务,其偿还 1 英镑债务的代价是相同的,都是 4.8965 美元,汇率升至 B 点是可能的。在 C 点,美国厂商会选择购买英镑偿债,因为以这种方式偿还 1 英镑债务的代价小于输出黄金的代价(4.8965 美元)。在黄金输出点与铸币平价之间,在 C 点所做的选择都是适用的。如果汇率低于铸币平价,则意味着英镑供给大于需求,美国对英国产生国际收支顺差。在 D 点,美国厂商愿意接受英镑,并在外汇市场上兑换成美元,因为这种选择下每 1 英镑可换取的美元多于用 1 英镑在英国购买黄金运回国内所能换取的美元(4.8665-0.03=4.8365 美元)。在铸币平价与黄金输入点之间,在 D 点的选择也都是适用的。在 E 点,美国厂商接受英镑,并在外汇市场上兑换成美元,或是用英镑在英国购买黄金运回国内,每 1 英镑可换取的美元均为 4.8365。因此,汇率是可能跌至 E 点的。在 F 点,美国厂商宁愿以英镑在英国购买黄金运回国,也不愿接受英镑并用英镑到外汇市场上兑换美元,因为运回价值 1 英镑的黄金至少还可以换到 4.8365 美元(=4.8665-0.03),所以汇率是不可能跌至 F 点或低于黄金输入点的。

黄金的输出与输入使外汇市场上的供求趋于平衡,并使汇率在一定幅度内波动,这就是金币本位制下汇率波动的自动调节机制。这个自动调节机制由英国经济学家休谟(1752)最早提出,又称为"黄金—物价—国际收支调节机制"。其原理是,当一国的国际收支持续发生逆差,外汇汇率涨至黄金输出点,造成黄金外流时,该国的货币供给减少,通货紧缩,物价下跌,进而提高其商品的国际市场竞争力,于是出口增加,进口减少,促使国际收支达到均衡;反之,当一国的国际收支持续发生顺差,外汇汇率跌至黄金输入点,造成黄金内流时,该国的货币供给增加,通货膨胀,物价上涨,进而降低其商品的国际市场竞争力,于是出口减少,进口增加,促使国际收支达到均衡。换言之,国际收支的失衡引起黄金的外流与内流,而黄金的流动会引起物价水平的相对变化,导致出口与进口规模的相对增减,结果使两国间的国际收支自动达到均衡状态。

特别需要指出的是,汇率围绕铸币平价,根据外汇市场供求状况,在黄金输出点与输入点之间上下波动的规则,只能在完全的金本位制度——金币本位制下发挥稳定汇率的作用。一战爆发后,许多国家的货币发行不受黄金储备的限制,通货膨胀严重,现钞的自由兑换和黄金的自由流动等"货币纪律"遭到破坏,金币本位制陷于崩溃,各国相继实行金块本位制或金汇兑本位制。在这两种本位制下,两国货币实际代表的含金量之比还是决定汇率的价值基础,但现钞的兑换和黄金的流动不再自由,因此金本位制度已经残缺不全,并失去了汇率稳定的基本条件。1929—1933 年世界性的经济危机爆发后,残缺不全的金本位制度迅速瓦解。不久,各国普遍实行了纸币流通制度。

二、纸币流通制度下的汇率决定

纸币是从货币的流通手段职能中产生和发展起来的。它几乎没有内在价值,而只是充当了由国家发行、强制流通和不可兑现的货币符号。在纸币流通制度下,现钞不能自由兑换,黄金不能再进入流通,金本位制度下的黄金输送点和铸币平价也不复存在,但货币交换的比例,即汇率依然有它的价值基础,并且受外汇市场供求状况影响。同时,由于人为的制度安排,汇率的波动也是有一定规则的。

(一) 汇率的价值基础

在实行纸币流通制度的早期阶段,各国一般都规定过纸币的金平价,即纸币名义上或法律上所代表的金量。纸币作为金的符号,执行金属货币的职能,因而也就代表了一定的价值。如果纸币实际代表的金量与国家规定的含金量一致,则金平价无疑是决定两国货币汇率的价值基础。但在现实生活中,由于纸币不能与黄金兑换,其发行又不受黄金准备限制,纸币发行总量往往超过由流通所需含金量按金平价决定的数量,这就使得纸币实际代表的金量与国家规定的含金量相背离。因此,名义上或法律上的金平价已不能作为决定两国货币交换比例的价值基础,取而代之的是纸币所实际代表的金量。

随着纸币流通制度的演进,纸币的金平价与其实际代表的金量相互脱节现象日趋严重,货币非黄金化的呼声越来越高。在这种情况下,纸币所实际代表的金量很难确定,它在决定两国货币交换比例的过程中,似乎变得无足轻重。与此同时,由于纸币代表一定的金量,一定金量的价值又可反映在一系列的商品上,人们更直观地把单位纸币所代表的价值视为单位货币同一定商品的交换比例,即商品价格的倒数,或纸币的购买力。实际经验也表明,在两国社会生产条件、劳动力成本和商品价格体系十分接近的情况下,通过比较两国间的物价水平或两国纸币的购买力,可以较为合理地决定两国货币交换的汇率。在纸币流通制度下,货币的购买力成为价值的化身,汇率的决定依然是以价值为基础的,它的本质还是两国货币所代表的价值量之比。

(二) 外汇市场的供求

在纸币流通制度下,汇率除了以两国货币所代表的价值量为基础外,还随着外汇市场供求关系的变化而变化。特别是在货币与黄金相对分离、黄金—物价—国际收支运作机制基本失灵的现实生活中,外汇市场供求的力量在很大程度上决定了汇率的实际水平。西方经济学家十分重视外汇市场供求关系对汇率形成的作用,他们认为,当外汇供不应求时,外汇汇率上升;当外汇供过于求时,外汇汇率下降;当外汇供求相等时,外汇汇率达到均衡;实际汇率由外汇市场供给与需求的均衡点所决定。这种外汇市场上的供求关系及其对外汇汇率形成的作用可用图3-2表示。

在图3-2中,横轴表示一国外汇的需求量和供给量,统称外汇数量 Q,纵轴表示该国外汇市场上的汇率水平 E(以一单位外国货币为标准折算成若干单位本国货币)。外汇需求曲线 DD 是一条向右下方倾斜的曲线,因为汇率降低意味着以本国货币表示的外国商品与劳务的价格降低,会扩大本国对外国商品与劳务进口,从而导致外汇需求量的增加。反之,外汇供给曲线 SS 是一条向右上方上升的曲线,因为汇率提高意味着以外币表示的本国商品与劳务的价格相对便宜,会使外国购买更多的本国商品与劳务,从而导致外汇供给量的增加。在一段时期内,如果汇率偏高为 E_1,外汇的供给大于需求($S>D$),外汇汇率就会面临下跌的压力;如果汇率偏低为 E_0,外汇的供给小于需求($S<D$),外汇汇率就会面临上涨的压力。只有当外汇的供给和需求相等于 Q^* 时,外汇市场在汇率 E^* 处达到均衡。由于各种原因,外汇市场上的实际汇率并不稳定,而且也不完全与两国货币所代表的价值量之比保持一致。但是,从长远和综合的眼光看,外汇市场上外汇的实际价格即实际汇率与其代表的价值,应是基本保持一致的。

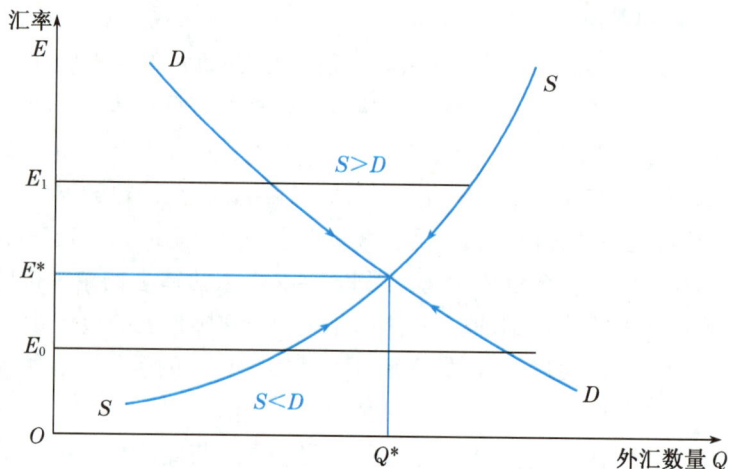

图 3-2　外汇市场的供给与需求

(三) 汇率波动的规则

纸币流通制度下的汇率波动规则因所处国际货币体系的不同而有差异。为改变金本位制度崩溃后各国汇率变化的混乱状况,1944 年 7 月,美英等 44 国在美国新罕布什尔州的布雷顿森林共同签署了《国际货币基金协定》和《国际复兴开发银行协定》(总称布雷顿森林协定),从而建立起第二次世界大战后以美元为中心的国际货币体系,即布雷顿森林体系。按照布雷顿森林协定的要求,各成员国应公布各自货币按黄金或美元来表示的对外平价,其货币与美元的汇率一般只能在平价上下 1% 的幅度内波动。如果汇率的波动超过这一幅度,各成员国政府就有责任对外汇市场进行干预,直接影响外汇的供给与需求,以保持汇率的相对稳定。只有当一国国际收支发生"根本性不平衡",对外汇市场的干预已不能解决问题时,该国才可以请求变更平价。可见,在布雷顿森林体系的安排下,各成员国货币的汇率是围绕着平价,根据外汇市场供求状况被人为地限制在很小范围内进行波动的,常被称为"可调整的盯住汇率制"(图 3-3)。

由于美元的国际地位不断下降和国际储备货币的多元化,1972 年后许多国家放弃布雷顿森林体系下的盯住美元、在协议规定的幅度内进行浮动的汇率波动规则,实行汇率的自由浮动。1976 年 1 月 8 日,国际货币基金组织国际货币制度临时委员会在牙买加达成"牙买加协定",同年 4 月,基金组织理事会通过《国际货币基金协定第二次修正案》,允许成员国自由地做出汇率方面的安排,同意固定汇率制与浮动汇率制并存,从而使汇率的自由浮动合法化,形成了一种新的国际货币体系,即所谓的"牙买加体系"。在这个体系下,金平价或与美元的平价在决定汇率方面的作用已被严重削弱,外汇市场的供求关系对汇率的变化起决定性的作用。其最一般或最典型的汇率波动则是汇率自由涨落,几乎不受限制(图3-4)。

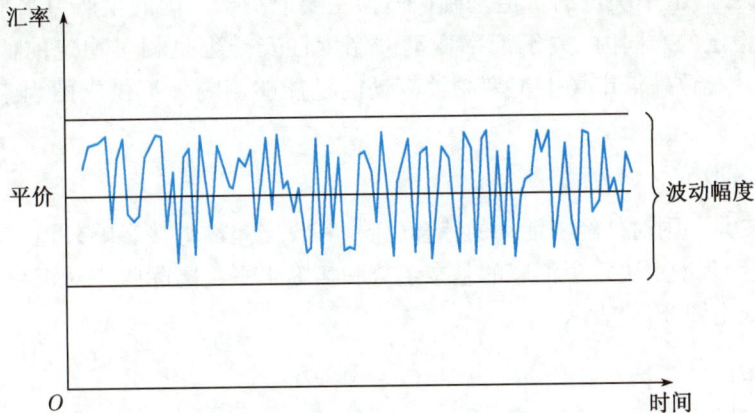

图3-3　布雷顿森林体系下的汇率波动

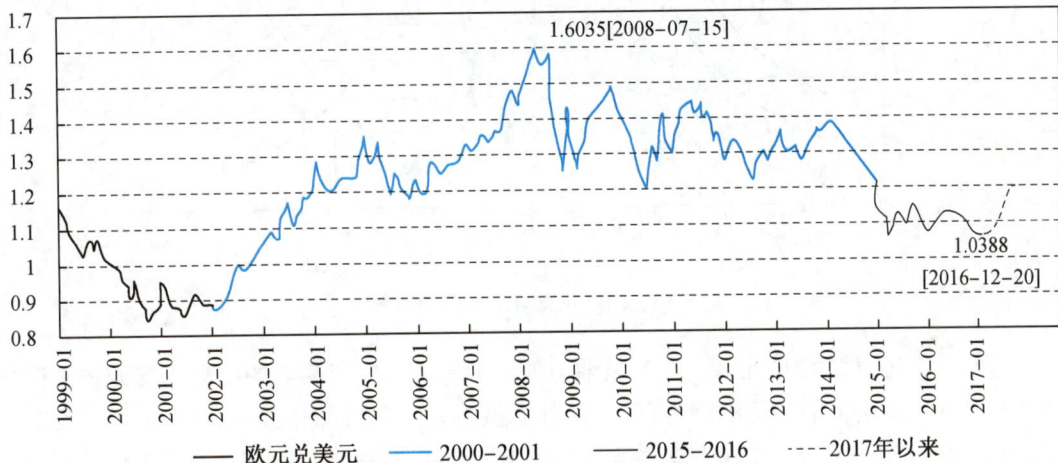

图3-4　牙买加体系下的汇率自由浮动

资料来源:Bloomberg.

第二节　汇率变动

在当今世界,外汇市场上的汇率变动频繁,而且涨落幅度较大,对国际经济贸易和各国经济发展产生了重要的影响。导致汇率变动的因素是什么?汇率变动会对经济发展产生哪些影响?在前一节的基础上,本节将对这些问题做专门探讨。

一、影响汇率变动的因素

上一节关于汇率决定的理论分析表明,汇率波动的基本规则是汇率以两国货币所代表的价值量之比为基础,随着外汇市场的供求变化而涨落。因此,进一步探讨汇率变动的原因,关键在于把握影响两国货币价值之比,特别是影响外汇供求关系的各种因素。这些因素既有经济方面的,也有非经济方面的,而且它们相互联系、相互制约,共同促使汇率的变动。一般说来,汇率决定的价值基础(平价)主要取决于两国的生产力水平,这在相当长时期内是稳定的。同时,关于汇率变动的制度性安排也是相对稳定的,不会在短期内进行调整。导致外汇市场上汇率频繁变动的是能够影响外汇供求的因素,其中主要有六个。

(一)国际收支

国际收支是一国对外经济活动的综合反映,其收支差额直接影响外汇市场上的供求关系,并在很大程度上决定了汇率的基本走势和实际水平。国际收支对汇率变动的影响可比较直观地由图3-5表示。

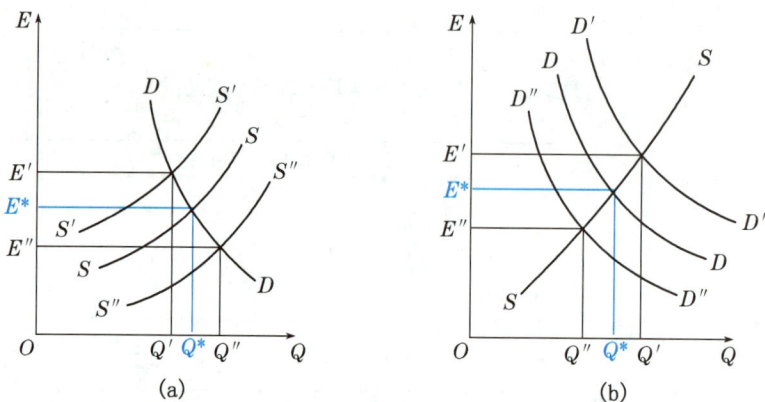

图3-5 国际收支对汇率变动的影响

图3-5中,横轴为外汇数量Q,纵轴为外汇汇率E。假定某国的国际收支处于平衡状态,其外汇市场上的均衡汇率为E^*。从外汇供给方面考察(假定该国外汇市场上的需求基本稳定,即外汇需求曲线DD不变),当该国的国际收支出现逆差时,其外汇供给相对减少($SS \rightarrow S'S'$),这就会引起外汇汇率上升($E^* \rightarrow E'$);当该国的国际收支出现顺差时,其外汇供给相对增加($SS \rightarrow S''S''$),就会引起外汇汇率下降($E^* \rightarrow E''$),如图3-5(a)所示。从外汇需求方面考察(假定该国外汇市场上的供给基本稳定,即外汇供给曲线SS不变),当该国的国际收支出现逆差时,该国对外汇的需求相对增加($DD \rightarrow D'D'$),导致外汇汇率上升($E^* \rightarrow E'$);当该国的国际收支出现顺差时,该国的外汇需求相对减少($DD \rightarrow D''D''$),导致外汇汇率下降($E^* \rightarrow E''$),如图3-5(b)所示。从供求双方的考察来看,一国的国际收支出现顺差,就会增加该国的外汇供给和国外对该国货币的需求,进而引起外汇的汇率下降或该国货币的汇率上升;反之,一国的国际收支出现逆差,就会增加该国的外汇需求和本国货币的供给,进而引起外汇的汇率上升或该国货币的汇率下降。

(二)通货膨胀差异

在纸币流通制度下,一国货币发行过多,流通中的货币量超过商品流通的实际需要,就会造成通货膨胀。通货膨胀意味着物价升高,货币的购买力降低,进而导致货币对内贬值。在市场经济条件下,货币对内贬值必然导致对外贬值。如果两国的通货膨胀率相同,那么两国货币的名义汇率因通货膨胀的相互抵消,就可能继续保持不变;只有两国通货膨胀率存在差异,通货膨胀因素才会对两国货币的汇率产生重大影响。例如,当一国的通货膨胀率高于另一国的通货膨胀率时,通货膨胀率较高国货币的汇率就趋于下跌,而通货膨胀率较低国货币的汇率则趋于上升。假定两国的实际利率相同,对著名的费雪(Irving Fisher,1911)方程进行推论,也可以说明上述通货膨胀差异对两国货币之间汇率的影响:

$$\pi_A - \pi_B = \frac{F-E}{E},(r_A = r_B) \tag{3-1}$$

式中,π_A 是 A 国的通货膨胀率,π_B 是 B 国的通货膨胀率,F 是远期汇率(每一单位 B 国货币所兑的 A 国货币单位数),E 是即期汇率(每一单位 B 国货币所兑的 A 国货币单位数),r_A 是 A 国的实际利率,r_B 是 B 国的实际利率。

很明显,如果 A 国的通货膨胀率大于 B 国的通货膨胀率,B 国货币的汇率将趋于上升,或表现为远期升水;反之,B 国的货币汇率将趋于下降,或表现为远期贴水,以保持平价关系。

具体地说,通货膨胀主要通过两个途径对汇率产生影响:一是进出口贸易。当通货膨胀使一国的物价上涨率高于其他国家的物价上涨率,而汇率又未能对此及时做出反映时,该国出口商品的成本会相对提高,这就削弱了该国商品在国际市场上的竞争能力,不利于扩大商品的出口;同时,该国进口商品的成本会相对降低,且能够按国内已上涨的物价出售,这就增加了进口商品的盈利,容易刺激商品的大量进口。这种状况会使一国贸易收支恶化,形成外汇市场供求的缺口,推动外币汇率上升、本币汇率下降。二是国际资本流动。当一国通货膨胀率高于其他国家,而名义利率又没有做出调整时,该国的实际利率相对下降,投资者为追求较高的利率,就会把资金转移到国外。另外,一国货币因通货膨胀先后

发生对内、对外贬值,还会影响人们对该国货币的信心,引起资金的抽逃。资金外流和信心低落,不利于维持两国货币之间的汇率稳定。当然,通货膨胀差异并不是立即和直接对汇率产生影响的。一般说来,它有一个半年以上的滞后过程,而且也是通过影响国际贸易和国际资本流动的方向,间接地促使汇率发生变化。

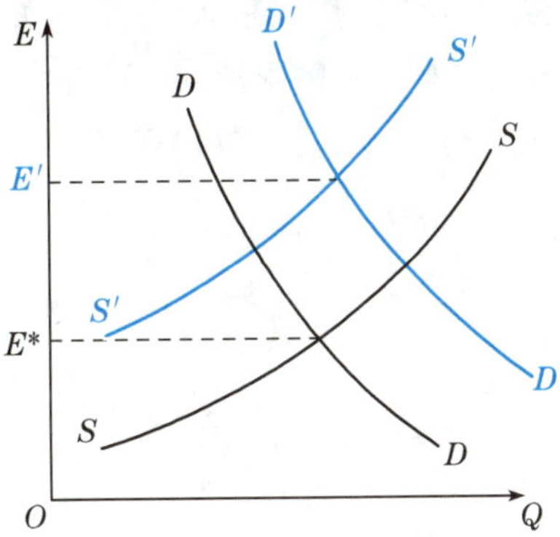

图 3-6 表明了通货膨胀对汇率变动的影响。当某国通货膨胀率相对于别国增加时,就会通过进出口贸易和资本流动两个途径增加外汇需求($DD \rightarrow D'D'$),减少外汇供给($SS \rightarrow S'S'$),从而导致外汇汇率上升($E^* \rightarrow E'$)。

图 3-6　通货膨胀对汇率变动的影响

(三) 国际利差

利率是资金的价格。对于筹资者来说,利率的高低决定筹资成本的高低;对于投资者来说,利率的高低决定投资收益的高低。当国际间存在利率差距时,在特定汇率水平下,为套利而跨国流动的货币资本就会大量出现,并通过影响外汇市场的供求,促使汇率变

动,而汇率的变动又会反过来遏制资金的跨国流动。只有当利率差与汇率变动的水平相等,货币资本跨国流动无利可图时,利率差对汇率的影响才会消除。由费雪效应[①]拓展而来的利率平价理论对此做出了精辟的概括和说明。利率平价理论可简要地由(3-2)式表示,即:

$$\frac{F-E}{E}=i_A-i_B \tag{3-2}$$

由上述方程式可以看出,以 A 国货币进行投资和以 B 国货币进行投资的利率差,应等于 B 国货币汇率的远期升水或贴水,而且随着利差的扩大,汇率的远期升水或贴水也应同比例的变化。

假定,美国的存款年利率为 14%,英国的存款年利率为 8%,汇率标价为英镑的美元价格,且即期汇率是£1 兑换 \$1.3。根据利率平价理论,人们预期的十二个月远期汇率是£1= \$1.378{0.14-0.08=(F-1.3)/1.3;0.06=(F-1.3)/1.3;F= \$1.378}。

F 为 \$1.378,意味着英镑十二个月的远期升水正好等于利率差 0.06。如果实际的十二个月远期汇率不是£1 兑换 \$1.378,而是£1 等于 \$1.394,美国投资者就会用美元买进即期英镑用作投资,并卖出远期英镑和收取美元。因为英镑的未来价格(£1 兑换 \$1.394)高于利率平价关系所隐含的价格(£1 兑换 \$1.378),所以美国投资者将一个单位美元投资于英国十二个月后的收益为 1.145 美元[=(1+0.08)×1.378/1.3],即大于美国投资者将一个单位美元投在本国的收益 1.14 美元(=1+0.14)。投资者为追求利润而套利必然驱使英镑的即期汇率上升,远期汇率下降,直至英镑的远期升水与利率差相一致。因此,单位美元投资于美国的收益与投资于英国的收益基本相等,套利活动变得毫无意义。

图 3-7 表明了国际利差对汇率变动的影响。假设在利率平价公式成立时,某国提高利率使资本投资于该国收益更高,引起资本流向该国,从而导致外汇供给增加($S_0 S_0 \to S_0' S_0'$),即期汇率下跌($E_0^* \to E_0'$),如图 3-7(a)所示。在投资到期时,资本将流出该国,从而导致未来外汇需求增加($D_1 D_1 \to D_1' D_1'$),远期汇率(可看作对未来即期汇率的预期)上升($F^* \to F'$)如图 3-7(b)所示。

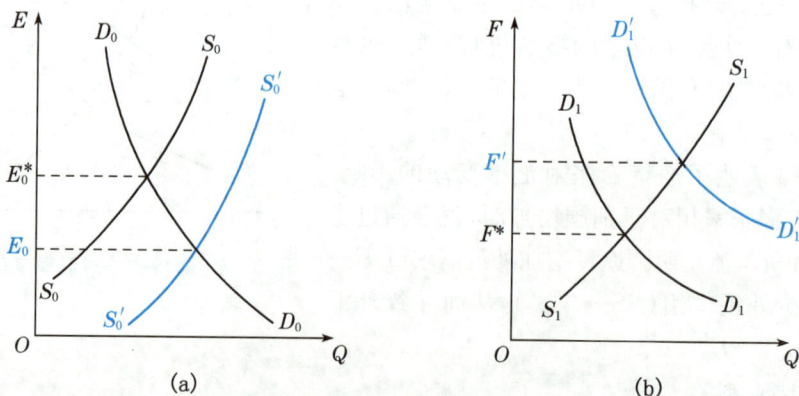

图 3-7 国际利差对即期汇率和远期汇率变动的影响

---

① 费雪效应是指当通胀率上升时,利率也上升。

(四) 经济增长率

两国实际的经济增长率之差与未来汇率的变动有着较为复杂的关系。如果一国的出口基本不变,经济高速增长会使国民收入水平大幅度提高,进而导致该国对外国商品和劳务的需求高涨,因此该国的经常项目很可能出现逆差,并迫使本国货币的汇率趋于下跌。如果国内外投资者将该国经济增长率较高看作是资本收益率较高的反映,该国资本的净流入很可能抵消或超过经常项目的赤字。在这种情况下,该国货币的汇率不是下跌,而可能上升。当然,一国的实际经济增长率较高,能够增强人们对该国货币的信心,这也能在一定程度上抵消本国货币汇率下跌的压力。如果一国经济的高速增长是由于出口竞争能力提高和出口规模扩大而推动的,该国的出口超过进口,经常项目的顺差会使本国货币的汇率趋于上升(图3-5)。

(五) 外汇市场的投机活动

外汇市场的投机活动对汇率的变动具有重要影响。特别是在世界金融市场上充斥着巨额"游资"的今天,这些资金根据各种信息和投机者对汇率变化的预期,在短期内从一种货币转换成另一种货币,为获取投机利润的跨国资本流动必然会对外汇市场产生较大的冲击,进而引起汇率的变动。一般说来,外汇市场上的投机活动有两种:一是稳定性投机,二是不稳定性投机。其对汇率的影响如图3-8表示。

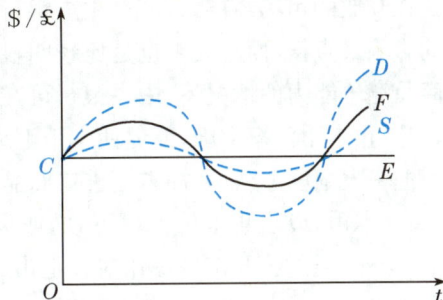

图3-8 稳定性与不稳定性投机对汇率的影响

图中的横轴表示时间t,纵轴表示英镑对美元的汇率\$/£。假设曲线CF是没有投机时外汇市场上汇率波动的正常轨迹,虚线CS与CD则分别表示稳定性投机与不稳定性投机出现时外汇市场上汇率波动的状况。

如果投机者对外汇市场的供求变化有先见之明,而且他们的交易成本为零,则其投机活动会使汇率趋于平价且完全稳定,如水平线CE所示。当汇率超过OC时,他们就准备卖出英镑;当汇率低于OC时,他们就准备买入英镑。随着英镑的买卖,汇率的涨落将在汇率变化的整个循环中很快抵消,他们的投机利润几乎为零。当然,这样的结果只有在完全竞争的条件下才可能产生。

遗憾的是,外汇市场上尚未出现过完全的竞争。投机者难以明察外汇市场上的供求变化,而是在现行汇率和预期的基础上,决定买入还是卖出外汇,以及买卖的数量是多少。在预期的形成是合理的情况下,投机就是稳定性的;反之,投机则是不稳定性的。

如果预期的形成是合理的,投机者的预期汇率就会很快回复到长期均衡汇率(OC),其投机行为属于稳定性投机。当汇率由OC趋于上升时,他们并不期待汇率会升得很高,而是在汇率适度升高时,就卖出英镑;当汇率由OC趋于下降时,他们也不期待汇率大幅度下降,而是在汇率略低于OC时,就买入英镑。这种稳定性投机诱发的短期资金流动和货币转换,有利于缩小外汇市场上汇率波动的幅度(曲线CS)。

如果预期的形成是不合理的,投机者的预期汇率就会较大地偏离长期均衡汇率

（OC），其投机行为则属于不稳定性投机。当汇率由 OC 趋于上升时，他们往往认为汇率还会进一步上涨，便买入英镑，并期待着在更高的汇率上卖出英镑；当汇率由 OC 趋于下降时，他们往往会等待汇率进一步降低，希望在最低的汇率上买入英镑。这种不稳定性投机诱发的短期资金流动和货币转换，势必扩大外汇市场上汇率波动的幅度（曲线 CD）。

（六）政府干预

由于汇率是以一种货币表示的另一种货币的价格，汇率的变化将影响在国际间进行交易的商品和劳务的价格，进而对一国的资源配置和经济运行发挥重要的作用。出于宏观经济调控的需要，各国政府大多对外汇市场进行官方干预，希望汇率的波动局限于政策目标范围内。政府干预外汇市场的常见方式是：进行公开市场操作（在外汇市场买卖外汇）、调整国内货币和财政政策、公开发表能够影响预期的导向性言论、与其他国家进行货币合作等。

在开放的市场经济条件下，中央银行和财政部进入外汇市场公开买卖外汇，对汇率变化的影响最直接，而且效果也是比较明显的。例如，在本币汇率大幅度上涨、削弱本国出口商品竞争能力的情况下，中央银行可在外汇市场上公开市场操作，即卖出本币、买入外币，以阻止本币汇率上涨，或促使本币汇率回落[图 3-9(a)，$SS \rightarrow S'S'$，$E^1 \rightarrow E^2$]；反之，在本币汇率大幅度下跌、增加本国进口商品成本的情况下，中央银行可在外汇市场上卖出外币、买入本币，以阻止本币汇率下跌，或促使本币汇率回升[图 3-9(b)，$SS \rightarrow S'S'$，$E^1 \rightarrow E^2$]。当然，通过公开市场操作对外汇市场进行干预，要求中央银行拥有必要的外汇储备和资金实力。同时，这种干预方式能在短期内对汇率的变动产生较大影响，但不能从根本上改变汇率的长期变动趋势。

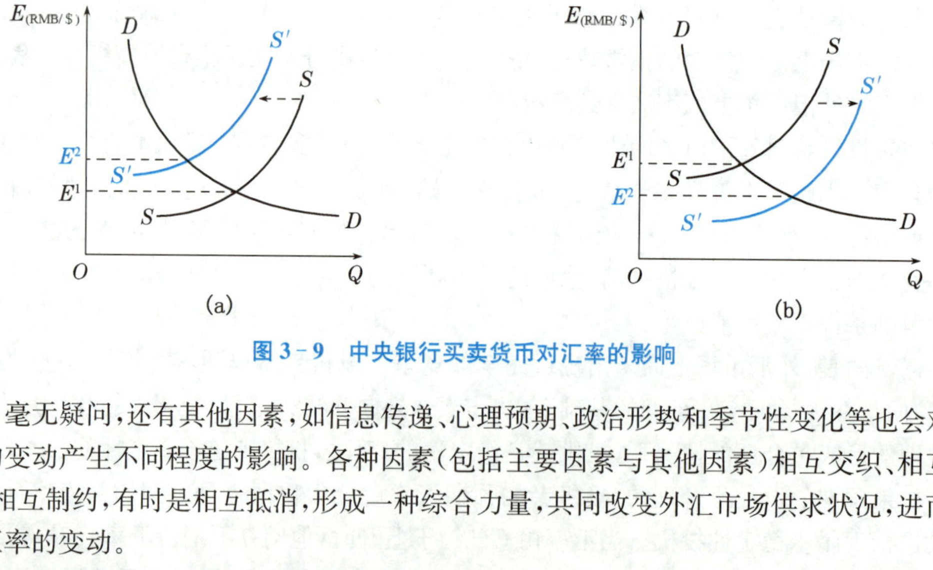

图 3-9　中央银行买卖货币对汇率的影响

毫无疑问，还有其他因素，如信息传递、心理预期、政治形势和季节性变化等也会对汇率的变动产生不同程度的影响。各种因素（包括主要因素与其他因素）相互交织、相互依存、相互制约，有时是相互抵消，形成一种综合力量，共同改变外汇市场供求状况，进而导致汇率的变动。

二、汇率变动对经济运行的影响

汇率受多种因素的影响而变动，汇率变动又反过来对经济运行的许多方面产生影响。正因为如此，汇率成了各国宏观经济调控的重要经济杠杆之一。要充分发挥汇率的经济杠杆作用,首先必须把握货币价值和汇率变动的基本方向及其内涵,如升值(Revaluation)与贬值(Devaluation)、上浮(Appreciation)与下浮(Depreciation)、高估(Overvaluation)与低估(Undervaluation)等等。

货币的升值与贬值是同固定汇率制相联系的。如果政府正式宣布提高本国货币的法定平价,或者提高本国货币与外国货币的基准汇率,即是升值;反之,则是贬值。

汇率的上浮与下浮是货币相对价值变动的一种现象,即是指货币汇率随外汇市场供求关系的变化而上下波动,但其法定平价并未调整。汇率由下往上升高,称为上浮;由上往下降低,则称为下浮。需要指出的是,在自由浮动汇率制下,货币的汇率主要取决于外汇市场供求,这时汇率的波动,严格地说,不是升值或贬值,而是上浮或下浮。

汇率的高估与低估是指货币的汇率高于或低于其均衡汇率。在浮动汇率制下,外汇市场上的供给与需求相平衡时,两国货币的交换比率便是均衡汇率;在固定汇率制下,官方汇率如能正确反映两国之间的经济实力对比和国际收支状况,就等于或接近均衡汇率。

假定在固定汇率制下,国际交易按官方汇率保持在 E_0 的水平上(E_0 以直接标价法表示),当一国国际收支出现逆差时,其外汇市场供求关系就会发生变化[图 3-10(a)、(b)]:外汇供给曲线 SS 左移至 $S'S'$(外汇供给相对减少),或外汇需求曲线 DD 右移至 $D'D'$(外汇需求相对增加),外汇供小于求部分为 OG,供求均衡点从 O 升到 O',新的均衡汇率是 E_1。如果官方汇率仍保持不变,或本国货币价值应下调而没有下调,便是本国货币汇率高估。

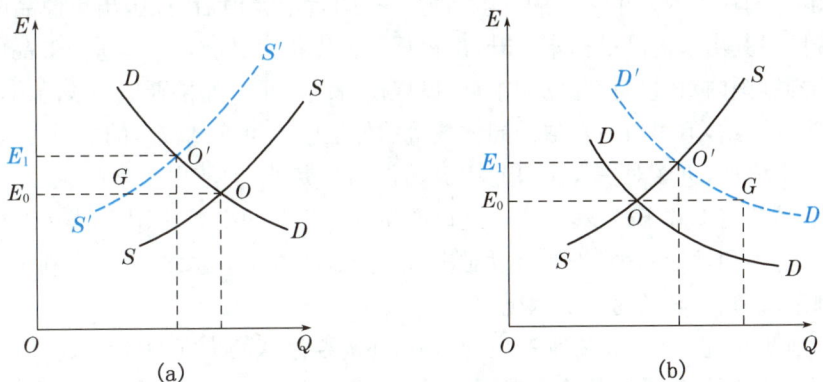

图 3-10　外汇市场供求与汇率(逆差)

反之,当一国国际收支出现顺差时,其外汇市场供求关系的变化[图 3-11(a)、(b)]则是:外汇需求曲线 DD 向左移到 $D'D'$(外汇需求相对减少),或外汇供给曲线 SS 向右移到 $S'S'$(外汇供给相对增加),外汇供大于求部分为 OG,供求均衡点从 O 降至 O',新的均衡汇率是 E_1。如果官方汇率仍然固定于 E_0,则表明本国货币汇率低估,或本国货币价值应上升而没有上升。

在很多情况下,出于不同的目的,政府往往有意识地把汇率定得高于或低于均衡汇率。但从长远看,货币的汇率是不能持久保持高估或低估的,它必须通过各种途径加以调整,如直接改变法定平价,即贬值或升值,以达到内部与外部的平衡。由于货币贬值的结果与升值的结果相反,特别是国际收支调整的负担主要落在逆差国身上,人们更加重视货币贬值的经济影响。

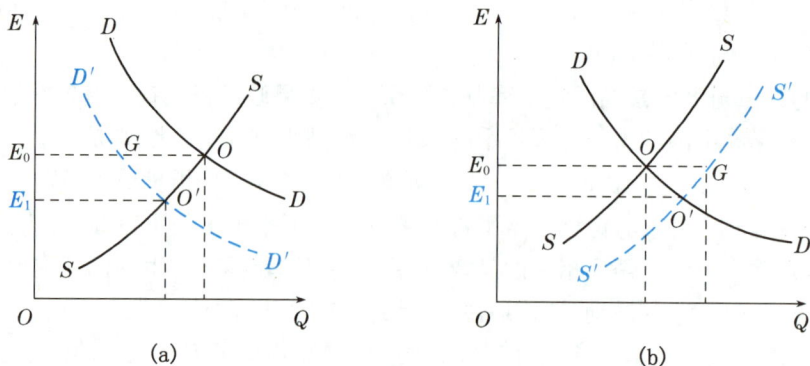

图 3-11 外汇市场供求与汇率(顺差)

(一) 贬值对国际收支的影响

国际收支状况变化意味着实际资源和货币资本的净流入或净流出,对一国的经济运行有着重要的作用。汇率变动能够调节国际收支状况,这里只分析货币贬值对国际收支中贸易收支、非贸易收支、长期资本流动和短期资本流动的影响。

1. 贬值对贸易收支的影响

货币贬值不影响进出口商品本身的价值,但改变它们在国际贸易中的相对价格,进而提高或削弱它们在国内外市场上的竞争能力。一国货币贬值后,该国出口商品的外币价格下降,外国对其出口商品的需求上升,出口规模得以扩大;同时,该国进口商品的本币价格上升,会抑制国内对进口商品的需求,进口规模得以缩小。如果贬值后该国出口商品的外币价格没有下跌,但出口所获取的同样数量的外汇收入可换到较多的本币,这也能使出口厂商的利润增加,进而对扩大出口起积极的作用。另外,即使出于某些原因,贬值后该国对进口商品的需求并未减少,但由于进口商品本币价格的提高,国内同类工业或替代工业能够借此生存和发展起来,仍然可以对进口起抑制的作用。总之,贬值有利于一国扩大出口、抑制进口,改善其贸易收支状况。

但是,判断贬值对进出口贸易产出的影响,还需要注意两大问题:第一是"时滞"问题。贬值后一国出口商品的外币价格虽然下跌,但外国对其出口商品的需求不会马上强化,导致该国的出口商品数量也不会迅速增加。与此同时,该国进口商品的数量也不会随贬值造成其进口价格提高而立即减少,因为进口合同早已签订,其法律效应还将延续一段时间。贬值对扩大出口、抑制进口的作用要经过若干时间后才能明显地发挥出来。第二是"弹性"问题。经过一段时间后,贬值国出口商品的数量虽然增加了,但其外币价格却下降了,这样出口所得到的外汇收入并不一定增加。同时,在贬值后,进口商品的本币价格虽然提高了,但未必能将进口需求减少到一定的程度。由此可见,贬值能否改善一国的进出口贸易状况,还取决于需求与供给的弹性,即出口商品的需求弹性、出口商品的供给弹性、进口商品的需求弹性、进口商品的供给弹性。假定供给具有完全的弹性,那么,贬值的效果就取决于需求的弹性。需求弹性是指价格变动所引起的进出口需求数量的变动。数量变动大于价格变动,即需求弹性大于1;数量变动小于价格变动,即需求弹性小于1。只有在进口商品需求弹性和出口商品需求弹性的绝对值之和大于 1 时,贬值才能改善进出口贸易状况;反之,则会恶化进出口贸易状况。这就是著名的马歇尔—勒纳条件(Marshall-Lerner Condition)。

2. 贬值对非贸易收支的影响

在国内物价水平保持稳定的情况下,本国货币贬值,外国货币在国内的购买力相对增强,本国的商品、劳务、交通和旅游等费用就变得相对便宜,这就增加了对外国游客的吸引力,促进该国旅游和其他收入的增加。而且,贬值使国外的旅游和其他劳务开支对该国居民来说相对提高,进而抑制了该国的对外劳务支出。不过,贬值对该国的单方面转移可能产生不利影响。以外国侨民赡家汇款收入为例,贬值后,单位外币所能换到的本国货币数量增加,对侨民来说,以本币表示的一定数量的赡家费用就只需少于贬值前的外币来支付,从而本国的外币侨汇数量下降。当然,贬值对非贸易收支的影响同样也存在供求弹性的制约和"时滞"问题。

3. 贬值对长期资本流动的影响

对国际间的长期资本流动来说,贬值造成的影响比较小,因为长期资本流动遵循的是"高风险,高收益;低风险,低收益"的决策原则,注重投资环境总体的好坏,贬值所造成的风险只是诸多环境因素中的一个,而且不起决定性作用,更何况由贬值引起的汇率风险在很大程度上是可以防范与克服的。当然,贬值也有一定的影响力。例如,在其他条件不变的情况下,贬值使得外国货币的购买力相对上升,有利于吸引外商到货币贬值国进行新的直接投资;在一国发生严重通货膨胀的情况下,当该国货币汇率的下跌幅度大于通货膨胀的幅度,贬值后的新汇率扣除通货膨胀因素之后又低于基期汇率时,贬值可能降低长期投资的盈利水平。

4. 贬值对短期资本流动的影响

对国际间的短期资本流动来说,贬值造成的影响则比较大。因为短期资本流动性和套现能力强,一旦贬值使金融资产的相对价值降低,便会发生"资本抽逃"现象。例如,一国货币贬值时,该国资本持有者或外国投资者为避免损失,就会在外汇市场上把该国货币兑换成坚挺的外币,将资金调往国外;同时,货币贬值会造成一种通货膨胀预期,影响实际利率水平,打破"利率平价"关系,进而诱发投机性资本的外流。在贬值后的一段时间内,短期资本流出的规模一般都大于短期资本流入的规模。从这个意义上讲,贬值是不利于改善国际收支平衡表资本项目状况的。

(二) 贬值对国内经济的影响

货币贬值改变了国内外相对价格水平,在开放经济条件下,势必影响国内经济的发展,这主要表现在以下几个方面。

1. 贬值对国内物价的影响

一国货币贬值,有利于扩大出口、抑制进口。这意味着该国市场上的商品相对减少,而收兑外汇的本币投放相对增加,商品与货币的对比关系因此而改变,很可能导致国内物价的全面上涨。另外,如果一国存在着"进口刚性",即大量商品或零部件是该国必须进口或没有替代品的,那么,贬值引起进口品成本的上升,就会诱发进口商品和用进口零部件组装的商品、与进口商品和用进口零部件组装的商品相类似的国内商品乃至其他国内商品的价格提高,也可能导致国内物价的全面上涨。

2. 贬值对社会总产量的影响

一国货币贬值的"奖出限进"作用,能够扩大该国的出口商品和进口替代品在国内外市场上占有的份额,从而为这些商品生产厂家的发展提供了更广阔的空间。由于生产的关联性,出口商品和进口替代品市场的扩大,又会直接或间接地推动整个工农业生产的发展。同时,一国货币贬值的"奖出限进"作用,还有利于增加该国的外汇积累,加大资本投入,形成新的生产能力。工农业生产的发展和新生产能力的形成,往往又使一国社会总产量明显增加。

3. 贬值对就业水平的影响

一国货币贬值有利于出口商品的生产规模扩大和出口创汇企业的利润水平提高,而这又会"牵引"国内其他行业生产的发展,国内就业总水平也将提高。同时,贬值后的进口商品成本增加,其销售价格上升,一方面使对进口商品的需求转向国内生产的产品,另一方面也提高了国内产品与进口产品的竞争能力,从而促进了内销产品行业的繁荣,创造出更多的就业机会。但是,通过货币贬值来提高就业水平是有前提的。这就是:工资基本不变或变动幅度要小于汇率变动的幅度。如果工资随着本币汇率的下降而同比例上升,那就会抵消贬值所产生的改善国际贸易收支、增加就业机会的效应。另外,一国货币贬值,能够吸引外来的长期直接投资,外国资本流入会增加国内固定资本和流动资本的数量,有利于创造新的就业机会。

4. 贬值对产业结构的影响

一国货币贬值,有利于扩大出口规模,增加出口创汇企业的利润,进而促使生产要素从非出口厂商和部门转向出口厂商和部门。同时,利润水平较高,可使出口厂商和部门的工资上升、实际收入增加,从而吸引大量的劳动力。另外,贬值造成进口商品的国内销售价格上升,会使一部分需求由进口商品转向国内产品,而且也提高了国内产品对进口产品的竞争能力,进口替代行业因此获得发展的机会。在开放经济的条件下,各种资源较多地流向出口厂商和部门,流向进口替代行业,有助于加快产业结构的升级,优化资源配置,使该国的产业结构更接近国际市场的需求结构。这对发展中国家来说具有十分重要的意义。

(三) 贬值对国际经济关系的影响

一国货币贬值,会通过商品竞争能力、出口规模、就业水平和社会总产量等方面的相对变化,直接影响该国与贸易伙伴国之间的经济关系。大量事实表明,一国货币贬值带来的国际收支状况改善和经济增长加快,很可能使其贸易伙伴国的国际收支状况恶化和经济增长放慢。如果一国为摆脱国内经济衰退而实行贬值,它就很可能是把衰退注入其他国家,因为除汇率外,生产、成本、效率等其他条件并没有改变。出于一国狭隘私利而进行的贬值,往往会激起国际社会的强烈不满,或引起各国货币的竞相贬值,或招致其他国家贸易保护主义政策的报复,其结果是恶化国际经济关系。从长期看,这对贬值国乃至世界的经济发展都是有害的。按照国际货币基金组织章程的规定,会员国只有在经过充分的多边协商后,才能采取较大的贬值行动。

有必要指出,货币贬值是通过改变国内外货币的交换比例,对国民经济和国际经济关系产生影响的。这种影响涉及面广,而且会因条件与环境的不同产生积极或消极的效果。因此,运用货币贬值以实现经济政策目标的做法,应是十分谨慎的,要预先判断它的影响是利大于弊,还是弊大于利。另外,货币贬值所产生影响的大小,还与一国的开放程度、商品生产的特征,同国际金融市场的联系以及货币的可兑换性等有关。如果开放程度高,商品生产多样化,同国际金融市场联系紧密,而且货币可自由兑换,货币贬值所产生的影响就大;反之,其所产生的影响就小。

第三节 汇率决定与变动理论

汇率理论是货币经济理论的国际延伸,它主要研究汇率是如何决定和变动的。早期的汇率理论可追溯到中世纪的"公共评价理论"。几百年来,人们在汇率理论方面不断取得突破和进展,形成了许多富于特色的学说和流派。限于篇幅,这里仅对影响较大的汇率理论和汇率研究中的新成果进行阐述和评价。

一、国际借贷论

国际借贷论(Theory of International Indebtedness)是在金本位制下阐述汇率变动的重要学说,由英国经济学家戈森(G. J. Goshen)于1861年提出。当时,在英国发生的汇率理论演进中影响极其深远的"金块论争"尚未完全结束,曾任英格兰银行董事的戈森出版了《外汇理论》一书,系统地表明了自己的观点,并且改变了人们研究汇率的注意力。

戈森认为,汇率取决于外汇的供给和需求,而外汇的供给和需求又源于国际借贷,国际借贷关系的变化是汇率变动的主要因素。在戈森眼里,国际借贷的内容是宽泛的,包括商品的进出口、股票和公债的买卖、利润和捐赠的收付,以及资本交易等。因此,他进一步认为,在一定时期内,如果一国国际收支中对外收入增加、对外支出减少,对外债权超过对外债务,则形成国际借贷出超;反之,对外债务超过对外债权,则形成国际借贷入超。出超说明该国对外收入大于对外支出,资金流入,外币供给相对增加,于是外币汇率下跌、本币汇率上涨;反之,入超说明该国对外收入小于对外支出,资金流出,外币需求相对增加,于是外币汇率上涨、本币汇率下跌。戈森根据流动性的大小,把国际借贷分为固定借贷和流动借贷。前者是指借贷关系已经形成,但未进入实际支付阶段的借贷;后者是指已进入实际支付阶段的借贷。他指出,影响汇率变动的主要是流动借贷。最后,戈森承认物价水平、黄金存量、利率水平和信用关系等也都对汇率产生影响,但他认为这些因素都是次要的。

戈森的国际借贷论与国际收支无异,故其学说又被称为国际收支论。该学说以金本位制为前提,把汇率变动的原因归结为国际借贷关系中债权与债务变动导致的外汇供求变化,在理论上具有重要意义,在实践中也有合理之处。这正是戈森对汇率理论的重要贡献。但是,戈森仅说明了国际借贷差额不平衡时外汇供求关系对汇率变动的影响,而未说

国际金融学

明国际借贷平衡时汇率是否会变动,更没有说明汇率的变动是否围绕着一个中心,即汇率的本质是什么。因此,在金本位制转变为纸币本位制后,国际借贷学说的局限性就日益显现出来了。

后来,凯恩斯学派又对该理论进行了发展,充分重视了汇率变动对价格的反作用,认为货币对外贬值会引起进出口商品相对价格的变化,有利于国际收支的改善,而国际收支的改善又会形成新的均衡汇率。这就是调整国际收支的弹性论的主要观点。凯恩斯学派不但从外汇供求的局部均衡考察汇率变动的原因,而且从国民收入与支出的一般均衡方面考察汇率变动的原因。该学派认为,国民总产值的增长会使国民收入与支出增加,支出的增加又会导致国际收支逆差,从而使本币汇率下降;反之,支出的减少会紧缩国内消费与投资,改善国际收支,促使本国货币汇率上升。紧缩国内消费与投资就是减少国内"吸收",降低对外汇的需求,这便是国际收支调节论的主要观点。凯恩斯学派汇率理论的主要特点之一,就是肯定了国际收支状况对汇率变动的影响,这与戈森的国际借贷论是有共同之处的。或者说,国际借贷论为凯恩斯学派汇率理论的形成奠定了基础。

二、购买力平价理论

购买力平价理论(Theory of Purchasing Power Parity)是自一战以来诸多汇率理论中最有影响力的理论之一。它的历史渊源可追溯到16世纪西班牙萨拉蒙卡学派关于货币购买力的论述。但是,最清晰而强有力地对购买力平价理论进行系统阐述的则是瑞典经济学家卡塞尔(G. Cassel)。卡塞尔在世时,在购买力平价理论方面曾先后发表过"外汇之现状"(1916)等论文和特约稿17篇,出版过《世界货币问题》(1921)等著作8部。因此,人们推崇他为购买力平价理论的创立者。

卡塞尔认为,本国人之所以需要外国货币,是因为这些货币在外国市场上具有购买力,可以买到外国人生产的商品和劳务;外国人之所以需要本国货币,则是因为这些货币在本国市场上具有购买力,可以买到本国人生产的商品和劳务。因此,货币的价格取决于它对商品的购买力,两国货币的兑换比率就由两国货币各自具有的购买力比率决定。购买力比率即是购买力平价。进一步说,汇率变动的原因在于购买力的变动,而购买力变动的原因又在于物价的变动。这样,汇率的变动最终取决于两国物价水平比率的变动。

在卡塞尔的购买力平价理论中,购买力平价被分为两种形式:一是绝对购买力平价,二是相对购买力平价。

(一) 绝对购买力平价

绝对购买力平价是指在某一时点上,两国的一般物价水平之比决定两国货币的交换比率。由于货币的购买力可表示为一般物价水平(通常以物价指数表示)的倒数,绝对购买力平价的公式可写为:

$$E=\frac{P_A}{P_B}$$

(3-3)

式中,E 为绝对购买力平价形式下的汇率;P_A 为 A 国的一般物价水平;P_B 为 B 国的一般物价水平。

公式中的一般物价水平,显然是国家的价格总水平。卡塞尔指出,只有一个国家在市场上出售的全部商品的价格总水平,才能代表可以购买的商品的价格水平。他强调价格总水平代表一国货币的购买力,如果仅限于进出口商品的价格水平,那是不能真实代表一国货币的购买力的。

假设各国的同类商品之间差异很小,具有均质性,而且没有任何贸易关税和运输等费用,那么本国价格水平就等于以本国货币表示的外国货币的价格与外国价格水平的乘积。这就是所谓的"一价定律"(the law of one price)①,表示在自由贸易条件下,世界市场上的每一件商品不论在什么地方出售(扣除运输等费用),其价格都是相同的。例如,一种衬衫在美国卖 10 个美元,在英国卖 4 个英镑,如按当时的汇率 1 英镑等于 1.3 美元计算,英国衬衫的价格与美国衬衫的价格是相同的,等于 5.2 个美元(=1.3×4)。

设 P 为贸易商品的国内价格;P^* 为同一商品用外币表示的价格;E 为汇率(一单位外币兑换的本币数)。于是,"一价定律"的公式可表示为:

$$P = EP^* \tag{3-4}$$

(二) 相对购买力平价

相对购买力平价是指在一定时期内,汇率的变化与该时期两国物价水平的相对变化成比例。如果用 E_0 代表过去或基期的汇率,E_t 代表经过 t 时间调整后的汇率,$P_{A(0)}$ 代表 A 国基期物价指数,$P_{A(t)}$ 代表 A 国经过 t 时间变动后的物价指数,$P_{B(0)}$ 代表 B 国基期物价指数,$P_{B(t)}$ 代表 B 国经过 t 时间变动后的物价指数,由相对购买力平价决定汇率的公式则是:

$$E_t = E_0 \times \frac{P_{A(t)}/P_{A(0)}}{P_{B(t)}/P_{B(0)}} \tag{3-5}$$

如果假设 $i_{A(t)}$ 为 A 国物价在经过 t 时间后,比基期物价水平上升的幅度(即通货膨胀率),$i_{B(t)}$ 为 B 国物价经过 t 时间后,比基期物价水平上升的幅度,则有:

$$\frac{P_{A(t)}}{P_{A(0)}} = 1 + i_{A(t)} \text{ 和 } \frac{P_{B(t)}}{P_{B(0)}} = 1 + i_{B(t)} \tag{3-6}$$

这样,由相对购买力平价决定汇率的公式又可表示为:

$$E_t = E_0 \times \frac{1 + i_{A(t)}}{1 + i_{B(t)}} \tag{3-7}$$

对于 E_0 的选择,卡塞尔指出,不是过去任何一个时期都是可以用来作为基期的。必须选择"正常"的时期,即选择汇率等于绝对购买力平价的时期。如果基期选择不当,对目前均衡汇率 E_t 的计算就会发生系统偏离。

(三) 对购买力平价理论的评价

购买力平价理论提出后,一直受到国际学术界的高度重视。人们围绕它的争论旷日持久,褒贬不一,这说明该理论既有合理的一面,也有不足的一面。

购买力平价理论的合理性主要表现为:① 该理论通过物价与货币购买力的关系去论证汇率的决定及其基础,这在研究方向上是正确的。由于纸币作为金的符号代表一定的价值,并且有一定的购买力,在给定商品价值的条件下,纸币购买力的国际差异实际上就

---

① 由货币主义学派代表人物米尔顿·弗里德曼(M. Friedman)提出,可以说是绝对购买力平价的一种推论。

是纸币所代表的价值量的差异。虽然卡塞尔没有做更加深入的研究,但他离揭示汇率的本质已相距不远了。② 该理论直接把通货膨胀因素引入汇率决定的基础之中,这在物价剧烈波动、通货膨胀日趋严重的情况下,有助于合理地反映两国货币的对外价值。③ 在战争等原因造成两国间贸易关系中断后,重建或恢复这种关系时,购买力平价能够比较准确地提供一个均衡汇率的基础。④ 该理论把物价水平与汇率相联系,这对讨论一国如何利用汇率政策来促进出口贸易的发展不无参考意义。

购买力平价理论的缺陷主要表现在:① 该理论只是从事物的表面联系出发,认为货币的交换比率取决于货币的购买力之比,这实际上是把货币所代表的价值看成是由纸币的购买力决定的,这种本末倒置的想法使得该理论最终没能揭示汇率的本质。② 该理论强调货币数量或货币购买力对汇率变动的影响,而忽视了生产成本、投资储蓄、国民收入、资本流动、贸易条件以及政治形势等对汇率变动的影响;同时,该理论也忽视了汇率变动本身对货币购买力的影响。事实上,货币的购买力只是影响汇率变动的重要因素之一,而不是全部。③ 该理论的运用有严格的限制和一定的困难。它要求两国的经济形态相似,生产结构和消费结构大体相同,价格体系相当接近;不然的话,两国货币的购买力就没有可比性。同时,在物价指标的选择上,是以参加国际交换的贸易商品的价格为指标还是以国内全部商品的价格为指标,很难确定。即使能够确定,由于经济活动千变万化和商品结构在各国不一致,在计算汇率时也会面临一些技术性困难。④ 该理论的推论"一价定律"没有现实基础。因为经济生活中的贸易关税、运输费用、产业结构变动和技术进步等都会影响国内价格水平,这使得"一价定律"无法实现,被称为"未经证明的经济假设"。

三、汇兑心理论

汇兑心理论(Psychological Theory of Exchange)是法国经济学家阿夫达里昂(A. Aftalion)提出来的。该理论的核心是:汇率的决定与变动是根据人们各自对外汇的效用所做的主观评价。这在当时的汇率理论研究中,可谓是独树一帜,从而引起很大反响。

该理论认为,人们之所以需要外国货币,是为了满足某种欲望,如用它来购买商品、支付债务、进行投资、炒卖外汇和抽逃资本等,欲望是外币具有价值的基础。因此,外币的价值取决于外汇供需双方对其做出的主观评价,外币价值的高低,又是以人们主观评价中边际效用的大小为转移的。对于每个人来说,其使用外币有着不同的边际效用,因而各自的主观评价也不同。主观评价基于"质"与"量"两方面的考虑,前者指特定外币对商品的购买力、对债务的偿付能力、外汇投资的利益、政局稳定的程度和资本抽逃的状况等;后者指国际借贷数额的增减、国际资本流动的规模和外汇供求的变化等。外汇供给增加,其边际效用就递减,个人所做出的主观评价也就降低;反之,边际效用就递增,个人的主观评价也就提高。不同的主观评价产生了不同的外汇供给与需求。供求双方通过市场集中交易达成均衡,其均衡点就是实际汇率,它是外汇供求双方心理活动的综合体现。当旧的均衡被打破时,汇率又将随人们对外汇主观评价的改变而达到新的均衡。

汇兑心理论的产生有其特定的历史背景。1924—1925 年,法国的国际收支出现顺差,而法郎的汇率却在下跌。这种现象是国际借贷说和购买力平价理论所不能解释的。阿夫达里昂另辟蹊径,从人们心理上对外币做出的主观评价的角度说明汇率的变动,其在方法论上是有新意的。同时,该理论是把主观评价的变化与客观事实的变化结合起来考察的,而且主观的心理活动与客观的经济行为也是有联系的。因此,用人们对外币的主观评价解释汇率的变动特别是外汇投机和资本抽逃等现象,有其合理之处。实际上,在经济规则被破坏、经济生活处于混乱的时期,人们心理上的惶恐与不安在很大程度上影响外汇市场的稳定,进而促使汇率变动,甚至是汇率反常规地变动。

但是,该理论陷入了主观唯心主义的泥潭,把主观唯心的心理预期看成是汇率变化的决定因素,这显然是不科学的。人们对经济运行的主观预期是客观经济过程在人脑中的反映,客观物质是第一性的,主观判断是第二性的。并且,主观评价的正确与否还取决于人们对经济运行规律的认识能力,以及所能掌握的信息和资料。该理论的另一个问题是可操作性差。人们的心理活动十分复杂,千变万化,更不容易量化,如何把握他们对外汇的主观评价并将其运用到汇率的决定过程之中,仍有待于进一步的探索。

四、货币主义的汇率理论

货币主义的汇率理论形成于 20 世纪 70 年代中期,是由美国芝加哥大学亨利·约翰逊为首的一批经济学家倡导,并由弗兰克(Frenkel)等人加以系统阐述的。

该理论是在绝对购买力平价基础上发展起来的,其特点是强调货币市场在汇率决定过程中的作用,把汇率看成是两国货币的相对价格,而不是两国产品的相对价格。它认为,汇率是由货币市场上存量均衡条件,即由各国货币供给与需求的存量均衡决定的。当两国货币的存量同人们愿意持有的量相一致时,两国货币的汇率可达到均衡。

该理论的基本研究方法是把货币数量论与购买力平价理论结合起来,分析汇率决定和变动的主要原因。它的假定是:① 存在着自由的资本市场和较强的资本流动性,使国内外资产具有充分的替代性。② 存在着有效的市场,使人们对未来汇率的预期可以强烈地影响即期汇率。③ 存在着充分的国际资金和商品套购套买活动,使"一价定律"得以实现,并且各国的名义利率等于实际利率加预期通货膨胀率,而各国的实际利率则是相同的。④ 市场参与者能够根据信息和理论模型,对汇率变化做出合理的预测。它的数学推导过程主要是:

$$P = EP^* \tag{3-8}$$

如前所述,公式(3-8)是"一价定律"的数学表达式。其中,P 代表贸易商品的国内价格,P^* 代表同一商品用外汇表示的价格,E 代表外汇汇率。而本国物价水平必然满足货币市场的均衡条件,即:

$$M_{dr} = \frac{M_s}{P} \tag{3-9}$$

式中 M_{dr} 是对实际货币存量的需求,M_s 是货币供给(名义)存量。根据(3-9)式,可得到国内外的物价水平 P 和 P^*:

$$P = \frac{M_s}{M_{dr}} \tag{3-10}$$

$$P^* = \frac{M_s^*}{M_{dr}^*} \tag{3-11}$$

式中,加有"*"号的字母表示外国的变量。将(3-10)和(3-11)代入(3-8)式中得到:

$$E = \frac{M_s}{M_{dr}} \Big/ \frac{M_s^*}{M_{dr}^*} \qquad (3-12)$$

公式(3-12)显示,汇率等于本国的名义货币供给存量与实际货币需求存量之比除以外国的名义货币供给存量与实际货币需求量之比。而根据货币数量论的国际收支调节分析法,对实际货币存量的需求取决于实际收入(Y)和名义利率(i)。设实际货币存量的需求函数为:

$$M_{dr} = k \cdot \frac{Y}{i} \qquad (3-13)$$

同理:

$$M_{dr}^* = k^* \cdot \frac{Y^*}{i^*} \qquad (3-14)$$

则将(3-13)和(3-14)式代入(3-12)可得:

$$E = \frac{k^*}{k} \cdot \frac{M_s}{M_s^*} \cdot \frac{Y^*}{Y} \cdot \frac{i}{i^*} \qquad (3-15)$$

公式(3-15)表示,汇率等于本国与外国货币名义供给存量之比,乘以外国与本国实际收入之比,乘以本国与外国名义利率之比,再乘以一个常数因子k^*/k。

根据假定,名义利率等于实际利率(i_r)加上预期的通货膨胀率$E(p)$,亦称通货膨胀贴水,则有:

$$i = i_r + E(p) \text{ 和 } i^* = i_r^* + E(p)^* \qquad (3-16)$$

将公式(3-16)代入公式(3-15),便可得到反映货币主义汇率基本理论的数学表达式:

$$E = \frac{k^*}{k} \cdot \frac{M_s}{M_s^*} \cdot \frac{Y^*}{Y} \cdot \frac{i_r + E(p)}{i_r^* + E(p)^*} \qquad (3-17)$$

公式(3-17)显示,汇率的变动取决于三个方面的因素:一是本国名义货币供给存量相对于外国名义货币供给存量的变化;二是外国实际收入相对于本国实际收入的变化;三是本国预期通货膨胀率相对于外国预期通货膨胀率的变化。当本国名义货币供给增加时,国内的价格水平就会上涨,由于购买力平价的关系,本币汇率必然下跌。当本国实际国民收入增长时,国内就会出现对货币的超额需求,在名义货币供给存量不变的情况下,使得国内价格下跌,并通过购买力平价的作用,最终导致本币汇率上涨。当本国名义利率上升时,本币汇率趋于下跌。因为名义利率上升,表明本国有较高的预期通货膨胀率(根据假设,名义利率等于实际利率加预期通货膨胀率,而且各国的实际利率相同,所不同的只是预期通货膨胀率),这会使国内对货币的需求降低,抬高国内价格水平,进而迫使本币汇率下跌。如果是外国经济变量发生变化,对本国货币的汇率则会有相反的影响,即外国货币供给增加,或实际收入下降,或名义利率上升时,本国货币的汇率趋于上升。

货币主义汇率理论与传统汇率理论的分歧在于:传统理论认为,外汇供求取决于进出口所需要的和所获得的外汇,是用外汇流量来衡量的。在满足进出口弹性充分大的条件下,本币贬值有利于扩大出口、抑制进口,进而改善国际收支状况。而货币主义理论则批评传统理论忽略了相对价格的变动和货币需求的关键传递作用。它认为,贬值后随之而来的是对本币需求的增加、对外币需求的减少。如果本国货币供给量不变,或者贬值后对外币的需求没有减少,那么贬值不会对国际收支产生持久影响,汇率也会随货币(外币和本币)的供求状况做出新的调整。基于此,货币主义经济学家对汇率的研究突破了传统理论的局限(即将汇率变动的效应局限在国际收支的范围),提出了汇率决定的货币存量——流量分析架构,并深入到货币政策的制定与协调问题上。这种突破是货币主义汇率理论的主要贡献,并对 20 世纪 70 年代后的汇率研究产生了深远的影响。

货币主义汇率理论的主要可取之处是:① 该理论突出强调了货币因素在汇率决定过程中的作用,这是很有见地的。因为作为货币的价格,汇率与货币本身的价值及影响这种价值的诸多因素有着直接和紧密的联系。忽视乃至回避货币因素,就不可能正确解释汇率的决定与变动。② 该理论指出,一国的货币政策和通货膨胀水平与该国的货币汇率走势直接相关,这是符合实际情况的。货币供给过多,通货膨胀严重,正是实行浮动汇率制后一些西方国家货币汇率不断下跌的主要原因。③ 该理论把"一价定律"放在汇率研究的重要位置上,有其合理之处。马克思主义认为,由于世界市场的形成和发展,各个不同国家生产的同种同量商品,在世界市场上会被认为具有相同的国际价值量。在此基础上,商品形成了它们的世界市场价格。从长期看,由于国际价值规律的内在作用,不同国家生产的同种商品,将具有相同的世界市场价格。货币主义经济学家把"一价定律"作为其研究汇率的出发点,这表明他们已意识到价值规律在国际经济活动中所起的作用。另外,该理论的分析和论证方法有其独到之处,可以引为借鉴。

货币主义汇率理论的主要不足之处是:① 该理论在探讨汇率变动的原因时,只偏重于一国国民总收入或货币市场均衡状态下的汇率运动,而对社会经济内部的结构及其变化对汇率的影响则没有做必要的研究,这使得货币主义汇率理论难以全面地把握和解释汇率的实际变动。② 该理论的一些基本假定,如两国货币之间总是保持着购买力平价,从而汇率始终能使"两国的购买力均等化";一国货币供求一旦失衡,便会引起国内价格迅速变动,从而可以除消对货币过度的需求或供给;本国资产和外国资产是完全可以替代的,而且国际间的资产套购能使两国的利率之差等于两国的预期通货膨胀率之差等,过于绝对化,在现实生活中很难成立。③ 该理论以抽象的数学表达式说明货币存量变化与价格变化之间的关系,不易在实践中加以验证和运用。

五、资产组合平衡论

资产组合平衡论(The Approach of Portfolio Balance)出现于 20 世纪 70 年代中后期。1975 年,勃莱逊(W. Branson)提出了一个初步模型,后经霍尔特纳(H. Halttune)和梅森(P. Masson)等人进一步充实和修正。资产组合平衡论是一种影响很大的汇率理论,在现代汇率研究领域占有重要地位。

该理论的主要特点是它综合了传统的和货币主义的分析方法,把汇率水平看成是由货币供求和经济实体等因素诱发的资产调节与资产评价过程所共同决定的。它认为,国际金融市场的一体化和各国资产之间的高度替代性,使一国居民既可持有本国的货币和各种有价证券作为资产,又可持有外国的各种资产。一旦利率、货币供给量以及居民愿意持有的资产种类等发生变化,居民原有的资产组合就会失衡,进而引起国内外资产之间的替换,促使资本在国际间的流动。国际间的资产替换和资本流动,势必会影响外汇供求,

导致汇率的变动。该理论的一般形式,可用下列简化的方程式表达:

$$\frac{M_0}{W_e}=\frac{a_1}{r}+\frac{a_2}{r^*} \tag{3-18}$$

$$\frac{B_d}{W_e}=a_3r+\frac{a_4}{r^*} \tag{3-19}$$

$$W_e=M_0+EC_f+B_d \tag{3-20}$$

公式(3-18)的含义是:本国财富持有者在其财富总额(W_e)中,愿意以本币形式(M_0)持有财富的比率(M_0/W_e),是本国利率(r)和外国利率(r^*)的反比函数,即它会因本国与外国的利率下降而上升,或因本国与外国的利率上升而下降。公式(3-19)的含义是:本国财富持有者以本国债券形式(B_d)持有的财富在其总财富中所占的比率(B_d/W_e),是本国利率的正比函数、外国利率的反比函数。也就是说,它随本国利率的提高而上升,随外国利率的提高而下降;不然则相反。公式(3-20)的含义是:本国财富持有者以本币表示的财富总额,由本币数量(M_0)、外国资产(EC_f,E 为汇率,EC_f 为以本币表示的外国债券的价值)和本国债券(B_d)三部分构成。只有货币市场、本国债券市场和外国债券市场三个市场同时处于均衡,汇率才能处于均衡状态。在给定财富总额(W_e)的情况下,任何两个市场处于均衡状态,第三个市场必然也处于均衡状态。因此,在下面的分析中,我们将着重分析货币市场和本国债券市场。

将(3-20)式代入(3-18)式,可得货币市场均衡的函数式:

$$\frac{M_0}{M_0+EC_f+B_d}=\frac{a_1}{r}+\frac{a_2}{r^*} \tag{3-21}$$

由公式(3-21)可见,若 M_0、C_f、B_d 和 r^* 固定不变,为维持货币市场的均衡,本国利率和汇率(以一单位外币折算成若干单位本币表示,下同)必须呈同方向的变化(如图 3-12 中的 LM 曲线)。LM 曲线由左下方往右上方延伸,说明在给定 M_0、C_f、B_d 和 r^* 的情况下,本国利率上升,人们以本币形式持有财富的比率必然下降,这就要求汇率上升,以提高人们持有外国资产的本币价值。

将公式(3-20)式代入(3-19)式,可得本国债券市场均衡的函数式:

$$\frac{B_d}{M_0+EC_f+B_d}=a_3r+\frac{a_4}{r^*} \tag{3-22}$$

由公式(3-22)式可见,若 M_0、C_f、B_d 和 r^* 固定不变,为使债券市场达到均衡,本国利率和汇率则必须呈反方向的变动(见图 3-12 中的 LB 曲线)。LB 曲线由左上方向右下方延伸,说明在给定 M_0、C_f、B_d 和 r^* 的情况下,本国利率上升,人们以本国债券形式持有财富的比率必然上升,这就迫使汇率下降,以减少人们所持有的外国资产的本币价值。

根据(3-21)和(3-22)两式,若 M_0、C_f、B_d 和 r^* 发生变化,从图 3-13 中也可看出利

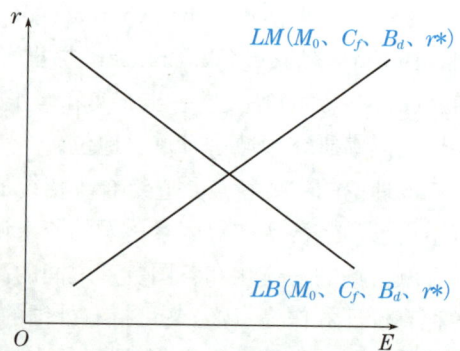

图 3-12　资产组合平衡下利率与汇率的关系

率与汇率之间的关系。当本币数量（M_0）增加时，LM 曲线将向右移动，LB 曲线将向左移动，如图 3-13 中（a）所示，这会引起对本国债券和外国债券的过度需求，导致本国利率下降和汇率上升。当外国利率（r^*）上升时，LM 和 LB 曲线将都向右移动，如图 3-13 中（b）所示，这会引起本币及本国债券的过度供给和对外国资产的过度需求，为恢复平衡，汇率将会上升。当本国债券（B_d）供给增加时，LM 曲线将向左移动，LB 曲线将向右移动，如图 3-13 中（c）所示，这会引起本国债券的过度供给和对本币及外国资产的过度需求，为恢复均衡，本国利率将上升，而汇率的变化则难以判断。当外国资产（C_f）增加时，LM 和 LB 曲线都将向左移动，如图 3-13 中（d）所示，这会引起外国资产的过度供给和对本币及本国债券的过度需求，而利率基本稳定，导致汇率下降。

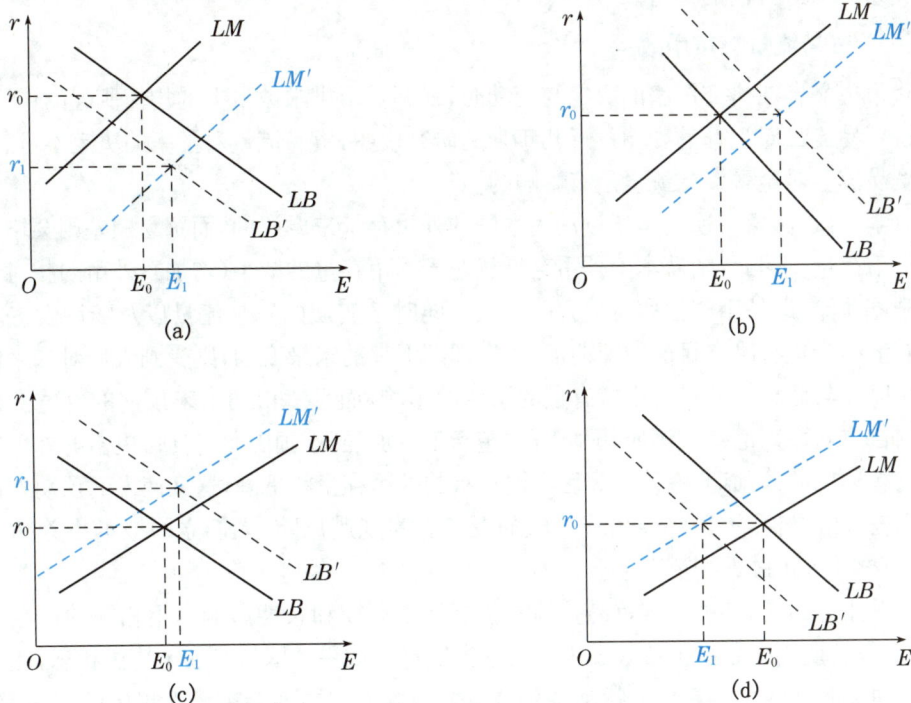

图 3-13　M_0、r^*、B_d 和 C_f 的变化对汇率的影响

　　上述分析表明，人们通常将拥有的金融财富分布于可供选择的本币、本国债券和外国债券等资产。人们将这些资产进行组合的方式，主要取决于它们的收益大小。当货币供给、利率水平和国内外债券发行量等因素发生变化时，就会提高或降低不同资产的实际收益，打破原有的资产组合平衡，促使资产进行新的组合。为达到新的资产组合平衡，汇率也会发生相应的变动。

　　资产组合平衡论一方面承认经常项目失衡对汇率的影响，另一方面承认货币市场失衡对汇率的影响，这在很大程度上摆脱了传统汇率理论和货币主义汇率理论中的片面性，具有积极意义。同时，它提出的假定，如各国资产间的"高度"替代性，而不是"完全"替代性等，更加贴近现实，因此对解释汇率的决定具有较强的说服力。

　　但是，该理论也存在着明显的问题。例如，它在论述经常项目失衡对汇率的影响时，只注意到资产组合变化所产生的作用,而忽略了商品和劳务流量变化所产生的作用;它只考虑目前的汇率水平对金融资产实际收益产生的影响,而未考虑汇率将来的变动也会对金融资产的实际收益产生的影响;它的实践性较差,因为有关各国居民持有的财富数量及构成的资料是有限的和不易取得的。

六、汇率理论的进一步发展

进入浮动汇率制时期,特别是 20 世纪 80 年代后,许多经济学家把更多的注意力放在解释浮动汇率制下汇率的决定与变动,从而使汇率理论的研究取得新的进展。其中,较为重要的成果是关于贸易流量与货币数量、货币替代、汇率超调、新闻模型、有效市场假说和噪声交易模型等方面的探讨。

(一)贸易流量与货币数量

货币主义者在研究汇率的决定与变动时,强调货币供求数量上的均衡所起的作用,而未重视贸易流量对汇率的影响。近几年来的研究表明,贸易流量对汇率的决定不可忽视,因为贸易流量对金融资产流量是有影响的。

有学者认为,贸易逆差是通过动用本国的外币存量来融资的,而贸易顺差则会增加本国的外币存量。因此,随着本国外币存量相对于本币存量的减少(增加),外币的相对价值将上升(下降),即外币的汇率将上升(下降)。同时已实现的贸易流量以及随后发生的货币持有量的变化将决定目前的即期汇率,但即期汇率的未来变动,则受到人们对未来的贸易差额以及与此相关的对货币持有量的预期的影响,而且货币的未来预期的价值变化也会影响目前的即期汇率。例如,国际石油垄断正在加强,本国因此将支付更多的外币进口石油。有远见的人预期,一段时间后本国持有的外币存量将下降,这又使人们预期外币将会出现较大的升值,本币将会出现较大的贬值。为规避风险,人们立即把本币兑换成外币,进而导致外币的即期汇率上升。

值得注意的是,某些决定贸易差额的新事件之短期和长期影响是不相同的。在浮动汇率制下,长期均衡是指出口等于进口的平衡贸易。如果一国最初处于均衡状态,此后经历了石油垄断加强之类事件的扰动,那么,在短期内人们预期会有较大规模的贸易逆差;但在长期内,随着所有商品的数量和价格都进行了相应调整,该国又可以达到新的长期均衡。新的长期均衡下的汇率将高于原有长期均衡条件下的汇率,其汇率变动的轨迹如图 3-14 所示。

假定一国最初的均衡汇率为 E_0,在时点 t_0 发生了某些未预料到的事件,并引起贸易逆差。由于贸易逆差的出现以及相伴而来的货币外流,本国货币汇率下跌。随着商品的数量和价格根据贸易结

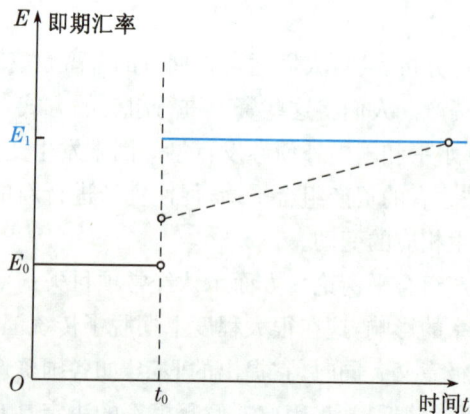

图 3-14 引起贸易逆差的新事件发生后汇率变动的轨迹

构的变化而进行调整,新的均衡汇率将在 E_1 处达成,这时贸易均衡得以恢复。但是,由 E_0 向 E_1 的移动不一定立即出现,因为赤字将持续一段时间(图 3-14 中虚线表示在短期内汇率变动的轨迹)。在时点 t_0,因为意料外事件的发生,人们预期本国货币将贬值,便试图以本国货币换取外国货币,于是,在贸易逆差尚未出现时,汇率会出现即刻的跳动。一段时间后,贸易逆差显现出来。在对该国商品的数量和价格进行调整并使贸易逆差趋于零的过程中,本国货币的汇率则逐步下跌,趋近于新的长期均衡下的 E_1。

(二) 货币替代

20 世纪 80 年代以前,货币主义学派在分析汇率决定与变动时都假定国内居民不持有外国货币,即假定各国货币之间的需求替代弹性为零。但是,在浮动汇率制度下,为了减少潜在的汇率变动可能造成的损失,国内居民希望持有外国货币,以用于未来的交易或是将它作为自己资产组合的一部分。随着越来越多国家外汇管制的逐步放松以及金融市场的国际化,国内居民能够在不同货币之间进行货币替代。格顿和罗珀在 1981 年首先使用了"货币替代"这一术语来表达国内居民持有一种以上货币的情况。货币替代的存在使通货膨胀的国际间传递成为可能,并加剧了汇率的波动幅度。

一般认为,在浮动汇率制下,通货膨胀的国际间传递是不可能的。其主要理由是:A 国货币供给增加只是提高 A 国的物价水平,其引发的通货膨胀仅限于 A 国。因为汇率是有弹性的,通过 E 的提高可以维持 $E = P_A/P_B$,所以 B 国不受 A 国通货膨胀的影响。在存在货币替代的情况下,A 国货币供给增加引起了 A 国通货膨胀和 A 国货币贬值,A 国居民为规避风险进行货币替代,将 A 国货币转换成 B 国货币,使外汇市场上 A 国货币的供给和 B 国货币的需求进一步增加,从而导致 A 国货币更大幅度的贬值和 B 国货币更大幅度的升值。如果 B 国不愿本国货币过度升值,B 国就会通过增加本币供给的方式来干预外汇市场,这样就会使通货膨胀从 A 国传到 B 国。所以,货币替代分析法认为,在浮动汇率制下,各国政府虽然可以保持货币政策的独立性,但各国政府之间的货币政策协调仍是十分重要的。

(三) 汇率超调

货币主义汇率理论以价格具有充分弹性为前提,假定所有市场的调节都能在瞬间完成。1976 年后,多恩布施(Dornbush)等经济学家对这一假定做了极其重要和更加现实的修正,即金融市场的调节可在瞬间完成,而商品市场的调节则是缓慢的。在新的假定之上,他们提出了汇率超调(Overshooting)模型,并对其进行了必要的论证。

汇率超调模型认为,在经济运行中出现某些变化(如货币供给增加)的短期内,汇率将发生过度的调节,很快会超过其新的长期均衡水平,然后再逐步恢复到它的长期均衡水平上。这是因为,金融市场对外生的冲击可立即进行调节,而商品市场则在一段时间后才能缓慢地进行调节。

汇率超调模型同样主张只有货币需求等于货币供给,货币市场才能达到均衡的货币主义学派观点。假设货币需求取决于收入和利率,那么货币需求的函数可表示如下:

$$M_{dr} = ay + bi \qquad (3-23)$$

式(3-23)中,M_{dr} 是实际货币需求(名义货币需求除以价格水平),y 是收入,i 是利率。实际货币需求与收入呈正相关,y增长,人们对货币的需求将趋于增长,所以a大于零。由于利率是持有货币的机会成本,故实际货币需求与利率呈负相关,b则小于零。一般说来,货币供给增加后,短期内收入和物价是相对不变的。因此,利率趋于下降,以使货币的供求保持均衡。A国和B国之间的利率平价关系,可表示为:

$$i_A = i_B + (F-E)/E \qquad (3-24)$$

在给定B国利率(i_B)的条件下,A国利率(i_A)下降,$(F-E)/E$(F为远期汇率,E为即期汇率)就必须下跌。当A国的货币供给增加时,A国的物价就会上升。因为有较多的A国货币在寻求购买固定数量的商品。A国较高的未来物价意味着要有一个较高的未来即期汇率,以维持购买力平价关系:

$$E = P_A/P_B \qquad (3-25)$$

给定B国的物价水平(P_B),在A国货币供给增加的一段时间后,A国的物价水平(P_A)将上升,E也将会上升。这种较高的预期的未来即期汇率可反映在较高的远期汇率之中。如果F上升,而同时$(F-E)/E$必须下跌,以维持利率平价,则E上升的幅度就应大于F上升的幅度。但是,一旦P_A开始上升,实际货币存量就下降了,i_A则趋于上升。随着i_A上升,E将下降以维持利率平价。因此,E最初的上升将超过未来的E(未来即期汇率),这就是所谓的汇率超调。图3-15可使对汇率超调模型的讨论直观和简洁地表示出来。

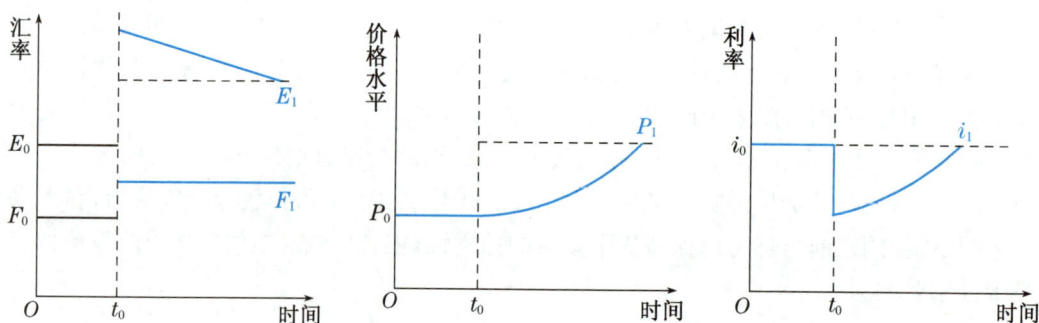

注:实线——有关因素变化的实际轨迹;虚线——有关因素所收敛于长期均衡的水平

图3-15 汇率超调模型中有关因素变化

图3-15给出的最初均衡由E_0、F_0、P_0和i_0构成。当在时点t_0货币供给增加时,本国利率下跌,即期汇率和远期汇率上升,而价格水平不变。虽然远期汇率会立即移至它的新均衡点(F_1),但为维持利率平价,在i已经下跌的情况下,即期汇率会迅速上升,并将超过其新的均衡点(E_1)。经过一段时间,价格开始上升,利率也随之上升,而未来即期汇率则趋近于其新的均衡点(E_1)。

(四)新闻模型

研究各种汇率决定的理论、运用技术预测手段和经济计量预测手段,有助于预测未来的汇率水平。但是,预测未来的即期汇率并非易事,而且预测的结果往往与实际情况大相径庭。出现这一现象的主要原因是现实世界中存在着各种不可预料的冲击和令人惊异的事件,即为爆出"新闻"。

假定存在合理预期,即期汇率由下列关系给出:

$$E_t = rZ_t \qquad (3-26)$$

式中,r 为斜率系数;Z_t 是一个向量,由决定汇率的所有变量构成。

那么,在时点 $t-1$,人们将根据当时所能收集到的全部信息,对时点 t 的决定汇率的变量做出预测,对时点 t 的即期汇率做出的预测为:

$$E_t^e = rZ_t^e \qquad (3-27)$$

将(3-26)式与(3-27)式相减,即可得:

$$E_t - E_t^e = r(Z_t - Z_t^e) \qquad (3-28)$$

(3-28)式的左边是即期汇率中没有预期到的成分,等式右边括号中的是"新闻"这种出乎预料的成分。

新闻模型在解释汇率未预见到的波动方面做出了有益尝试,但仍处于起步阶段,存在许多不完善之处。首先,该模型是以理性预期为基础,而未考虑非理性交易者的存在,后者的存在将大大改变汇率波动的幅度,甚至是汇率波动的方向。其次,模型中基本变量的选择取决于具体研究者的理论偏好或纯粹是按特定的标准——有时是根据市场知识,有时是简单地从是否能获得资料的角度考虑。再次,斜率系数 r 并不是一个固定的向量,人们可能根据新闻的爆发而修正 r,从而加剧了汇率的不可预测性。最后,新闻模型的实践性较差,除了新闻难以数量化外,还存在如何将新闻成分从基本变量中分离开来的困难。例如,影响美元汇率的并不是对美国国际收支逆差的总估计,而是所宣布的国际收支差额大于或小于市场事前预期水平的程度。这意味着为了从经济"总"信息中分离出"净"新闻,必须先对有关变量的市场预期做出估计,这显然是非常困难的。

(五) 有效市场假说和噪声交易者模型

20 世纪 60 年代后,西方经济学家开始关注市场的有效性问题。1972 年 2 月,尤金·法玛(Eugene Fama)在《金融杂志》(*Journal of Finance*)发表了"有效的资本市场"一文,标志着有效市场假说(Efficient Market Hypothesis)正式形成。尤金·法玛认为,根据市场能够有效利用信息的范围和成本,可以把有效市场的有效性划分为三类:一是弱式有效市场(Weak Form Efficiency),即市场价格反映了所有的历史信息;二是半强式有效市场(Semi-Strong Form Efficiency),即市场价格除了反映所有的历史信息外,还反映一切可得的公开发布的信息;三是强式有效市场(Strong Form Efficiency),即市场价格反映了所有的信息,包括历史信息、公开发布的信息,甚至是幕后信息。在弱式有效市场上未公开的信息最多,潜在获利的可能性最大;而在强式有效市场上不存在任何未利用信息,潜在获利的可能性为零;半强式有效市场以幕后信息的多寡决定潜在的获利性。交易的机会成本(Opportunity Cost of Trading)也是影响市场有效性的因素之一。

后来有不少学者将市场有效性假说运用到外汇市场与汇率的研究之中。几乎所有的检验都否定了有效性市场假说,同时也有学者试图用新的理论模型来替代有效市场假说,其中比较著名的就是"噪声交易者模型"。例如:

$$F_t^{t+k} - E_{t+k}^e = \lambda_t \qquad (3-29)$$

式中,F_t^{t+k} 是在 t 时点约定的 $t+k$ 时点的远期汇率;E_{t+k}^e 是预期的 $t+k$ 时点的即期汇率,

λ_t 是风险报酬。

$$\Delta E_{t+k} = \Delta E_{t+k}^e + \eta_{t+k} \qquad (3-30)$$

$$\Delta E_{t+k}^e = E(\Delta E_{t+k} / I_t) \qquad (3-31)$$

式中,ΔE_{t+k} 表示汇率的现实变动;$E(\Delta E_{t+k}/I_t)$ 表示代理人在掌握信息集 I 后进行的理性预期;η_{t+k} 是与信息无关的随机预测误差。

噪声交易者模型把外汇交易的参与者分为两类:一类是理性操作者,另一类是噪声交易者。理性操作者是掌握内部信息的代理人,他们能够根据基本经济因素进行外汇交易,在追求利益最大化的同时,防止汇率偏离其基本价值。一旦汇率偏离其基本价值,理性操作者会做出决策进行套利,理性的套利行为促使汇率回到基本价值位置。但在现实生活中,如果汇率偏离基本价值太多,理性操作者虽会做空,但由于存在的"新闻效应"可能使价格进一步上扬,此时理性操作者担心因做空会损失大量头寸,导致卖空行为不足,汇率便不能立刻回到基本价值。另外,理性操作者需要准确判断买卖时机,识别汇率波动是因为基本经济因素变化还是套利不充分,这是相当困难的。因此,理性操作者的行为并不能迅速地、完全地使汇率及时回归到基本价值。噪声交易者的操作是非理性的,与基本经济因素无关。他们可能是市场上利用技术分析进行投资的交易者,也可能是利用某种特殊手段进行操作的人。每个噪声交易者的交易行为可能不一致,其交易行为产生的效果会相互抵消,进而对市场的供求影响不大。但噪声交易者也可能追逐共同的汇率变化趋势,这无疑会加剧汇率对基本价值的偏离。噪声交易者与理性操作者相互作用确定汇率水平,而这样的汇率水平会明显偏离基本价值。

噪声交易者模型在分析汇率剧烈波动原因方面,提出了一个新的思维。很多学者支持这种模型,认为该模型可以取代有效市场假说。然而,噪声交易者模型真正被广泛接受,还需要经过实践的进一步检验。

本章小结

汇率是一种货币与另一种货币之间的交换比率,其本质是两种货币各自所代表的价值量之比。不论是在金本位制度下还是在信用本位制度下,汇率总是根据外汇市场供求的变化,围绕着价值量之比(平价)上下波动。同时,汇率波动的幅度还受不同制度安排的制约或影响。在现实生活中,两国货币所代表的价值量之比与人为的制度安排是相对稳定的,人们更关注的是外汇市场上汇率比较频繁变动的原因。在外汇市场上,影响汇率变动的因素主要是国际收支、通货膨胀差异、国际利差、经济增长率、外汇市场投机活动和政府干预等。汇率变动也会对贸易收支、非贸易收支、国际资本流动、国内物价、社会总产量、就业水平、产业结构和国际经济关系等产生影响。几百年来,关于汇率理论的研究取得了许多成果,形成了一些著名的学说和流派,其中主要的有国际借贷论、购买力平价理论、汇兑心理论、货币主义汇率理论和资产组合理论等,它们对汇率理论的发展具有十分重要的影响;贸易流量与货币数量、货币替代、汇率超调、新闻模型以及有效市场假说和噪声交易者模型等汇率研究的新进展也受到了人们的普遍关注。

复习思考题

1. 汇率的本质是什么?
2. 试述金本位制下汇率决定的一般原理。
3. 试述纸币流通制度下汇率决定的一般原理。
4. 影响汇率变化的主要因素有哪些?
5. 本币贬值对国民经济有哪些重要影响?
6. 论述购买力平价理论及其合理与不合理之处。
7. 论述货币主义汇率理论及其合理与不合理之处。
8. 试述资产组合理论及其合理与不合理之处。
9. 评述汇率理论的进一步发展。

第四章　汇率政策

在各国经济朝着相互渗透、相互依赖和相互作用方向发展的全球一体化背景下,国际分工与合作日益深化,一国政府的经济政策总体目标是为了同时实现宏观经济的内外部均衡。汇率政策是最重要的经济政策之一,它对促进宏观经济内外部均衡发挥着不可替代的作用。因此,正确认识汇率政策的基本内涵与传导机制,合理制定和实施汇率政策,具有十分重要的意义。

第一节　汇率政策及其传导机制

一、汇率政策的基本内涵

汇率政策是指政府在一定时期内,为实现宏观经济政策目标而对汇率变动施加影响的制度性安排与具体措施。汇率政策主要涉及汇率制度选择、汇率水平管理、政府对外汇市场干预以及汇率政策与其他经济政策配合等内容。

(一)制定汇率政策的重要意义

制定汇率政策是国家经济主权的重要表现之一,也是开放的市场经济条件下政府对国民经济进行宏观调控的必要手段。一般说来,制定汇率政策的重要意义主要体现在以下三个方面。

1. 克服外汇市场的内在缺陷

外汇市场交易在很大程度上是由市场自发力量驱动的,即使在开放的现代市场经济条件下,由于交易壁垒、信息不对称、市场垄断以及过度竞争等问题的存在,外汇市场交易依然带有较大的盲目性,而且市场自动调节机制也存在时滞和低效率的缺陷。外汇市场的盲目性会导致汇率信号扭曲与波动,不利于资源在全球范围内优化配置,市场自动调节机制的缺陷又是市场本身无法克服的,这就需要政府理性地制定和实施汇率政策,保持汇率的相对合理与稳定,防止国际收支出现恶性或根本性失衡。

2. 维持社会经济的安全与稳定

社会经济运行的"安全与稳定"是一种"公益产品",应该由政府来提供。一国政府可以制定和实施汇率政策,对影响本国经济安全与稳定的经济现象进行"纠偏",促进社会经济安全、稳定地运行。在全球经济一体化过程中,国际金融市场上的寡头操纵、恶性投机和信用危机等问题时常出现,对一国的经济安全与稳定构成威胁,政府必须通过制定和调整汇率政策来化解危机、消除威胁,为本国经济发展提供"金融防火墙"。

3. 维护和增进国家的经济利益

合理制定和实施汇率政策,既能够有效地应对国际投机资本对本国金融市场的冲击,又能冲减甚至抵消他国不公平的贸易政策、汇率政策等对本国涉外经济贸易的负面影响。同时,还可以通过汇率政策的调整,提高本国出口商品与劳务的国际竞争力,报复外国不公平的贸易制裁,进而分享对外开放和参与国际分工的红利。

(二) 汇率政策的特征

1. 国家性

汇率政策是国家为实现宏观经济目标而采取的对外经济措施,是一国货币政策和对外经济政策的重要组成部分,体现着一国的经济主权和民族利益,成为提高国际竞争力的有效手段之一。一国无论选择盯住一种货币或一篮子货币,还是选择自由浮动的汇率制度安排,都体现了国家在一定制度框架下的经济政策取向,这使得有关汇率的任何决策都具有政策功能。例如,一国货币币值低估有利于该国扩大出口,可以缓解国内通缩的压力,从而保护国内就业,有利于一国宏观经济目标的实现;为扶持民族经济发展,一国可以制定抑制某些产业商品进口的汇率政策,扩大本国企业在国内市场的占有份额,使其获得较大的发展空间。这些都体现了汇率政策作为经济政策的重要组成部分而具有的国家性特征。

2. 强制性

一国的汇率政策往往借助国家的立法和行政权强制实施,以规范涉外经济主体的行为,确保涉外经济活动有利于宏观经济发展目标的实现。一国汇率政策的制定,包括汇率制度的选择和汇率水平的管理、国家对汇率变化的干预以及汇率政策与财政货币政策的搭配等,都必须由国家提供相应的立法支持。在实行外汇管制的国家,为了便于以政府的名义制定法令强制实行外汇管制,通常由政府授权中央银行代表政府执行外汇管制的职能。如在英国,由英格兰银行行使外汇管制的权力;在法国和意大利等国家,则成立专门的外汇管制机构,在本国中央银行的领导下专门行使外汇管制职能;还有一些国家把外汇管制的职能分解后交给不同的政府部门,以保证有关汇率政策的强制实施。在严格的外汇管制背景下,汇率的决定与变动都由政府以法令形式强行规定,官方外汇市场取代了自由外汇市场,非价格手段取代了价格机制,其实质是用行政命令直接干预外汇市场,具有更加明显的强制性特征。

3. 宏观性

汇率政策是政府宏观决策而非企业微观决策的产物,目的在于宏观经济调控而非企业的市场竞争策略。汇率政策作为经济政策的宏观政策工具,其特征不难理解,因为汇率政策通常被赋予了保持汇率稳定、调节国际收支平衡、实现国民经济稳健发展的特定经济目标。无论是利用汇率调整机制,即一国政府通过宣布本币升值或者贬值来改变外汇的供求,并经由进出口商品或劳务的相对价格变化、资本输出输入的相对收益变化来实现对国际收支的调节,还是利用外汇缓冲机制,即通过政府公开市场操作来影响外汇的供求,进而通过影响汇率的变化来实现经济政策目标,都是政府当局为实现宏观经济目标进行的决策。从这个意义上讲,汇率政策与财政货币政策一样,都属于宏观经济政策的范畴。

(三) 汇率政策的目标

汇率政策的总体目标是调节国际收支状况,促进宏观经济内外部均衡,实现国民经济持续增长。

在封闭的经济条件下,经济增长、充分就业与价格稳定是一国政府追求的主要经济目标,这三个目标概括了经济处于内部均衡运行状态的主要条件。在开放的经济条件下,国际收支平衡与内部均衡的政策目标一同被纳入政府调控的范围,成为一国调节内外均衡的主要政策目标。这四大经济目标的实现,必须通过一系列必要的财政政策、货币政策和汇率政策以及它们之间的政策搭配来实现。财政政策是政府利用财政收入、财政支出和公债进行宏观调控的经济政策,其调节工具主要有财政预算、税收以及国债等。货币政策是中央银行通过调节货币供应量和利率以影响宏观经济活动的经济政策,其主要工具是公开市场操作、再贴现率和法定准备金率调整等。汇率政策是对汇率的变动施加影响的一系列政策和措施。其可供选择的政策工具主要有汇率制度选择、汇率水平管理、对外汇市场的干预以及汇率政策与其他经济政策配合等。其中,由于财政政策和货币政策的作用对象是社会总需求水平,又称为支出变更政策;汇率政策直接作用于社会总需求的内部结构,又称为支出转换政策。

汇率政策作为支出转换政策,其总体目标是通过必要的制度安排和措施,最终达到平衡国际收支、维持汇率稳定以及促进本国经济发展。首先是调节国际收支状况,促进宏观经济内外部均衡。对于一些国际收支逆差、外汇紧缺的国家来说,动用外汇储备资产弥补赤字,仅可以调节短期内国际收支的暂时性失衡,如果宣布本币法定贬值,利用汇率价格信号调节外汇供求,则可以调节国际收支的长期根本性失衡。该国也可以由政府集中所有的外汇供给,在外汇需求者中以某种程序和形式实行配给供应,在外汇供给减少时,抑制外汇需求,从而维持国际收支平衡和汇率稳定。其次是通过社会总需求的转换机制增加一国的有效需求,提高就业和收入水平;保护本国幼稚产业,发展民族经济;集中外汇收入,实现外汇资源的最优配置;还可以通过参与外汇交易、课征外汇交易税,以增加财政收入,达到促进本国经济发展的最终目的。

汇率政策的具体目标主要体现在以下四个方面。

1. 货币政策的自主权

保持一国货币政策的自主权,就是各国中央银行不再为保持汇率稳定而被动地干预货币市场,使货币政策能够自主调节国民经济的内部和外部均衡,实现政府预期的经济目标。在固定汇率制度下,由于各国货币政策对国际收支的平衡承担重要责任,中央银行为维持汇率稳定被迫在外汇市场上购入或抛售外国资产,使通货膨胀或紧缩的国际传递成为可能,因而货币政策的运用受到国际收支状况和汇率水平的制约,导致货币政策对内调控经济的自主权也在维持外部均衡的同时被逐渐弱化。作为汇率政策的具体目标,保持货币政策的自主权就是通过汇率的自动调整隔绝国外货币因素对本国国内经济的影响,真正发挥汇率政策在自发调节外部均衡中的作用,使货币政策对内调节功能充分发挥,自主选择本国愿意接受的价格水平,维持本国经济的稳定。

2. 维护本币的价值稳定

一般在汇率稳定的情况下,国际通货膨胀可以经由商品贸易传入国内,导致诸如进口型的通货膨胀。那些存在巨额国际收支盈余、货币趋于坚挺的国家,常常面临外国资本的冲击,国际通货膨胀往往通过资本交易传入国内。这种情况下,通过外汇管制限制商品进口和资本输入,可将国际通货膨胀拒之门外,使国内物价水平得以保持稳定。

3. 调节国际收支状况

若一国国际收支长期出现逆差,该国可采取本币贬值的汇率政策。通过货币贬值,使得该国出口商品的外币价格下降,国外对本国出口商品的需求上升,出口规模得以扩大;同时,该国进口商品的本币价格上升,会抑制国内对进口商品的需求,缩小进口规模。如果贬值后该国出口商品的外币价格没有下跌,但出口所获取的同样数量的外汇收入可换到较多的本币,这也能使出口厂商的利润增加,进而对扩大出口起积极的作用。此外,即使贬值后该国对进口商品的需求并未减少,但由于进口商品本币价格的提高,国内替代行业能够生存和发展起来,仍然可以对进口起到抑制作用。

4. 提高产品国际竞争力

一国国际收支出现大量顺差,本国货币必然遭受升值的压力,而货币升值将削弱该国商品的出口竞争能力。因此,顺差国政府往往利用外汇管制限制长、短期资本流入,减轻本国货币面临的升值压力,以保持其商品的国际竞争能力和国际市场份额。此外,通过对非居民的贸易收付采取种种限制,也可以更有效地占领国外销售市场。

二、汇率政策的传导机制

汇率政策发挥作用离不开有效的传导机制。汇率政策的传导机制是指汇率政策的变化影响汇率运动以及汇率与其他经济变量相互作用的原理、方式和过程。对汇率政策传导机制的研究重点在于揭示汇率政策的变化影响汇率运动的规律、汇率信号与其他经济变量的一般关系,为政府制定汇率政策提供理论基础和思考路线。而对汇率政策的研究则偏重于政府制定和实施汇率政策的目的、手段和效果,这是研究汇率政策传导机制的目的和归宿。

(一) 传导机制的功能及特征

一般认为,汇率之所以能够成为调节宏观经济的政策杠杆,在一国实现内外部均衡中发挥重要作用,是因为汇率政策的传导机制具有两方面的基本功能。

1. 信息传递功能

在开放经济条件下,汇率政策的传导机制能够把一国对外经济活动状况及其变化趋势通过汇率这个价格信号传递给微观经济部门和宏观管理部门。假设一国国际收支长期出现顺差，那么本币面临汇率上涨（升值）的压力，外币供给大于需求。这样，微观经济部门就会因外汇供大于求从而增加对国外商品及劳务的需求，宏观经济管理部门也可以通过增加本币的投放或增发债券以购买外国资产，从而促使外汇资源的合理配置。

2. 经济调节功能

从静态的角度看，在开放的市场经济条件下，各经济单位能从汇率价格信号中获得与涉外经济活动有关的情况与信息，进而为实现既定目标做出适应性调整。从动态的角度看，汇率可通过一系列复杂的渠道影响一国的生产、贸易和货币供求，影响一国的资本流动，从而能够反映一国经济发展的趋势和前景，为政府决策和企业调整经营策略提供依据。此外，从与经济活动的联系来看，汇率变动受多种因素的影响，又反作用于这些因素。正是汇率与这些因素之间的相互联系和相互作用，才使得汇率作为重要的经济杠杆对经济生活起着不可替代的调节作用。

特别需要指出的是，汇率政策传导机制的上述功能是相辅相成、缺一不可的，这些功能有机地融合于一体，使汇率的变动通过影响国内外产品、服务、资产以及资本等要素的相对价格的变动，进而引起其他经济要素的变化，实现对经济运行的调节作用。

通常，汇率政策传导机制有三个特征：① 客观性。汇率通过改变进出口商品劳务的相对价格，在国际贸易活动中执行价格转换功能；通过将不同的货币单位折算成外汇市场中所接受的货币单位，使国际间的资金融通和资本流动成为可能。汇率传导机制作用的发挥是开放的市场经济条件下价值规律、供求规律和竞争规律的客观要求。不论政府是否承认和利用它，它都会自发、顽强和持续地发挥作用。② 普遍性。不论是资本主义国家还是社会主义国家，也不论是发达国家还是发展中国家，汇率传导机制普遍存在于任何具有国际商品交换的社会形态。即使政府不介入，汇率传导机制也会对社会经济活动产生调节作用。③ 可操作性。政府可以通过多种方式介入汇率传导机制发挥作用的过程，以实现预期的经济政策目标。

(二) 传导机制的模型

概言之，汇率政策的传导机制，意指汇率政策的变化影响到汇率变动，汇率变动影响到不同国家之间的商品、服务、资产以及资本相对价格的变动，进而通过传导媒介使其他相关经济要素发生变化，最终促使宏观经济目标的实现（图4-1）。

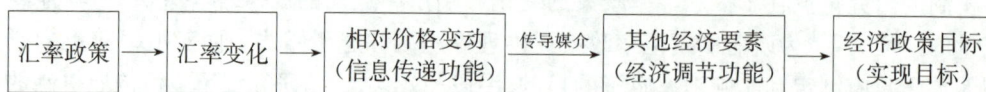

汇率政策 → 汇率变化 → 相对价格变动（信息传递功能）—传导媒介→ 其他经济要素（经济调节功能）→ 经济政策目标（实现目标）

图 4-1 汇率政策传导机制

从图4-1可以看出，汇率政策传导机制的基础是相对价格的形成。汇率的本质是两国货币所具有的或所代表的价值的交换比率。汇率不仅反映出两国货币之间的价值比关系，而且还体现出汇率在国际金融和国际贸易中执行的价格转换功能。在国际金融活动中，汇率将不同的货币单位折算成外汇市场中所需的外汇单位，使国际资金融通和资本流动成为可能；在国际贸易中，以外币表示的外国商品和劳务的价格通过汇率转换为以本币标示的价格,从而使各国物价具有可比性,使各国的国内价格与国际价格联系在一起。从宏观上看,汇率的变动会影响国民收入、消费投资水平及货币供给和需求;从微观上看,汇率的变动会影响企业和消费者行为及资源配置。这些影响都要经过汇率的变动对相对价格产生作用这一初始环节。

因此,研究汇率政策的传导机制,即汇率运动如何通过传导媒介在发挥信息传导和经济调节功能的过程中实现宏观经济目标,就必须研究相对价格变动与其他经济要素之间的变动关系。

在汇率政策的传导过程中,汇率传递经济信息和调节经济的功能主要体现在相对价格通过作用于一定的传导媒介,引起其他经济因素的变化,从而实现预定的经济目标。例如,一国政府通过本币贬值来改善国际收支状况,这一政策首先作用于汇率水平,使本币贬值,从而直接改变了本国与外国的商品劳务以及资产的相对价格,即用外币表示的本国商品劳务以及资产的价格下降,而用本币表示的外国商品劳务以及资产的价格上升,起到"奖出限入"的作用。同时,也改变了本国的贸易条件,使本国可供外销商品的价格区间扩大,进口商品价格区间缩小;本国的资金、劳动力和土地等生产要素的相对价格下降,从而使本国的总供求、出口竞争力、边际进出口倾向以及国内就业水平、产业结构等经济因素发生变化,实现该国国际收支平衡。

目前,在汇率政策传导机制研究中考虑的传导媒介主要是贸易条件、内外销比价和生产要素的相对价格等。

1. 贸易条件

贸易条件是指出口商品价格指数与进口商品价格指数的比率。用公式表示为:

$$\Phi = \frac{p}{ep^*} = \frac{p/e}{p^*} \qquad (4-1)$$

式中,Φ 为贸易条件;e 为汇率(采用直接标价法,下同);p 为出口商品的本币价格指数;p/e 为出口商品的外币价格指数;p^* 为进口商品的外币价格指数;ep^* 为进口商品的本币价格指数。

Φ 上升,表示出口商品或劳务的价格比进口商品或劳务的价格相对上涨,则每一单位的出口商品能够换到更多的进口商品。其他条件不变,能增加该国的贸易利益,即贸易条件改善。

假定国际市场的需求价格弹性很小,本币升值,即 e 下降,会提高出口商品的外币价格(p/e),如进口商品的外币价格不变,出口一个单位的商品可换到更多的进口商品,这样资源会更多地向贸易部门转移;相反,本币贬值,即 e 上升,会降低出口商品的外币价格(p/e),从而提高本国商品的出口竞争力。

2. 内外销比价

内外销比价是指一定时期内,一国生产的若干商品在国际市场的外销价格与国内市场的内销价格的比率。用公式表示为:

$$V = \frac{P_T}{P_N} = \frac{eP^*}{P_N} \qquad (4-2)$$

式中,V 表示内外销比价;P_T 为外销价;P_N 为内销价;e 为汇率;P^* 为国际市场价格。

V 上升,即本国商品的外销价比内销价的相对价格上涨,则出口比内销有利,在其他条件不变时,出口部门福利增加,刺激本国商品出口。

假定本国商品内销价格不变和国际市场需求价格弹性很小,若本币贬值,即 e 上升,则外销商品的本币价格上涨,本国出口积极性提高,资源向出口部门转移;同时,本币贬值可能造成进口原材料成本上涨,导致进口商品国内价格上涨,从而抑制进口,刺激本国进口替代行业的发展;相反,若本币升值,即 e 下降,则外销商品的本币价格降低,本国商品内销积极性提高,资源从出口部门流出。

3. 生产要素的相对价格

汇率政策的变化可能影响到生产要素的相对价格的变化,为生产要素在不同国家、不同部门之间流动添加了动力。例如,汇率的变化会导致"利息平价"关系的破坏,依据的是费雪理论: $r_A - r_B = \dfrac{F-E}{E}$,其中 r_A、r_B 分别表示 A、B 两个国家的利率,F、E 分别表示用 A 国货币表示的 B 国货币的远期和即期汇率。因此,汇率的变化引起利率的变化,即资本价格发生变化,从而促使资本在国际间流动。当然,汇率的变化也会直接影响到企业的投资、居民的储蓄,从而调整经济单位的行为。汇率的变化还会导致劳动力价格的变化。如在劳动力市场上,因美元升值使得美国企业雇用本国劳动力生产的成本增加,进而诱发对外直接投资,这样既降低了劳动力成本又增加了资产价值。而人民币的贬值,则可以扩大国内就业,并使投资环境得以改善。此外,汇率的变化也可以反映在土地的相对价格变化上。同样美元的升值,使得以美元计价的美国国内土地成本相对增加,促使美国企业到海外投资办厂,以降低投资成本。

(三) 传导机制的制约因素

汇率政策传导能否准确有效,还受到诸如社会经济形态、经济体制、经济运行状况、对外开放程度以及市场供求状况等一系列因素的制约。研究汇率变动对经济的影响,必须考虑以上制约因素对汇率政策传导所发生的影响,否则得出的结论就会发生偏差。

1. 社会经济形态

一般而言,汇率作为价格信号更多、更直接地对相对自由的经济实体产生影响。在商品经济较为发达的资本主义社会,市场规则起着主导作用,汇率传导机制的灵敏度相对较高,可以更好地发挥调节作用。而在社会主义国家,因市场经济起步较晚,政府大多采用外汇管制或行政命令手段来干预经济活动,汇率政策传导机制的信息传递和经济调节功能受到较大的约束。

2. 经济体制

通常认为,市场经济环境中汇率政策传导机制发挥作用较为充分。这是因为,市场经济条件下经济活动更多地依赖于市场价格信号进行调节,政府干预较少。而计划经济条件下更多地采用行政命令手段来调控经济活动,价格信号往往遭到排斥、限制甚至扭曲,汇率很难发挥出真正意义上的杠杆作用。

3. 经济运行状况

任何一国的汇率形成与变化都与其相关经济条件互相联系。由于各国在一定时期内的相关条件不一致，因而汇率传导机制发挥作用的效果与程度也存在差异。一些面临高通胀压力的国家可能正在实施通货紧缩的调控政策，而一些通胀较温和、经济条件较宽松、发展态势比较健康的国家则可能较多地采用汇率价格信号来调节经济。

4. 对外开放度

如果一国对外开放程度较高，汇率就能够反映大量重要的经济信息，汇率政策的传导机制也更加灵敏；反之，一国开放程度较低，汇率几乎不能反映任何有价值的信息。比如在一个自给自足、完全封闭的国家，汇率甚至没有存在的价值，更谈不上传递信息和调节经济。

第二节　汇率制度及其选择

汇率制度选择是一国政府制定汇率政策的重要内容，它为政府实施影响汇率变化的具体措施提供了制度性的框架，意味着在不同的汇率安排下政府实现内外均衡的经济目标需遵循不同的规则，因此汇率制度的选择是一国汇率政策的核心。

一、汇率制度的概念与分类

汇率制度(Exchange Rate Regime)是指规定各国货币交换比率的各种规则与安排，汇率制度制约着汇率水平的变化。汇率制度是重要的汇率政策工具，选择汇率制度是制定汇率政策的主要任务之一。一国汇率制度的变化是一个演进的过程，一方面受市场变化的作用，另一方面是人们追求和谐的国际金融秩序不懈努力的结果。

汇率制度分类有两种基本方法：一是名义(Dejure)分类法，指汇率制度的分类以一国政府对其汇率制度的公开承诺为依据，即以各国宣称的汇率政策、制度为基础；二是实际(Defacto)分类法，指根据实际观察到的汇率波动情况，通过对汇率制度运行中可观察变量及相关信息的评估特别是汇率行为的评估，进行推导归类。

IMF 2009 年对汇率制度的分类进行了重新修订，将各国的汇率制度由原先的 8 种调整细化为以下四类 10 种。

(一) 硬钉住(2 种)

(1) 无独立法定货币的汇率安排(Exchange Arrangement with No Separate Legal Tender)，指一国采用另一国的货币作为唯一法定货币，包括美元化和货币联盟。美元化的典型特征就是美元代替本国货币进行流通，如巴拿马和厄瓜多尔等拉美国家就采用美元化的汇率安排；货币联盟的典型代表是欧元区，在联盟内流通着超越国家主权的单一货币，并建立起统一的中央银行。

(2) 货币局制度(Currency Board Arrangement)，指货币当局规定本国货币与某一外国货币保持固定的交换比率，并且对本国货币的发行做特殊限制，以保证履行这一法定义务。货币局制度要求货币当局发行货币时，必须有等值的外汇储备做保障，并严格规定汇率，没有改变平价的余地。同时，货币局制度也对货币政策形成制度性制约。这种汇率制度有助于稳定市场信心,在一定程度上能够防范汇率风险。当然,一国或地区采用货币局制度,也要付出高昂的代价,如国家丧失货币政策的自主性、央行不能充当最后贷款人、国内经济易受到外部投机力量攻击等。一般认为,货币局制度适合于小型经济开放体,如中国香港和 2011 年加入欧元区之前的爱沙尼亚就采用货币局制度。

(二) 软钉住(5 种)

(1) 传统钉住安排(Conventional Pegged Arrangement),指一个国家正式地或名义上以一个固定的汇率将其货币钉住另一种货币或一个货币篮子。国家当局通过直接干预或间接干预,随时准备维持固定平价。实行这种汇率制度的锚货币或篮子权重是公开的,或者须报知 IMF。

实行传统钉住安排的国家没有承诺永久保持平价,但该名义制度必须被实践证实:汇率围绕中心汇率在小于 $\pm 1\%$ 的范围内波动,或即期市场汇率的最大值和最小值保持在 2% 的范围内至少 6 个月。

(2) 稳定化安排(Stabilized Arrangement),又称为类似钉住(Peg-like)制度。该制度要求无论是钉住单一货币还是货币篮子,即期市场汇率的波幅要能够保持在 2% 的范围内至少 6 个月(除了特定数量的异常值或步骤调整)。

稳定化安排要求汇率保持稳定是官方行动的结果,而不是货币当局对汇率稳定的承诺。

(3) 水平带钉住(Pegged Exchange Rate within Horizontal Bands)。该制度要求围绕固定的中心汇率将货币的价值维持在至少 $\pm 1\%$ 的波动范围内,或汇率最大值和最小值之间的区间范围不超过 2%。中心汇率和带宽是公开的,也须报知 IMF。

(4) 爬行钉住(Crawling Peg)。汇率按预先宣布的固定范围作较小的定期调整,或对选取的定量指标(如与主要贸易伙伴的通货膨胀之差,或主要贸易伙伴的预期通胀与目标通胀之差)的变化作定期的调整。

在爬行钉住制度下,货币当局每隔一段时间就对本国货币的汇率进行一次小幅度的贬值或升值。该制度的规则和参数是公开的,而且要报知 IMF。

(5) 类似爬行安排(Crawl-like Arrangement)。该制度要求汇率波动相对于在统计上能够识别的趋势,必须保持在 2% 的狭窄范围内(除了特定数量的异常值)至少 6 个月,并且该汇率制度不能被认为是浮动制度(Floating)。

通常,要求最小的变化率大于稳定化安排(类似钉住)所允许的变化率。然而,如果年度变化率至少为 1%,只要汇率是以一个充分单调和持续的方式升值或贬值,该制度就被认为是类似爬行(Crawl-like)。

(三) 浮动安排(2 种)

(1) 浮动(Floating)。汇率波动在很大程度上由外汇市场供求决定,没有确定汇率的官方承诺或预测汇率的可靠方法。

(2) 自由浮动(Free Floating)。如果干预只是偶尔发生,只是为了维护外汇市场的正常秩序,并且当局已经提供信息和数据证明在以前的 6 个月中最多只有 3 例干预,每例持续不超过 3 个商业日,即为自由浮动。如果 IMF 不能得到所要求的信息或数据,该制度将被归类为浮动制度。

(四) 剩余类别(1 种)

其他有管理的安排(Other Managed Arrangement)。这是一个剩余类别,当汇率制度没有满足任何其他类别的标准时被使用。

根据 IMF 对汇率制度的分类标准,2019 年实施各类汇率制度的国家和独立货币区数量如表 4 - 1 所示。

表 4 - 1　IMF 2019 年的分类方法和实施各类汇率制度的国家或独立货币区

硬钉住		23
	无独立法定货币的安排	13
	货币局	10
软钉住		87
	传统固定钉住	40
	稳定化安排	25
	水平带钉住	1
	爬行钉住	3
	类似爬行	18
浮动制度		66
	浮动	35
	自由浮动	31
其他有管理的安排		13
总计		189

资料来源:2019IMF 汇率安排与汇率限制年报。

二、汇率制度的选择

(一) 影响汇率制度选择的主要因素

汇率制度的选择应相机抉择,因为没有任何一种汇率制度安排对于所有国家或者一个国家的不同时期都是最优的选择。也就是说,不同国家或者同一国家的不同发展时期,对汇率选择的要求和标准都是不一样的。但研究汇率制度选择的影响因素,可以从国际经济学的发展中得到一些规律性的认识。

1. 经济体的结构性特征

(1) 经济规模与开放程度。最适度通货区理论(The Theory of Optimal Currency Zone)的文献强调,所选的汇率制度应与国家的经济结构特征契合,有利于提高国家的整体福利水平。例如,生产、出口结构单一,贸易地区分布集中的小型开放经济体更适合于选择固定或盯住汇率制;反之,则宜选择浮动汇率制,因为出口与贸易地区分布多元化可以丰补歉,稳定出口收入,汇率变化对国际贸易的影响不大。

(2) 劳动力和资本的流动性。对此问题首先进行研究的蒙代尔(1961)认为,浮动汇率制只能解决不同通货区之间的需求转移问题,不能解决同一通货区内不同地区间的需求转移问题。因此,同一通货区内在汇率制度之外要有一个调节需求转移和国际收支的机制。在蒙代尔看来,工资是刚性的,调节任务只能由要素流动来承担。只要劳动、资本等要素跨国流动没有障碍,采取固定汇率制的几个国家之间也能实现物价稳定、充分就业和国际收支平衡。后来的经济学家又对此进行了深入研究,他们指出,劳动力流动性的提高有助于降低固定汇率制国家的调节成本,但这种流动性提高本身的代价却是很大的;资本流动性的提高往往是非均衡的,流动性越大,维持固定(盯住)汇率制的困难也就越大。

2. 金融市场的发育程度

汇率制度选择要与金融市场的基础相适应。

(1) 金融市场规模的大小。规模较小,则容易受到汇率变化的冲击。

(2) 国内外资产的可替代程度。替代程度低,意味着外国解决波动和外汇市场变化对本国经济的影响小。

(3) 货币市场和期汇市场的完善程度。完善的货币市场和远期外汇交易能分散风险,约束投机行为,在汇率变化的情况下稳定外汇市场。

(4) 市场投机的性质。弗里德曼(Friedman,1953)把外汇市场的投机分为稳定性投机和不稳定性投机。稳定性投机低价时买进,高价时卖出,在获利的同时也能自动熨平外汇市场上的汇率波动;而不稳定性投机则会放大汇率风险,迫使货币当局不得不采取固定汇率制。

(5) 外汇管制的程度。严格的外汇管制限制了外汇和资本的国际流动,扭曲了价格信号,使实际汇率与名义汇率背离,汇率浮动的有利之处不能得到发挥。

总之,金融市场发育程度低的国家不能享受到浮动汇率制的好处,相反会面临汇率变化的种种威胁。

3. 宏观经济冲击的来源及性质

汇率制度应能够稳定经济形势,使消费、投资、物价和其他经济变量的波动达到最小。宏观经济冲击的来源和性质不同,则汇率制度的选择不同。

如果冲击来自国内且属于名义量的变化(货币供给、货币需求的异常波动),则固定汇率制优于浮动汇率制;如果冲击属于实质经济的变化(来自国内或国外的,如消费需求从本国产品转向进口品),那么浮动汇率制是较好的选择。国内名义量变化产生的冲击具有整体性,与其他冲击相比,较少地影响国内商品的比价关系,实行固定汇率制的空间和余地较大。

4. 国家的信誉

汇率制度选择隐含着国家信誉度与汇率灵活性之间此消彼长的替代关系。一般认为,出于稳定物价目的而宣布实行固定汇率制表明了政府反通货膨胀的决心。当国家的信誉度在重压之下越来越脆弱时,应该及早放弃固定汇率制,否则该汇率制度也将被市场力量摧毁。对于没有建立起健全的财政、货币政策体系的发展中国家来说,固定汇率制简便易行、透明度高。

以上是一国在选择汇率制度时所要考虑的主要问题。汇率制度的选择是个非常复杂的问题,在理论界历来存在许多争议。

(二)关于汇率制度选择的争论

长期以来,对于汇率制度选择,大批学者各执己见、争论不休。有的主张全面实行浮动汇率制度,有的主张回到布雷顿森林体系,也有的主张从浮动汇率和固定汇率之间选择"中间地带"。但就现实经济生活来说,不存在完全的浮动制度和完全的固定制度。从学术讨论的抽象性考虑,这里将汇率制度的选择具体到两个极端,即对浮动汇率制度与固定汇率制度进行讨论。

赞成浮动汇率制度的主要理由有以下几方面:

(1)浮动汇率可以保证经济稳定增长。他们的观点主要是:浮动汇率具有自动调节机制,可以使一国国际收支始终处于均衡状态,政府当局可以不受汇率和国际收支条件的限制,把需求管理政策直接放在使国内经济稳定的目标上,这样就可以提高需求管理的效率,提高货币供给的控制能力;浮动汇率也可以使本国经济活动免受外国经济扩张和收缩的影响。当外国经济扩张或收缩时,本国的物价水平会随之上升或下降,从而使本国贸易项目出现顺差或逆差。在这种情况下,本国货币也会随之升值或贬值,以此补偿外国经济扩张或收缩对相对价格水平的影响,恢复贸易项目的平衡结果,外国经济的扩张和收缩对本国经济就不能产生影响,以保持一国经济稳定增长。

(2)浮动汇率能够自发调节国际收支均衡。浮动汇率支持者认为,由于浮动汇率制具有自动调节机制,只要在一国国际收支出现失衡时,该国货币就自动地贬值或升值,从而对国际收支状况进行自发调节,不需要专门的政策和强制性措施。而在固定汇率制度下,需要政府动用外汇储备或者特定的政策组合来解决,并且可能因为时滞问题使政策效果大打折扣。

(3)浮动汇率制可以免受货币冲击。浮动汇率支持者认为,虽然浮动汇率制度也存在不稳定性投机,但是与固定汇率制度下的不稳定性投机有根本的区别。浮动汇率制度下的投机是双向的,高卖低买的投机商可能因遭受损失被淘汰出局。而固定汇率制度下的投机是单向的,只赚不赔,一旦发展成为恶性赌博,则对固定汇率制度造成巨大的冲击,导致一国政府的外汇储备短期耗尽,诱发金融危机。浮动汇率支持者指出,多元的汇率制度自 20 世纪 70 年代替代布雷顿森林体系以来,很多国家仍然采取了可调整的固定汇率制度。然而由于国际投机资本的大量存在,随时可能冲击固定汇率制度,加剧了固定汇率制度的不稳定性。70 年代投机资本冲击法国法郎,80 年代冲击意大利里拉,90 年代冲击西班牙比塞塔、意大利里拉和英国英镑,以及 90 年代爆发的亚洲金融危机等,都是与投机资本冲击固定汇率制度不无关系的。同时,浮动汇率支持者利用投机攻击模型及其扩展研究结论,指出国际投机资本冲击固定汇率国家的时机:一国初始储备越少,攻击时刻越早;国内信贷在货币供给中的比例越大,攻击时刻越早;资产替代性越强,国际资金流动程度越高,攻击时刻越早;货币政策自主性越大,攻击时刻越早。投机商通过对基本面的分析,估算出汇率的理论值,国内信贷不断扩张,外汇储备不断下降,一旦估算的汇率值超过固定汇率,投机商便发起攻击,外汇储备迅速下降,直到固定汇率崩溃。

(4)浮动汇率制度能隔绝通货膨胀和经济周期的国际传递。浮动汇率提倡者认为,在浮动汇率制度下,各国能够自愿选择长期的通货膨胀率,不再被动地引进国外的通货膨胀率。也就是说,浮动汇率制可以通过汇率的自动调节机制来隔绝国外持续性通货膨胀带来的影响。他们指出,产生这种隔绝的机制是购买力平价。例如,外国因货币供应量增加引起外国物价水平上涨一倍,如果这种物价水平的上涨长期不变,那么用本币表示的外币价格降低一半,就可以保护本国内部和外部平衡不遭破坏。而如果本国实行固定汇率制度,则不得不在保持汇率不变的情况下引进外国的通货膨胀或者根据外国的物价上涨幅度重新调整本国的币值。浮动汇率的支持者认为,通过汇率的自动调节同样也能隔绝经济周期的国际传递。

(5)浮动汇率制更有利于国际贸易和国际投资。浮动汇率提倡者认为,浮动汇率制度实际上可以增加外国直接投资数量。因为在固定汇率制度下,政府经常不愿采取货币政策和财政政策的调整来处理国际收支赤字,而是倾向于动用外汇储备解决国际收支赤字的问题。随着外汇储备的减少,该国只能采取限制进口和资本管制的政策来消除赤字。而在浮动汇率制度下,就没有必要为达到国际收支平衡而限制进口和实行资本管制。

(6)浮动汇率制可以消除汇率决定的不对称性,便于经济政策的国际协调。浮动汇率支持者认为,浮动汇率制改变了布雷顿森林体系下汇率决定的不对称状态,改变了美元在国际货币体系中的中心地位。在布雷顿森林体系下,各国采用盯住美元的汇率政策,美元的国际储备地位决定美联储在货币供给方面的领导地位,导致其他国家部分丧失货币供给自主权。并且任何其他国家都可以在出现"根本性失衡"时,使本币相对于美元贬值,而美元却不允许对其他货币贬值,致使国际经济政策难以协调。浮动汇率制度的支持者认为,在浮动汇率下,可以消除上述不对称性,由于各国国际储备多元化,美元的国际储备地位下降,各国可以自主决定本国的货币状况。

支持固定汇率制度的主要理由有以下几方面:

(1)固定汇率支持者否认了浮动汇率制能保证经济稳定增长的观点。他们从宏观经济调整的角度,说明了外部利率的变动会通过浮动汇率对物价和就业产生重大影响。他们认为,国外利率的上升引起国内资本外流,资本项目出现逆差,本国货币贬值。贬值一方面使出口扩大,可以用贸易项目盈余补偿资本项目的亏损;另一方面出口扩大,需求增加,物价上升,进而导致消费减少、产出和就业减少,引起经济波动。

(2)固定汇率支持者认为浮动汇率对国际收支的自动调节作用有限。其理由是:首先,汇率变化的影响因素很多,汇率在众多不确定因素影响下,其变动不一定与国际收支平衡的调节方向一致;其次,汇率只能通过相对价格的变化对国际收支产生影响且受一定的条件制约,而国际收支的变化又受诸多因素的影响,因而汇率对国际收支的调节是有限的;再次汇率对国际收支的影响需要国内其他政策的搭配,如一国实行贬值政策刺激出口时,必须有国内相应的紧缩性政策相配合才能避免通胀抵消贬值的作用。

(3)反对浮动汇率者认为,固定汇率下固然存在投机资本攻击的可能,但是很多实行浮动汇率的国家,并未发现如浮动汇率支持者所说的汇率是基本稳定的,相反汇率的波幅常常很大。固定汇率提倡者分析认为,浮动汇率下同样存在外汇市场剧烈波动的因素:一是汇率超调的存在。现实生活中物价是黏性的,国际资本流动在商品市场和货币市场上的作用不同。国际资金在国际商品市场上的套购是一个缓慢的过程。而国际资金在货币市场上由于对利率或汇率的变化十分敏感,使货币市场的调整瞬间完成。在经济调整趋于长期均衡的过程中,调整的任务落在金融领域,导致汇率超调,形成不稳定。资产市场分析法也认为决定汇率变化的是资产存量的变动,而非流量的变动。存量是即时变动的,会迅速反映在汇率的动态变化上,存量分析下的汇率具有不稳定性的特征。相反,由于流量在考察期内是确定的,因而流量分析下的汇率必然带有稳定性的特征。在短期内,当货币政策扩张时,中央银行在公开市场上买入国债,利率水平下降,资产市场调整,货币贬值,形成新的汇率水平。货币贬值刺激出口、抑制进口,经常账户顺差增加。从长期看,需要增加进口,最终导致贸易逆差,汇率有回调的趋势,直到抵消过度贬值的部分。二是预期推动。他们认为,投机是预期指导下的现实行为,既然预期是一种心理活动,就不可避免地带有强烈的主观色彩。在投资预期存在的条件下,当前汇率取决于对未来基本经济状况的预期。对将来预期的微小变化,都会导致汇率的大幅度变化。三是噪声交易者的存在干扰了市场的稳定预期和理性行为,从根本上带来市场的不稳定。

(4)固定汇率支持者不认为浮动汇率能完全隔绝通货膨胀和经济周期的国际传递。他们认为,浮动汇率制隔绝国外通货膨胀影响的作用非常有限。因为在普遍存在价格"黏性"的情况下,国外货币增长会导致短期内实际利率和实际汇率的波动,从而影响各国经济。而且浮动汇率制度下通货膨胀的传递具有不一致性。当本币汇率下浮时,进口成本上升,本国物价上涨;当本币汇率上浮时,进口成本因价格刚性不易下降或下降很少。这样,其净效应也是物价上涨。这称之为"棘轮效应"。

(5)固定汇率支持者从另一角度分析指出,浮动汇率制不利于国际贸易和国际投资。他们认为,浮动汇率固有的多变性会对国际贸易和国际投资产生不利影响,因为币值的波动可能使进出口蒙受不确定的汇率风险,从而使贸易量及贸易利益减少。同样,投资收益的不确定性可能阻碍国际生产性资本的流动。浮动汇率制的反对者还认为,浮动汇率下各国货币的购买力变得不可预测,从而货币作为计量单位的作用下降。

(6)固定汇率制维护者认为,浮动汇率制度下,由于对汇率缺乏有效的约束,各国首要考虑国内经济目标的实现,容易利用汇率的自由波动推行竞争性贬值的政策,导致国际经济秩序混乱。

以上是关于汇率制度选择的争论的主要问题。可以看出,两种汇率制度各有特点,不能一概而论。虽然本处讨论抽象到汇率制度的两个极端,但我们可以从中延伸出其他中间汇率安排的优劣特点,便于对汇率制度做进一步深入的研究。

第三节　汇率水平管理

汇率水平管理是指汇率水平的确定与调整,也是一国实施汇率政策的具体措施之一。通常货币当局对本国的汇率安排主要表现为三种形式:一是单一汇率制,即本国货币与外国货币的交换比率只有一个;二是混合汇率安排,是指将不同水平的汇率混合使用的安排,目的是为了对不同的交易主体实行差别待遇;三是差别汇率安排,一般是指一国货币当局根据外汇的不同来源和使用情况,规定两种或两种以上的汇率水平的安排。后两种汇率安排因本国货币与外国货币的交换比率有两个或两个以上,被称为复汇率(Multiple Exchange Rate)。单一汇率符合一价定律,是市场经济条件下占主导地位的汇率安排,特别在外汇管制不严格的国家较为普遍。复汇率安排是以外汇管制为基础,一国货币当局人为地、主动地制定和利用多种汇率,以达到预期的政治经济目的。从政策研究的角度出发,复汇率安排更具有实际意义,它包括混合汇率安排和差别汇率安排两种方式。

一、混合汇率安排

就是将官方汇率与自由汇率按不同比例混合使用的制度,以对不同的交易实行差别对待。这种制度规定某类项目外汇收入的全部或一部分可以不按官方汇率出售给指定银行,允许这类外汇收入者在自由市场按自由汇率出售外汇。相反,规定对某类外汇需求者不按官方汇率供给全部或部分外汇,而是要求他们以一定比例在自由市场按自由汇率购买外汇。由于自由汇率高于官方汇率,出售外汇者可以因此多收入本国货币,购买外汇者则因此得多支付本国货币。虽然国家未公开宣布差别汇率,但通过这种官方汇率和自由汇率混合使用的方法,事实上已形成了复汇率制度,只不过这种复汇率制度更加隐蔽罢了。例如,有些国家为了抵制游资的侵扰与冲击,规定出口贸易的外汇按官方汇率在官方市场进行交易(这种汇率称为贸易汇率),资本交易涉及的外汇在自由市场按自由汇率进行交易(这种汇率称为金融汇率)。这样就可在一定程度上避免国际游资对正常国际贸易的侵扰。

例如,1994 年中国取消双重汇率制以前,出现官方汇率和外汇调剂中心汇率、场外交易汇率以及黑市汇率并存的汇率安排(图 4 - 2)。

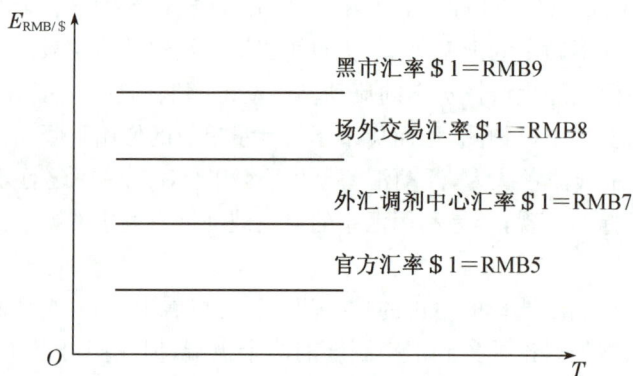

图 4 - 2　人民币混合汇率

在人民币混合汇率安排上,对不同外汇持有者采用了不同的外汇价格,如对国有企业、三资企业、民营企业和个人分别适用于不同的汇率水平,体现了对不同的所有制主体进行外汇交易的歧视原则。这种混合汇率安排,虽然可以维持一定数量的外汇储备、隔绝来自国外的冲击、达到某种经济目的,但也会产生较高的管理成本,扭曲价格,形成不公平竞争,而且还必须以严格的外汇管制为前提。另外,在人民币混合汇率安排上,也体现了不同行业的歧视性原则。例如,为鼓励军工企业对国外高精尖技术的引进,国家按官方汇率水平安排企业用汇,这可视为政府对此企业进行财政补贴;再如,为促进国有企业技术改造,加快实现产业结构转换,国家鼓励国有企业引进国外先进技术和设备,并在用汇上使用官方汇率；当然，国家为限制衰退行业的发展规模，对此行业进口用汇不支持或不全支持，以增加该行业进口成本，进而加速该行业萎缩。对于行业歧视性汇率安排，虽然可以对不同的行业起到政策导向作用，但要求一国政府能够对行业发展进行准确定位，否则将导致政策失效、外汇市场秩序混乱。

二、差别汇率安排

根据外汇的不同来源和使用情况，规定两种或两种以上的高低不同的官方汇率，这就是差别汇率安排。差别汇率安排有狭义和广义之分。狭义的差别汇率一般是指官方决定实际汇率，其与平价相差 1% 以上。广义的差别汇率安排，是指考虑到关税、补贴等影响实际外汇价格因素后所做出的差别汇率安排。也就是说，一国政府在规定有差别的官方汇率时，充分考虑了关税、补贴等因素，以体现政府对特定进出口商品所实行的惩罚性或优惠性汇率安排。从这个意义上讲，各个国家都在实行差别汇率安排。

差别汇率安排有其自身的特征，主要体现在：① 在外汇管制条件下，以官方汇率为基础；② 政府希望集中调度和使用外汇资源；③ 作为临时性政策工具来使用。

(一) 进口与出口的差别汇率安排

20 世纪 70 年代许多发展中国家采用进口和出口的差别汇率安排。假设汇率表达式为直接标价法，不同的进出口汇率组合代表不同的政策导向，能够达到预期政策的效果。例如，第一种是较高的进口汇率与较低的出口汇率，其预期政策效果是不仅限制了进口，还限制了出口；第二种是较低的进口汇率与较高的出口汇率，不仅鼓励了进口，对出口也起到了鼓励作用；第三种是较低的进口汇率与较低的出口汇率，该汇率安排组合只鼓励了进口、限制了出口；第四种是较高的进口汇率与较高的出口汇率，可以起到限制进口、鼓励出口的预期效果。进口与出口的差别汇率安排对进出口的影响，其实质也是对进出口进行变相的"加税"与"减税"。

(二) 进口多元差别汇率安排

发展中国家在对外开放初期，特别是在出口导向和进口替代阶段常采用进口多元差别汇率安排。采取进口多元化差别汇率的国家，一般有其特定的预期目标，诸如鼓励重要物资和先进技术的进口，限制非必需物资的进口；调整进口结构，推进进口替代，提高本国工业化水平；避免全面汇率调整造成的社会震荡；缓解通货膨胀的压力；等等。可以看出，广大发展中国家在对外开放初期，为减少国外商品对本国市场所产生的冲击，鼓励国内特定商品或原材料的出口，实施进口差别汇率安排，是行之有效的，而且也是可以理解的。但实施进口差别汇率也存在着一定的困难。例如，何种进口物资适用何种汇率，不易准确合理确定；为防止以较低汇率进口的货物按较高汇率确定成本、售价，进而牟取暴利的行为，必须以严格的物价管制相配合；以较低汇率进口的物资过多时，不仅会降低财政收入（政府出售外汇的收入减少），也不利于保持国际收支平衡（进口成本低，进口倾向加强）；各种汇率的相互支持与配合，可能将适用较低汇率的进口改为适用较高汇率的进口，最后向最高汇率逐渐统一；如果为鼓励原料进口而采用较低的汇率，又为鼓励产品出口而采用较高的汇率，这两种汇率的差额过大时，对这种产品的生产与出口实行补贴，不仅会使该产品的生产和出口依赖汇率优惠,而且会受到国际社会指责;对重要产品的进口适用较低汇率,等于对该产品进口给予补贴,从而限制了该产品国内生产厂商生存与发展的空间,不利于国民经济持续增长;对与国内产品构成竞争与替代的进口实行较高汇率,如果不加选择或扩大范围,容易产生消极的保护效果。

(三) 出口多元差别汇率安排

出口多元差别汇率安排是指一国为限制或鼓励特定商品的出口,对该商品出口时使用的汇率进行多元化的差别安排。与采用进口多元汇率安排相比,出口多元汇率安排使用较少。根据对出口的调节效果不同,出口差别汇率安排可分为惩罚性出口汇率安排和优惠性出口汇率安排。前者也称加税型出口汇率,主要是为限制某种产品出口而采用的汇率安排。一般来说,出口汇率低于平均进口汇率,使政府获得部分出口利润。后者也称为补贴性出口汇率,即出口汇率高于平均进口汇率,其目的是鼓励出口、促进该产品的生产。

与进口多元差别汇率一样,实施出口多元差别汇率也存在一些困难。在汇率安排中,主要应注意以下几点:对某种出口产品适用惩罚性汇率或优惠性汇率的界定,需慎重确定;对某种产品适用优惠性汇率,等于对其他出口产品适用惩罚性汇率,这样做有碍公平竞争;在资源紧缺和经济条件较差时,采用优惠性出口汇率,会加剧国内经济困难;对经济效益低下或亏损的出口产品适用优惠性出口汇率,就是保护落后;如果优惠性出口汇率不合理,就等于打击有价值的重要生产活动,鼓励或扩大不重要或价值不大的生产活动。实施出口多元差别汇率的政策效果取决于优惠性出口汇率对出口的贡献是否大于惩罚性出口汇率所造成的边际出口损失。

通过差别汇率安排,一国政府可以更加有效地实施"奖出限入"政策,进一步鼓励资本净流入,从而改善一国国际收支状况。但是,从本质上说,这种汇率安排是一种歧视性的金融措施,它针对不同的贸易对象国和不同的进出口商品规定不同的汇率,以限制同某些国家的贸易,容易引起国际间的矛盾和别国的报复,从而不利于国际经济合作和国际贸易的正常发展;同时,差别汇率安排从某种意义上来说还是一种变相的财政补贴,会使国内不同企业处于不同的竞争地位,不利于建立企业间的公平竞争关系;另外,这种变相的财政补贴会使商品价格关系变得复杂和扭曲,影响资源的合理配置;最后,从管理成本上说,由于汇率种类繁多,差别汇率安排势必会耗费大量的人力成本。而且管理人员主观知识上的缺陷、官僚作风及信息不透明都会导致汇率制度的错误运用,不法商人的逃汇、套汇或虚报货价,加之政府官员的受贿作弊等都会影响复汇率的实施。实践经验表明,差别汇率制度的收效不大,但代价却很高。有鉴于此,IMF反对其成员国实行歧视性汇率安排或采用复汇率制度,在国际货币基金组织的监督下,实行复汇率制的国家呈现逐步减少的趋势。

第四节　政府对汇率变化的干预

对汇率变化进行干预是指以政府部门为主体,以汇率变化为对象,通过政府言论或权威人士发言、实施外汇管制或者公开市场操作,达到影响外汇市场运行的目的,最终促进宏观经济内外均衡,实现国民经济持续增长。干预汇率变化是政府实施汇率政策的具体措施之一。

一、政府对汇率变化干预的目的

一国政府为维护开放经济下国际收支平衡,同时实现内外均衡的经济目标,都会不同程度地对汇率变化进行干预,引导外汇资源的合理配置。一般认为,一国政府对汇率变化进行干预的目的主要包括以下内容。

(一) 实现汇率政策的总体目标

政府对汇率变化进行干预,是一国政府实施汇率政策的一部分。从这个意义上讲,政府对汇率变化的干预应服从于汇率政策总体目标。假设一国国际收支账户长期逆差,政府打算通过本币对外贬值的方法来改善国际收支状况,则可以通过权威性的言论和政府发言传递政府对本币贬值的政策导向,引导外汇市场参与者改变对未来汇率变化的预期;也可以对外汇实行"奖出限入"的数量管制和有利于提高出口商品国际竞争力的汇率管制;或者通过公开市场操作,在外汇市场上大量买进外汇,增加本币投放,推动外汇升值和本币对外贬值,但必须配合适度从紧的财政政策,以减轻国内通货膨胀的压力。政府对汇率变化的干预使本币贬值从而刺激出口、抑制进口,改善国际收支状况,促进内外部均衡。同时,对外出口的扩大可以增加社会总产量,扩大就业水平,提高国际竞争力,加快产业结构升级,优化资源配置,实现国民经济持续增长。

(二) 防止汇率短期内过分波动

开放经济条件下,汇率短期内过分波动将降低资源配置效率,影响到一国开放经济的稳定运行。但是,汇率在短期内过分波动的因素大量存在。例如,任何对未来货币政策宏观条件波动的预期都将对即期汇率产生影响。在弱势有效市场中大量充斥的新闻效应的影响下,噪声交易者的操作行为可能加剧汇率对其基本价值的偏离,导致即期汇率的过分波动。由于商品市场价格存在黏性,货币市场和商品市场的价格调节时间不一致,短期内商品市场的调节慢于货币市场,因而可能出现的"汇率超调"现象,也将影响到短期汇率的稳定。另外,在当今的国际资本市场上,数以万亿美元计的国际游资凭借各种金融衍生工具兴风作浪,投机因素已成为汇率短期内大幅波动的主要原因。政府对外汇市场干预的首要目标就是防止汇率在短期内过分波动。

(三) 作为与财政货币政策搭配的工具

对汇率变化的干预是政府实施货币政策的重要组成部分。在开放经济条件下,一国政府实施扩张性货币政策,意味着投放的基础货币数量增加,影响本币汇率相对稳定,这时可以利用汇率政策在外汇市场上抛售外国资产,以抵消因实施扩张性货币政策而导致的汇率政策波动。如果一国采取扩张性财政政策,在货币供应量不变的情况下,意味着本币有升值压力。为保持本币币值稳定,该国中央银行需在外汇市场购买外国资产,增加本币的投放,以稳定本币汇率。政府对外汇市场的管制与财政政策搭配,可以起到稳定物价、增加就业、保护特定产业发展以及增加财政收入的作用。因此,中央银行对外汇市场的干预不是仅使用一项独立的政策工具,而是把汇率政策与其他经济政策搭配使用。

國 际 金 融 学

(四) 实现特定的政治与经济目的

政府可以通过对汇率变化进行干预,以实现特定的政治与经济目的。例如,一国政府可能人为地造成本币低估而刺激本国出口;中央银行可以在外汇市场上进行不同种类的外汇交易以改善本国外汇储备的结构;一国政府可以利用汇率变化抑制通货膨胀的国际传递,也可以对其他国家的汇率政策进行人为地制裁和报复;等等。

总之,各国出于不同的目的对汇率变化进行干预,这可以成为政府干预外汇市场的理由。随着国际金融市场及外汇市场的不断发展完善,政府对外汇率变化的干预方式也在发生变化。

二、政府对汇率变化干预的方式

根据不同的角度,政府对汇率变化的干预可分为不同的类型。例如,按干预的手段不同,可分为直接干预和间接干预。按是否引起货币供应量的变化,可分为冲销性干预(Sterilized Intervention)和非冲销性干预(Unsterilized Intervention)。按干预的策略不同,可分为熨平每日波动型(Smoothing Out Daily Fluctuation)、逆向型(Learning Against The Wind)和非官方盯住型(Unofficial Pegging)。熨平每日波动型是指根据汇率的日常变动高价卖出、低价买入,以熨平波幅;逆向型一般是指对汇率突发性的大幅波动进行逆方向操作以稳定汇率;非官方盯住型是指政府单方面预设一个汇率水平和变动范围,在市场变动与之不符时,就入场进行干预。另外,按参与干预的国家不同,可分为单边干预和联合干预。

一般认为,政府对汇率变化的干预方式主要有以下几种。

(一) 通过政府言论或权威人士发言,间接影响汇率变化

政府可以通过言论或权威人士的发言向市场发出信号,表明政府的态度及可能采取的措施,以影响市场参与者的心理预期,从而达到实现汇率相应调整的目的,可称之为干预的信号效应(Paul R. Krugman, 2011)。当政府对现行汇率不满意或者迫于外界压力不得不改变现行汇率时,可以公开宣布将通过货币政策或财政政策来改变汇率,抑或邀请专家学者等权威人士发表言论支持政府举措,此时信号效应将变得非常重要。如此,政府可能利用信号效应而没有实施货币政策或财政政策也能获得某种暂时利益。对市场参与者而言,如果不能确定宏观经济的未来走向,那么政府权威性言论可以为其提供一个汇率变动的信号,这一信号能够改变市场对未来的预期。在投资预期存在的情况下,当前汇率取决于对未来基本经济状况的预期,并按折现因子贴现到现值,因而对未来预期的微小变化,将可能导致即期汇率的大幅度变化,从而间接影响外汇市场。

(二) 公开市场操作

公开市场操作是指中央银行以交易者身份进入外汇市场,通过吞吐外汇影响外汇供求关系,从而达到影响汇率变化的政策效果(图 4-3)。

图 4-3(a)显示:一国政府若要驱使美元汇率 $E_\$$ 下降 $(E_0 \rightarrow E_1)$,其中央银行可以交易者身份卖出一定数量美元 $\$$ $(Q_2 - Q_0)$,美元 $\$$ 供给曲线右移 $(S \rightarrow S')$,此时外汇市场上美元供给大于需求 $(Q_2 - Q_0)$。美元供给大于需求,美元汇率 E_0 下降到 E_1,这是因为美

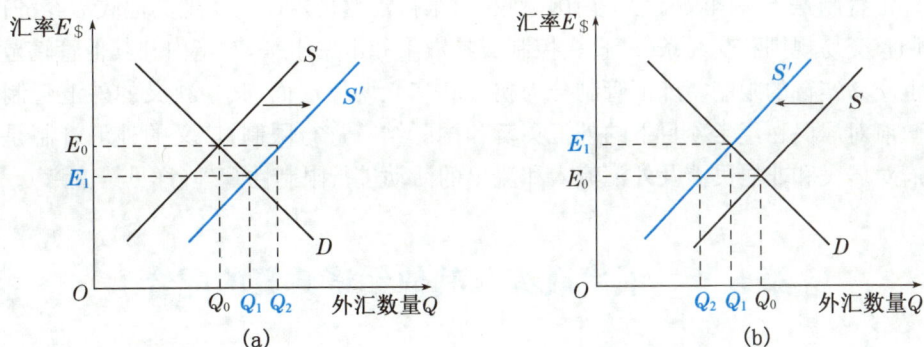

图 4 - 3　中央银行公开市场操作

元汇率 $E_\$$ 下降使美元需求方增加美元的购买（$Q_1 - Q_0$），而美元供给方减少了美元的供给（$Q_2 - Q_1$）。

图 4 - 3(b) 则显示：一国政府若要驱使美元汇率 $E_\$$ 上升（$E_0 \to E_1$），其中央银行可以交易者身份买进一定数量美元 \$（$Q_0 - Q_2$），美元 \$ 供给曲线左移（$S \to S'$），此时外汇市场上美元供给小于需求（$Q_0 - Q_2$）。美元供给小于需求，美元汇率 E_0 上升到 E_1，这是因为美元汇率 $E_\$$ 上升使美元需求方减少美元的购买（$Q_0 - Q_1$），而美元供给方增加美元的供给（$Q_1 - Q_2$）。

通常情况下，一国政府通过公开市场操作对汇率变化进行干预可能未引起该国货币供应量的变化，这种情况被称之为冲销性干预。即政府进入外汇市场上进行交易的同时，通过其他货币政策工具（主要是国债的公开市场业务）来抵消外汇市场对货币供应量的影响，使货币供应量保持不变。相反，也可能引起货币供应量的变化，称之为非冲销性干预，即指不存在相应冲销措施的公开市场操作。这两种干预方式是通过改变国内外资产结构、比例和各种资产的数量，从而对在资产市场上确定的汇率产生影响，又可称为外汇干预的资产调整效应。

常见的政府公开市场操作的制度安排之一是外汇平准基金（Exchange Stabilization Fund）制度。该制度以自由外汇市场为前提，市场的价格机制仍然存在。政府仅仅是作为一个交易者进入外汇市场，通过买卖外汇，改变市场供求来达到稳定汇率的目的，汇率原则上仍由市场决定。换句话说，这是一种利用经济手段对汇率变化进行的间接干预。一般说来，采用经济手段干预汇率变化要优于直接管制，但实行外汇平准基金制度也需要具备一定的客观条件，诸如外汇资金较为充裕、有比较健全的外汇市场和金融市场，以及政府具有公开市场操作的经验等。当这些条件不具备时，政府自然就不得不借助外汇管制。此外，在经济或政治不稳定的特定时期，外汇平准基金对于资本外逃和外汇投机的抑制难以奏效。这时，只有依靠外汇管制才能促进国际收支平衡和维持汇率的稳定。

（三）外汇管制

当一国政府难以采用紧缩（宽松）的货币政策或扩张（收缩）的财政政策调节国际收支失衡，并且本国货币汇率也不具备自由浮动的条件时，该政府就有必要采用对国际经济交易进行直接管制的方法来恢复国际收支平衡，而直接管制的最主要方法就是实行外汇管制。

外汇管制是指一国政府为平衡国际收支、维持汇率稳定以及实现其他政治经济目的，通过调整交易规则和交易条件，直接控制交易数量和汇率水平，对境内和其他管辖范围内的外汇交易实行的限制。外汇管制分为狭义和广义两个层面，其中狭义的外汇管制是指一国政府对居民在经常项目下的外汇买卖和国际结算进行限制；广义的外汇管制是指一国政府对居民和非居民涉及外汇流入和流出的活动进行限制性管理（详见第五章）。

第五节　汇率政策与其他经济政策的配合

在开放的市场经济条件下，内外部均衡的要求及其冲突直接影响经济政策的选择和国民经济的运行。这种要求与冲突导致经济政策目标多元化，因此，经济政策的配合十分重要。

一、内外部均衡的冲突

凯恩斯革命使宏观调控成为经济学研究的重要对象。随着经济全球化的发展，如何采用政策配合来解决内外均衡的矛盾，又成为现代经济学特别是国际经济学的研究热点问题。这里，首先介绍存在于内外部均衡过程中的"二元冲突"和"三元冲突"。

（一）二元冲突

所谓"二元冲突"，通常被认为是固定汇率制和资本自由流动在内外部同时实现均衡过程中存在的不可协调性或者冲突。即在固定汇率制度下，必须实行严格的资本管制，否则资本的自由流动将会冲垮固定的汇率制度。这里，主要介绍米德关于"二元冲突"的观点。

詹姆斯·米德（Meade）在1951年出版的《国际经济政策理论》第一卷《国际收支》中指出，在固定汇率制度下，由于放弃了汇率政策工具，存在着实现内部均衡和外部均衡目标的冲突（米德冲突，Meade Conflict）。另外，考虑到一国经济政策对另一国经济的影响，各国同时实现内外部均衡时面临的冲突更加明显和严重。米德认为，要保持固定汇率制度，就必须实施资本和外汇管制，也就是必须控制资本尤其是短期资本流动。换句话说，固定汇率制度和资本自由流动两者不可同时存在。否则，资本自由流动会冲垮固定汇率制度。这就是在固定汇率制度和资本自由流动之间存在的"二元冲突"。"二元冲突"在不同的国家表现程度不一样。在货币自主性强的国家表现得比较激烈，在货币自主性弱的国家则比较缓和。米德提出了一国实现内外部均衡的条件，是其对国际金融理论的重要贡献。

他指出，金融政策包括财政政策和货币政策，通过使国内支出膨胀和紧缩而改变对货物和劳务的总需求。财政、货币政策对一国的国民收入和贸易差额的影响大致相同，政府实施金融政策的目的是维持充分就业（内部均衡）和实现国际收支平衡（外部均衡）。而要实现内外部均衡必须同时使用支出变更政策和支出转换政策，前者包括财政政策和货币政策（即金融政策），后者包括汇率政策、外汇管制政策以及贸易保护政策等。当经济处于任何一个不均衡点时，都需要两种政策的配合，如若配合得当，就一定能够解决任何不均衡问题。例如，若经济处于内部均衡和国际收支逆差状态，为了使经济向内外部均衡点移动,必须同时采用汇率贬值或刺激出口政策和紧缩的财政货币政策。如果经济处于外部均衡和内部失业状态,则必须同时采取扩张的财政政策和提高竞争力的政策。米德认为,支出变更政策和支出转换政策对于实现内外部均衡必不可少,而且在支出转换政策中,汇率政策又是最佳选择。

米德主张用金融政策(财政与货币政策——支出变更)与价格调整政策(汇率政策和货币工资率政策——支出转换)的组合同时达到内外部均衡。米德的政策配合论重视国际经济政策的配合,因为他计划在完成《国际经济政策理论》的写作之后再写国内经济政策方面的理论著作。由于各种原因,他未能如愿将自己精湛的分析技巧用于一国经济政策配合的研究。但是,他从理论上比较系统地构建了政策配合理论的分析框架,为后人的研究奠定了坚实基础。

(二)三元冲突

"三元冲突"提出于浮动汇率制度替代布雷顿森林体系以后,国际投机资本不断发展壮大,国际经济社会的不稳定因素增多,货币当局要求有更大的政策自主权来实现内外部均衡。而在国际资金流动、固定汇率和货币政策自主性之间存在着"三元冲突",成为各国为实现宏观经济目标进行政策协调搭配时需要考虑的重点。

1. 罗伯特·蒙代尔的"不可能三角"

20世纪50年代,米德已经发现国际资本流动和固定汇率制度之间的"二元冲突",即实行固定汇率制度的前提条件之一是资本管制,如果允许资本自由流动,就会加剧固定汇率制度的不稳定性。加入货币政策之后,"二元冲突"演化为"三元冲突"。当一国参与国际经济活动时,便面临着如何安排汇率制度、管理资本市场和实现国内宏观经济目标的选择。即政府只能在利用国际资本市场吸引外资、实现固定汇率的稳定效益和实施独立的货币政策实现内部经济的稳定之间选择其二(trade-off)。

蒙代尔认为,在资本完全流动的情况下,如果一个小国开放经济采用完全固定的汇率安排(即追求汇率稳定的目标),则货币政策是完全无效的;如果采用完全浮动的汇率安排(即放弃汇率稳定的目标),则货币政策是完全有效的。这就是蒙代尔提出的国际经济学著名论断——"不可能三角",即货币政策独立性、汇率稳定和资本自由流动三个目标不可兼得(图4-4)。

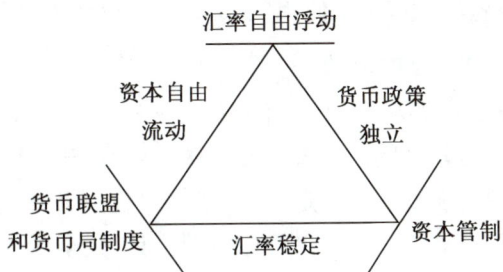

图4-4　蒙代尔的"不可能三角"

在图4-4中,三角形的三个边分别表示三个宏观经济目标,三个顶点表示实现与其相邻两边所表示的两个经济目标相对应的制度安排。例如,若要同时实现资本自由流动和货币政策独立性,则需要采取汇率自由浮动的形式,但需放弃稳定汇率的政策目标;若要同时实现资本自由流动和汇率稳定,则需采取货币联盟或货币局制度安排,这就丧失了货币政策的独立性;若要同时实现汇率稳定和货币政策独立性,则要对资本流动进行严格管制。

2. 克鲁格曼(Krugman,1998)的"三难选择"

在蒙代尔"不可能三角"的基础上,克鲁格曼提出了"开放经济的三难选择"(open economy trilemma),即开放经济存在多种目标却不能同时实现。其目标:一是调节能力,即一国能够根据自己的需要独立自主地制定货币政策,熨平经济周期波动,达到适当的产出和就业水平;二是信心,即国内外公众对当局稳定汇率能力的信赖程度;三是流动性,即国际资本可以畅通无阻地流入或流出。三个目标各居一角,就形成克鲁格曼的"永恒的三角"(图4-5)。

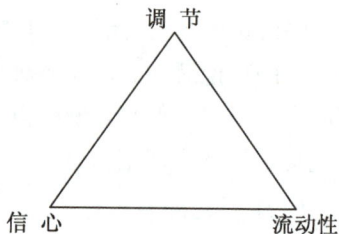

图4-5 克鲁格曼"永恒的三角"

"永恒的三角"的精妙之处在于三角中任何两角的组合都代表着一种汇率制度安排。图4-5中,"调节+信心"的政策含义是,如布雷顿森林体系,因扼制了资本流动,各国货币政策的独立性和汇率的稳定性得以保证。"调节+流动性"的政策含义是,浮动汇率制以牺牲汇率稳定为代价,换取独立行使货币政策自主权和取得资本流动之好处。"信心+流动性"的政策含义是,盯住汇率制国家开放本币资本项目下的可兑换,就必然牺牲货币政策的独立性。盯住汇率制不是锁住了通货膨胀,而是锁住了货币政策。在盯住汇率制下,既无独立的汇率政策,也无独立的货币政策。

二、内外部均衡的政策协调

通常认为,一国可以利用自动调节机制和政策引导机制,实现国际收支均衡,即外部均衡。但在许多情况下,外部均衡的实现是以牺牲内部均衡作为代价的。以一国出现国际收支逆差为例,实行紧缩性的财政货币政策,虽然可以消除逆差,但也可能会引起失业和经济衰退。因此,面对错综复杂的内外经济问题,任何单一政策都显得捉襟见肘,这在客观上要求政策当局将各项政策配合使用。

(一) 丁伯根(Jan Tinbergen)法则

第一届诺贝尔经济学奖获得者(1969年)、荷兰计量经济学家丁伯根在米德研究的基础上,对政策目标和政策工具之间的关系进行了深入研究,于1952年在《经济政策理论》中提出丁伯根法则,即要想实现一个给定目标,就必须有一个有效工具;要想实现多个目标,就必须有数量相同的有效工具。如果目标多于工具,则至少有一个目标不能实现;如果工具多于目标,则有不止一种方法实现目标集。一国通常所需要的相互独立的政策工具数目,必须与所要达到的独立目标的数目一样多。因此,为了同时实现内外部均衡,就必须有两种政策并进行配合运用。丁伯根论证了政策配合方法的存在及其方位,但没有证明怎样选择具体的政策配合之组合。

(二) 斯旺(Trever Swan)的政策配合图解

澳大利亚经济学家斯旺对丁伯根法则做了进一步分析,将政策工具分为支出变更政策和支出转换政策两大类,并试图通过两个政策工具的相互配合,同时实现内外部均衡的目标。支出变更政策是指改变社会总需求或国民经济总支出水平的政策,包括财政政策和货币政策。支出转换政策是指不改变社会总需求或总支出水平,只改变国内外商品和劳务在总需求或总支出中所占比例的政策,包括汇率调整政策和直接管制政策等。

为直观地说明问题,斯旺运用二维图形(斯旺图,见图 4-6)来考察论证米德冲突。通过对斯旺图的解析,可以比较清楚地说明在出现米德冲突的情况下,一国应怎样运用政策配合达到同时实现内外部均衡的目标。

为简便起见,斯旺假定在总支出水平超过充分就业产出之前,一国价格水平保持不变,同时假定国际资本流动对国际收支不产生影响,即没有国际资本流动,国际收支差额等于贸易收支差额。斯旺以图 4-6 表示一国经济的内外均衡状况。

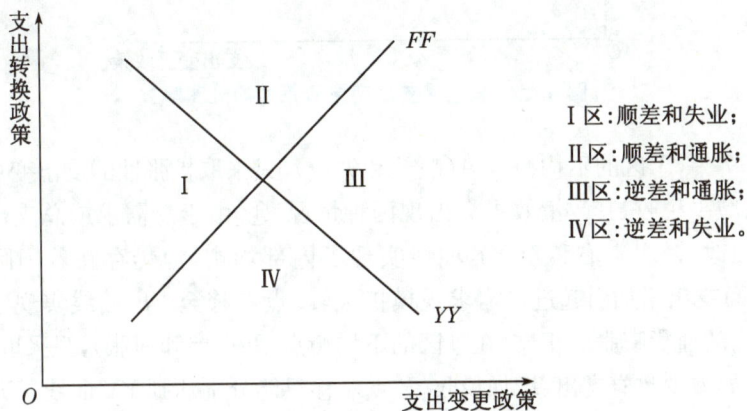

图 4-6 斯旺图解

在图 4-6 中,横轴表示支出变更政策,即财政政策和货币政策;纵轴表示支出转换政策,即汇率政策和外汇管制等。YY 曲线表示内部均衡曲线,即达到内部均衡所要求的政策组合。该曲线的斜率为负,意指本币升值,本国出口下降,通过外贸乘数减少国民收入 $[Y=C+I+G+(X-M)]$,失业增加;为保持内部均衡,必须采用扩张的财政与货币政策,以增加收入和就业。在 YY 曲线右上方的区域,表示在既定的国内支出水平下本币币值偏低,或在既定的汇率水平下国内支出偏高,这些情况都会引起物价上涨。因此,YY 曲线的右上方为通货膨胀区域;反之,YY 曲线的左下方为失业区域。FF 曲线表示外部均衡曲线,即达到外部均衡所要求的政策组合,斜率为正,意指本币贬值,贸易收支出现顺差,为保持外部均衡,就必须增加国内支出(增加进口或减少出口),以消除顺差。在 FF 曲线左上方的区域,表示国内支出偏低或本币币值偏低,会出现国际收支顺差。因此,FF 曲线的左上方为国际收支顺差区域;反之,FF 曲线的右下方为国际收支逆差区域。内外均衡在 YY 曲线和 FF 曲线的交点处实现。这样,YY 曲线和 FF 曲线将整个经济状况分为四个区域:Ⅰ区是顺差和失业不均衡点的集合;Ⅱ区是顺差和通货膨胀不均衡点的集合;Ⅲ区是逆差和通货膨胀不均衡点的集合;Ⅳ区是逆差和失业不均衡点的集合。

1. 只采用支出变更政策

对于斯旺图中不同区域内的不均衡点,如果只采用单一的政策工具即支出变更政策工具,来同时解决经济发展的内外不均衡问题,则会面临米德冲突,陷入政策力度难以协调或政策调节方向不一致的困境(图4-7)。

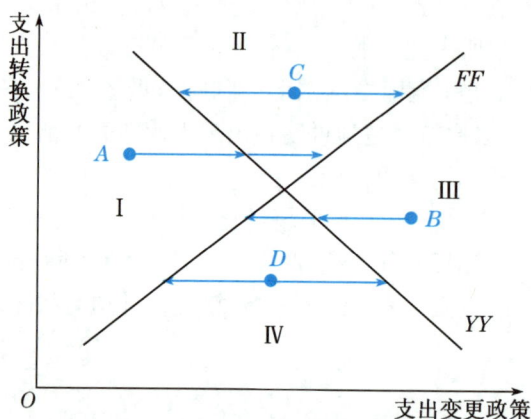

图4-7 只运用支出变更政策的斯旺图解

在图4-7中,Ⅰ区的不均衡点 A(顺差和失业),只采取扩张性的支出变更政策,如增加政府支出、减少税收,其政策效果会出现两种情况:① 由于总需求或总支出增加,国内失业状况得以改善,A 点右移至 YY 曲线实现了内部均衡,但仍存在着国际收支顺差;② 总需求或总支出增加引起进口需求规模扩大,A 点右移至 FF 曲线实现了外部均衡,但却引起国内的通货膨胀。相反,在Ⅲ区的不均衡点 B(逆差和通胀),只采取紧缩性的支出变更政策,如减少政府支出、增加税收,B 点左移只能分别达到 YY 曲线、FF 曲线,而不能同时实现内外部均衡。只采取支出变更政策对在Ⅰ区和Ⅲ区的不均衡点进行调节,其难度在于无法把握政策调节的力度。在Ⅱ区的不均衡点 C(顺差和通胀),如果要使 C 点右移至 FF 曲线实现外部均衡,就要求采用增加国内吸收、扩大进口的扩张性支出变更政策以消除国际收支存在的顺差;而要使 C 点左移至 YY 曲线又要求采用减少国内吸收、增加税收的紧缩性支出变更政策以消除通货膨胀。因此,单一的支出变更政策不可能同时体现扩张性和紧缩性的要求,难以同时解决顺差和通胀的内外不均衡问题,甚至一个问题的解决还会恶化一个问题。同理,对于Ⅳ区内的不均衡点 D(逆差和失业),如果只采用单一的支出变更政策工具,也会陷入政策性矛盾的困境。

2. 只采用支出转换政策

对于斯旺图中不同区域内的不均衡点,如果只采用单一的政策工具即支出转换政策工具,来同时解决经济发展的内外不均衡问题,也会面临米德冲突,陷入政策力度难以协调或政策调节方向不一致的困境(图4-8)。

在图4-8中,Ⅰ区的不均衡点 A(顺差和失业),如果采用本币升值的支出转换政策来消除贸易顺差,A 点可下移至 FF 曲线实现外部均衡,但本币升值会导致出口减少、进口替代行业竞争加剧,使国内失业状况恶化;如采用本币贬值的支出转换政策来改善国内

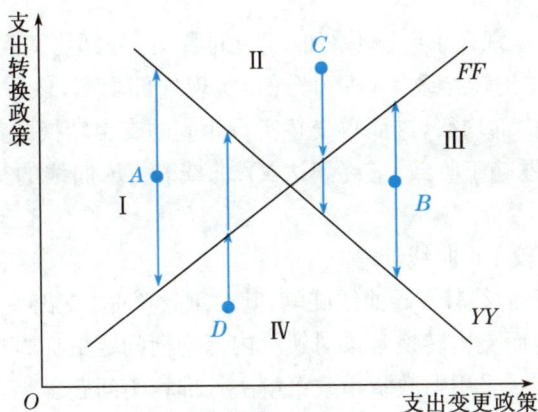

图 4-8 只运用支出转换政策的斯旺图解

失业状况，A 点可上移至 YY 曲线实现内部均衡，但本币贬值又会进一步扩大贸易顺差。在Ⅲ区的不均衡点 B（逆差和通胀），如果采用本币贬值的支出转换政策以消除逆差，B 点上移至 FF 曲线实现外部均衡，但这会导致通货膨胀加剧、内部不均衡恶化的问题；如果采用本币升值的支出转换政策消除通货膨胀，B 点下移至 YY 曲线实现内部均衡，但这会导致贸易逆差扩大、外部不均衡恶化的问题。不论是在Ⅰ区还是在Ⅲ区的不均衡点上，采用单一的支出转换政策（汇率调整）都会出现政策性矛盾，不能同时解决内外部失衡问题。在Ⅱ区的不均衡点 C（顺差和通胀），实现内外部均衡都要求采用本币升值的支出转换政策，但在同一政策调整力度下，C 点不是下移至 FF 曲线，就是下移至 YY 曲线，而不能达到同时实现内外部均衡处，即力度较小，可能达到外部均衡，但要以通货膨胀为代价；而力度较大，则会实现内部均衡，但要以失去外部均衡为代价。与 C 点的情况相似，在Ⅳ区的不均衡点 D（逆差和失业），实现内外部均衡都要求采用本币贬值的支出转换政策，但政策的实施也不能同时实现内外部均衡的目标。

3. 支出变更政策和支出转换政策的配合

斯旺认为，同时解决经济发展中的内外部均衡问题，需要支出变更政策和支出转换政策两大政策工具的相互配合。根据不同的内外部均衡问题，要首先采用效果明显的政策，并以另一种政策相配合，然后两种政策交替使用，最终同时实现内外部均衡。

1）假定 FF 曲线较 YY 曲线平缓

图 4-9 中，FF 曲线较 YY 曲线平缓，其政策含义是：支出转换政策对解决外部均衡问题更加直接有效，而支出变更政策对解决内部均衡问题更加直接有效，建议采用汇率政策解决外部均衡问题，采用财政货币政策解决内部均

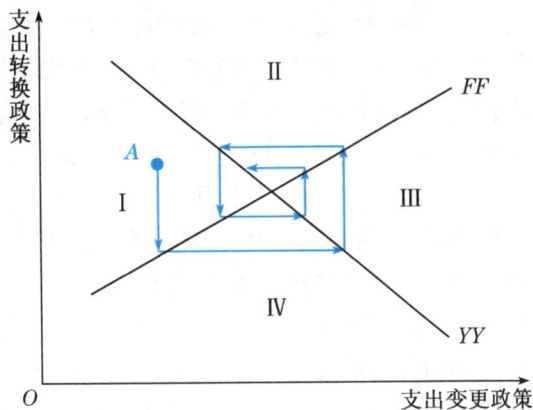

图 4-9 FF 曲线较 YY 曲线平缓的斯旺图解

衡问题。

假设不均衡点 A 出现在 Ⅰ 区(顺差和失业)的 A 处,外部均衡问题较内部均衡问题严重,这就要首先利用支出转换政策(本币升值)实现外部均衡,然后再利用支出变更政策(增加国内吸收)实现内部均衡,进而再交替实行相应的支出转换政策和支出变更政策,使经济发展的不均衡问题趋于收敛,最终到达 YY 曲线和 FF 曲线的交点,即同时实现内外部均衡。

2) 假定 FF 曲线较 YY 曲线陡峭

图 4-10 中的 FF 曲线较 YY 曲线陡峭,其政策含义是:支出变更政策对解决外部均衡问题更加直接有效,而支出转换政策对解决内部均衡问题更加直接有效,建议采用汇率政策解决内部均衡问题,采用财政货币政策解决外部均衡问题。

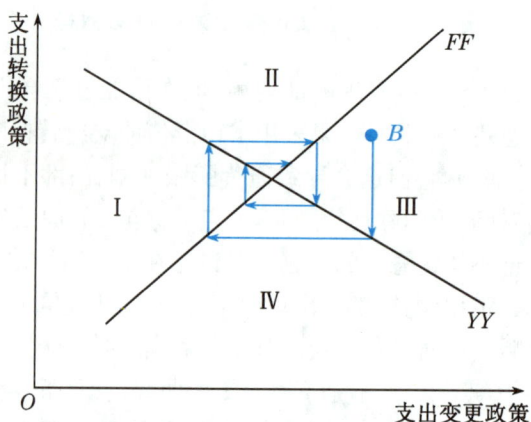

图 4-10 FF 曲线较 YY 曲线陡峭的斯旺图解

假设不均衡点出现在 Ⅲ 区 B 处(逆差和通胀),内部均衡问题较外部均衡问题更加严重,这时就应该首先采用支出转换政策(本币升值)实现内部均衡,然后采用支出变更政策(紧缩的财政货币政策)实现外部均衡,进而再交替使用相应的支出转换政策和支出变更政策,同时实现内外部均衡。

斯旺图清楚地解释了丁伯根法则,表明为同时实现内外部均衡,就必须有一项政策影响总支出规模,而由另一项政策影响总支出的构成,其中任何一项政策的缺失都会使宏观经济调控在内部均衡与外部均衡两大目标之间做出艰难的选择,甚至还会使宏观经济调控在两大目标之间处于进退两难的境地,一项政策不可能同时达到内部均衡和外部均衡两大目标。可以认为,斯旺图对于人们认识开放经济条件下政策配合的重要性具有积极意义,也为丰富汇率政策与其他经济政策配合方面的研究做出了突出贡献。

但是,斯旺图存在两大局限性:第一,斯旺图假设没有国际资本流动、国际收支差额等于贸易收支差额,这与现实世界有很大的差距。20 世纪 60 年代后,国际资本流动的规模越来越大,对一个国家的经济发展乃至世界经济的发展都产生了举足轻重的影响。在实现内外部均衡的政策配合过程中未考虑国际资本流动的影响,这已成为斯旺图的重大缺陷。第二,斯旺图把货币升值与贬值看成是支出转换政策的主要或是唯一的手段,但在现实生活中有很多国家和地区采用固定汇率制,或盯住汇率制,或不愿意采用货币的升值或贬值来达到国际收支平衡的目的,这就会使斯旺所做的分析陷入一种政策、两个目标的困境,没有对丁伯根法则做出更好的解释。

(三) 蒙代尔的"政策指派法则"

根据丁伯根法则,内外部均衡至少需要两种政策工具。斯旺将政策工具分为支出变更政策和支出转换政策两大类,在他的眼里,支出转换政策实际上就是汇率政策。米德曾经指出,实行固定汇率制等于放弃了汇率政策工具,政策工具的缺失难以同时实现内外部均衡。针对政策配合的这一理论问题,米德的学生、美国哥伦比亚大学教授罗伯特·蒙代尔在研究中发现,在不同的汇率制度和资本流动条件下,同一政策变量对内外部均衡具有不同的作用。他指出,财政货币政策事实上可以拆分为两类政策,根据货币政策和财政政策在解决内外部均衡中发挥的不同作用,可以用货币政策解决外部均衡问题,用财政政策解决内部均衡问题。这样,即使放弃汇率政策工具,仍然可以满足"两个工具、两种目标"的丁伯根法则,只用支出变更政策也能同时实现内外部均衡目标。

1962 年,在向国际货币基金提交的《适当运用财政货币政策以实现内外稳定》报告中,蒙代尔提出了在固定汇率制度下如何运用财政政策和货币政策,同时实现内外部均衡的政策搭配学说。他强调,政策工具应该指派给其最具直接影响力的政策目标,如把财政政策指派给内部均衡目标,把货币政策指派给外部均衡目标,这就是蒙代尔的"政策指派法则"。在固定汇率制和资本自由流动的假定条件下,蒙代尔的"政策指派法则"可概括地由表 4-2 表示。

表 4-2 财政政策与货币政策的配合

经济状况	财政政策	货币政策
通货紧缩/国际收支逆差	扩张性	紧缩性
通货膨胀/国际收支逆差	紧缩性	紧缩性
通货膨胀/国际收支顺差	紧缩性	扩张性
通货紧缩/国际收支顺差	扩张性	扩张性

为从动态角度具体说明蒙代尔的"政策指派法则",这里通过图 4-11 进行分析。在图中,横轴表示政府支出水平 G,代表财政政策,从左向右意味着采取扩张性的财政政策;纵轴表示利率水平 r,代表货币政策,从下往上意味着采取紧缩性的货币政策。IB 为内部均衡曲线,线上任意一点都代表使内部均衡得以实现的财政政策(政府支出)与货币政策(利率水平)的组合。IB 曲线斜率为正,是因为扩张性财政政策将导致国内总需求增加,为保持总需求与总供给的平衡,必须同时实行紧缩性货币

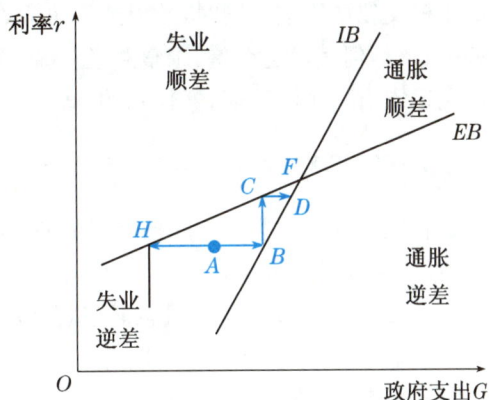

图 4-11 财政政策与货币政策的搭配

政策,即提高利率来抵消需求的增加。IB 曲线左上方的任意点都意味着国内存在失业,IB 线右下方的任意点都意味着国内出现通货膨胀。EB 线为外部均衡曲线,线上任意一点都代表使国际收支达到均衡的财政政策与货币政策的组合。EB 曲线斜率也为正,是因为实行扩张性财政政策会导致该国贸易收支恶化,为恢复外部均衡,必须同时实行紧缩性货币政策,即提高利率以吸引资本净流入。EB 线左上方的任意点都意味着国际收支顺差,EB 线右下方的任意点都意味着国际收支逆差。因为蒙代尔假定政府支出对国民收入和就业等国内经济变量的影响较大,而利率则对国际收支的影响较大,所以 IB 曲线比 EB 曲线更为陡峭。

假定一国经济处于图 4-11 中的 A 点(逆差和失业)。为同时实现内外部均衡,有两种政策配合的方式可供选择:一是从 A 点开始,先采用增加政府支出的扩张性财政政策解决失业问题,在 B 点实现内部均衡,但仍存在国际收支逆差;再由 B 点出发,采用提高利率的紧缩性货币政策,在 C 点实现国际收支均衡,但会出现失业问题。如此交替采用扩张性财政政策和紧缩性货币政策,可以使国民经济逐步逼近内外部均衡点 F。二是从 A 点开始,先采用减少政府开支的紧缩性财政政策解决逆差问题,在 H 点实现外部均衡,但会加剧失业问题;再从 H 点出发,采用降低利率的扩张性货币政策解决失业问题,但又会增加国际收支逆差。如此交替采用紧缩性财政政策和扩张性货币政策,会使国民经济越来越偏离内外均衡点 F。合理的选择是前一种政策配合方式,即以财政政策解决内部均衡问题,而以货币政策解决外部均衡问题。

蒙代尔的"政策指派法则"详细分析了为同时实现内外部均衡应选择的政策配合方式及其效果,强调政策工具应该指派给有着最大效能的政策目标,即用财政政策对内、货币政策对外,如果在政策指派方面出现错误,非但不能实现内外部均衡的目标,而且还会远离这一目标。蒙代尔的"政策指派法则"弥补了米德和斯旺对经济政策配合所做研究的一些缺陷,而且采用动态分析方法,强调失衡的性质和调整的路径,用更为一般和现实的方法解决内外部均衡冲突的问题,使丁伯根法则得以具体化,极大地丰富了政策配合理论。

蒙代尔的"政策指派法则"也有不足之处。例如,该法则将政策工具和政策目标之间的关系视为简单的二维线性关系,没有考虑宏观经济运行中各种干扰因素对内外均衡造成的纵横交错的影响。同时,政府或许可以在多维空间进行政策配合,并最终实现内外部均衡的目标,但其稳定性差、调整路径复杂,不具有可操作性。最后,从政策实施到产生预期效用通常有一个滞后期,蒙代尔的"政策指派法则"对此没有给予必要的关注。

三、不同汇率制度下的政策配合:蒙代尔—弗莱明模型

随着经济开放的边界不断拓展,如何在不同汇率制度下进行政策配合以实现宏观经济均衡,越来越受到各国经济学界和政府部门的关注。著名经济学家蒙代尔和弗莱明(J. M. Flemingel)以标准的凯恩斯宏观经济 IS-LM 模型为基础,通过分析决定经常账户平衡和资本净流入的不同条件,进而提出开放经济下一国商品市场、货币市场和国际收支的一般均衡模型,即蒙代尔—弗莱明模型(M-F 模型)。M-F 模型出色地分析了开放经济条件下,为实现内外部均衡,汇率政策与财政、货币政策配合的效应,在国际金融学领域产生了重大影响。

(一) 基本模型

蒙代尔—弗莱明模型的分析对象是一个小国开放经济，并假定资源未得到充分利用，总供给具有完全弹性，无论总需求如何变化，本国和外国的价格水平都维持不变。在其基本模型中，纵轴为利率 i，横轴为产出 Y，IS 为商品市场均衡曲线，LM 为货币市场均衡曲线，BP 为国际收支均衡曲线（图 4-12）。

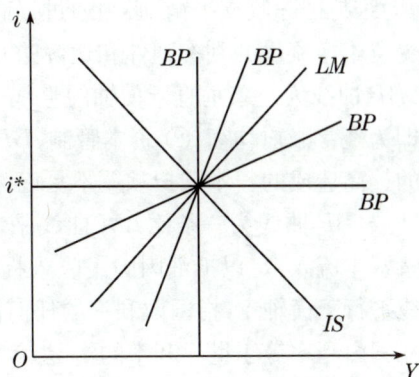

图 4-12　IS-LM-BP 模型

1. 商品市场均衡线（IS 曲线）

商品市场均衡曲线表示能使商品市场处于均衡状态的利率和产出的各种组合，其基本方程式为：

$$Y = C(Y) + I(i) + G + X(S) - M(S, Y) \tag{4-3}$$

式中，Y 代表国民收入；C、I、G 分别代表消费支出、投资支出和政府支出；X 和 M 分别代表出口和进口；i 和 S 分别表示利率和汇率水平。IS 曲线斜率为负，是指随着利率的提高，产出将下降，以保持商品市场均衡。在开放经济条件下，因为利率降低所引起的收入提高，只有部分用于国内消费，另一部分被用于进口，形成国民收入的"漏出"，所以 IS 曲线的斜率较大。同时，政府支出增加会提高利率和产出，进而促使 IS 曲线向右移动，但由于开放经济的乘数效应较小，IS 曲线向右移动的幅度也相对要小些。另外，如果一国货币贬值并满足马歇尔—勒纳条件，该国净出口会增加，IS 曲线将向右移动；如果一国货币升值会使该国的净出口减少，IS 曲线则将向左移动。

2. 货币市场均衡线（LM 曲线）

货币市场均衡线表示能使货币市场处于均衡状态的各种利率和产出的组合，其方程式为：

$$M_S = M_d = hY - ki \tag{4-4}$$

其中 M_S 代表实际货币供应量，等于实际货币需求量 M_d。$M_d = hY - ki$，是国民收入 Y 的增函数、本国利率水平 i 的减函数。开放经济条件下的 LM 曲线斜率为正，是因为当货币供给为既定时，利率提高，对货币的投机性需求就会减少，只能提高产出以增加交易性货币需求，维持货币市场均衡。在实行固定汇率制的开放经济条件下，国际收支失衡会直接作用于货币供给，从而促使 LM 曲线的移动。例如，一国的国际收支出现逆差，为维持固定汇率，中央银行不得不抛售外汇购买本币，使一国外汇储备下降，基础货币减少，并通过货币乘数作用降低货币供应量，使 LM 曲线向左移动；反之，如果国际收支出现顺差，则将使 LM 曲线向右移动。

3. 国际收支均衡线（BP 曲线）

国际收支均衡线表示能使一国国际收支处于均衡状态的各种利率和产出的组合，其方程式为：

$$X(S) - M(S, Y) + K(i) = 0 \tag{4-5}$$

其中 X 和 M 与（4-3）式中的解释相同，K 代表资本的净流入，是本国利率水平的函数。BP 曲线的斜率为正，因为当一国的收入增加时，经常账户随进口需求的增加而恶化,为维持国际收支平衡,必须通过提高利率来吸引国外资金的流入。BP 曲线的斜率大小受资本净流量的利率弹性和边际进口倾向的影响,可能存在四种情况:① 资本完全管制,BP 曲线为一条垂直于横轴的直线,指利率变动不会诱发国际资本流动,国际收支均衡即为经常账户均衡;② 资本管制,BP 曲线为一条比 LM 曲线陡峭的正斜率曲线,指利率的提高造成的资本账户顺差不足以弥补因国民收入提高而引起的经常账户逆差;③ 资本开放,BP 曲线为一条比 LM 曲线平坦的正斜率曲线,指利率水平较少提高,就会吸引大量资本流入,足以抵消因国民收入提高所引起的经常账户逆差;④ 资本完全开放,BP 曲线平行于横轴 Y,指国内利率的任何微小变化都会引起资本在国内外的大规模流动,只有在国内利率等于世界利率的情况下,该国的国际收支才能保持平衡。

4. IS—LM—BP 的均衡

如图 4-12 所示,IS 曲线与 LM 曲线的交点决定了本国商品市场和货币市场同时达到均衡时的利率和产出组合。垂直的 BP 曲线表示资本完全管制条件下外部均衡的实现;比 LM 曲线陡峭的 BP 曲线表示资本管制条件下外部均衡的实现;比 LM 曲线平坦的 BP 曲线表示资本开放条件下外部均衡的实现;水平的 BP 曲线表示资本完全开放条件下外部均衡的实现。当 BP 曲线、IS 曲线和 LM 曲线交于一点时,一国经济达到了内外部均衡。根据蒙代尔—弗莱明模型关于资源未得到充分利用、总供给具有完全弹性的假定,从理论上看,一国政府可以通过财政政策、货币政策以及汇率政策的合理配合,最终实现国民经济内外部均衡的目标。

(二)固定汇率制度下的政策配合

1. 财政政策:以扩张性财政政策为例

在固定汇率制度下,一国实施扩张性财政政策,会增加商品和劳务的支出,进而促使 IS 曲线向右移动至 IS',IS' 曲线与 LM 曲线的交点 B 成为国民经济新的短期均衡点(图 4-13~图 4-16)。在 B 点处,该国利率上升,吸引外资流入,使资本与金融账户出现顺差;同时产出增加,又导致进口需求增加,使经常账户出现逆差。由于实行固定汇率制度,资本与金融账户的顺差是否足以弥补经常账户的逆差,不仅直接决定一国的国际收支状况,而且还会引起货币供应量的变化,从而使 LM 曲线向右或向左移动。扩张性财政政策的实施效果与该国资本管制和开放的程度密切相关,可分以下四种情况。

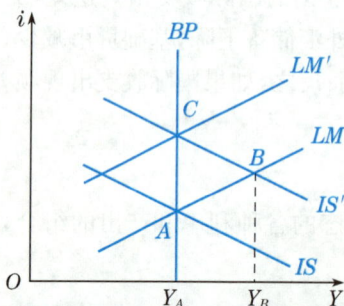

图 4-13 资本完全管制条件下的扩张性财政政策

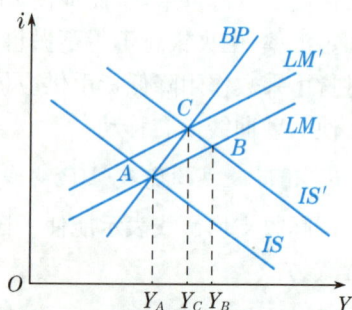

图 4-14 资本管制条件下的扩张性财政政策

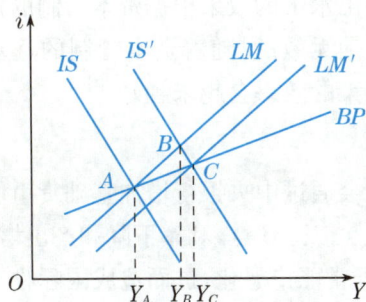

图 4-15　资本开放条件下的扩张性
　　　　　财政政策

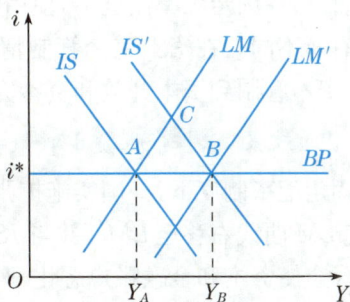

图 4-16　资本完全开放条件下的扩张性
　　　　　财政政策

　　(1) 资本完全管制。在图 4-13 的 B 点处,该国的利率和产出水平都得到提高。由于对资本流动实行完全管制,利率提高不会引起资本流入,而产出提高则会增加进口,这就会导致国际收支逆差,表现为经常账户逆差。在固定汇率制度下,国际收支逆差会引起货币供应量的减少,使 LM 曲线向左移至 LM' 处,并与 IS' 曲线和 BP 曲线相交于新长期均衡点 C 点。此时,该国利率水平进一步上升,但产出没有增加,这是因为政府支出的增加通过利率水平的提高,对私人投资产生了完全的挤出效应。

　　(2) 资本管制。在图 4-14 的 B 点处,该国的利率和产出水平都得到提高。由于存在较强的资本管制,利率提高造成的资本和金融账户顺差有限,不足以弥补产出提高造成的贸易收支逆差,该国的国际收支因此出现逆差。在固定汇率制度下,国际收支逆差会引起货币供应量的减少,造成 LM 曲线向左移动至 LM' 处,并与 IS' 曲线和 BP 曲线相交于新长期均衡点 C 点。较强的资本管制条件下尚有少量的资本流入,在一定程度上遏制了利率的提高,因此扩张性财政政策刺激产出增加的效应不会被私人投资支出的下降完全抵消,C 点处的产出低于 B 点处的产出,但高于 A 点处的产出。

　　(3) 资本开放。在图 4-15 的 B 点处,国民收入提高会引起进口增加,利率水平提高会吸引资本流入。由于在较大程度上实行资本开放,利率水平提高吸引大量资本流入,会使该国资本和金融账户的顺差超过进口增加导致的贸易逆差,造成该国的国际收支顺差。在固定汇率制度下,国际收支顺差会引起货币供应量的增加,促使 LM 曲线向右移至 LM' 处,并与 IS' 曲线和 BP 曲线相交于新长期均衡点 C 点。在 C 点处,货币供应量的增加会引起该国利率水平下降,进一步刺激私人投资的增加,相应的产出会比 B 点的产出有所提高。

　　(4) 资本完全开放。在图 4-16 的 C 点处,产出提高会引起进口增加,使贸易收支出现逆差;而且在资本完全开放的情况下,利率水平稍许提高都会吸引大量资本流入,使资本和金融账户出现巨额顺差,这必然导致该国的国际收支出现明显顺差。在固定汇率制度下,国际收支顺差会引起货币供应量的增加,促使 LM 曲线向右移至 LM' 处,并与 IS' 曲线和 BP 曲线相交于新长期均衡点 B 点。在 B 点处,根据无抛补利率平价原理 $i = i^* + (E^e - E)/E$,资本流动使国内外利率趋同,即该国利率水平等于世界利率水平,所以扩张性财政政策所增加的产出不会对私人投资产生任何挤出效应,该国的产出会得到大幅度提高。

概言之,在固定汇率制度下,使用财政政策调整产出水平的效果根据资本管制的宽严程度而有所不同。在资本完全管制情况下,财政政策是无效的;随着资本管制的逐步放宽,即从资本管制到资本开放和资本完全开放,财政政策的效果会越来越好。

2. 货币政策:以扩张性货币政策为例

在固定汇率制度下,一国实施扩张性货币政策,就会通过中央银行增加基础货币供应量,促使LM曲线右移至LM′,并与IS曲线相交于B点。在B点,利率下降和产出增加。利率下降会使资本和金融账户恶化,产出增加又会使经常账户恶化,进而造成国际收支逆差。即使在实行资本完全管制的情况下,扩张性货币政策也会导致国际收支逆差。为维持固定汇率制度,国际收支逆差必然要求货币当局动用外汇储备干预外汇市场。不论资本管制与开放的程度如何,外汇储备减少,基础货币下降,货币存量紧缩会促使利率逐步回升和产出逐步减少,这一调整过程将持续下去,直到LM曲线回移到它的初始位置。因此,扩张性货币政策在固定汇率制度下是完全无效的(图4-17、图4-18)。

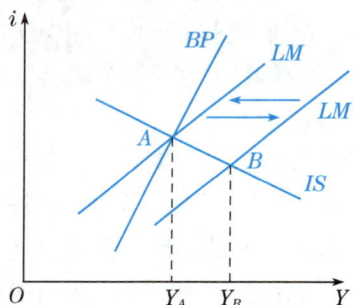

图4-17 资本管制条件下扩张性货币政策

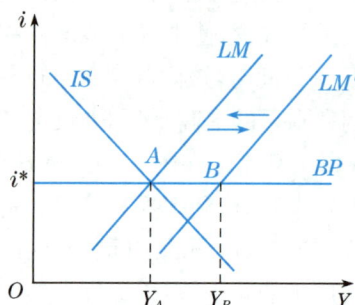

图4-18 资本完全开放条件下扩张性货币政策

(三) 浮动汇率制度下的政策配合

1. 财政政策:以扩张性财政政策为例

在浮动汇率制度下,一国实施扩张性财政政策,也会增加商品和劳务的支出,进而促使IS曲线向右移动至IS′,IS′曲线与LM曲线的交点B成为国民经济新的短期均衡点(图4-19～图4-22)。因为资本管制与开放的程度不同,扩张性财政政策的效果也会有所不同,具体讨论如下:

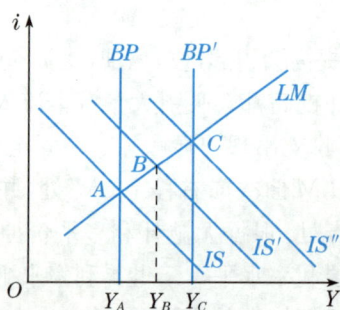

图4-19 资本完全管制条件下扩张性财政政策

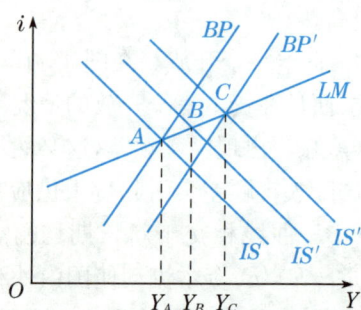

图4-20 资本管制条件下扩张性财政政策

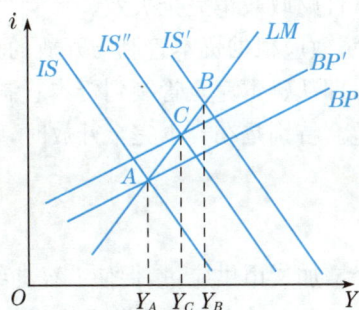

图 4–21　资本开放条件下扩张性
财政政策

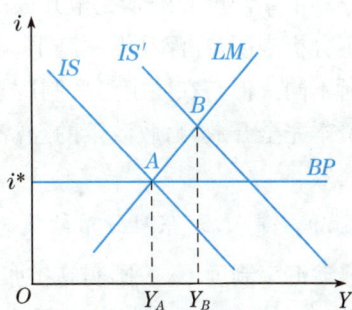

图 4–22　资本完全开放条件下扩张性
财政政策

（1）资本完全管制。在图 4–19 的 B 点处，扩张性的财政政策使该国的产出增加和利率提高。由于对资本的完全管制，产出增加导致的经常账户逆差即为国际收支逆差。在浮动汇率制度下，国际收支逆差会引起本币贬值，促使 IS′ 曲线向右移动至 IS″，BP 曲线向右移动至 BP′。在新长期均衡点 C 点处，该国的产出水平较 B 点处的产出水平有进一步的提高。在浮动汇率制度和资本完全管制的条件下，扩张性财政政策具有很强的经济效应。

（2）资本管制。在图 4–20 的 B 点处，产出的增加使经常账户出现逆差；利率提高则使资本和金融账户出现顺差。由于该国实行资本管制，即 BP 曲线斜率大于 LM 曲线斜率，资本和金融账户的顺差不足以抵消经常账户的逆差，该国国际收支仍为逆差。在浮动汇率制度下，国际收支逆差会引起本币贬值，促使 IS′ 曲线向右移动至 IS″，BP 曲线向右移动至 BP′。因为资本流入抵消了一部分贸易逆差，使国际收支逆差的规模变小，本国货币只有较小幅度的贬值，所以 IS′ 曲线和 BP 曲线向右移动的幅度也比较小。与 B 点处相比，在新长期均衡点 C 点处的产出水平有所提高，但与资本完全管制的情况相比，扩张性财政政策的经济效应则有所降低。

（3）资本开放。在图 4–21 的 B 点处，产出提高引起进口增加，使贸易收支出现逆差；利率上升吸引资本流入，使资本和金融账户出现顺差。由于实行资本开放政策，BP 曲线斜率小于 LM 曲线斜率，资本和金融账户的顺差超过贸易收支逆差，该国的国际收支出现顺差。在浮动汇率制度下，国际收支顺差引起本币升值，使 IS′ 曲线和 BP 曲线分别左移至 IS″ 和 BP′，并与 LM 曲线相交于新长期均衡点 C。在 C 点处，虽然该国产出水平相对于 A 点处的产出水平有所提高，但相对于 B 点处的产出水平则有所降低，这是因为国际收支顺差引起的本币升值阻止了一部分产出的增加。因此，在浮动汇率制度下，资本开放将会削弱扩张性财政政策的经济效应。

（4）资本完全开放。在图 4–22 的 B 点处，产出提高引起进口增加，使贸易收支出现逆差；利率上升吸引资本流入，使资本和金融账户出现顺差。由于实行资本完全开放政策，BP 曲线平行于横轴 Y，即资本的利率弹性趋向于无穷大。这样，利率水平的微小上升都会吸引大量资本流入，使资本和金融账户的顺差远大于产出提高造成的贸易收支逆差，该国的国际收支出现巨额顺差。在浮动汇率制度下，国际收支顺差引起本币升值，强力阻止产出的增加，促使 IS′ 曲线向左逐步回移到初始位置，并与 LM 曲线和 BP 曲线重新相交于原来的长期均衡点 A，同时国内利率水平重新与世界利率水平相等。由此可见，在实行浮动汇率制度和资本完全开放的条件下,扩张性财政政策完全失效。

以上分析表明,在浮动汇率制下,财政政策的经济效应根据资本管制与开放的程度差异而有所不同。但与在固定汇率制度下的情况相反,即从资本完全管制到资本管制、资本开放和资本完全开放,财政政策的经济效应越来越差。特别是在资本完全开放时,财政政策完全失效。

2. 货币政策:以扩张性货币政策为例

在浮动汇率制度下,一国实施扩张性货币政策会增加货币供应量,促使 LM 曲线向右移动至 LM',并与 IS 曲线相交于新的短期均衡点 B。在 B 点处,货币供应量增加,利率水平降低,产出增加。产出增加会扩大进口,使贸易收支出现逆差;利率降低又导致资本流出,使资本和金融账户出现逆差(资本完全管制除外)。在资本不完全流动的情况下,由于实行浮动汇率制,国际收支逆差使本国货币贬值,造成 IS 曲线和 BP 曲线向右移动,并与 LM' 相交于新长期均衡点 C。在 C 点处,该国货币贬值,利率水平提高,产出水平提高,扩张性货币政策能够发挥明显的经济效应(图 4 - 23)。在资本完全开放的情况下,资本的利率弹性趋向于无穷大(BP 曲线平行于横轴 Y),国际收支逆差导致的货币贬值能够在更大程度上刺激产出的增加,扩张性货币政策的经济效应更好(图 4 - 24)。简言之,不论资本管制与开放的程度如何,在浮动汇率制度下,扩张性货币政策总是有效的,而且其有效性随着资本管制的放宽而增强。

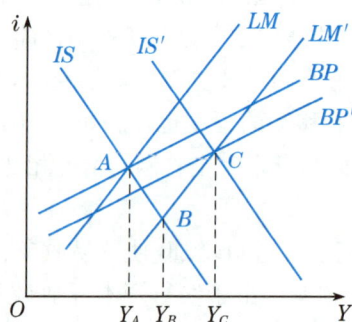

图 4 - 23　资本开放条件下扩张性
货币政策

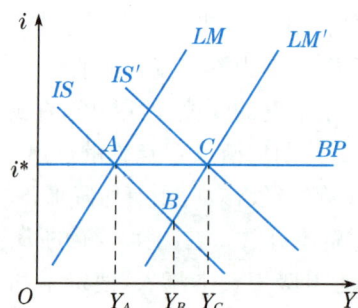

图 4 - 24　资本完全开放条件下扩张性
货币政策

本章小结

汇率政策是指政府在一定时期内,为实现宏观经济政策目标而对汇率变动施加影响的制度性安排与具体措施。汇率政策主要涉及汇率制度选择、汇率水平管理、政府对外汇市场干预及汇率政策与其他经济政策配合等内容。汇率政策发挥作用离不开有效的传导机制,汇率的传导机制具有信息传递功能和经济调节功能,其主要传导媒介包括贸易条件、内外销比价和生产要素的相对价格等。汇率制度选择居于一国汇率政策的核心地位,而影响一国汇率制度选择的主要因素涉及该国经济结构性特征、金融市场的发育程度、宏观经济冲击的来源及性质以及国家的信誉等。长期以来,理论界对汇率制度选择尤其是浮动汇率制度和固定汇率制度的比较优势争论不休。一国对汇率水平的管理,更多地体现于混合汇率安排和差别汇率安排两种方式。政府对汇率变化的干预方式主要是通过政府或权威人士的言论间接影响汇率变化、公开市场操作和外汇管制这三种。在经济全球化背景下,各国政府力争实现内外部经济均衡的发展目标,这就需要将汇率政策与其他经济政策合理搭配,而米德冲突、三元冲突、丁伯根法则、斯旺图、蒙代尔的"政策指派原则"以及蒙代尔—弗莱明模型等相关理论,为政府的这种经济政策搭配提供了依据和指导。

复习思考题

1. 汇率政策的基本内涵是什么?
2. 试述汇率政策的传导机制。
3. 试述国际货币基金组织 2009 年对汇率制度的新分类。
4. 影响一国汇率制度选择的主要因素有哪些?
5. 比较浮动汇率制度和固定汇率制度的优缺点。
6. 如何理解汇率水平管理?
7. 政府对汇率变化的主要干预方式有哪些?
8. 试述内外部经济均衡的冲突及其解决办法。
9. 什么是丁伯根法则?
10. 用图文说明斯旺的政策配合论。
11. 什么是蒙代尔的"政策指派法则"?
12. 评述蒙代尔—弗莱明模型。

第五章 外汇管制

当一国不能或不愿采用财政货币政策调节国际收支失衡,且也不具备浮动汇率制度时,就必须实行外汇管制以恢复国际收支平衡。外汇管制作为一种重要的外汇政策手段,包括外汇数量管制和外汇汇率管制两类措施,除了具有改善国际收支、维持汇率稳定和促进国内经济发展等积极作用外,也会对外汇市场、国际经济交易以及国内经济等产生消极影响。货币自由兑换与外汇管制具有密切关系,如果一国实施外汇管制,那么该国货币的自由兑换就会受到限制。实现货币自由兑换需要一国具备一些前提条件,同时也存在着一定的收益和风险,因此必须分阶段逐步推进实施。

第一节　外汇管制概述

一、外汇管制的概念

外汇管制(Foreign Exchange Control),又称外汇管理,是指一国政府为平衡国际收支、维持汇率稳定以及实现其他政治经济目的,通过调整交易规则和交易条件,直接控制交易数量和汇率水平,对境内和其他管辖范围内的外汇交易实行的限制。包括对外汇的买卖、外汇汇价、国际结算、资本流动以及银行的外汇存款账户等各方面外汇收支与交易所做的规定。外汇管制分为狭义和广义两个层面,其中狭义的外汇管制指一国政府对居民在经常项目下的外汇买卖和国际结算进行限制;广义的外汇管制指一国政府对居民和非居民的涉及外汇流入和流出的活动进行限制性管理。

外汇管制是一国的政策措施,通常需要由专门机构来负责,当前世界各国外汇管制机构主要有三种类型:第一类是国家设立专门的外汇管理机构,如法国、意大利和中国;第二类是国家授权中央银行负责外汇管理,如英国指定英格兰银行执行外汇管理工作;第三类是国家行政部门负责外汇管理,如美国由财政部负责,日本由通产省和财务省负责。

外汇管制的对象包括人、物、地区和行业。大多数国家对居民的外汇收支管理较严，对非居民的外汇收支管理较宽松。对物的管理主要包含外币、金银等贵金属、外币支付凭证、外币有价证券等。对地区的管理有两层含义，一是对不同国家和地区实行不同的外汇管理政策，二是对国内不同地区采取不同的外汇管理政策。对行业的管理主要是指对本国不同行业、产业采取不同的措施。

二、外汇管制的演变

外汇管制本质上是政府干预经济的一种政策工具，随着世界经济的发展，外汇管制经历了从无到有、从加强到放宽、从取消到恢复的反复过程。

外汇管制始于第一次世界大战期间。一战之前，资本主义各国普遍实行金本位制度，黄金在国际间自由流动，因此不存在外汇管制问题。一战爆发后，不少参战国都因为扩军备战发生了巨额的国际收支逆差，引起汇率剧烈波动和资本大量外逃。为了动员外汇资金进行战争，限制汇率波动和资本外逃，各参战国相继实行了战时外汇管制政策。战后1924—1929年间，资本主义世界发展相对稳定，这些国家相继取消了战时实行的外汇管制。1929—1933年期间的世界经济危机使各主要资本主义国家陷入了国际收支危机，为应对国际收支危机，防止国内经济危机加深和国外转嫁危机，许多国家又重新恢复了外汇管制。

第二次世界大战爆发后，各参战国同样为了应付巨额军费开支，立即实行了更为严格的外汇管制，禁止自由汇率，限制资本外逃，加强外汇收支管制。二战结束后，大部分国家经济遭受重创急需恢复，而外汇又十分短缺，因此各国的外汇管制不仅没有放松，反而更加严厉。到了50年代后期，西欧各国经济有所恢复，国际收支状况有所改善，1958年英、法、德等西欧14国同时放宽了贸易收支和货币自由兑换方面的外汇管制，但对资本交易的外汇业务仍维持管制。这时的外汇管制不再是为了防止资本外逃，而是为了限制国际资本的流入，与二战后初期的情况截然相反了。

20世纪60年代以来，资本主义国家国际收支状况不断好转，兴起了贸易、资本自由化的浪潮，在IMF等国际机构以及各国政府的努力下，很多国家相继放松了外汇管制。60年代，联邦德国率先实现了货币完全自由兑换。1979年10月，英国取消了所有的外汇管制。80年代后，瑞士、意大利、日本、法国等国继续放松外汇管制。1990年7月1日起，欧共体成员国原则上完全取消外汇管制。从当前各国情况来看，发达国家和新兴工业化国家已放松或取消大部分的外汇管制，而广大发展中国家由于外汇短缺、促进本国工业发展等原因，仍然普遍实行着较为严格的外汇管制。

三、外汇管制的类型

由于外汇收支涉及国际收支平衡表中的所有国际交易项目，因此政府实施的外汇管制范围十分广泛。从历史发展过程来看，外汇管制大体上可分为两个阶段：第一阶段的外汇管制是以禁止资本外逃和外汇投机为目的的，其范围以资本交易项目为限；第二阶段的外汇管制是以调整国际收支为目的的全面管制，管制的范围扩大到包括贸易收支与非贸易收支在内的一切外汇交易项目。虽然外汇管制涉及的范围很广，但并非所有的国家和地区都对国际收支的全部项目进行管制,在具体项目上,外汇管制措施的宽严松紧程度也不尽相同。按照外汇管制的范围和松紧程度的不同,可以把世界上的国家和地区分为以下三种类型。

(一)实行全面外汇管制的国家和地区

这类国家和地区对国际收支项目中的贸易外汇收支、非贸易外汇收支和资本项目收支都实行严格的外汇管制,其货币一般是不可自由兑换的。这类国家和地区通常经济比较落后,外汇资金缺乏,出口创汇能力不强,为了有计划地使用好这些稀缺的外汇资源,调节外汇供求,维持国际收支平衡,促进本国经济发展,不得不实行严格的外汇管制。实行计划经济的国家以及大多数发展中国家均属这一类型,比如印度、巴西、缅甸、哥伦比亚等国,包括1994年之前的中国。

(二)实行部分外汇管制的国家和地区

这类国家和地区一般对经常项目下的贸易收支和非贸易收支原则上不加限制,准许外汇自由兑换和汇出入,但对资本项目的收支仍加以限制,其货币一般是有限制的自由兑换货币。这些国家和地区经济比较发达,经常项目收支状况良好,外汇储备较为充裕,有条件实行部分外汇管制。一些发达的资本主义工业国、新兴工业化国家以及经济金融状况较好的发展中国家均属这一类型,比如日本、法国、意大利、圭亚那、牙买加,包括1996年之后的中国。

(三)基本不实行外汇管制的国家和地区

这类国家和地区允许其货币自由兑换,对经常项目和资本项目下的收支原则上不加以限制,不过在一定情况下也会采取一些间接或变相的措施加以限制,只是限制的程度比上两类国家要轻得多。目前这类国家主要有美国、英国、德国等工业发达国家和科威特、沙特阿拉伯等资金充裕的石油输出国。

四、外汇管制的积极作用

外汇管制是一定历史阶段的产物,任何国家实行外汇管制都有其内在的原因,由于各国的社会制度、经济发展水平等各不相同,实行外汇管制的原因也不尽相同,即使同一国家在不同时期实行外汇管制的原因也可能存在差异,一国实行外汇管制通常能够产生以下积极作用。

(一)改善国际收支,维持国际收支平衡

改善国际收支是实行外汇管制的最基本原因和目的。对于一些国际收支逆差、外汇紧缺的国家来说,为消除对外汇的过度需求和弥补国际收支逆差,尽管政府可以采取动用本国储备资产、宣布本币法定贬值以及采用财政货币政策等措施来改善国际收支状况,但这些措施可能在其他方面存在着较大的代价,此时外汇管制在恢复外部经济均衡中具有特殊的有时甚至是不可替代的作用。

(二)增加有效需求,提高就业和收入水平

一国通过实行外汇管制,可以鼓励本国商品的出口和外国资本的输入,限制外国商品

的进口和本国资本的外流。商品净出口构成有效需求,有利于增加就业和提高国民收入水平;资本净流入在增加对本国资本品需求的同时,也会带来更多的就业机会,从而促进国民收入的提高和本国经济的发展。

(三) 阻止国际通货膨胀的输入,稳定国内物价水平

在汇率稳定的情况下,国际通货膨胀可以经由商品贸易传入国内,导致诸如进口型的通货膨胀。那些存在巨额国际收支盈余、货币趋于坚挺的国家,常面临外国资本的冲击,国际通货膨胀往往通过资本交易传入国内。这种情况下,通过外汇管制,限制商品进口和资本输入,可将国际通货膨胀拒于国门之外,使国内物价水平得以保持稳定。

(四) 防止资本外逃或大量涌入,保持本国金融市场的稳定

政治、经济局势的动荡,往往会引起国际间资本的大规模流动。对于一国来说,无论是资本的大量外逃还是大量涌入,都会破坏其国内金融市场正常的货币流通和信贷投资活动,妨碍该国金融政策的实行。因此,绝大多数实行外汇管制的国家都采取了不同的限制措施,以防止国际资本非正常流动给本国金融市场带来不利影响。

(五) 保护本国幼稚工业,发展本国民族经济

幼稚工业是指一个国家刚刚发展起来的新兴工业。由于其工艺技术水平还处于发展和待完善阶段,生产也尚未达到规模经济要求的规模。如果市场完全开放,外汇买卖完全自由,国外廉价的同类产品就会大量涌入该国市场,将该国幼稚工业扼杀在摇篮之中。通过外汇管制,限制威胁本国幼稚工业生存与发展的商品进口,可以使幼稚工业在被保护的国内市场内通过规模的扩大而迅速成长起来,从而保证本国民族经济的顺利发展。

(六) 提高产品国际竞争力,增加世界市场销售份额

一国国际收支出现大量顺差,必然使其货币遭受升值的压力,货币汇率上涨(升值)将削弱该国商品的出口竞争能力。因此,顺差国政府往往利用外汇管制限制长、短期资本流入,减轻本国货币蒙受的压力,以保持其商品的国际竞争能力和国际市场份额。此外,通过对非居民的贸易收付采取种种限制,也可以更有效地占有国外销售市场。

(七) 根据社会需要,实现外汇资源最优配置

在外汇资源的分配上,私人与社会之间存在分歧,因而政府对外汇资源的分配具有重要意义。外汇管制可使一国政府集中外汇收入,采取优先配给的方法,保证某些社会效益较高的重点部门的外汇需求,阻止奢侈品进口或资本外流,使外汇资源实现最优配置,取得最大的社会效益。在战争时期或是大规模经济建设时期,这种做法尤为必要。

(八) 增加财政收入,缓解财政紧张状况

如果外汇自由买卖,国家不进行干预和控制,那么买卖外汇的利润完全归私人所有。实行外汇管制后,经营外汇的利润在国家与私人之间重新进行分配。国家通过参与外汇交易、课征外汇税等方法,获得额外的财政收入。同时,外汇管制的严格措施还使纳税人很难逃避这种纳税义务。因此,对许多发展中国家来说,外汇管制无疑是一种增加财政收入、缓解财政紧张状况的现成而有效的方法。

五、外汇管制的消极影响

虽然外汇管制在改善国际收支、维持汇率稳定和促进国内经济发展等方面有一定的积极作用,但是外汇管制作为一种对市场的行政干预措施,也会产生以下一些消极影响。

(一)对外汇市场的消极影响

自由外汇市场上与外汇管制下的外汇交易有着显著的差异。自由外汇市场的汇率取决于外汇的供给与需求,而这种供求关系又会因汇率的变动而得到自动调整。然而在外汇管制下,汇率由外汇管制当局决定,未经批准的私人外汇交易是被禁止的,因而外汇的供求也受到控制而不能自由调整,资金的流出与流入更受到严格的限制。这些情况使得一部分外汇需求不能得到正常满足,官方汇率低于均衡汇率,外汇黑市必然就会出现。官方汇率与黑市汇率之间的悬殊愈大,就会有愈多的外汇资金从官方市场转向黑市,还会出现外汇走私以及不法的套汇行为。所有这一切不仅会阻碍外汇管制预期目标的实现,而且会造成外汇市场和外汇交易秩序的混乱。

从对世界外汇市场的影响来看,在自由外汇市场上,通过世界性的外汇多边交易,一国外汇银行不仅具有调整本国外汇供求的机能,而且还具有加强各个国际金融中心和各地区金融市场的密切联系,使国际金融市场趋于统一的机能。但在外汇管制下,外汇银行在外汇市场上不能进行多边交易,而且汇率又由官方决定,因而外汇银行上述机能的作用难以发挥。世界各外汇市场的联系便会逐渐减少,最终将导致世界外汇市场的分裂与解体,各地区外汇市场也会因此丧失活力而趋于萎缩。而且外汇管制会使一国汇率与国际汇率体系相脱节,从而各国的汇率体系无法达成实质性的均衡,造成各国对外汇价格信号的扭曲,影响世界资源的有效配置。

(二)对国际经济交易的消极影响

国际间的自由多边国际结算制度有利于对外贸易的开展,而在外汇管制下,外汇的自由买卖与支付受到限制,各国货币丧失了自由兑换性,国际支付中的多边结算方式由此被打破。由于多边结算方式使得贸易商可以用与一国交易的顺差去抵消与另一国交易的逆差,如果不能进行多边结算,多边贸易也就难以进行,这将使得国际间自由贸易受到严重阻碍,从而导致世界贸易量的减少。而且世界贸易的质量也会因外汇管制而恶化,原因在于出口商不再能在最有利的市场上出售商品,而进口商也不再能在最便宜的市场购买商品。由于外汇管制本质上属于贸易与金融歧视政策,它的实施还必然会加剧各国的矛盾和贸易摩擦,破坏正常的国际贸易秩序,这对国际贸易的发展也是极为不利的。

世界各国之间广泛存在着资本的国际化流动,国际资本流动一般伴随着外汇交易,外汇管制会限制国际资本流动的方向和规模。对发展中国家来说,由于外国资本的输入受到限制,影响了对外资的利用,这不利于本国经济的发展以及国际收支的改善;对于资本有盈余的国家来说,由于其"过剩资本"不能流出,会对其资本的使用效率以及国内的货币供给量产生一定影响,这同样不利于其经济的稳定与发展。外汇管制还会影响国际资本市场的运行效率,一般说来汇率可以视为两国资本的相对价格,在调节国际间资本供求中发挥重要作用。在外汇管制下,管制国的汇率与国际汇率体系相脱离,造成价格关系的扭曲,使各国资本收益率差额的确定变得困难,从而导致国际资本市场的不正常和低效率。

(三) 对国内经济的消极影响

汇率管制使市场信息出现混乱,难以进行国际间成本、价格的比较,从而导致国际比较利益错位,并降低资源配置的效率。例如,若一国对其货币定值过高,该国具有比较优势的出口商品的国际竞争力削弱,甚至可能由出口转化为进口该商品,这样该国就不能充分利用国际分工的功能,专业化与国际贸易为该国带来的利益就会减少;若一国对其货币定值过高,该国进口商品的本币价格被低估,对进口商品的需求被不适当地扩大,这会刺激商品进口和外汇黑市交易。因为外汇的供不应求会导致外汇竞价拍卖价格和黑市价格的出现,往往使得消费者对进口商品实际支付的价格不仅高于官方价格,而且还高于均衡价格,从而会促进低效率的进口替代工业的发展,影响该国资源的配置效率。

从复汇率制中派生出来的相对价格的变化存在的问题更为严重,对国内经济的影响也更大。多种汇率并存事实上是对不同行业实行的价格歧视,这会导致价格偏离实际成本,从而导致生产和贸易模式的扭曲,得不到根据比较利益原则所能预期的结果。实行复汇率制度的主要目的之一是保护本国幼稚工业,但前提是该行业最终要能够自立,从而不再依赖保护。而实际情况往往是企业因失去了利益判断客观标准而难以提高竞争能力,而且还会使保护不得不持续下去。短期外汇管制便很容易变成了长期外汇管制,这样继续保护一个永远不会具有竞争能力的行业,当然会导致资源配置的失误,而且一些本来没有条件或不应当发展的行业可能盲目发展和增加出口,这对该国的经济是极为有害的。

(四) 外汇管制自身的低效率

由于外汇管制面临着一系列复杂的行政管理方面的问题,外汇管制本身通常都是低效率的。在外汇管制下,黑市市场的产生和发展是不可避免的。当政府以较低价格收购外汇且结售外汇手续又很烦琐时,在黑市市场上有人却愿以高价购买外汇,并且成交不需要任何正式手续。这种潜在的巨额利润诱使人们敢冒风险去逃汇或套汇,其方法越来越多,手段越来越隐蔽。一般而言,官方汇率与市场均衡汇率的偏差越大,从官方市场向黑市市场的逃汇就越多,而供应给黑市市场的每一单位外汇都会加剧官方外汇市场上的供求矛盾,从而使得外汇配给问题变得更加尖锐和突出。因此,外汇管理当局所面临的一项艰巨任务便是要阻止人们以高于官方价格从事对供求双方都有利可图的外汇交易。于是,一整套庞大的行政管理机构必须建立起来,以监督商业银行、进出口代理商及贸易商品生产企业的一切外汇业务;此外,旅游业、邮政汇付及跨国公司的转移价格等,也必须置于政府严格的管理与控制之下。毫无疑问,外汇管制的实施与管理成本是巨大的,而任何试图减少这种成本的努力,都有可能会降低外汇管制的效率。

第二节　外汇管制主要措施

外汇管制的基本特征是政府对外汇交易实行限制,其措施无非是对外汇交易的数量进行限制,或者对外汇交易的价格做出不同的规定,因此外汇管制措施大致可以分为外汇数量管制和外汇汇率管制两类。

一、外汇数量管制

外汇数量管制措施主要有以下四种。

(一)对经常项目收支施加限制

经常项目在一国国际收支中通常占有较大比重,它反映了一国创汇的能力,从而是决定该国国际收支状况的关键,此外一国经常项目收支状况对国内经济也有着很大影响,因此实行外汇管制的国家一般都比较重视对经常项目收支的管制。经常项目管理的基本原则一般是:经常项目外汇收入要全部或部分按官方汇率结售给外汇指定银行;经常项目外汇支出要在外汇管制机构的批准下从外汇指定银行购买外汇。

1. 出口外汇管制

外汇管制部门为确保把所有居民的外汇收入集中到它的手中,一般采取以下方法:首先要求出口必须得到贸易管理部门的批准,获得出口许可证,在商品通过海关前,出口许可证还必须通过某一授权银行的批准。为了使出口许可证得到批准,出口商必须向授权银行申报出口商品的价格、金额、结算货币、收汇方法、目的地和期限等内容,并承诺在一定时期内向银行交出所有的外汇收入。也有的国家把结售出口外汇和颁发出口许可证两项措施结合进行,出口许可证上填明出口商品价格、金额、收汇方式等内容,并办理交验和审核信用证手续,以防出口商隐匿出口外汇收入。为了鼓励出口,刺激出口商的积极性,出口外汇管制的措施还有:由政府出面对某些出口商品给予现款补贴或外汇补助;对出口收入给予减免或迟付部分税款;给出口商发放优惠贷款;由政府机构承保部分汇率波动风险;等等。

2. 进口外汇管制

在外汇管制下,进口商以及其他外汇需求者所需外汇是通过外汇管制部门的分配予以满足的。分配方法主要有两个:一是许可证制度,这种方法要求审定每个申请人的要求,如果申请通过,则发给申请人购买外汇许可证,持证人可以在授权银行购买定量的外汇。二是计划供给制度,这种方法根据在一定时期国际收支贷方交易的外汇供给量和主要借方交易的外汇需求量,决定出每个借方项目的外汇限额,然后根据申请外汇者的申请顺序将外汇分配给申请人,直至该项目的外汇份额分配完毕为止。

为了限制外汇支出,一些贸易管制措施如进口配额制和进口许可证制,常常与外汇管制措施结合起来运用。有的国家进口许可证也作为允许进口商购买外汇的外汇许可证,而另一些国家,除进口许可证外,进口商还必须另行申请外汇许可证。限制进口的做法还有:进口商在进口商品时向指定银行预存一定数额的进口货款;对购买进口所需外汇征收一定的外汇税;限制进口商对外支付使用的货币;对进口商品要求获得外国提供的出口信贷等。

3. 非贸易外汇管制

非贸易外汇收支的范围较广,除贸易外汇和资本输出入外汇以外的一切外汇收支均属非贸易外汇收支。主要包括与贸易有关的运输费、保险费、佣金;与资本输出入有关的股息、利息、专利费、许可证费、特许权使用费、技术劳务费等。非贸易外汇收支比较零星分散,管理比较困难,其中运输费、保险费、佣金等依附于贸易外汇,是贸易从属外汇,基本上按照贸易外汇管制的办法进行管制,大多无须另行通过核准手续,就可由外汇指定银行供汇或收汇。

对于其他各类非贸易外汇收支,采取的管制措施主要有:① 许可证制,即向境外汇款或携汇出境必须向外汇管制机构申请核准,取得购买外汇的许可证方可办理。② 预付存款制,即将购汇款项存入银行一定时间后才准予购买外汇,办理汇出或携出。③ 规定限额制,指有的国家对某些费用特别是个人所需的某些费用规定一定的额度,在限额以内由外汇指定银行直接供汇。此外还有规定购买非贸易外汇的间隔时间,控制非贸易外汇对外支付时间,以及课征非贸易外汇购买税等措施。

(二) 对资本输出入施加限制

对资本输出入限制是最常见的外汇管制形式。由于资本流入一般要兑换成本币,从而增加外汇供给,资本流出要兑换成外币从而增加外汇需求,因此资本的输出入直接影响一国的外汇供求和国际收支状况。二战以来,资本输出入对一国国际收支和国内经济的影响明显加强,因而不论西方发达国家还是发展中国家都十分重视对资本输出入的管制,IMF 对此也持比较宽容的态度。由于各国经济发展水平不同,管制的目的和要求不同,各国对资本项目管制的做法也就不尽相同。从战后的历史发展来看,长期国际收支顺差的国家为了避免本币汇率过度上升和影响其出口竞争力,为了防止国际游资的冲击和减轻国内通货膨胀压力,常采取限制资本输入的措施。反之,长期国际收支逆差的国家,为了防止资金外流,维持汇率稳定,保护国内经济发展,则往往采取限制资本输出的措施。

西方国家限制资本输入的方法包括对银行和企业两个方面。对银行的措施主要包括规定本国银行吸收非居民存款必须缴纳较高的存款准备金,规定银行对非居民活期存款不付利息,限制商业银行向非居民出售本国的远期货币业务等。对企业的措施主要包括限制非居民购买本国的有价证券,限制本国企业和跨国公司借用外国资本等。这些国家在限制资本输入的同时,还积极鼓励资本输出。西方国家限制资本输出的方法主要有冻结非居民的账户,限制本国银行和企业向国外提供贷款,限制企业向国外投资,限制居民购买外国有价证券,对本国居民在国外的投资收益征收利息平衡税等。

发展中国家由于大多资金短缺,同时面临发展本国民族经济的重任,因此一般都采取限制资本流出、鼓励资本输入的政策,对有利于发展民族经济的外国资本实施各种优惠政策积极引进。例如,对外商投资企业给予减免税优惠,允许外商投资企业的利润用外汇汇出等。为了保证资本输入的效果,有些发展中国家也制定了一些措施对资本输入进行限制和管理,主要措施有:① 规定资本输入的额度、期限和投资部门。② 规定从国外借款的一定比例要在一定期限内存放在管汇银行。③ 规定银行从国外借款不能超过其资本与准备金的一定比例。④ 规定借款部门所借款项的利率水平等。

(三) 对非居民的银行存款账户进行管制

绝大部分的国际结算属于通过外汇凭证传递与转移的非现金结算,它们最终都是通过银行存款的调拨进行的。这些银行存款账户上的资金在居民和非居民之间以及非居民与非居民之间的调拨,和外汇收支有直接的关系,在一定程度上影响账户所在国的国际收支。所以实行外汇管制的国家不仅要控制本国居民的外汇交易,还要控制外国居民对在本国银行的存款的使用。所谓账户管制,就是根据非居民的银行账户所属国别和产生原因的不同,对外汇的收支存兑给予宽严不同的规定。

各国对非居民在本国的存款一般设立如下三个账户来进行管制:① 自由账户,这一账户的持有者有权使用账户款项办理国内外一切支付或转至其他非居民账户下,这个账户的主要资金来源是非居民出售黄金的收入和其他外汇收入。② 有限制的账户,包括国内与国外两个账户。非居民在国内的收入事先没有约定可汇出境的,只能转入国内账户或转账账户。其中国内账户上的资金只能用于在国内购买商品或其他支付,转账账户则还可转入其他非居民持有的转账账户里。③ 封锁账户,又称冻结账户,是指非居民在此账户里的款项不能换成外币并汇出国外,也不能用于购买本国的长期债券或不动产,以及支付在国内的旅游费用。一般的非居民在国内的一切收入都应记入该账户内,居民对非居民的债务,也只能用本国货币通过该账户予以清偿。目前经济发达国家,除非出于政治目的,基本上都取消了账户管制,而一些经济不发达国家仍实行账户管制。

(四)对黄金和现钞输出入进行管制

实行外汇管制的国家一般禁止私人输出黄金,如需输出时由中央银行办理,对本国现钞的输出都规定有一个最高限额,限额内可以自由携带出国,超过限额须经外汇管制机构核准。这是因为本国货币自由输出,一方面可以成为资本输出的一种辅助手段以及用于该国的商品进口支付,另一方面将会导致本国货币汇率在国外市场上下跌。因此,实施外汇管制的国家对本国货币出入国境都有规定,即使在不实行外汇管制的国家中,这种限制做法也相当普遍。

二、外汇汇率管制

对外汇汇率的管制主要是规定各项外汇收支按什么汇率结汇,实际上是实行复汇率制度。所谓复汇率制度,是一个国家的货币对外国货币(主要是国际储备货币)不是规定一个,而是规定两个或两个以上汇率的制度。

在外汇管制的国家里必然会存在复汇率。因为管制国货币对外国货币的比价往往难以维持稳定,因此该国政府才借助于控制外汇交易的方式来缓解本国国际收支失衡,维持本国货币汇率的稳定。在这种情况下,官方汇率与均衡汇率必然存在偏差。尽管理论上外汇管制也可以用来维持永久性的国际收支顺差和低估的汇率,但它通常只是在国际收支逆差和高估汇率的情况下才被采用,由于官方汇率高估了本国货币,对外汇的超额需求便会存在。所以,在外汇管制的国家里,除官方市场和官方汇率外,必然还会存在自由市场(合法的或非法的)与自由汇率。由于自由市场汇率在一定程度上反映了本国货币的真实价值和外汇供求状况,它更接近均衡汇率。因此,自由汇率往往高于官方汇率(在直接标价法下),从而形成了事实上的复汇率状况。这是价值规律在外汇管制下发生作用的必然结果,只不过这种复汇率状况是自发的,与我们所说的复汇率制度尚有所不同。作为外汇管制手段的复汇率制是指外汇管制当局人为、主动地制定和利用多种汇率并存的局面以达到其预定目的。复汇率制度十分复杂,其主要形式有以下几种。

(一) 固定的差别汇率制

根据外汇的不同来源和使用情况,规定两种或两种以上的高低不同的官方汇率,这就是固定的差别汇率制。例如,外汇管制当局用某种汇率买进外汇,而对不同的用汇者以不同的汇率卖出外汇,就属固定的差别汇率方式。在直接标价法下,如平均卖价高于买价,它们之间的差额便是政府的收入。又如,以不同汇率购买不同种类的出口收汇,可以起到鼓励或限制不同商品出口的目的。值得一提的是,对外国需求弹性小的出口品实行惩罚汇率,可通过出口商将负担转嫁到外国消费者身上。再如为抑制某些高档商品或高级消费品的进口,鼓励原材料等必需品的进口,可以采用以惩罚汇率(高汇率)卖出"非必需品"的进口用汇,以优惠汇率(低汇率)卖出"必需品"的进口用汇这种差别汇率形式。实践中这种复汇率形式是极复杂的,有的国家复汇率可以多达几十种,高低相差几十倍。

(二) 外汇转让证制度

外汇转让证制度是复汇率制度下的一种特殊形式。这种制度规定,出口商向指定银行结售外汇时,除按官方汇率取得本币外,银行还另外发给一种叫做外汇转让证的证明,该证明记有出售外汇的币种与金额,它可以在自由市场上出售,出售所得的本币是对出口商的一种补贴,这实际上是一种变相的出口优惠汇率。同时,对某项目的外汇需求者,指定银行要求其交出相应的外汇转让证,然后才能按官方汇率售给外汇,这样外汇需求者通常需要在自由市场上购买外汇转让证。这就加大了外汇需求者的外汇成本,它实际上是对这类项目的外汇需求者实行了另外一种惩罚汇率,于是形成了复汇率。

(三) 混合汇率制度

这是将官方汇率与自由汇率按不同比例混合使用的制度,以对不同的交易实行差别对待。这种制度规定某类项目外汇收入的全部或一部分可以不按官方汇率出售给指定银行,允许这类外汇收入者在自由市场按自由汇率出售外汇。相反,规定对某类外汇需求者不按官方汇率供给全部或部分外汇,而是要求他们以一定比例在自由市场按自由汇率购买外汇。由于自由汇率高于官方汇率,出售外汇者可以因此多收入本国货币,购买外汇者则因此得多支付本国货币。虽然国家未公开宣布差别汇率,但通过这种官方汇率和自由汇率混合使用的方法,事实上已形成了复汇率制度,只不过这种复汇率制度更加隐蔽罢了。

除以上三种主要复汇率形式外,有些国家为了增加收入或实行控制,常常对某些外汇交易征收外汇税或进行补贴,这也会造成事实上的复汇率。

综上所述,通过复汇率制度,一国政府可更加有效地实施"奖出限入"的政策,进一步鼓励资本净流入,从而改善一国国际收支状况。但是,从本质上说,复汇率是一种歧视性的金融措施,它针对不同的贸易对象国和不同的进出口商品规定不同的汇率,以限制同某些国家的贸易,容易引起国际间的矛盾和别国的报复,从而不利于国际经济合作和国际贸易的正常发展。同时,复汇率从某种意义上来说还是一种变相的财政补贴,会使国内不同企业处于不同的竞争地位,不利于建立企业间的公平竞争关系;另外,复汇率还会使商品价格关系变得复杂和扭曲,影响资源的合理配置;最后,从管理成本上说,由于汇率种类繁多,复汇率势必会耗费大量的人力成本。实践经验表明,复汇率制度的收效不大,但代价却很高。有鉴于此,IMF 反对其成员国实行歧视性汇率安排或采用复汇率制,在 IMF 的监督下,实行复汇率制的国家也有逐步减少的趋势。

与外汇汇率管制相比较,外汇平准基金制度是政府干预外汇市场的另一种常见形式。在政府干预外汇交易以稳定汇率这一点上,两者是相同的,但其干预方式和效果却大不相同。在外汇汇率管制下,汇率及其变动范围都由政府以法令形式强行规定,官方外汇市场取代了自由外汇市场,非价格手段取代了价格机制,实际上这是一种利用行政命令对外汇市场的直接干预。而外汇平准基金制度则以自由外汇市场为前提,市场的价格机制仍然存在。政府仅仅是作为一个交易者进入外汇市场,通过买卖外汇改变市场供求来达到稳定汇率的目的,汇率原则上仍由市场决定。换句话说,这是一种利用经济手段对外汇市场进行的间接干预。一般说来,采用经济手段干预外汇市场要优于直接管制,但实行外汇平准基金制度也需要具备一定的客观条件,诸如外汇资金较为充裕,有比较健全的外汇市场和金融市场,以及政府具有公开市场操作的经验等。当这些条件不具备时,政府自然就不得不借助外汇管制。此外,在经济或政治不稳定的特定时期,外汇平准基金对于资本外逃和外汇投机的抑制难以奏效。这时,只有依靠外汇管制才能促进国际收支平衡和维持汇率的稳定。

第三节　货币自由兑换

一、货币自由兑换的概念

货币自由兑换与外汇管制具有密切关系,如果一国实施外汇管制,那么该国货币的自由兑换就会受到限制。货币自由兑换,是指一国居民与非居民能够自由地将其所持有的本国货币兑换为任何其他货币,或将任何其他货币兑换为本币,并且这些货币现金和其他形式的金融资产流出或流入国境时不受限制,即一国的货币当局对该国居民和非居民的货币兑换不做限制。

货币自由兑换是一个历史性的概念,在不同的社会经济条件下,货币自由兑换具有不同的表现形式。

在国际金本位制时期,黄金为世界货币,各国货币价值由其法定含金量决定,任何人可将金块交给国家铸造厂按本位币的含金量铸成金币,也可自由携带黄金出入国境。因此,黄金的自由铸造和自由输出入决定了这一时期货币是天然可自由兑换的。

一战期间,各国都放弃了金币本位制,对黄金的输出入进行了限制,开始对纸币实行强制性的兑换率,中央银行不再负有兑换黄金的义务,停止金币自由流通与外汇自由买卖。尤其到 1929—1933 年大萧条期间,黄金彻底退出了流通领域,各国开始实行外汇管制。因此,这一时期的货币可兑换程度由外汇管制的严厉程度来衡量。

二战之后,布雷顿森林体系建立。这一时期的货币自由兑换表现为各国(主要指资本主义世界国家)货币可按一定的比例兑换美元,各国中央银行持有的美元可兑取黄金,在布雷顿森林体系下各国货币与黄金直接或间接保持着一种可兑换关系。到 1971 年布雷顿森林体系开始崩溃后,纸币与黄金的兑换关系彻底割裂了。此后,货币自由兑换仅指本国货币与他国货币(包括现金和资产)的兑换不受限制。

二、货币自由兑换的层次

根据 IMF 的相关规定,货币自由兑换可分为经常项目可自由兑换、资本项目可自由兑换和完全可自由兑换三个层次。

(一) 经常项目可自由兑换

经常项目可自由兑换是指一国取消了对经常性国际交易支付与转移的各种限制。根据《国际货币基金协定》第八条第 2、第 3 和第 4 款的规定,一国满足以下三个条件则被认为是实现了经常项目可兑换:① 对经常项目下的对外支付和资金转移不加限制;② 不采取歧视性的货币措施或复汇率制度;③ 承诺以黄金或硬通货无限制兑换其他成员国持有的本国货币。这些国家通常被称为第八条款国。

(二) 资本项目可自由兑换

资本项目可自由兑换通常指一国货币当局取消对资本流入流出的汇兑限制。通常认为,取消对资本账户下短期金融资本、直接投资和证券投资引起的外汇收支的各种兑换限制,使资本能够自由出入境,就实现了资本项目的自由兑换。相对于经常项目而言,IMF 对资本项目可自由兑换并未作严格定义。在《国际货币基金协定》第六条款第三节中还指出,成员国可以对国际资本流动采取必要的控制,只是任何成员国所采取的必要管制不得限制经常性交易的支付或过度延迟资金的转移以及各项承诺的交割。IMF 之所以如此规定,是因为资本项目可自由兑换一方面有利于改善投资环境,另一方面又会带来资本外逃的风险。

(三) 完全可自由兑换

完全可自由兑换是指一国货币不仅在经常项目下自由兑换,在资本项目上也实现了自由兑换。这表现为:居民可以通过经常账户与资本和金融账户交易获得外汇;居民在经常账户和资本账户下交易所需的外汇可自由地在外汇市场购买;居民可自由地将本币兑换成外币以在国外持有或满足资本性需求;居民所得的外汇可在外汇市场上出售给银行或在国内和国外持有资本在境内外自由流动。这种货币完全可自由兑换,一是存在于现已消失的金币本位制,二是存在于当今美元、欧元、日元等世界主流货币中。

三、实现货币自由兑换的前提条件

一般来说,一国要实现货币自由兑换,必须具备五个前提条件。

(一) 健康的宏观经济环境

货币自由兑换后,商品和资本的跨国流动会对宏观经济形成各种形式的冲击,这就要求宏观经济不仅在自由兑换前保持稳定,而且在自由兑换后必须具有应对各种冲击及时进行调整的能力。一国宏观经济状况是否健康又取决于宏观经济形势是否稳定,是否形成了有效的市场调节机制,以及是否拥有成熟的宏观调控能力。稳定的宏观经济形势要求一国经济运行处于正常有序状态,没有严重通货膨胀等经济过热现象,不存在大量失业等经济萧条问题,政府的财政赤字处于可控制的范围,金融领域也不存在银行巨额不良资产、乱集资等混乱现象。有效的市场调节机制要求建立一个一体化、活跃的、有深度、有效率的,而非分割、扭曲、低效的市场体系,要求较高的市场发育程度,其中外汇和货币市场的发育尤为重要。成熟的宏观调控能力要求各种政策工具具有可以灵活运用的客观条件,货币当局要具有进行宏观调控的丰富经验与高超技巧,且要建立起言行一致的声誉。

(二) 健全的微观经济主体

在一国货币自由兑换后,企业将面临国外同类企业的激烈竞争,它们的生存和发展状况将直接决定货币自由兑换的可行性。在货币自由兑换后,政府很难以直接管制方式控制各种国际经济交易,因此国际收支平衡的维持在很大程度上依靠本国企业国际竞争力的提升。要提升企业的国际竞争力,制度上要求企业成为真正的自负盈亏、自我约束的利益主体,能对价格变动做出及时反应;技术上要求企业必须具有较高的劳动生产率,其产品在国际范围内具有一定的竞争力。金融企业的经营状况对实现货币自由兑换意义更为重大,要求经营状况良好、资本充足,不良资产控制住一定程度内,否则在资本与金融账户自由兑换后外资金融企业的竞争会使存在大量不良资产的本国金融企业经营状况进一步变差。

(三) 充足的国际清偿手段

一国拥有充足的国际清偿手段,是实现货币自由兑换的重要保证。国际清偿手段包括一国的黄金、外汇储备和在国际金融市场紧急筹措资金的能力,在某些情况下还包括境内私人持有的外币和以外币计值的资产。国际清偿手段不足,就容易受国际收支周期性变化的影响,难以为国内生产者和投资者提供一个稳定的宏观经济环境,从而刺激人们对货币的投机性行为。只有拥有充足的国际清偿手段,才能在短期内国际市场价格出现不利变化或发生贸易摩擦时起到同时稳定汇率和利率的作用。同时,国际收支平衡要有一定的可持续性,这意味着不能持续出现较大的贸易逆差,致使外汇储备短缺。

(四) 合理的汇率制度安排和适当的汇率水平

合理的汇率制度安排与适当的汇率水平,也是货币实现自由兑换的一个前提。如果一国实行多重汇率制度,且通过人为因素影响汇率的决定,则这种制度下的汇率就无法反映实际的外汇供求关系,汇率就会出现高估或低估。本币高估不利于出口贸易和吸引国际资本流入,而低估不利于进口,进而影响该国的经济发展。不合理的汇率制度安排与不恰当的货币汇率水平将损害一国货币自由兑换的顺利进行。

(五) 完善的金融监管体系

在资本项目开放的背景下,能否实施有效的金融监管是一国防范金融危机、促进金融体系健康运行的关键。如果金融监管不力,放任国际资本的自由进出,热钱和资本外逃对本国实体经济的健康发展的打击可能会成倍地扩大。作为一国经济的命脉,宏观金融的稳定和健康发展至关重要。

四、货币自由兑换的收益与风险

(一)经常项目货币自由兑换

1. 直接或间接的收益

对企业而言,实现经常项目自由兑换可以帮助国内生产者通过改善生产投入和获得先进技术提高企业效率,而更广大的市场也有助于实现企业的规模扩张和产品升级。对消费者而言,经常项目下的货币自由兑换可帮助消费者在世界市场上选择更适合自己的商品,多样化选择提高消费者福利。

对国家而言,经常项目下的货币自由兑换有助于加深本国经济与世界经济的联系,发挥自身比较优势从而更好地融入世界分工体系。通过引入不同商品的相对价格,使国内生产、投资活动加入国际分工的行列从而有效地促进生产者提高资源的使用效率,同时削弱少数制造商和销售商对市场的控制。而从长期来看,激烈的国际竞争可以加速本国的产业升级,优化产业结构,并完善市场机制。同时,经常项目下的货币自由兑换有利于提高一国经济金融自由化和国际化的程度。

2. 风险与不利因素

如果进口商品在质量和价格上对于本国商品有优势,那么很可能在经常项目下的货币自由兑换放开之后出现外国商品挤占本国商品的现象,影响本国企业的利润,严重的话还有可能影响国内企业的生存和发展,出现严重失业。若国家采取保护策略,如使本币贬值,则会影响先进技术和先进产品的进口,恶化贸易条件,可能导致通货膨胀;而且长期的保护可能耗尽国家的外汇储备,同时致使企业缺乏竞争激励。

要解决这一问题,只有先支持本国具有比较优势的产业,如劳动力密集型产业,在本国资源禀赋结构改善后,再优化产业结构,同时对刚刚起步却在未来有巨大潜力的国内产业实行一定的补贴保护和税率支持等,使本国经济实现良好、高效的发展。

(二)资本项目货币自由兑换

1. 直接或间接的经济利益

对于资本短缺的国家资本项目下的货币自由兑换有助于资本的流入,改善本国的资源禀赋结构,实现技术进步和产业升级。对于资本丰富的国家,资本项目下的货币自由兑换有助于改善投资环境,便于资本寻求更高的投资收益。整体而言,可以使资源在世界范围实现更有效的配置,加深各国经济之间的依赖和联系,促进世界经济发展。

2. 风险与不利因素

资本项目下的货币自由兑换使货币短时间内的大进大出成为可能。这一方面可能导致资本外逃的风险加大,致使汇率、利率、外汇储备大幅度波动,严重时还会引发全面性的金融、经济危机。另一方面可能导致热钱的大量流入,引发国内通货膨胀,严重的话可能导致泡沫的出现。同时,资本的开放会使一国的宏观经济决策更加复杂,增加宏观调控的难度。

五、实现货币自由兑换的顺序

无论从理论研究还是各国实践来看,实现货币自由兑换都需要分阶段逐步推进实施。一般而言,经常项目的自由兑换相对容易一些,给一国带来的负面影响也要小一些,而资本项目的自由兑换则复杂得多,它给一国所带来的影响和冲击也要深远和大得多,因此资本项目的自由兑换是最为关键和敏感的问题,必须谨慎对待。关于货币自由兑换的顺序,一般认为应该首先开放国内经济金融部门,然后实现经常项目的自由兑换,最后才实现资本项目的自由兑换,且这种自由兑换不应是一种完全的自由兑换,而应是一种基本的自由兑换,即使像美国、英国这样的发达国家也仍然对其资本项目实行管制。这既有利于实现资源的合理配置,又能保证经济、金融的稳定,促进经济健康、稳定地发展。

在资本项目内部的自由兑换,理论界大多认同先开放长期资本,后开放短期资本;先开放直接投资,后开放银行贷款,再开放证券投资;先开放债券市场,后开放股票市场;先开放资本流入,后开放资本流出。因为长期资本流动大多拥有实际经济交易背景,对实体经济贡献大,且流动性小,短期逆转的可能性小;短期资本流动投机性强,流动性强,短期波动大,难以控制,很容易引发一国金融市场的剧烈波动。直接投资对实际经济增长的贡献更大,本身较为稳定,有助于保持一国经济的稳定性;银行贷款,特别是证券投资在某些条件下对一国金融系统乃至整体经济的风险都会产生一个推波助澜的作用。债券市场一般发育程度都高于股票市场。发展中国家一般都面临外汇短缺问题,先开放资本流出,很容易导致资本外逃问题,从而引发更严重的外汇短缺。

六、人民币自由兑换

1994年年初中国实行了外汇管理体制改革,明确指出了改革的长远目标是实现人民币完全可自由兑换,由此开启了人民币自由兑换的实践进程。中国自从1996年实现经常项目可兑换后,一直在积极有序地推动着资本项目可兑换,经过多年的努力,资本项目的可兑换程度也有了显著提高。当前人民币的自由兑换程度如下。

(一) 经常项目可兑换

1996年年底,中国正式接受《国际货币基金组织协定》第八条款,取消了所有经常性国际支付和转移的限制,实现了人民币经常项目可兑换。因此,只要购付汇是真实用于货物贸易、服务贸易等经常项目用途,国家均不做限制并予以满足。实际上对部分非贸易外汇支出以及个人购汇方面仍有一些限制,此后这些限制逐步放松。由于目前中国仍实行资本项目部分管制,因此为确保资本项目管制的有效性,防止无贸易背景或违法资金等非法流出、入,对经常项目进行外汇管理的核心目标和原则变为真实性审核,根据国际惯例这并不能构成对经常项目可兑换的限制。中国外汇管理条例要求经常项目外汇收支应当具有真实、合法的交易基础,办理外汇业务的金融机构应当按照有关规定对交易单证的真实性及其与外汇收支的一致性进行合理审查,同时规定外汇管理机关有权对此进行监督检查,实现手段主要是核对资金流与物流对应情况、规范银行审核外汇收支单证、构建外汇流动非现场监测监管体系等;规定经常项目外汇收入可以按照国家规定保留或者卖给办理外汇业务的金融机构;规定经常项目外汇支出应当按照规定凭有效单证以自有外汇支付或者向金融机构购汇支付。

(二) 资本项目可兑换

现阶段,人民币在资本项目中仍是有限制的可兑换。按照 IMF 对资本项目管制的 40 个子项分类,我国已有 37 个子项达到了部分可兑换、基本可兑换及可兑换水平,比率达到了全部项目的 92.5%,只有 3 项资本项目子项目仍旧完全不可兑换,主要集中在境内资本市场的一级发行交易环节。总体来看,中国对风险大的子项目如证券投资管制较严,对风险小的子项目如直接投资管制较松;对资本流出管制较严,对资本流入管制较松;对短期投资如短期借贷、证券投资管制较严,对长期投资如借款、直接投资管制较松。推进资本项目可兑换是中国金融改革的一项重要内容,在有效防范风险的前提下,应有选择、分步骤地放宽对跨境资本交易活动的限制,逐步实现资本项目可兑换,这有利于促进贸易投资便利化、完善金融市场体系、提升金融监管水平及人民币国际化。推进人民币资本项目可兑换的主要内容包括:① 进一步放宽境内机构对外直接投资限制,支持企业"走出去";② 探索利用外资新方式,逐步放宽对 QFII 投资于境内的限制;③ 放松境外机构和企业在境内资本市场上的融资限制,优化国内资本市场结构;④ 拓宽境内外汇资金投资渠道,允许 QDII 投资境外证券市场。

本章小结

外汇管制本质上是政府干预经济的一种政策工具,随着世界经济的发展,外汇管制经历了从无到有、从加强到放宽、从取消到恢复的反复过程,按照外汇管制的范围和松紧程度的不同,可以把世界上的国家和地区分为实行全面外汇管制、实行部分外汇管制以及基本不实行外汇管制三种类型。外汇管制是一定历史阶段的产物,各国实行外汇管制的原因不尽相同,即使同一国家不同时期的原因也可能存在差异。一国实行外汇管制通常能够在改善国际收支、维持汇率稳定和促进国内经济发展等方面有一定的积极作用,但是外汇管制作为一种对市场的行政干预措施,也会对外汇市场、国际经济交易以及国内经济等方面产生消极影响。外汇管制措施可以分为外汇数量管制和外汇汇率管制两类,其中外汇数量管制包括对经常项目收支施加限制、对资本输出入施加限制、对非居民的银行存款账户进行管制以及对黄金和现钞输出入进行管制等,外汇汇率管制包括固定的差别汇率制、外汇转让证制度以及混合汇率制度等。货币自由兑换与外汇管制具有密切关系,如果一国实施外汇管制,那么该国货币的自由兑换就会受到限制。货币自由兑换是指一国居民与非居民能够自由地将本国货币和任何其他货币进行相互兑换,它在不同的社会经济条件下具有不同的表现形式,通常可分为经常项目、资本项目以及完全可自由兑换三个层次。一国要实现货币自由兑换必须具备健康的宏观经济环境、健全的微观经济主体、充足的国际清偿手段、合理的汇率制度安排和适当的汇率水平以及完善的金融监管体系等前提条件。经常项目和资本项目的自由兑换存在着不同的收益和风险,因此实现货币自由兑换需要分阶段逐步推进实施,一般认为应该首先开放国内经济金融部门,然后实现经常项目的自由兑换,最后才实现资本项目的自由兑换。中国当前已经实现了经常项目可兑换,经过多年发展资本项目的可兑换程度也有了显著提高。

复习思考题

1. 试述外汇管制的概念、演变及类型。
2. 试述外汇管制的积极作用与消极影响。
3. 试述外汇数量管制的主要措施。
4. 试述外汇汇率管制的主要措施。
5. 试述货币自由兑换的概念及层次。
6. 试述实现货币自由兑换的前提条件。
7. 试述货币自由兑换的收益与风险。

国际储备是国际金融领域的核心组成部分,它不仅关系到各国调节国际收支和稳定货币汇率的能力,从而影响到国际金融秩序的稳定和世界经济的增长,同时它也是一国对外清偿力的信用保证,是获取国际竞争优势的必要条件。由此,自第二次世界大战以来,它一直受到国际金融机构、各国政府和企业以及国际金融学家的广泛关注。

第一节　国际储备概述

一、国际储备概念

所谓国际储备(International Reserve),一般是指一国在对外收支发生逆差时,金融当局可以直接利用或有保证地通过其它资产兑换,以弥补国际收支逆差和保持汇率稳定的一切普遍被接受的资产。根据国际货币基金组织的解释,国际储备被界定为主权国家所能获得并掌控的对外金融资产。国际储备在国际经济交往中发挥着重要的作用,一国可以利用储备资产开展对外贸易与投资,调节国际收支水平以及干预外汇市场。因此,要成为国际储备资产,一般必须同时满足四个条件:

(1)官方持有性。国际储备又称官方储备,是由一国政府或货币当局所持有的,并能够随时自由支配使用的。非官方金融机构、企业和私人持有的资产均不算国际储备资产。

(2)自由兑换性。即作为国际储备的资产必须可以自由地与其他金融资产相交换,充分体现储备资产的国际性。缺乏自由兑换性,储备资产的价值就无法实现,也就无法用于弥补国际收支逆差及发挥其他作用。

(3)充分流动性。国际储备应具有充分的变现能力,在一国出现国际收支逆差或需要对外汇市场干预时就可迅速动用这些资产。因此,储备资产的表现形式主要是存放在国外银行的活期可兑换外币存款、有价证券(尤其是外国政府债券)等。

（4）普遍接受性。作为国际储备的资产必须能够在外汇市场和政府间清算国际收支差额时，得到普遍认同和接受。如果一种金融资产仅在小范围或区域内被接受与使用，尽管它也具备可兑换性和充分流动性，仍不能称为国际储备资产。

二、国际储备构成

国际储备的构成由世界经济发展状况所决定。金本位时期，黄金具有主权货币与世界通货的双重身份，是当时最为重要的国际储备资产。信用货币时期，经济强国发行的主权货币可以作为其他各国的外汇储备或储备货币，并逐步取代黄金在国际储备中的地位。如英镑、美元、日元、马克和欧元都曾是重要的国际储备货币，其中美元和英镑还一度成为同行世界的国际本位货币。《国际货币基金组织协定》二次修订后，特别提款权和各国在基金组织的储备头寸成为了新的储备资产。根据 IMF 的规定，现行的国际储备体系主要由四种形式的资产构成，包括外汇储备、黄金储备、特别提款权（SDR）以及各国在基金组织的储备头寸。

（一）黄金储备

黄金储备是指一国货币当局所集中掌握的货币性黄金（Monetary Gold），非货币用途的黄金不在此列，因而一国政府所持有的全部黄金并非都是国际储备。黄金作为国际储备由来已久，在金币本位制和金汇兑本位制下，黄金在国际储备中一直占据主导地位。二战后，黄金的储备地位不断下降。自 20 世纪 70 年代以来，黄金储备退为次要的国际储备资产。目前，其在国际储备总量中的占比已不足 6%。

以黄金作为储备资产的优点在于：① 黄金是最可靠的保值手段。作为实物资产，黄金在通货膨胀时期的价格会随其他资产上升，因此是抵御通货膨胀的良好物品。② 持有黄金储备，是维护本国主权的重要手段。黄金储备完全是一国主权范围内的事情，不受任何超国家权力的干预。③ 在非常时期，人们对信用货币的信心可能会由于种种原因被极大地削弱，而此时以黄金作为对外支付的手段更容易被人们所接受。

黄金作为储备资产的缺点包括：① 黄金的流动性较差。布雷顿森林货币体系的崩溃割裂了黄金和货币的直接联系，黄金也由可以直接弥补国际收支逆差的重要手段变为备用的二线储备，即通过将黄金兑换为外汇来弥补国际收支差。因此，一国为了弥补其国际收支逆差，必须首先将黄金资产变现为外汇资产。在变现过程中，涉及到两项成本，一项是变现成本，另一项是因短期集中抛售黄金导致金价下跌的成本。这两项成本的存在使得黄金储备的吸引力下降。② 黄金自身不会升值。黄金的收益来自于金价的上涨扣除保管黄金的费用，而不能像货币一样可以实现固定收益，因此持有黄金的机会成本很高。③ 黄金价格不够稳定。自布雷顿森林体系崩溃以来，黄金的市场价格一直处于频繁的波动之中，导致黄金的支付功能日渐丧失。④ 黄金供给与需求的不平衡。日益高昂的产金成本直接导致黄金供应的紧张，而来自工业生产和艺术装饰等用金需求却日益增长。因此，一国要想大量增持黄金储备，往往只能利用外汇在黄金市场购买黄金。虽然采用这一方法能够增加一国的黄金储备，却也同时减少了其外汇储备，这意味着国际储备资产只不过在黄金储备与外汇储备之间重新进行分配。有鉴于此，随着国际储备资产的不断增长，黄金储备所占比重已明显下降。

(二) 外汇储备

外汇储备(Foreign Exchange Reserve)是指由一国货币当局持有的以储备货币表示的流动资产,其主要形式为现钞、银行存款、外国政府债券以及货币市场工具等。所谓储备货币(Reserve Currency),则是指被各国广泛用作外汇储备的货币,如美元、欧元、英镑和日元等。外汇储备是当前国际储备中实际使用频率最高、规模最大的国际储备资产。据统计,当前世界各国的国际储备总额中,外汇储备占比高达85%以上。作为外汇储备,必须具备以下五个条件:① 可兑换货币,即不受任何限制而随时可与其他货币进行兑换;② 为各国普遍接受,能随时转换成其他国家的购买力或偿付国际债务;③ 内在价值相对比较稳定;④ 在国际货币体系中占有重要地位;⑤ 供给数量能与国际贸易、国际投资乃至世界经济的发展相适应。在国际金本位制度下,英镑代替黄金执行国际货币的各种职能,是当时各国最主要的储备货币。在二战后布雷顿森林体系下,外汇储备主要依赖美元的供应。进入20世纪70年代,一方面国际间经济交往的不断深入对国际支付手段提出了更高的要求,同时历次美元危机的爆发也致使各国开始将非美元货币用作储备货币。在此背景下,储备货币体系逐渐呈现出以美元为主的多元化发展格局。

(三) 在国际货币基金组织的储备头寸

所谓储备头寸(Reserve Tranche Position),又称普通提款权(Reserve Position),是国际货币基金组织的成员国可以无条件地提取用于弥补国际收支逆差的资产,包括:(1) 以黄金、外汇或特别提款权认缴的25%的份额;(2) IMF为满足成员国借款需要而使用的本国货币;(3) IMF向该国借款的净额。

储备头寸是成员国可从IMF获得一定贷款份额的权利。作为IMF成员国的一种基本贷款,普通贷款用于解决成员国一般国际收支逆差的短期资金需要,其物为了使限最长不超过5年,备用安排期为1年,成员国自得到贷款批准后可在1年内提款。根据IMF的规定,成员国借取普通贷款的累计数额最高不得超过其配额的125%。并且对于成员国提款额超过其份额的部分还将按累进利率加收利息。此外,根据IMF的有关决议,IMF对成员国的普通贷款采取分档次管理政策,分为储备部分贷款和信用部分贷款两种。其中,前者占成员国份额的25%,成员国可无条件提取这部分贷款,也不需支付利息。后者占成员国缴纳份额的100%,共分四个档次,每档相当于所认缴份额的25%。一般情况下,成员国申请第一档贷款比较容易,通常只需制定出借款计划便可得到批准;而二至四档信用贷款的提用条件逐档严格,成员国必须提供全面、详细的财政稳定计划,而且在使用时还必须接受备供IMF的监督。

(四) 特别提款权

特别提款权(Special Drawing Rights,SDR)是IMF分配给各成员国的,可用于归还基金组织贷款和会员国政府之间偿付国际收支逆差的一种账面资产。与普通提款权相似的是,SDR也是由IMF分配给成员国的一种使用资金的权利,因而它也是国际储备的一个构成部分。然而它既不是货币,也不能兑换黄金,故又称为"纸黄金"。SDR是20世纪60年代以美元危机的产物。为了缓和美元危机,维持货币制度的正常运转,IMF于1969年创设了SDR,并于1970年开始按各成员国的认缴份额向它们分配SDR,以此作为原有的普通提款权以外,用于补充其储备资产的一种手段。SDR 设立之初。其价值与黄金挂钩,每单位 SDR 的价值被定义为 0.888 671 克黄金,也就是当时 1 美元的价值。此后,布雷顿森林体系的瓦解令 SDR 与黄金脱钩并改用"一篮子"货币计价。篮子货币的选择是以货物和服务贸易总额五年内平均达到全球 1% 以上为准则,因此最初的"一篮子"货币是由美元、英镑、日元、法国法郎与德国马克等 16 种货币按相应的权重组成。随着国际货币体系的变革与全球经济格局的发展,"一篮子"货币的构成也经多次调整,演变为现如今美元、欧元、人民币、日元和英镑的五种货币,其各自的权重分别为 41.73%、30.93%、10.92%、8.33% 与 8.09%。

SDR 与其他储备资产不同,其自身的特点在于:① 作为国际结算的信用资产,它是一种没有任何物质基础的记账单位,不像黄金那样具有内在价值,也不像储备货币以一国的政治经济实力为后盾,因而是一种"有名无实"的储备资产。② 它不同于基金组织的普通提款权,无须预先缴纳基金;会员国无条件享有其分配额,无须偿还,但用途严格限制于国际支付目的,不能作为国际流通手段和支付手段。③ 它是由基金组织按份额比例分配给成员国的一种人为资产,而并非通过贸易盈余、投资和贷款收入所获得。④ 它取值于"一篮子"货币的加权平均,不受任何一国政策的影响而贬值,是一种比较稳定的储备资产。

三、国际储备的作用

(1) 作为缓冲库,使国内经济免受国际收支变化的冲击。这种缓冲作用表现在:在一国因偶然性或季节性因素出现暂时性国际收支困难时,可以动用国际储备予以弥补,而无须采用压缩进口等紧缩国内经济的措施,从而使国内经济免受外部影响;在国际收支呈现长期恶化的情形下,动用国际储备进行弥补虽不能从根本上解决问题,但可以为该国政府赢得能够进行稳步调整的时间,从而减少因采取紧急措施而付出的代价。

(2) 作为稳定器,可用于干预外汇市场,支持本币汇率稳定。一国国际储备的数量在一定程度上反映出该国政府干预外汇市场能力的强弱。市场经济国家通常都利用国际储备建立"外汇平准基金"制度,并以此对外汇市场进行干预,从而保证本国货币的汇率维持在与国内经济政策相适应的水平上。如通过"平准基金"出售储备购入本币,可使本国货币汇率避免下跌;反之,通过"平准基金"购入储备抛出本币,可增加市场上本币的供应,从而使本国货币汇率避免上升。

(3) 充当一国经济实力的象征,可对外提供信用保证。国际储备是衡量一国经济实力和偿付能力的标志之一,也是国际评级机构评估国家风险的重要指标之一。充足的国际储备有助于提高一国的资信和货币稳定性的信心。一般来说,一国的国际储备充足,表明该国弥补国际收支逆差、维持汇率稳定的能力较强,国际社会对该国货币的币值稳定与购买力就越充满信心。国际储备越充裕,政府筹措外部资金的能力就越强,从而能够吸引外资流人,促进本国经济的发展。

四、国际清偿力

国际清偿力(International Liquidity)是与国际储备密切相关的的概念,指一国在保证本国经济结构不遭受严重破坏的前提下能够获得的国际支付手段,以满足国际收支的调节、维持汇率稳定及偿付对外债务的综合能力。因此,评判一国国际清偿能力的依据,一是政府获得国际支付手段的可能性,二是政府通过国际支付手段直接偿付外债或干预外汇市场的方便性和充分性。根据上述标准,可以具体地将一国国际清偿力分为国际储备、借入储备和诱导储备三个不同层级。

如图 6-1 所示,同心圆核心部分 L_1 为一国所实际持有的国际储备及一国主权财富基金所持有的外汇资产。这一部分的国际清偿能力可以不受任何约束用于对外支付。第二个层级 L_2 则表示一国的借入储备,包括一国通过其他国家政府、金融机构和国际金融市场筹措外债的能力,如备用信贷、互惠信贷等。虽然 L_2 与 L_1 均为一国政府部门能够直接掌控的对外支付手段,但 L_2 的使用可能会在一定程度上受到他国政府或 IMF 的限制。L_3 为诱导储备,指一国货币当局能够动员的本国商业银行等私营部门所持有的外汇、黄金及对外的长期债权等。

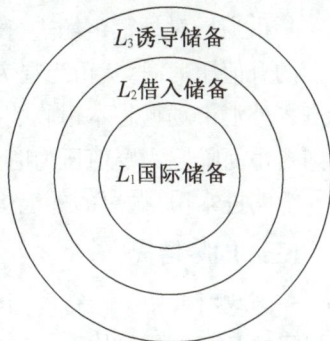

图 6-1　国际清偿力

可见,国际清偿力与国际储备的差异在于前者是在一定条件下可实现的潜在能力,而后者强调的是无条件性和实际持有性。由此,国际清偿力是考察一国对外支付能力时更为全面的概念,尤其在分析一国货币当局弥补国际收支逆差、干预货币汇率的能力时,无疑它更为合理,更具操作性。同时,正确区分国际储备和国际清偿能力,对理解国际金融领域中的一些重大发展以及研究国际货币体系存在的问题与改革方案等也是十分有益的。例如,美国可以在国际收支逆差时使用其本币美元作为对外支付的工具,而不用事先积累充裕的国际储备。此外,美国在国际市场上的融资能力也可以作为有条件的国际清偿力以弥补其国际储备的不足。

第二节　国际储备的供给与需求

一、影响国际储备供给的因素

从一国的视角分析,国际储备的来源包括黄金储备、外汇储备、在基金组织的储备头寸和特别提款权,所以国际储备供给量的变动也应以这四个要素的增减为转移。总的来说,影响国际储备供给量的因素可以分为两类:一是决定和影响一国出口创汇和换汇能力以及对外投资收益的因素;二是决定和影响一国获得国际信贷的能力。这两类因素对国际储备供给量的影响主要表现在以下几个方面:

(一) 国际收支顺差

国际收支顺差是国际储备最主要和直接的来源,国际收支顺差会使该国国际储备增加,国际收支逆差会使该国国际储备减少。在国际收支的各组成部分中,经常账户顺差又是比资本和金融账户顺差更为可靠和稳定的国际储备来源。经常项目顺差表明一国商品和劳务具有较强的国际竞争力,是增加国际储备的可靠力量。而资本和金融账户顺差虽然也能够增加国际储备,但由于国际资本流动特别是短期资本流动的不稳定性,使得由资本流入所引起的储备增加也具有相当程度的不稳定性,极易造成因短期资本流出而导致的国际储备急剧下降。

(二) 干预外汇市场

货币当局对外汇市场进行干预,也可以改变一国国际储备存量。当本国货币面临较强劲的升值压力时,货币当局为避免汇率波动对国内经济和对外贸易带来不利影响,必然会进入外汇市场抛售本币收购外汇,由此买入的外汇便可以用于补充一国的国际储备;当本国货币面临巨大贬值压力时,为维持汇率的稳定,该国货币当局也可以在外汇市场上抛售外汇购进本币,抛售的外汇构成了一国国际储备的减少。

(三) 国际借贷

一国政府或中央银行向国外借款,如从国际金融机构或他国政府取得贷款,以及中央银行间的互惠信贷等均可补充其外汇储备。随着各国资本市场的对外开放,各国中央银行互换货币安排的增加,以及国际金融市场的迅速发展,各国通过国际借贷融通国际收支逆差和官方储备不足的能力有了很大提高,这就使得各国国际储备的供应有了很大的弹性。反之,当一国政府向国外提供储备货币贷款时,就减少了该国的国际储备。

(四) 收购黄金

央行购买黄金就是实现"黄金的货币化",即将黄金从非货币用途转为货币用途。对于本币完全可兑换的国家,可用本币在国内外市场购买黄金,从而导致国际上的外汇储备和本国黄金储备同时增加。但对于大多数国家而言,由于其货币不被国际间普遍接受,所以在国际黄金市场收购黄金仅仅改变了国际储备的构成,而国际储备的总量并未有太大的改变。

(五) 在 IMF 的储备头寸和特别提款权的分配

储备头寸的增加和特别提款权的分配都是 IMF 成员国国际储备的另一种来源,但由于其数量极其有限,分配结构又不合理,加之各国一般无法主动增加其持有额,所以这两个部分的变化对一国国际储备供给的影响有限。

(六) 储备资产的收益

储备资产的收益包括两个部分:一部分是储备资产的投资收益,如储备货币存款利息、作为储备资产的国外证券收益等;另一部分是由于汇率的变动所造成的将一国外汇储备折成特别提款权或美元的溢价,也包括由于黄金价格的上涨所造成的储备资产增值。

从全球的角度分析,国际储备的主要来源由各国中央银行购买的货币性黄金、被 IMF 分配的特别提款权、储备货币发行国通过国际收支逆差输出的货币。其中,由于黄金不再作为货币价值的基础,而特别提款权的分配缺乏经常性机制、分配数量有限且分配不均。由此,目前全球储备的主要来源是储备货币发行国的货币输出。发行国通过国际收支逆差输出的货币一部分作为外汇储备进入各国官方手中;另一部分进入外国的银行业成为他们对储备发行过的债权。如果各国官方和银行机构未将储备货币发行国输出的货币直接存入发行国银行,而是通过国际金融市场的辗转存贷和信用扩张,又可创造出派生储备。因此,储备货币发行国的货币输出是国际储备供应的中坚力量。

二、影响国际储备需求的因素

国际储备需求是指一国货币当局愿意使用一定数量的实际资源来换取并持有的国际储备量。影响国际储备需求的因素很多,主要有:

(一) 国际收支状况

由于国际储备的主要职能是弥补国际收支逆差,因此一国国际收支状况如何,将对国际储备需求产生重要影响。具体可从两方面分析:

(1) 国际储备最主要的作用在于弥补逆差,平衡国际收支。一般说来,国际收支逆差额与国际储备需求额呈正相关。即逆差越大,对储备的需求越多。当然,国际收支调节机制调节政策对国际储备的需求也会产生定的影响。国际收支调节机制越能顺利运行、调节政策对经济的负面影响越少,亦即调节成本越低,所需提供融资与国际储备就越少;反之,则需要持有更多的国际储备。

(2) 国际收支的调节速度也影响着对国际储备的需求。尽管短期性的、小规模的国际收支逆差仅通过动用国际储备的方法即可解决,但对于长期性的、结构性的或货币性的失衡,则必须采取一定的政策措施。政府在推进其财政货币调节政策时,为了避免快速调整带来难以承受的国内经济震荡,需要在此过程中动用国际储备作为辅助手段。从这一角度来看,国际收支调整速度的快慢和国际储备的变动有着一定的替代性。在长期性国际收支失衡的情况下,调整速度越慢,所需的国际储备也就越多;反之,所需的储备就可以少一些。

综合以上两点,正是由于国际收支逆差对国际储备的需求产生巨大的影响,所以凡是能够影响国际收支状况的因素,也都会间接地影响到对国际储备的需求。诸如国民收入水平、货币供应水平、经济结构以及贸易条件等经济因素,都会通过对国际收支状况的影响而最终影响到国际储备需求,读者可以结合本书《国际收支》一章做具体分析。

(二) 对外资信与融资能力

一国的储备需求与其对外资信及融资能力呈负相关关系示。一般来说,一国的资信度高,对外融资能力强,则该国对储备的需求会较小,因为其更易通过外部融资获得国际清偿力;反之,一些资信较差融资能力较弱的发展中国家其较通过外部融资获得国际清偿力的难度较大,只能事先持有较多的国际储备。

(三) 汇率制度的选择

国际储备需求与汇率制度的弹性呈负相关。固定汇率制度下,一国为了维持既定的汇率水平,需要持有较多的国际储备用于干预汇率。浮动汇率制度下,由于政府没有维持既定汇率的义务,国际收支的调整也均由汇率的自发性波动来实现,因而可以持有较少的国际储备。因此,从理论上说,如果汇率变动越富有弹性,那么该国对国际储备的需求较小;反之亦然。从实际情况来看,随着20世纪70年代布雷顿森林体系的瓦解、西方各国改行浮动汇率制度以来,国际储备量不仅没有减少,反而呈快速增长态势。这是由于西方各国实质上实行的是一种管理浮动汇率制度,该制度下的国际储备需求取决于当局干预外汇的程度。

（四）持有储备的机会成本

持有储备的机会成本与储备需求呈负相关。一国政府的国际储备,往往代表着对外国实际资源的购买力,持有国际储备意味着放弃了使用这部分国外资源来增加投资,从而促进经济增长的机会。同时,持有储备可能会导致国内货币供应量增加,引发高通货膨胀预期,这也构成了持有储备的另一种成本。因此,持有储备的相对（机会）成本越高,则储备的保有量就应越少。

（五）政策偏好

官方持有性是国际储备的重要特征,政府的政策偏好也会成为影响国际储备需求的重要因素。

（1）虽然持有国际储备会有一定的机会成本,它可能不利于经济增长和当期收入水平的提高。但从另一方面看,持有国际储备却又能用于弥补国际收支逆差,或者能够配合其它国际收支调节政策的实施而减少对国内经济的剧烈影响,从而有利于经济和收入水平的稳定。因此,一国政府对经济增长与经济稳定的偏好选择,将会对国际储备需求产生重要影响。如果政府偏好膨胀性经济政策,以经济增长和当期国民收入水平的提高作为主要目标,则该国对国际储备的需求较小;反之,如果政府更强调经济稳定,注重减少收入水平的波动,则对国际储备的需求必然会较大。

（2）如果一国实行自由开放的经济政策,国民经济的对外依赖度较大,对外贸易规模较大,与国外的资金往来较多,则该国对国际储备的需求较大;反之,实行相对封闭经济政策的国家,对国际储备的需求则比较小。

（六）是否为储备货币发行国

如果一国是储备货币发行国,则该国可直接用本国货币来支付短期的国际收支逆差,也可通过对外直接投资去获取更高的投资报酬,从而降低了该国对国际储备的需求。根据 IMF 发布的最新统计,截至 2021 年年底,美元在全球外汇储备中所占比重高达 61.2%,是世界上最为重要的储备货币。但作为美元货币的发行国,同时也是世界第一大经济体,尽管美国的市场开放程度极高,但其持有的外汇储备却并非最多。

（七）国际政策协调

如本国与其他国家政府或国际金融组织有良好的合作关系,在经济、金融等方面互相协调支持,签订较多的互惠信贷协议或备用信贷协议等,则较为容易通过国际协调解决国际收支失衡问题或获得融资,在此情况下,可减少国际储备;反之,则会增加国际储备。

由此可见,影响国际储备需求的因素很多,涉及政治、经济及社会等许多方面,各自产生不同的效果,且有些难以量化。

第三节　国际储备管理

所谓国际储备管理,是指一国政府或货币当局根据一定时期内本国国际收支状况和经济发展的要求,对国际储备的规模、结构以及储备资产的运用等进行计划、调整和控制,以达到储备资产规模与结构的最适化,从而能够提升持有国际储备效率,进而实现宏观经济的内外部均衡。国际储备管理包括国际储备规模管理和国际储备结构管理。前者又被称为国际储备的战略管理或者宏观管理,后者又被称为国际储备的日常管理或者微观管理。

一、国际储备规模管理

关于适度国际储备量的决定,学术界已从不同角度、运用不同方法进行了较为深入的讨论,以下对四种较有代表性的理论和模型进行述评。

(一)比例分析法

在布雷顿森林体系建立之后不久,对于黄金储备的问题的研究及外汇储备在减少外部冲击中的作用引起了人们的注意。美国经济学家特里芬(R. Triffin)于 1947 年首次提出国际储备的规模将随世界贸易的增长而增加。同时他建议以国际储备与进口额的比例作为确定国际储备的指标,由此形成了比率分析法。后来在他 1960 年出版的《黄金与美元危机——自由兑换的未来》一书中再次提到了国际储备的适度问题,并对此进行了系统研究。

特里芬通过对 12 个国家自 1950 年至 1957 年间的外汇储备变化情况进行了长期观察,得出了一国外汇储备与预期年进口额的比例,应保持在 20%～50%之间的结论。但特里芬又指出,由于各国的具体条件与政策方面存在差异,各国合适的储备进口比率也并非是绝对一致的,工业国和重要贸易国的储备进口比率应该高于其他国家,通常应在 30%以上,而实行严格外贸与外汇管制的国家的储备进口比率则可低一些,可维持在 25%左右,即一国的储备量应以满足三个月的进口为宜。特里芬提出的比例分析法数据易于统计且计算简单易行,因此,其在 20 世纪 60 年代后各国的储备管理实践中得到了广泛应用。

但也正是由于比例分析法过于简单,它的局限性也是显而易见的:

第一,缺乏动态调整机制。比例分析法将过去已经发生的真实进口额作为判断依据得出的最适储备水平具有一定的滞后性,无法保证该水平的国际储备可以为一国在未来面对不确定冲击时提供保障。

第二,忽视资本流动的影响。特里芬的研究对象是 20 世纪 60 年代以前的情况。考虑到当时进出口贸易是国际间经济交往的主要活动,国际资本流动规模较小,考察国际间经济活动的主要变量大多数都是进出口贸易等实物指标,因此,人们主要是从贸易支付的角度来考虑外汇储备规模的问题。但自 20 世纪 70 年代以来,随着全球金融一体化的发展,国际资本流动规模的增长大大快于世界贸易额的增长,资本往来已成为国际间经济活动的主要形式,资本流动对外汇储备的影响已远远超过了贸易收支。此外,不同的国家由于在开放程度、金融体系、地理位置和经济规模等方面的差异,受到资本流动影响的程度也迥然不同。由此可见,简单地以进出口贸易等实物指标来考察外汇储备规模已失去其理论意义和实用性。

第三,事实上,储备量的变动与调整是由多种经济变量共同决定的多元函数。除了进口以外,它还要受到国际收支差额、货币供应量外部筹资能力、产业结构调整、经济政策的效能等多种变量的影响。

继特里芬之后,一些学者又建立了若干包含国际储备的趋势变动与存量调整的指标,如储备与短期外债余额的比率、储备与国民生产总值的比率等。这些指标虽然在一定程度上弥补了储备与进口比率的缺陷,但仍没有在根本上解决上述问题。比如:储备与债务比率侧重金融风险的防控,强调了资本与金融项目的偿付能力,而对于占支付基础地位的经常项目的支付保障能力反映不足;储备与国民生产总值比率则未考虑少数储备货币发行国的优势条件,即本币充当国际储备货币的国家所持有的外汇储备规模远小于与其经济总量规模相适配的水平。

(二) 回归分析法

回归分析法又称因素分析法,自 20 世纪 60 年代后半期开始由弗兰德斯、弗伦克尔及埃尤哈等学者提出,他们构造了处于不同发展阶段国家的储备需求函数,并通过选取其他经济变量作为解释变量对该国国际储备进行回归分析,从而确定该国国际储备的适度规模。

1. 弗兰德斯(M. J. Flanders)模型

弗兰德斯在研究发展中国家的适度储备水平时,认为 10 个经济变量最为重要,包括出口收益率的不稳定性、私人外汇和国际信贷市场的存在、持有储备的机会成本、储备的收益率、储备的变动率、政府改变汇率的意愿、政府调节政策的机会成本、贸易商品存货的水平及其变化、借款成本和收入水平。她详细分析了上述变量对储备需求决定的作用和估算方法,建立了如下回归模型:

$$\frac{L}{M}=a_0+a_1\frac{F}{L}+a_2\sigma_L+a_3GR+a_4D+a_5Y+a_6V+u \qquad (6-1)$$

其中,L/M 指国际清偿力与进口额的平均比率;F/L 指一定时期内一国官方储备与其清偿力的年平均比率;σ_L 指储备的波动大小;GR 指以生活水平指数消去通胀后的GNP 年增长率;D 指本币贬值程度;Y 指人均 GNP 占美国人均 GNP 的百分比;V 指出口变动系数。

弗兰德斯的储备需求函数是比较全面且具有一定代表性,但由于一些变量数据难以获取,该模型并没有得出一个实际结果。

2. 弗伦克尔(J. A. Frankel)双对数模型

弗伦克尔认为决定发展中国家和发达国家储备需求函数的解释变量大致相同,并试图运用双对数模型分析发展中国家和发达国家储备需求函数的结构上是否存在差异性。他选择进口倾向、国际收支变动率和进口规模三个主要变量构造储备需求函数:

$$\ln R=a_0+a_1\ln m+a_2\ln\sigma+a_3\ln M+u \qquad (6-2)$$

其中,R 代表国际储备量;m 为平均进口倾向;σ 为国际收支的变动;M 为进口规模;a_1、a_2、a_3 为参数,分别代表 R 对 m、σ 和 M 的弹性。

弗伦克尔通过对上述模型的估计发现,发展中国家的储备需求对进口规模变动的弹性大于发达国家,而对国际收支变动的弹性则小于发达国家。对此,他解释道,储备需求的进口弹性反映了发展中国家和发达国家金融体系的差异。前者由于没有发达的金融体系,储备需求对国际交易额变动的弹性系数较大。同时,发达国家的货币当局满足国内资产货币化的能力要强于发展中国家,因而,在国内货币供给增长速度既定的情况下,发展中国家不得不将其中更大的比率转化为外汇储备。最后,在遇到国际收支困难时,发展中国家更倾向于采取措施直接限制进口,而发达国家则可能会动用储备。因此,相对于发达国家,发展中国家储备需求对国际收支变动的弹性系数较小。

3. 埃尤哈(M. A. Iyoha)动态调整模型

埃尤哈认为储备需求取决于预期出口收入、进口支出的变动率、持有外汇资产的利率及一国经济开放程度,并利用滞后调整模式,建立回归模型如下:

$$R_t = a_0 + a_1 x^e + a_2 \sigma^2 + a_3 r + a_4 P + a_5 R_{t-1} + a_6 R_{t-2} + u \qquad (6-3)$$

其中,x^e 为预期出口收入;σ^2 为进口支出的变动率;r 为持有外汇资产的利率;P 为一国经济开放度;R_t、R_{t-1}、R_{t-2} 分别为现期、前一期、前二期的储备水平。由于在该模型中引入了前一期和前二期的储备水平作为解释变量,这就使得该模型对适度储备量的分析动态化。

回归法分析作为一种估计储备需求的方法具有众多优势:首先,函数回归法可以弥补比例分析法的片面性,对储备需求的分析不是局限于进口额等单项因素;其次,通过实际数据进行回归分析和相关分析,能对储备需求和影响储备需求的各种因素之间的关系,分别作出比较准确的描述,使对储备需求的分析从单纯的规范分析转变到规范分析与实证分析相结合的方法上,从而对储备需求的测算更加定量化。

另一方面,回归分析法的缺陷表现为:一是假定过去的实际储备持有额即为需求额,这显然不合理;二是假定储备供给具有弹性,中央银行能够根据具体情况灵活调整以达到适度规模,这同样与事实不符。在实行固定汇率制和强制结售汇制的经济体,国际收支变化直接导致储备增减,政府很难调整储备规模。而且,发展中国家在国际金融市场上筹资渠道有限、成本高,也影响其调节储备规模的能力;三是将代表多种影响因素的解释变量对最适储备水平进行回归时,可能会面临由内生性问题及(或)多重共线性问题造成的模型估计与检验结果的失真。

(三) 成本—收益分析法

20 世纪 60 年代开始,一些经济学家将成本—收益法引入最适储备规模研究当中。该方法认为,当一国货币当局持有的最适储备规模应满足边际收益等于边际成本的条件。

1. 理论框架

(1) 持有国际储备的收益。当一国出现国际收支逆差时,若持有较多的国际储备,既可以用于弥补国际收支逆差,也可以利用储备为政策调节选择适当的时机;反之,若一国持有储备较少,不能满足弥补国际收支逆差的需要,货币当局将不得不以较高的成本从国际金融市场融资,或者采用各种国际收支调节政策,削减进口,降低国内需求,从而引起国民收入水平的下降,失业率上升,这就是政策调节所付出的成本。可见,持有储备的收益表现为融资成本和调节成本的节约。一般地说,储备持有额越多,弥补国际收支逆差的能力越强,储备的收益也越大。与此同时,随着储备持有额的增加,弥补国际收支逆差的边际效用也将下降,从而导致持有储备的边际收益递减。图 6-2 中的 MB 线为储备的边际收益线,它是负斜率的,反映了储备的边际收益递减规律。

(2) 持有国际储备的成本。一国盲目增加储备也并非有利无弊,持有储备需要付出一定的代价,持有储备的成本表现为一国资本生产力与其储备资产收益率之差。持有的储备越多,持有储备的成本也将会提高,而且其边际成本也随着储备的增加而增加。图 6-2 中的 MC 线为储备的边际成本线,它是正斜率的,反映了持有储备的边际成本递增的趋势。

(3) 适度国际储备量。如图 6-2 所示,当持有储备的边际收益大于边际成本,即 $MB > MC$ 时,扩大储备持有量有利;反之,当持有储备的边际收益小于边际成本,即 $MB < MC$ 时,减少储备持有量有利。只有当持有储

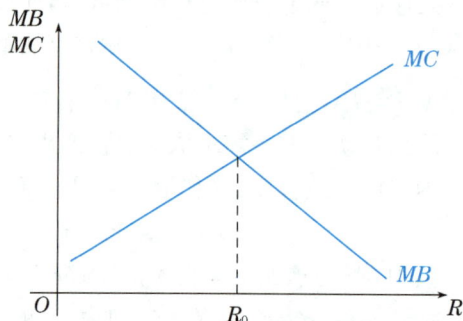

图 6-2 成本—收益分析

备的边际收益等于边际成本,即 $MB = MC$ 时,才会达到最适储备量的均衡点。因此,一国适度的储备水平应该是持有储备的边际收益等于边际成本时的储备水平。

从理论上说,成本—收益分析法不存在任何困难和异议,但关键就在于如何具体衡量持有储备的收益和成本,许多国际金融学家在这方面都做出了卓有成效的工作。在诸多研究中,以海勒模型与阿格沃尔模型最具代表性。

2. 海勒(H. R. Heller)模型

海勒模型被认为是最早运用成本—收益法分析国际储备适度规模的理论模型。模型假定一国货币当局持有储备的目的主要出于谨慎动机,最适储备水平是边际效用等于边际成本的点。他强调持有储备的预防性动机是持有储备可以在出现国际收支逆差的情况下有能力调整消费和生产的失衡。尽管如此,他也分析了持有储备的机会成本。前提假设是储备的回报率必须可以与资本的社会回报率相比较,这一回报率通常以大多数国家政府长期债券的收益率来代表。在模型中,一国储备最适规模的决定中有三个关键的因素:对外部非均衡调整所需的成本、持有国际储备所需的成本(该成本等于因持有储备而放弃真实资产的机会成本)、以及避免为平衡国际收支而进行政策调整的成本(它取决于政策调整的成本和概率)。模型中持有储备的边际收益用储备耗用概率与边际进口倾向的乘积来表示,而边际成本则用资本的社会收益率与储备收益率之差来表示。根据边际收益等于边际成本,可以求得储备的合理水平。由此,可得其最适储备模型如下:

$$R_{opt} = h \frac{\ln(rm)}{\ln 0.5} \tag{6-4}$$

其中,R_{opt} 表示最适储备规模;m 表示边际进口倾向;r 表示国际储备的边际机会成本;h 表示国际收支差额。

海勒运用这一模型对一些国家和地区的储备进行了实证分析并发现,世界总储备在各国和地区间的分配存在着严重的不平衡。例如,1963 年北美和欧洲等发达国家实际持有的储备超过了最适储备规模,而拉美、亚洲和非洲等发展中国家所持有的储备规模则远

低于最适储备规模。相较于研究结论,海勒模型更重要的意义在于它是将成本收益法应用于最适储备研究的首次尝试。

3. 阿格沃尔(J. P. Agarual)模型

在海勒模型的基础上,阿格沃尔为发展中国家建立了一个储备需求决定模型。他在模型中假定,由于进出口的经常性变动,相比发达国家,发展中国家的外汇收支更容易出现逆差;同时,如果没有必要的进口品,该国国内将存在大量的闲置资源;在无力为国际收支逆差提供融资时,该国经常通过行政手段对进口直接管制;该国在国际市场上的融资能力较弱。阿格沃尔把持有外汇储备的机会成本看作是如果获得的外汇不是用作货币储备,而是用来进口国内必需的投入产品,从而能够生产的那一部分国内产品产量。

具体说来,持有储备的机会成本取决于潜在的资本投资的进口含量、该类投资的生产力以及可获得的国内闲置资源。这种额外投资的产量增加的程度取决于增加的资本—产量比率的高低。于是,可将持有储备的机会成本表示为:

$$OCR = Y_1 = R \cdot \frac{m}{q_1} \tag{6-5}$$

其中,OCR 是持有储备的机会成本;R 代表能够用于进口生产性物品的外汇数量;m 是增加的资本—产量比率的倒数;q_1 是追加的可使用的资本的进口含量;Y_1 是使用储备购买的生产性进口物品所生产出来的产量,也就是持有储备的机会成本。

另一方面,阿格沃尔将一国持有外汇储备的收益看作是在该国出现短期和非预期的国际收支逆差时,由于使用了国际储备而避免对进口的生产投入品进行不必要的调节,从而得以维持的那一部分总的国内产出。于是持有外汇储备的收益可表示为:

$$RB = Y_2 = \frac{R}{q_2} \tag{6-6}$$

其中,RB 是持有储备的收益;R 代表储备的数量;q_2 代表进口的生产性物品与经济中总产量的比率;Y_2 是如果实行减少进口的调节政策会使国内产量减少的数量,也就是持有储备的收益。考虑到适度储备的决定与使用储备的概率有关,而这一概率一般不为1,因此可将(6-6)式修正为:

$$RB = R\frac{P}{q_2}, \text{其中 } P = (\pi)^{R/D} \tag{6-7}$$

其中 P 是在计划期中使用储备为国际收支逆差融通资金的概率;D 是计划期国际收支逆差的预期规模;π 代表出现逆差的概率。这一公式显示了适度储备的预期性质,因为 D 和 π 都是预期的变量,其数值取决于一系列因素,如货币当局改变汇率的意愿、以往的国际收支状况以及预测的未来进口支出和出口收入的变动等。

适度储备量 R_{opt} 由持有储备的机会成本和收益的等式决定:

$$R_{opt} \cdot \frac{m}{q_1} = R_{opt} \cdot \frac{(\pi)^{R/D}}{q_2} \tag{6-8}$$

求解(6-8)式,可得适度储备量为:

$$R_{opt} = \frac{D}{\ln\pi}(\ln m + \ln q_2 - \ln q_1) \tag{6-9}$$

阿格沃尔的模型利用产出来衡量持有储备的成本和收益,充分考虑了发展中国家外汇短缺、必需品进口呈刚性、存在闲置资源等特点,反映了发达国家与发展中国家在经济结构和制度方面的差异。同时,该模型发展和强调了适度储备的预期性,从而较好地解决了国际收支与储备需求决定的同时性问题。此外,阿格沃尔利用该模型对亚洲 7 个发展中国家和地区的储备规模的回归分析也获得了比较满意的效果。因此,阿格沃尔模型在实用性方面将最适储备的成本收益分析大大向前推进了一步。

(四) 区间分析法

在对一国适度储备量的分析中,以上三种方法都是抽象出影响一国储备的最主要因素,试图寻找一个确定的适度储备量。然而在实践中,由于种种原因,这些分析方法可能都会遇到诸多困难。首先,影响一国适度储备量的因素很多,我们不可能把所有因素都考虑进去,当模型外的因素发生变化时,一国适度储备量便会随之变化。即便是对已经引入模型中的因素,也并非是一成不变的,其变化也会对一国适度储备量产生影响;其次,在实际操作中,试图使一国储备持有量维持在一个确定的适度储备水平也很困难,极易发生调整过度或调整不足的情况;最后,从供给角度看,在当今国际储备体系中,由于国际储备资产的多样化,使得对国际储备的供给也会出现波动,从而对一国适度储备量产生巨大影响。因此,无论是从理论上还是从实践上来看,试图寻找一个适度国际储备量的目标区间便成为人们的理想选择。

所谓适度储备的目标区间,是指以适度储备量为中心,确定一个目标区间,使一国储备持有额以较小幅度在适度储备水平左右波动。目标区间的下限是一国经常储备量,它应保证一国的外汇储备规模能够在调节国际收支失衡、维持汇率以及宏观经济稳定等方面发挥其作用。因此,适度储备规模的下限可以用下公式表示为:

$$R_{\min} = R_1 + R_2 + R_3 \tag{6-10}$$

其中 $R_{\min}$ 是适度储备规模的下限;R_1 为调节国际收支逆差所需的调节性储备;R_2 代表当本币汇率出现大幅波动时,本国货币当局用于干预外汇市场的干预性储备;R_3 则表示用于偿还外债本息和外商直接投资付汇的偿还性外汇储备。

目标区间的上限是一国保险储备量,它既需要满足适度储备规模下限的调节性需求、干预性需求以及偿还性需求,还要考虑本国对外投资用汇需求与居民用汇需求。因此,适度储备规模上限可以表示为:

$$R_{\max} = (1+\alpha)(R_{\min} + R_4 + R_5) \tag{6-11}$$

其中,$R_{\max}$ 为适度储备规模目标区间的上限;$R_{\min}$ 为适度储备规模目标区的下限;R_4 为满足本国对外投资用汇需求的储备;R_5 为满足本国居民用汇需求的储备。此外,为应对各类危机的发生,适度储备规模的上限还应包括与正常性储备成比例关系的补充性储备,可以由式(6-11)中的 α 系数来表示。

区间分析法认为,只要一国储备规模保持在目标区间的上下限范围内,就可以认为该国国际储备量是适度的。因此,区间分析法为各国金融当局更加灵活地管理国际储备提供了更多的可能性与现实性。

二、国际储备结构管理

国际储备的结构管理是指一国如何最佳地配置国际储备资产,从而使黄金储备、外汇储备、在 IMF 的储备头寸及特别提款权的持有量之间,以及各部分的构成要素之间保持合理的构成比例。也包括对外汇储备的币种结构及外汇储备资产形式的选择和调整。其中,黄金储备虽然一直是国际储备的主要组成部分,但由于其产量低、持有成本高及流动性差等因素,它在国际储备中所占比种又不断下降的趋势。另一方面,储备头寸和 SDRs两部分均取决于成员国在 IMF 的份额,成员国无法自主调整,且内部构成也较为单一。由此,针对国际储备结构的管理可以归结为外汇储备管理问题。它包括外汇储备的货币结构管理和外汇储备的资产结构管理。

(一) 国际储备结构管理的原则

国际储备结构管理必须遵循安全性、流动性、盈利性三条主要原则。

1. 安全性原则

所谓安全性,是指一国货币当局对特定储备资产的控制和支配程度的充分性。如果一种储备资产在用于对外支付时有可能受到约束和限制,则其功能也会收到削弱,这种资产的安全性也就会下降。此外,一国货币当局在确定外汇资产存放的国家和银行以及所选择的币种和信用工具时,就要事先充分了解储备货币发行国和国际金融中心所在国的外汇管制情况、银行资信状况、储备货币的稳定性及信用工具的种类和安全性,以便将其外汇储备资产放到外汇管制较为宽松的国家、资信卓著的银行,选择价值相对稳定的币种和较为安全的信用工具。

2. 流动性原则

所谓流动性,是指储备资产要具有较高的变现能力,一旦发生对外支付和干预外汇市场的需要时,它能随时兑现,灵活调拨。由于各种外汇储备资产的流动性不同,各国在安排外汇储备资产时,应根据其具体情况,分配不同期限的投资比例,以保证国际储备的充分流动性。

3. 盈利性原则

所谓盈利性,是指在保证安全性和流动性的基础上,尽可能使原有的外汇储备资产产生较高的收益,使储备资产增值。由于不同种类的储备货币的收益率高低不同,其实际收益率等于名义利率减去预期的通货膨胀率和汇率的变化,因此,在选择储备货币时,应偏重于分析利率、通货膨胀率和汇率的变动趋势。另外,对于同一币种的不同投资方式,选择的资产不同,其收益率和风险也不相同,我们也应当进行合理的投资组合,以求得较高的收益和较低的风险。

需要说明的是,国际储备结构管理的三原则并非是完全一致的,它们相互间时有矛盾。安全性、流动性和盈利性之间是负相关的。安全性、流动性高的资产往往盈利性较低;盈利性高的资产往往风险较大,流动性也较差。鉴于国际储备资产的特殊职能,一国货币当局对于国际储备结构管理应始终把安全性和流动性放在首位,只有在安全性和流动性得到充分保证的前提下,才会考虑储备资产的盈利能力。

(二) 外汇储备币种选择

布雷顿森林体系崩溃后,储备货币从单一美元转变为多种储备货币并存的局面,因此在确定不同货币的比例时,应考虑的因素包括:(1) 本国的国际贸易和国际支付的币种结构;(2) 在外汇市场为支持本国货币汇率所需的不同储备货币的数量和结构;(3) 各种储备货币的币值稳定性,这需要考虑不同储备货币的汇率、利率、通货膨胀汇率实际和预期走势;(4) 各种储备货币的收益性。

一种储备货币的收益大小取决于汇率变化率和利率,即储备货币的收益率＝汇率变动率＋名义利率。

在名义利率一定的情况下,储备货币收益率的大小取决于汇率上升(正值)还是下降(负值),以及数值大小。这个公式是各国货币当局调整储备货币结构的经济依据。

选择外汇储备币种时,应该遵循以下原则:(1) 应尽可能与弥补逆差和干预市场所的货币保持一致,确保外汇储备的使用效率;(2) 应尽可能与一国国际贸易结构和国际债务结构相匹配,从而一定程度上避免汇率风险,节约交易成本;(3) 尽可能选择硬货币,减少软货币,保证储备货币的币值稳定性;(4) 应尽可能增加汇率波动幅度较小的货币储备量,减少汇率波动幅度较大的货币储备量。为此,货币当局要做好对储备货币汇率变动趋势的预测工作;(5) 保持储备货币的多元化,做到分散风险。

(三) 外汇储备资产形式选择

对同一种货币储备,有多种资产形式可供选择。例如,既可将其存放在国外银行的活期账户上,又可将其投资于收益较高的证券。如何确定同一货币储备的资产结构,这是国际储备结构管理的另一个重要问题。这一问题的解决需要在流动性和盈利性之间进行平衡。根据流动性和盈利性的不同,储备资产可以分成三部分:(1) "一线储备",富于流动性,但收益率较低,它包括活期存款、短期国库券或商业票据等;(2) "二线储备",通常指投资收益率高于一线储备,但流动性低于以及储备,如 2～5 年期的中期政府债券;(3) "三线储备",这是指流动性低于上述二部分资产的长期投资工具(如长期债券),其投资收益与风险也相对较高。此外,一国在安排储备资产的流动性结构中,还应将黄金、特别提款权和储备头寸考虑进去。从流动性来看,会员国在 IMF 的储备头寸由于可以被随时使用,类似于一线储备。特别提款权的使用流程相对较长,可视为二线储备。而黄金的投机性最强,价格波动较大,因此可被列为三线储备。一线储备被用作货币当局随时、直接用于弥补国际收支逆差和干预外汇市场的储备资产,即作为交易性储备。虽然收益率最低,但一国国币当局仍必须持有足够的这类资产。二线储备用作为应付自然灾害等难以预期的偶然性变动的补充性的流动资产。三线储备主要用于扩大储备资产的收益性。一国应当合理安排这三级储备资产的结构,以做到在保持一定流动性的前提条件下,获取尽可能多的收益。

本章小结

国际储备是指一国在对外收支发生逆差时,该国货币当局可以直接利用或有保证地通过其它资产兑换,以弥补国际收支逆差和保持汇率稳定的一切普遍被接受的资产,具体包括:官方持有的黄金;官方持有的自由兑换的货币;在国际货币基金组织的储备头寸和特别提款权。由于国际储备的供给与需求水平受到多方因素的影响,因此一国货币当局在对本国国际储备进行管理时就需进行综合的考量。国际储备管理包括国际储备规模管理与国际储备结构管理。国际储备规模管理主要指国际储备适度规模的选择与调整。迄今为止,学术界关于确定适度国际储备规模的方法主要有:比率分析法、回归分析法、成本收益分析法以及区间分析法。国际储备结构管理指一国国币当局应当遵循安全性、流动应以及盈利性原则,合理地调整储备货币的币种及其他资产形式的选择。

复习思考题

1. 试述国际储备资产的主要构成。
2. 试述国际储备与国际清偿能力的区别。
3. 试述国际储备的主要来源。
4. 试述影响国际储备需求的主要因素。
5. 试对国际储备规模管理的主要方法做比较分析。
6. 试述国际储备结构管理的主要内容。

第七章 国际资本流动

第二次世界大战后,国际资本流动规模迅速扩大,这不仅对各国经济产生了举足轻重的影响,而且已成为当代世界经济发展的主要推动力。同时,国际资本流动以及对其所进行的研究,极大地丰富了国际金融的理论与实践,已经成为国际金融学的一个重要组成部分。

第一节　国际资本流动概述

资本作为能够带来剩余价值的价值,一出现就具有国际性。由于生产力的发展和世界市场的扩大,国际间商品和生产要素的流动日益频繁,以增值为主要目的的国际资本也逐步形成和壮大起来。国际资本可分为两大形态:一是国际商品资本,二是国际货币资本(包含与货币资本相联系的实物资本)。国际金融学主要研究的是后一种形态的国际资本。

一、国际资本流动的概念

国际资本流动,主要是指货币资本从一个国家或地区转移到另一个国家或地区。作为一种国际经济活动,国际资本流动也是以盈利为目的的,但与以所有权转移为特征的国际商品贸易不同,它是以使用权的有偿转让为特征的。一般说来,国际资本流动可分为资本流出和资本流入。资本流出是指资本从国内流向国外,如本国企业在国外投资建厂、购买外国发行的债券、外国企业在本国的资本金返回,以及本国政府支付外债的本金等。资本流入是指资本从国外流向国内,如外国企业在本国投资建厂、本国政府和企业在外国发行债券、本国企业抽回在外国的资本金,以及本国政府收取外国的偿债款项等。国际资本流出和流入的实质是一国对外资产负债的增减与变化。

这里,还需注意国际资本流动与资金流动、国际资本流动与资本输出入在概念上的区别。同时,也有必要弄清国际资本流动与国际收支之间的关系。

国际资本流动与资金流动的区别在于:资本流动是可逆转的双向

性资本转移,如投资和借贷资本的流出,将引起投资的本金和收益(利润或股息)、贷款本金和利息的返回;而资金流动则是不可逆转的单向性资金转移,如投资利润和贷款利息的支付等。与国际资本流动有关的内容通常反映在国际收支平衡表的资本项目当中,而与国际资金流动有关的内容则主要反映在国际收支平衡表的经常项目之中。

国际资本流动与资本输出入的区别在于:资本流动的内容不但包括与投资和借贷活动等有关的、以谋取利润为目的的资本转移,而且包括以外汇、黄金等弥补国际收支逆差的资本流动;而资本输出入的内容相对少些,仅包括与投资和借贷活动等有关的、以谋取利润为目的的资本转移。

国际资本流动与一国国际收支之间存在着密切的关系。首先,作为国际经济活动的组成部分,国际资本流动也被纳入国际收支的考核之列,其涉及的内容集中而具体地反映在国际收支平衡表的资本项目之中。国际收支平衡表资本项目反映一国在特定时期内国际资本流动的基本状况。例如:① 资本流动的规模——资本流出额、资本流入额、资本流动总额和资本流动净额;② 资本流动的方式——直接投资、间接投资和投资利润再投资等;③ 资本流动的类型——贸易资本流动、银行资本流动、短期资本流动和中长期资本流动;④ 资本流动的性质——官方资本流动和私人资本流动。在账户处理上,资本流出记在国际收支平衡表的借方,表示一国资本的减少;资本流入记在国际收支平衡表的贷方,表示一国资本的增加。其次,通过对国际资本流动的控制,可以达到调节国际收支顺差或逆差、实现国际收支平衡的目的。例如,国际收支平衡表中经常项目的顺差,可以用资本项目的逆差(资本净流出)抵消;经常项目的逆差,可以用资本项目的顺差(资本净流入)抵消;经常项目和资本项目都是顺差,则整个国际收支的顺差增大,不然则相反。

二、国际资本流动的类型

国际资本流动的具体形式是多种多样的。按照资本使用期限的长短不同,国际资本流动可分为长期资本流动和短期资本流动两大类。

(一) 长期资本流动

长期资本流动是指使用期限在 1 年以上,或未规定使用期限的资本流动。按资本流动的方式不同,它又可分为直接投资、证券投资和国际贷款三种类型。

1. 直接投资(Direct Investment)

直接投资是指投资者把资金投入另一国的工商企业,或在那里新建生产经营实体的行为。直接投资包括获取新股权资本、利润再投资、公司内部单位之间的长期借款净额等内容,并且是以谋取企业经营管理权为核心的。它的特征是:① 投资者通过拥有股份,掌握企业的经营管理权;② 能够向投资企业一揽子提供资金、技术和管理经验;③ 不直接构成东道国的债务负担。它的组织形式可分为两种:一是单独投资,即在国外建立独资的生产经营实体;二是联合投资,即在国外建立合资的生产经营实体。

在国际市场竞争日趋激烈、国际经济贸易往来不断扩大与深化的当今世界,对外直接投资迅速增长,其平均速度不仅超过各国工业生产的平均增长速度,而且超过国际贸易的平均增长速度。据联合国贸易和发展组织《世界投资报告》的统计,2019 年全球对外直接投资达到 1.54 万亿美元,比 2018 年增加 16%。虽然 2020 年全球对外直接投资受新冠疫情的影响有所下降,但全球对外直接投资增长的长期趋势不会改变。联合国贸易和发展会议的《世界投资报告》(2020)预测,全球对外直接投资到 2022 年将会全面复苏。根据投资者的不同动机,庞大的国际直接投资可细分为六种:

(1) 资源导向型投资。几乎没有任何一个国家拥有足够大量和品种齐全的自然资源。面对国内不断增长的原材料需求和世界性的能源危机,就必须到资源禀赋丰足的国家直接投资,建立原材料生产基地和供应网点,以确保生产经营的正常进行。

(2) 出口导向型投资。国内市场是有限的,特别是随着生产的发展和竞争的加剧,国内市场很快会趋于饱和。因此,出口市场份额对于一国经济发展和企业壮大具有重要意义。在贸易保护主义盛行的年代,当正常的贸易手段无法绕过关税和非关税壁垒时,直接投资便成为"撬开"国外市场大门的绝招。

(3) 降低成本型投资。由于劳动力成本上升,发达国家和一些新兴工业化国家的企业在国际市场上的竞争中已难以稳操胜券。为保持商品的竞争能力,它们以直接投资方式,把费工费时的生产工序和劳动密集型产品的生产转移到劳动力资源充裕和便宜的国家或地区。此外,在原材料产地附近投资建厂所节约的运输费用、东道国政府为吸引外资所给予的优惠待遇等,也都有助于减少成本开支,获取比较利益。

(4) 研究开发型投资。通过向技术先进的国家直接投资,在那里建立高技术子公司,或控制当地的高技术公司,将其作为科研开发和引进新技术、新工艺以及新产品设计的前沿阵地,有助于打破竞争对手的技术垄断和封锁,获得通过一般的商品贸易或技术转让许可协议等方式得不到的先进技术。

(5) 发挥潜在优势型投资。因为生产能力的扩大和市场份额的改变,一些企业拥有的资金、技术、设备和管理等资源已超过国内生产经营的需要而可能被闲置起来。为充分发挥潜在优势,使闲置资源获得增值机会,到国外直接投资建厂就是一个有效的途径。

(6) 克服风险型投资。市场的缺陷和政治局势的动荡等原因,都可能把企业推向困难境地。为防范经营风险,企业到国外直接投资,在更大的范围内建立起自己的一体化空间和内部体系,这样就可以有效地化解外部市场缺陷造成的障碍,避免政局不稳带来的损失。

2. 证券投资(Portfolio Investment)

证券投资也称间接投资,它是指投资者在国际证券市场上,以购买外国政府和企业发行的中长期债券或购买外国企业发行的仅参加分红的股票方式所进行的投资。证券投资是以获得长期稳定收入为主要目的,它的特征是:① 投资者购买债券和股票,是为了获得利息、股息和证券买卖差价收入;② 在国际证券市场上发行债券,构成发行国的对外债务;③ 国际证券可以随时买卖或转让,具有市场性和流动性。国际证券投资者,可以是国际金融机构、政府、企业和个人。对于一个国家来说,在国际证券市场买进债券和股票,称为投资,意味着资本流出;反之,在国际证券市场上卖出或发行债券和股票,称为筹资,意味着资本流入。

20 世纪 60 年代中期,由于美国等西方发达国家限制资本外流,国际证券投资受到很大影响。80 年代后,各国对资本流动的管制逐步放松,国际证券市场日趋成熟,特别是各种体现安全性、市场性和流动性的新证券品种问世,使国际证券投资呈现出迅速发展的势头。2005 年,全球证券市场交易规模高达 3.4 万亿美元(不含中国内陆、东欧和非洲)。2012 年全球 15 家证券交易所上市公司的总市值已超过 1 万亿美元。特别是随着互联网等信息技术的发展,全球证券市场线上交易额快速增长,2012—2018 年,全球线上证券市场交易额从 12.3 万亿美元增加到 37.7 万亿美元,平均复合增长率为 20.6%。专家认为,随着全球证券市场一体化、证券交易自由化、交易手段多样化和交易技术现代化的进程加快,国际证券投资将成为国际间最重要的投资和融资形式。

3. 国际贷款(International Credit)

国际贷款主要是指 1 年以上的政府贷款、国际金融机构贷款和国际银行贷款。国际贷款体现着国际间的借贷关系,其导致的资本流动对借款方是资本流入,对贷款方是资本流出。它的特征是:① 不涉及在外国建立生产经营实体,或收购企业的股权;② 不涉及国际证券的发行和买卖;③ 贷款收益是利息和有关费用,风险主要由借款者承担;④ 构成借款国的对外债务。

政府贷款是指各国政府或政府之间的贷款。这种贷款的利率低、期限长,有些甚至是援助性的无息贷款。例如,发达国家的政府或政府机构以优惠利率对发展中国家提供的用于经济建设或指定用途的双边贷款;发达国家之间提供帮助扭转国际收支逆差的"互惠借贷",也就是条件十分优惠的政府贷款。但是,政府贷款大多附带一些政治条件,如推进民主、控制军备和改变经济政策等。

国际金融机构贷款是指世界性的国际金融机构(国际货币基金组织、世界银行和国际开发协会等)和区域性的国际金融机构(泛美开发银行、欧洲投资银行、亚洲开发银行和非洲开发银行等),对其会员国提供的各种贷款。这种贷款主要用于会员国平衡国际收支逆差,支持会员国基础设施建设等,其利率低、期限长,但用途相对固定。

国际银行贷款主要是指国际商业银行提供的中长期贷款。这种贷款可由一家银行单独提供,也可由若干家银行组成辛迪加银团共同提供。它的用途自由、金额大、期限长,但利率和费用比较高。

(二) 短期资本流动

短期资本流动是指期限为 1 年或 1 年以内的资本流动。一国对外短期资本流动,大多借助于各种票据等信用工具,以及电话、电报、电传和传真等现代通信手段。因此,短期资本流动具有这样几个特征:① 复杂性,即短期资本流动的工具多种多样,它包括货币现金、银行活期存款、可转让银行定期存单、商业票据、银行承兑汇票和短期政府债券等,这是因为短期的融资与投资等金融活动通常是以运用短期信用工具为前提的;② 政策性,即短期资本流动工具中的货币现金和银行活期存款属于货币范畴,而可转让银行定期存单、商业票据、银行承兑汇票和短期政府债券等则属于准货币,两者都构成货币供应量,其流动与变化直接对一国的货币和金融政策产生影响;③ 流动性和投机性,即短期资本流动工具易于买卖和转手,而且对利率差异和汇率变化十分敏感,因此能够迅速流动,并被用来从事投机活动。

按照资本流动的不同动机,短期资本流动的方式可分为贸易性资本流动、金融性资本流动、保值性资本流动和投机性资本流动。

（1）贸易性资本流动是指由国际贸易引起的国际间资本转移。为结清国际贸易往来导致的债权与债务，货币资本必然从一个国家或地区流向另一个国家或地区，从而形成贸易性资本流动。这种资本流动，一般是从商品进口国流向商品出口国，带有明显的不可逆转性。从这个角度看，贸易性资本流动属于资金流动范畴。

（2）金融性资本流动是指由各国经营外汇的银行和其他金融机构之间的资金融通而引起的国际间资本转移。这种资本流动主要是为银行和金融机构调剂资金余缺服务的，其形式包括套汇、套利、掉期、头寸调拨以及同业拆借等。因为它的金额大、流动频繁，而且涉及外汇业务，银行资本流动对利率、汇率的短期变动有一定的影响。

（3）保值性资本流动是指为保证短期资本的安全性与盈利性，采取各种避免或防止损失的措施而引起的国际间资本转移。促使保值性资本流动的主要原因有：国内政局动荡，资本没有安全保障；外汇汇率波动较大，资本价值面临损失；外汇管制或征税过高，资本的流动性受到威胁；等等。

（4）投机性资本流动是指利用国际金融市场利率、汇率、金价、证券和金融商品价格的变动与差异，进行各种投机活动而引起的国际间资本转移。这种资本流动以获取差价收益为目的。例如，一国暂时性的国际收支逆差会对汇率产生下浮的压力，由于人们认为这种下浮是暂时性的，投机者便按较低的汇价买进该国货币，等待不久汇价上升后再卖出，这样就可以从汇率变动中牟取投机利润。

三、国际资本流动的内在动因和影响因素

马克思指出："如果资本输往国外，那么，这种情况之所以发生，并不是因为它在国内已经绝对不能使用，这种情况之所以发生，是因为它在国外能够按更高的利润率来使用。"[①]战后实践证明，获取高额利润仍然是国际资本流动的内在动力和根本原因，即由于世界经济发展的不平衡性，各国资本的预期收益率必然形成差异，资本的本性——追求利润最大化，驱使它从一国流向另一国。资本的预期收益是资本追逐的目标，因此，资本的预期收益率水平是影响资本流动最基本的因素之一。若一国资本的预期收益率高于他国，在其他因素相同的情况下，资本便会从他国流向该国；反之，若一国资本的预期收益率低于他国，且有较大风险，不仅国外资本会从该国抽走，而且本国资本也势必大量外流。可见，资本从预期收益低的国家或地区流向预期收益率高的国家或地区，这是国际资本流动的最基本原因。当然，过剩资本所追求的不仅仅是较高的收益率，更为重要的是追求利润的最大化。正如马克思所说："超过一定的界限，利润率低的大资本比利润率高的小资本积累得更迅速。"[②]二战后，尽管在发展中国家投资的平均收益率要高于在发达国家投资的收益率，但国际资本流动主要是在发达国家之间进行，原因正基于此。

追求较高的资本预期收益率，尤其是追逐高额利润是国际资本流动的内在动因。此外还有一系列因素也会对国际资本流动产生重大影响。

---

① 《马克思恩格斯全集》第25卷，第285页。
② 《马克思恩格斯全集》第25卷，第279页。

(一) 资本供求

供求规律是市场经济运行的主要规律之一。一旦供求失衡，商品和生产要素就会流动，直至达到新的均衡。同时，世界市场的出现，又使得商品和生产要素的流动国际化。资本作为生产要素或一种特殊商品，当然也不能例外。

从国际资本的供给方面看，发达国家的经济发展水平高，资本积累的规模越来越大，但其国内经济增长缓慢，各种经济矛盾不断激化，国内投资场所日益萎缩，投资收益逐渐下降，因而出现了大量相对过剩的资本。在这种情况下，过剩的资本就会流向海外投资环境较好的国家，特别是劳动力充裕、自然资源丰富的发展中国家，以谋取高额利润。从国际资本需求方面看，大多数发展中国家的经济落后，储蓄率低，金融市场又不成熟，其国内资金远不能满足经济发展的需要。为解决这一问题，它们不得不以积极的姿态和优惠的待遇引进外国资本，从而形成了对国际资本的巨大需求。资本的大量过剩和巨大需求，是影响国际资本流动的重要因素。

(二) 利率与汇率

利率和汇率是市场经济运行中的两大经济杠杆，对国际资本流动的方向和规模有十分重要的影响。

利率的高低在很大程度上决定了金融资产的收益水平，进而作用于国际间的资本流动。出于对利润的渴望，资本总是从利率较低的国家流向利率较高的国家，直至国际间的利率大体相同时才会停止。当前，国际利率差异主要表现为各国国内金融市场利率与欧洲货币市场利率的差异，当国内金融市场利率高于欧洲货币市场利率时，欧洲货币市场上的资本就会流向国内；反之，国内金融市场上的资本就会流向国外。当然，由国际利率差异引起的资本流动并不是无条件的，它还受到货币的可兑换性、金融管制和经济政策目标等因素的制约。

汇率的高低与变化通过改变资本的相对价值，对国际资本流动产生影响。如果一国的货币贬值，以该国货币表示的金融资产价值就会下降；如果一国的货币升值，以该国货币表示的金融资产价值就会上升。为避免贬值造成的损失，或为获取升值带来的收益，在汇率不稳定时，投资者将根据自己的汇率预期，把手中的金融资产从一种货币形式转换成另一种货币形式，进而导致资本从一个国家或地区转移到另一个国家或地区。

利率和汇率是密切相关的。例如，一国利率提高，会引起国际短期资本内流，增加外币的供给，外币汇率下降，从而使本币汇率上升；一国利率降低，则会引起该国短期资本外流，减少外币的供给，外币汇率上升，从而使本币汇率下降。一般说来，利率与汇率呈正相关，它们往往分别或共同促使资本在国际间流动。

(三) 经济政策

一国政府为引导和协调国民经济发展所制定的经济政策对国际资本流动的影响也很大。例如，为克服国内资金短缺的困难，政府会制定出一系列优惠政策来吸引外国资本；当国际收支出现逆差时，政府会利用资本输入，暂时改善国际收支状况；为刺激国内经济发展，政府可能实行赤字预算和通货膨胀政策，而财政赤字和通货膨胀也会引起国际资本流动；为调节国际资本流动的方向和规模，政府可采取或松或紧的外汇管制，并制定出国内外的投资政策和指南等。特别是在世界经济不景气或国际经济关系不稳定时期,各国经济政策对国际资本流动产生的影响更为重要。

(四) 风险防范

在现实经济生活中,由于市场的缺陷和各种消极因素的存在,造成投资者经济损失的风险随时可能出现。这种风险,除表现为利率和汇率变化可能导致资本价值减少外,还大量地表现为政治局势不稳定、法律不健全、民族主义情绪高涨、战争爆发、通货膨胀加剧和经济状况恶化等对资本的安全和价值造成的不利影响。为规避风险,大量资本从高风险的国家或地区转向低风险的国家或地区。目前,发达国家之间的资本流动规模扩大,就是出于这方面的考虑。同时,从投资策略上看,降低风险可能造成的损失,不仅要求投资分散于国内不同的行业,而且要求投资分散于不同的国家。因为投资者可以利用行业和国家之间的差异"以丰补歉",保证投资收益的稳定性,从而使公司面临的总体风险相对小些(图 7‑1)。

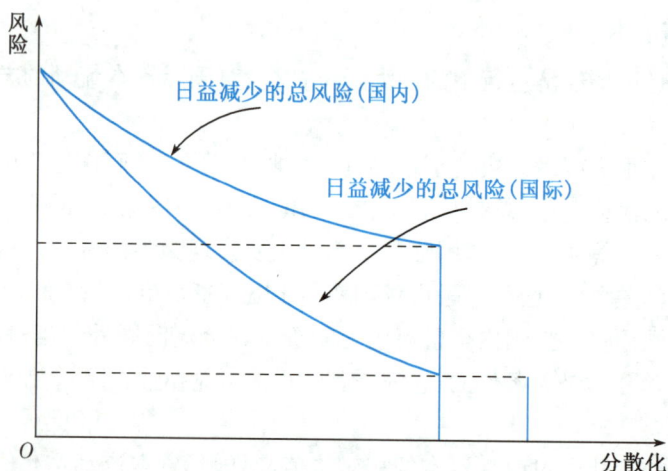

图 7‑1　投资分散化与投资风险

第二节　当代国际资本流动的特征与影响

随着世界经济一体化、国际化的发展,国际资本流动出现了一些新的变化,其对各国经济乃至世界经济产生的影响更加重要。无论是各国政府,还是国际社会,都对国际间的资本流动表现出极大的关注。

一、当代国际资本流动的特征

当代社会是高度货币化的社会,几乎所有的资源配置和社会交易都离不开货币媒介。国际资本流动通常包括国际间的直接投资、权益类证券投资、债券类证券投资和其他投资(如银行贷款等)。进入 21 世纪,国际资本流动增长速度远大于国际贸易增长速度,贸易在前、投资在后的国际经贸传统格局也已经发生了根本性变化,国际资本流动已经成为世界经济发展的主要推动力。当代国际资本流动呈现出以下几个特征。

(一) 国际资本流动规模持续扩大

20 世纪 90 年代后,经济全球化进程加快,国际资本流动规模也迅速扩大。根据联合国贸易与发展组织的《世界投资报告》,仅以国际直接投资为例,2000 年的国际直接投资就创下了历史新高,达到 1.4 万亿美元;虽然经历了 2001 年美国的"9·11"事件、2003 年的伊拉克战争、2008 年的国际金融危机,但国际直接投资在波动中还是呈总体增加趋势,并在 2011 年再创 1.5 万亿美元的历史新高;近十年来,逆全球化倾向有所抬头,特别是新冠疫情的爆发重创了国际经贸往来,而国际资本流动规模持续扩大的趋势依然未变,2012 年后国际直接投资规模持续扩大,截至 2019 年年底,国际直接投资存量已达到 36 万亿美元。

(二) 发展中国家以及新兴经济体是促进国际资本流动的重要力量

2012 年 2 月,联合国贸易和发展会议(UNCTAD)对外正式公布《2011 年外国直接投资检测报告》。报告认为,发达国家、发展中国家以及新兴经济体在 2011 年均实现了吸收外资的全面增长,发展中国家以及新兴经济体仍然是吸收外资的主力军,全面吸收外资规模超过 7 500 亿美元,约占同期国际直接投资的 50%。"9·11"事件、阿富汗和伊拉克两次反恐战争、美国次贷风险引发的国际金融危机,以及欧洲主权债务危机等重挫了国际资本流动的增长势头,但一些发展中国家以及新兴经济体加大资本输出和对外投资的力度,进而成为促进国际资本流动的重要力量。这些发展中国家以及新兴经济体一方面投资于其他发展中国家,在帮助投资对象国加快基础设施建设、加速工业化的同时,也获得了本国经济发展所需要的宝贵资源;另一方面,它们也在发达国家投资办厂,特别是鼓励本国企业在发达国家资本市场挂牌上市和积极开展跨国并购业务,这不仅在很大程度上跨越了发达国家的贸易壁垒,还获得了发达国家的先进技术。另外,一些国际收支出现巨额盈余的发展中国家以及新兴经济体也在增持发达国家的国债,这也有力地促进了国际资本流动。根据国际货币基金组织统计,2014 年后一些发展中国家以及新兴经济体从过去的国际资本净流入国转为国际资本净流出国,其中比较突出的是中国。2015 年前三季度,中国资本流动仍然保持 20 世纪 90 年代以来的资本净输出状态,资本净输出额为 2 120 亿美元,同比上升 38.87%。中国在全球外国投资中的地位不断提高,并且已成为海外最大债权国。

(三) 跨国公司是国际资本流动的主要组织和推动者

跨国公司是指在两个或两个以上国家投资建立生产经营实体,从事国际化生产、销售和其他经营活动的企业。跨国公司凭借雄厚的资金实力、庞大的生产规模、先进的科学技术,以及世界性的销售网络,将其投资和业务渗透到世界各国。在 2008 年国际金融危机爆发前,跨国公司控制全世界对外直接投资累计总额的 90%,其资产总额占世界总产值的 40%;跨国公司的贸易额占世界贸易额的 50%,它们控制全球工业生产技术的 90% 和全世界技术转让的 75%。联合国贸易和发展组织 2012 年公布的报告指出,2011 年跨国公司对外投资规模已超过国际金融危机前的水平,一方面跨国公司的对外直接投资促进了资本跨国流动,另一方面跨国公司的对外间接投资也促进了资本的跨国流动。如今,跨国公司已经成为国际资本流动的主要组织和推动者。

(四) 资产证券化成为国际资本流动的重要形式

伴随着金融创新和金融脱媒浪潮的兴起,国际证券市场迅速发展,资产证券化已经成为国际资本流动的重要形式。根据世界交易所联合会的统计,2010 年在世界最大股票交易所——纽约证券交易所的股票总市值为 133 941 亿美元,到 2017 年已增加到 220 814 亿美元,七年间股票总市值翻了 1.5 倍左右;截至 2020 年年底,全球公开上市股票总市值 1 032 200 亿美元,同比增加 163 200 亿美元。还有统计表明,2020 年全球以美元计价的债券发行总额为 19 100 亿美元,同比增长 56.94%;高收益债券发行总额为 4 410 亿美元,同比增长 42.58%;以欧元计价的债券发行总额为 23 300 亿欧元,同比增长 23.37%。与商业银行贷款相比,资产证券化能够降低国际金融市场门槛,提高国际资本流动的灵活性和流动性,进而有利于加速资本跨国流动和促进世界经济增长。

二、国际资本流动对经济的影响

如前所述,国际资本流动已成为世界经济发展的主要推动力。因此,不论是长期资本流动还是短期资本流动,它们都将对资本输出国、资本输入国和整个世界经济产生多方面的深刻影响。

(一) 长期资本流动对经济的影响

长期资本流动包括直接投资、证券投资和国际贷款。它的流动期限长、资金数量大,其对经济的长期稳定和持续发展有较大的影响。

1. 对资本输出国经济的影响

长期资本流动对资本输出国经济的积极影响主要表现为以下几个方面:

第一,能够提高资本的边际效益。长期资本输出国大多是生产力发达、国内市场竞争激烈、资本相对过剩的国家。在这些国家,资本的边际效益递减,新增投资的预期利润率比较低,如果把预期利润率较低的资本和社会上闲散的资本转移到资本短缺或投资机会较多的国家和地区,就能够提高资本使用的边际效益,增加投资的总收益,为资本输出国带来更多的利润。

第二,可以带动商品和劳务的出口。长期资本流动不是简单的货币资本流动,而是包括货币资本、技术装备和管理经验等在内的生产要素总体转移。例如,到国外去投资办厂不仅需要投入货币资本,而且需要投入工艺技术、生产设备和专家服务。又例如,对外贷款特别是出口信贷,往往是与购买本国成套设备和大宗产品相联系的。因此,长期资本输出有助于扩大输出国的出口规模,推动国内经济的发展。

第三,有助于克服贸易保护主义壁垒。随着国际市场竞争加剧,国际贸易摩擦增多,全球范围内的贸易保护主义倾向日趋明显,严重地威胁了许多国家特别是出口导向国家的海外市场份额。向国外输出长期资本,是跨越贸易保护主义壁垒、维持和扩大海外市场份额的有效途径。为应对全球贸易保护主义和单边主义的挑战,2015 年后中国不断加大对外直接投资的力度。2019 年,中国对外直接投资 1 369 亿美元,仅次于日本,居世界第二;截至 2019 年年底,中国对外直接投资已覆盖全球 188 个国家和地区,并在那建立了

4.4万家企业,这在很大程度上克服了关税壁垒和非关税壁垒,使中国企业能够获得东道国的国民待遇,就近向那里的市场扩张与渗透。

第四,有利于提高国际地位。在当今世界,一个国家在国际社会中的地位越来越取决于该国的经济实力和经济影响力。向国外输出长期资本,一方面可以增强输出国的经济实力,另一方面可以直接影响资本输入国的经济、政治甚至整个社会生活,从而有利于提高输出国的国际地位。日本今天之所以成为世界上最重要的国家之一,这也是与它庞大的对外资本输出不无关系的。2013至2019年中国对"一带一路"沿线国家累计直接投资1 173.1亿美元,这明显提升了沿线60多个国家对中国的认同感,进而有利于提高中国的国际地位。

长期资本流动对资本输出国也有消极的影响,其中主要有以下三个方面:

第一,可能妨碍国内经济的发展。任何一个国家的资本都是有限的,如果长期资本输出过多,就会削弱输出国的国内投资项目和生产部门的资金供给能力,导致就业机会减少、财政收入降低,甚至引起经济衰退和社会动乱。

第二,面临较大的投资风险。海外各国的政治、经济、法律、文化等环境因素十分复杂,而且与国内的环境因素相差甚远。因此,长期资本输出就会面临较大的风险。例如,资本输入国发生政变、爆发内战、实施不利于外资的法令和陷入债务危机等,都可能降低输出资本的安全性,减少输出资本的实际价值和收益。

第三,增加潜在的竞争对手。长期资本流动把大量资金、先进技术装备和现代管理方法带进资本输入国,这对促进资本输入国民族经济的发展,提高其产品的国际竞争能力是有益处的。一旦资本输入国的经济发展起来,产品竞争能力得到提高,它们就可能与资本输出国及其产品在国内外市场上展开竞争,甚至取而代之。日本和亚洲其他新兴国家昔日积极引进外资,今日成为欧美主要发达国家的强劲对手,就是典型的例证。

2. 对资本输入国经济的影响

长期资本流动对资本输入国经济的积极影响主要表现为以下四个方面:

第一,缓解资金短缺的困难。由于经济发展水平低、居民储蓄率不高和其他原因,资金短缺往往是许多国家特别是发展中国家经济发展中的主要困难。通过输入外国资本,可以在短期内获得大量的资金,一方面可以解决资金供不应求的矛盾,另一方面能加大经济建设中的资金投入,从而促进经济的发展。2020年新型冠状病毒在世界范围肆虐,全球投资量下降40%左右,许多经济体的经济增速大幅下降,资源短缺已成为不少国家,乃至世界经济复办的瓶颈所在。同时期,中国改善投资环境,实际使用外资1 443.7亿美元,同比增长6.2%,规模再创历史新高,在很大程度上缓解了资源短缺的困难,在增长和促发展的过程中发挥了重要作用。

第二,提高工业化水平。一国工业化水平的高低,主要体现在产业结构和技术装备两个方面。国际资本行业分布重点从种植业和采掘业转向制造业、银行、金融和保险等资金、知识密集行业,在很大程度上推动了输入国的产业结构升级。同时,资本输出国为充分吸取新技术、新工艺和新产品所能带来的利润,或迎合输入国对外来资本中新技术、新工艺和新产品的偏好,往往以技术入股、技术转让等方式向输入国提供比较先进的技术、工艺和产品,这能够改善输入国的技术装备状况。根据经济日报的报道,2016—2020年,中国制造业利用外资规模年均增长 18.3%,特别是高新技术的产业利用外资的比重不断提升,而且高新技术服务业利用外资的增速明显加大,这加快了工业现代化的进程,使中国跻身为有国际竞争力的制造业大国。

第三,扩大产品出口。发达国家通过资本输出,把劳动、能源和原材料密集的生产工序和一般消费品的生产过程迁往发展中国家和新兴工业化地区,并把在那里生产的许多产品销到本国市场和国际市场,这对扩大输入国的产品出口是有利的。同时,输入国也可利用外资所带来的先进技术和海外销售渠道,提高自己产品的出口创汇能力。1978 年改革开放后,得益于大力引进外资,特别是"三资"企业的积极作用,中国的出口规模迅速扩大。据国家统计局分布的数据,2020 年中国出口总额为 179 300 亿人民币,是 1978 年167.6 亿人民币的 1 070 倍。如今,中国已成为全球第一贸易大国,其出口规模稳居世界各国之首。

第四,创造就业机会。要提供每一个就业机会,就必须有相应的固定资产、流动资金和社会福利。世界上有许多国家因资金积累能力低而人口出生率高,难以创造必要大量的就业机会,现有失业和潜在失业往往成为政府面临的严重问题。资本输入能够为这些国家带来资金、技术、设备和其他生产要素,在较短的时间内创造出较多的就业机会。

长期资本流动对资本输入国经济的消极影响主要有三个方面:

第一,可能损害经济发展的自主性。大量外国资本渗透到国民经济的重要部门,或控制众多的工商企业,或支配着国内资本和外汇市场的供求,都可能使资本输入国丧失民族经济的特色和经济政策的自主权,增加对资本输出国的依赖性。更有甚者,一些资本输出者还利用其强大的经济实力从事动摇资本输入国政府的政治活动。例如,一些国际金融机构在提供国际贷款时,往往附带苛刻的条件,试图左右资本输入国经济发展的方向;一些外国公司还参与了旨在支持资本输入国反政府武装组织的活动。

第二,可能造成沉重的债务负担。资本输入国如果过多地借入国际贷款或发行国际证券,而又不能有效地管理和使用筹集到的外资,很可能出现还本付息的困难,甚至导致债务危机。20 世纪 80 年代初的全球性债务危机,就是一些发展中国家不堪债务负担重压而宣布停止偿付外债引发的。

第三,掠夺资源和挤占市场。资本增值的本性决定了资本对资源和市场的渴求。由于资本输入国经济政策的失误和外资管理的缺陷,外国投资建立起来的经济实体,一方面对当地的自然资源进行掠夺性的开采,另一方面又大举挤占当地的销售市场,使输入国企业生存和发展的空间变得狭小,从而危及输入国经济的正常运行。

3. 对世界经济的影响

长期资本流动对世界经济的影响面较广,其中最引人瞩目的是以下几点:

第一,提高世界的总产量和投资收益率。资本只有在流动过程中才能创造财富、实现增值,而且其流动范围越大,其创造财富、实现增值的能力就越强。因为资本得以在更大范围内优化配置,资本输出所产生的产值和利润一般都大于资本输出国因资本流出而减少的产值和利润,而且资本输出又能推动资本输入国生产力的进步和管理水平的改善,所以,国际资本流动有利于提高世界的总产量和投资收益率,从而成为当代世界经济发展的主要动力。

第二，使国际金融市场日趋成熟。在经济利益的驱动下，国际资本的流量越来越大，它冲垮了民族经济的"栅栏"和金融管制的"壁垒"，使国际金融市场迅速成长起来。首先，资本输出与输入增加了国际间货币资本流动的数额，从而为国际金融市场规模的扩大提供了前提条件。其次，国际资本流动涉及投资、证券、借贷、外汇和黄金等许多方面，这进一步拓宽了国际金融市场的业务范围。最后，随着国际资本流动，各种金融机构也发展起来。它们克服各种困难，建立起自己全球性的经营网络，而且相互间展开激烈的竞争，从而极大地提高了国际金融市场的效率。目前，资本规模大、业务范围广和经营效率高的国际金融中心不断出现，就是国际资本流动的必然结果之一。

第三，加快全球经济一体化进程。全球经济一体化，是指各国经济朝着相互渗透、相互作用、相互竞争和相互依存方向发展的趋势。资本输出与输入带动着各种生产要素和产品在国际间流动，并通过在不同地方投资建厂、销售产品等经济活动，使各国的生产、流通和消费领域相互沟通，进而推动"你中有我，我中有你"的全球经济一体化。欧洲统一大市场（EU）、美加墨自由贸易区（NAFTA）、亚太经合组织（APEC）、东南亚国家联盟（ASEAN）、区域全面经济伙伴关系协定（RCEP），以及正在形成的"一带一路"（B&R）等都是全球经济一体化进程中的重要阶段性成果。这些成果的取得，都与它们内部成员国之间的资本频繁流动密切相关。

（二）短期资本流动对经济的影响

短期资本流动大多表现为国际间的短期资金融通和信用活动。由于流动期限短、变化速度快，它对经济所产生的影响是多方面的，而且比较复杂。择其要者，有以下几个方面。

1. 对国际贸易的影响

国际间的短期资本流动，如预付货款、延期付款、票据贴现和短期信贷等，有利于贸易双方获得必要资金和进行债权债务的结算，从而保证国际贸易的顺利进行。但是，资本在短期内大规模的转移，很可能使利率和汇率出现频繁变动，从而增加国际贸易中的风险。

2. 对国际收支的影响

当一国的国际收支出现暂时性逆差时，该国货币的汇率会下跌，如果投机者认为这种下跌只是暂时的，他们就会按较低的汇率买进该国货币，等待汇率上升后再卖出该国货币，这样就形成了短期资本内流，从而有利于减少国际收支逆差；当一国的国际收支出现暂时性顺差时，该国货币的汇率会上升，如果投机者认为这种上升只是暂时的，他们就会以较高的汇率卖出该国货币，等待汇率下跌后再买进该国货币，这就形成了短期资本外流，从而有利于减少国际收支顺差。由此可见，短期资本流动能够调节暂时性国际收支不平衡。但是，当一国出现持续性国际收支不平衡时，短期资本流动则会加剧这种国际收支不平衡。例如，一国出现持续性逆差，该国货币的汇率便会持续下跌，如果投机者认为汇率还将进一步下跌，他们就卖出该国货币，买入外国货币，从而造成资本外流，扩大该国的国际收支逆差；反之，一国出现持续性顺差，该国货币的汇率便会持续上升，如果投机者认为汇率还将进一步上升，他们就买入该国货币，卖出外国货币，从而造成资本内流，扩大该国的国际收支顺差。

3. 对货币政策的影响

短期资本的流动性强,而且对货币政策的变化十分敏感。当一国政府企图实行货币紧缩政策时,从其他国家抽调而来的短期资本就会降低货币紧缩政策的力度;当一国政府企图实行货币膨胀政策时,从本国抽逃出去的短期资本又会削弱货币膨胀政策效果。一般说来,短期资本的频繁流动不利于维护各国货币政策的独立性和有效性。

4. 对国际金融市场的影响

短期资本流动有利于资金融通,同时还可以转化为长期资本流动,它对国际金融市场的发育和成长有积极的作用。但是,短期资本特别是投机资本在国际间迅速和大规模地流动,会使利率与汇率大起大落,造成国际金融市场的动荡局面。目前,在国际金融市场上存在着数万亿美元的游资,它脱离生产领域,在国际间游来游去,随时可能对资金市场、证券市场、外汇市场和黄金市场形成强大的冲击。

三、对国际资本流动的控制

国际资本流动的规模扩大和速度加快,是当代国际社会发展中最显著的现象之一,它对各国经济和世界经济的发展既可能产生积极的影响,又可能产生消极的影响。因此,各国政府和国际经济组织都希望采取有效的控制手段,促进那些有利的资本流动,限制那些不利的资本流动。

(一) 颁布有关资本流动的政策和法规

各国政府可根据国民经济发展的需要,制定一系列的政策和法规,以引导或控制国际资本流动的方向和规模。根据联合国贸易和发展组织发布的《2019 世界投资报告》,2018年约 55 个国家和经济体出台了至少 112 项影响国际资本流动的政策措施,其中三分之二的政策措施涉及投资自由化和投资便利化,其主要目的是改善投资环境,吸引更多的外来投资;也有一些政策措施涉及对国际资本流动的限制与监管,其主要目的是扼制资本大量外流、规定外资的行业投向,以及防止外资渗透到国民经济的要害部门。

(二) 实行外汇管制

各国政府可对外汇市场进行干预,或实行外汇管制,以限制资本流动,特别是投机性资本流动。2006 年,委内瑞拉在推进国有化过程中实行严格的外汇管制,如对外汇交易和国际资本流动实行审批,限制外汇交易的数量和价格,从而有效地扼制了资本外逃。2019 年,阿根廷中央银行实行了更加严格的外汇管制,如未经政府有关部门批准,不得进行外汇买卖,目的是阻止比索的大幅度贬值和保持必要的外汇储备。

(三) 确立利用外资的适度规模

各国政府可综合考虑国际惯例和基本国情,确定其利用外资的适度规模。例如,利用外资的规模过大,会加重一国还本付息和利润返回的资金压力,甚至还会出现偿还债务的困难,因此政府就有必要强化对资本流动的限制。反之,利用外资的规模尚未达到适度规模,这时政府就可以放宽对国际资本流动的限制,积极引进外来投资。

(四) 加强国际间的政策协调

由于金融交易相对自由和金融市场国际化,大量资本可能因各国经济政策的不协调,而在国际间频繁流动,并对金融市场形成强烈的冲击。特别是在各国政府都强调国内经济政策目标的情况下,国际资本流动往往会受到不对等的待遇和限制,容易引起国家之间的经济纠纷与冲突。因此,加强国际间的政策协调,如对国际资本流动进行联合监管、共同维护金融市场稳定等,具有十分重要的作用。2008 年由美国次贷风险引发的国际金融危机爆发后,美联储、欧洲央行,以及加拿大、英国、瑞士、日本和韩国等多国中央银行于同年 12 月 21 日紧急协调,联手应对,相继降息和注资,努力减轻国际金融市场的震荡。2009 年欧洲主权债务危机爆发后,欧盟、欧洲央行和欧元区各国与美联储,以及国际货币基金组织多次联手救援,成功地避免了欧元区的解体。2020 年年初,世界银行与七国集团轮值主席国美国、二十国集团轮值主席国沙特阿拉伯,以及国际性开发银行密切合作,支持对全球新型冠状病毒的流行做出协调性反应。世界银行与国际货币基金组织于 2020 年 3 月共同发出呼吁,提请债权国暂停最贫困国家的双边债务偿还,以确保负债国拥有应对疫情所需要的流动性。二十国集团财长随后批准了"暂缓最贫困国家债务偿付倡议",世界银行还牵头九个国际性开发银行制定了响应该倡议的行动方案,以确保受益国有资金净流入,使其有能力应对新型冠状病毒疫情。

(五) 发挥国际金融机构的作用

虽然布雷顿森林体系崩溃了,但旨在维护世界金融秩序的国际货币基金组织依然还在发挥不可忽视的作用。按照《国际货币基金协定》第一次修正案第六条第一款第一项的授权,国际货币基金组织可以在资金融通、利率与汇率安排等方面对会员国的货币政策施加影响,进而达到管理国际资本流动的目的。像世界银行、国际清算银行和美洲开发银行等国际金融机构,也可以利用其经济实力和政治影响,为国际金融市场的稳定做出积极贡献。2015 年 7 月金砖国家新开发银行正式开业。2016 年 1 月,由中国倡议设立、57 国共同组建的多边金融机构亚洲基础设施投资银行正式开业。金砖新开发银行和亚洲基础设施投资银行是当代国际金融机构体系的重要组成部分,将有力促进国际资本流动,有利于发展中国家经济发展和全球经济增长。从过去的实践看,国际货币基金组织和世界银行等国际金融机构在管理国际资本流动方面发挥了积极作用,但由于美国金融霸权和管理效率等原因,这些国际金融机构所发挥的作用还是有限的,还需要坚持"公平、公正、包容、有序"的原则,全面深化银行治理和业务发展等方面的改革与开放。

第三节　跨国公司投融资管理

跨国公司是指在两个以上国家或地区投资建立生产经营实体,从事国际化生产、销售和其他经营活动的企业。跨国公司的地理分布广、海内外分支机构多、所处环境复杂,有效的投融资管理不仅对跨国公司全球利润最大化具有重要意义,还会在很大程度上决定国际资本流动的方向和规模。特别是随着经济全球化步伐加快,跨国公司已成为国际资本流动的主要组织者和推动者。通常,跨国公司投融资管理的重要内容包括母公司与海外分支机构之间的投融资管理决策权配置、海外分支机构的资金来源与供应,以及海外分支机构的资金返回策略和利润规划等。

一、跨国公司的基本内涵

(一) 跨国公司的主要类型

从不同的角度,可把跨国公司分为不同的类型。例如,跨国公司可被分为以经济资源为主的公司,其主要涉及种植业、采矿业和石油开采业等生产经营活动;以加工制造为主的公司,其主要涉及零部件加工和机器设备制造等生产经营活动;以提供劳务为主的公司,其主要涉及向市场提供技术维护、信息服务、营销方案和管理咨询等劳务。

按照产业经济学理论,特别是随着跨国公司生产经营多元化,专家学者更多地按照公司的经营结构,把跨国公司分为横向型跨国公司、垂直型跨国公司和混合型跨国公司三大类。

1. 横向型跨国公司

此类公司主要从事单一产品的生产经营,母公司和分支机构之间很少有专业化分工,但跨国公司内部转移生产技术、销售技能和商标专利等无形资产的数额较大。例如,世界著名的瑞士雀巢食品公司在 50 多个国家或地区设立了一百多家分支机构。虽然该公司也收购了一些国外旅馆和药品公司,但它的绝大多数海外分支机构仍是生产、经营速溶饮料和乳制品等食品。瑞士雀巢食品公司在其内部转移食品加工技术和雀巢商标权,并以此形成了强大的国际竞争优势。

横向型跨国公司的主要特点:一是地理分布广,即在不同国家或地区设立分支机构和其他附属机构,在当地生产产品和供应目标市场;二是有内部转让系统,即生产和经营同类产品的海内外分支机构,如子公司和分公司等相互转让生产要素,进而形成跨国公司的内部转让系统。跨国公司的地理分布广有利于克服贸易保护主义壁垒,在维持原有国际市场份额的同时,进一步拓展新的国际市场。通过内部转让系统,跨国公司可以在众多分支机构之间优化资源配置,并且较好地规避公开市场交易缺陷。对于产品单一、经济实力不强,以及国际化生产经营历史不长的企业来说,组建横向型跨国公司是一种较好的选择。

2. 垂直型跨国公司

此类公司按其经营内容又可进一步分为两种类型:一是跨行业的垂直型跨国公司,即母公司和分支机构虽然处于不同行业,但却生产或经营相互有关的产品,其主要涉及原材料、初级产品的生产与加工行业。例如,美国美孚石油公司在全球从事石油和天然气的勘探和开采,以管道、油槽和车船运输石油和天然气,通过炼油厂从原油中提炼出最终产品,而且还销售数百种石油衍生产品。二是同一行业的垂直型跨国公司,即母公司和分支机构虽然处于同一行业,但生产或经营不同加工程度或工艺阶段的产品,主要涉及汽车、电子等专业化分工水平较高的行业。例如,法国雪铁龙汽车公司在全球设立一百多家分支机构,分别从事铸模、铸造、发动机、齿轮、减速器、机械加工、汽车组装和销售等业务,以此实现了垂直型的生产经营一体化。

垂直型跨国公司的主要特点是:其所涉及行业或产品是多元化的,而且这种多元化具有规定性,即跨国公司的母公司和分支机构虽然处于不同行业,或生产不同产品,但它们在统一的生产过程中会产生相互衔接的纵向联系,如一个分支机构的产出就是另一个分支机构的投入,这样就使跨国公司从原材料供给到产品销售的整个生产过程不会因外界因素而中断,又可以通过内部转让系统降低中间产品及其交易的成本和风险。组建垂直型跨国公司,需要有较强的经济实力和较高的管理水平,往往是大型企业跨国经营的较好选择。

3. 混合型跨国公司

此类公司在全球经营多种产品,即母公司和分支机构生产不同的产品,经营不同的业务,而且它们的生产经营活动关联度不高,或没有必然联系。例如,日本三菱重工业公司的生产经营横跨不同行业,其母公司和分支机构向全球提供汽车、造船、通用机械、建筑机械、发电机、钢构件、化工品以及飞机制造等多样化的产品与服务。

混合型跨国公司的主要特点是:其所涉及行业或产品是多元化的,而且这种多元化并不要求相关行业或产品之间有相互衔接关系。混合型跨国公司虽然不能获得横向型跨国公司的竞争优势,也不能获得垂直型跨国公司特有的竞争优势,但混合型跨国公司也有自己的竞争优势。例如,混合型跨国公司把没有联系的各种产品及其相关行业组合在一起,可以起到“东方不亮西方亮”或“不把全部鸡蛋放在一个篮子里”的分散化组合效果,从而降低其所面临的总体风险;混合型跨国公司的行业和产品“纵横交错”,有利于在海内外跨行业并购,加强资本和生产的集中度,扩大公司的经营网点和经济规模,进而使跨国公司能够比较灵活地捕捉扩张和发展的机会。组建混合型跨国公司,对于产品多样化、跨行业和规模大的跨国经营企业来说,是一种较好的选择。

(二) 跨国公司的主要特征

虽然可以被分为不同的类型,但跨国公司作为从事全球性生产经营活动的企业,它们是有一些共同特征的。在与国内企业的比较中,跨国公司的共同特征能够充分显示出来,其主要表现在战略目标、运行机制、地理分布、治理结构和涉外经济活动这五个方面。

1. 战略目标

国内企业的战略目标是以国内市场为导向的,它们偏重于在本国范围内有效地组织生产经营,以实现企业利润最大化。跨国公司的战略目标是以国际市场为导向的,即公平地看待国内外市场,在世界范围内以最低的价格获取所需要的生产要素,以最有效的方式组织生产经营,以最经济的手段推销产品,以最小的风险展开市场竞争,从而实现公司全球利润最大化。

2. 运行机制

国内企业通常是把生产经营的所有阶段(研究开发→投资建厂→生产制造→销售产品)放在国内进行的,至多也主要是把生产经营过程中的最后阶段——销售产品阶段部分地放在海外进行,其运行机制基本上是内向、封闭型的。跨国公司以整个世界为自己的生产经营范围,它通常是把生产经营过程的所有阶段都部分或全部地放在海外进行,其运行机制基本上是外向、开放型的。

3. 地理分布

国内企业很少或几乎没有在海外投资建立由自己直接控制的子公司、分公司以及其他分支机构,其地理分布十分狭小。跨国公司则在海外投资建立起为数众多的,且由自己直接控制的子公司、分公司以及其他分支机构,其地理分布十分广阔。

4. 治理结构

国内企业的治理结构是向国内业务管理倾斜的,它的重要岗位和权限都主要集中于国内部门,而从事国外业务管理的部门则数量不多、权力有限,其在国内企业治理结构中处于次要地位。与之相适应,国内企业的涉外经济活动大多是以契约为基础的,而不是对海外分支机构的生产经营实行直接管理与控制。跨国公司的治理结构则带有浓厚全球性色彩,即从事国内外业务管理的部门在跨国公司治理结构中占有同等地位,跨国公司重要岗位和管理权限的配置没有对国内部门或国外部门的歧视,而是取决于实现公司全球利润最大化的需要。

5. 涉外经济活动

国内企业的涉外经济活动主要是从事商品出口或劳务输出,而不是主要地在海外投资建立生产经营实体;而跨国公司的涉外积极活动则是在海外全面开展资本、商品、人才、技术、管理和销售等生产经营活动,并且这种全面的生产经营活动是在母公司控制之下进行的,其海外分支机构也像东道国企业一样参加与所在国的再生产过程。国内企业的对外经济关系是松散的,且有较大偶然性,其涉外经济关系往往在一些经济交易完成后就立即终止;而跨国公司的对外经济关系则是紧密的,且有其必然性,如在国际分工协作基础上,跨国公司海内外分支机构的生产经营是相辅而成,甚至是融为一体的。国内企业的许多涉外经济活动是以国际市场为媒介的,交易对方往往是与自己没有紧密联系的另一家企业;而跨国公司的许多涉外经济活动则是在公司内部(母公司与分支机构之间、分支机构与分支机构之间)进行的,其交易过程中往往没有外部企业参加。国内企业是以产品出口作为向海外扩张的主要手段;而跨国公司则是以直接投资作为向海外扩张的主要手段。

(三) 跨国公司的组织架构

作为在两个以上国家或地区投资建立生产经营实体,从事全球性生产、销售和其他经营活动的企业,跨国公司建立起由母公司和众多海外分支机构组成的组织架构。母公司通常位于跨国公司总部所在国,海外分支机构分布在两个以上的国家或地区,主要包括子公司、分公司和避税港公司等海外生产经营实体。

母公司,是指拥有直接投资,并对接受投资的经济实体进行控制的公司。它是在本国政府机构注册的法人组织,负责组织和管理跨国公司在海内外的全部生产经营活动。

子公司,是指在法律上独立于母公司,但在实际上受制于母公司的经济实体。海外子公司是在外国政府机构注册的法人组织,具有较强的独立性。例如,海外子公司有自己的公司名称和章程,有自己的股东大会和董事会,有自己的财产和资金,需要编制独立的资产负债表,并可以在较大程度上对子公司的生产经营进行决策和管理等。

分公司,是母公司在海外的延伸部分。海外分公司没有自己的公司名称和章程,其所有权归属于母公司,资产和负债列入母公司的资产负债表,日常的生产经营直接受母公司控制。实际上,海外分公司只是受托代表母公司在海外国家或地区从事生产经营的非独立经济实体。

避税港公司,是指跨国公司利用某些国家或地区对其境内的公司所得实行免税或低税的优惠政策,而在那里设立的分支机构。避税港公司一般不进行实际生产经营活动,而只是根据跨国公司投融资管理的需要进行全球性的资金汇集、拨付以及税收与利润规划等,常被称为"纸上公司"(Paper Corporation)。例如,跨国公司可将部分利润从高税率国家转移到免税或低税率国家的避税港公司,以达到"合理避税"的目的。

二、公司投融资管理决策权配置

与计划、组织、控制等职能部门一样,投融资管理部门在发挥作用时,也面临着决策权的配置问题,即是把投融资管理决策权较多地集中在母公司,还是把投融资管理决策权较多地分散到包括子公司、分公司和避税港公司等海外分支机构。一些专家认为,海外分支机构的生产经营都是为实现跨国公司全球利润最大化服务的,因此投融资管理决策权应集中于母公司,以便在全球范围统一调度和使用资金。另一些专家认为,海外国家或区域的经营环境复杂,特别是海外金融市场供求关系千变万化,只有授予海外分支机构较多的投融资管理决策权,才能使跨国公司因地制宜地在全球范围融通资金,并从整体上提高资金的使用效益。

大量实践表明,跨国公司投融资管理决策权的集中与分散各有利弊,而且投融资管理决策权集中与分散所产生的利弊往往互为反正。因此,有必要对跨国公司投融资管理决策权集中于母公司的利弊进行分析。

(一) 投融资管理决策权集中于母公司的优点

1. 有利于发挥母公司财务专家的作用

跨国公司,特别是历史悠久和规模大的跨国公司,其母公司往往设立在人力资源丰富的发达国家,能够比较便利地以高薪聘请到优秀财务专家。把投融资管理决策权集中于母公司,能够充分发挥优秀财务专家的智慧和才干,进而提高跨国公司的投融资管理水平和加强母公司对海外分支机构的控制。

2. 有利于获取资金调度和运用的规模经济效益

母公司以全球利润最大化为战略目标,了解不同国家和地区的金融市场行情,而且有较高的商业信誉,由母公司统筹海外分支机构的资金调度与运用,就可以在环境较好的金融市场上,以适当的方式和较低的成本获得大量资金;就可以简化海外分支机构之间资金调度的程序,降低海外分支机构的资金成本;还可以对海外分支机构暂时闲置的现金进行集中管理,以金额较大和期限较长的现金存款或资金拆借等方式增加利息收入,进而获取资金调度和运用的规模经济效益。

3. 有利于满足海外分支机构对资金的不同需求

海外分支机构所在地金融市场的融资条件不同、市场环境有好有坏,特别是海外分支机构的资金需求也会因生产经营状况差异而有所不同。如果仅局限在分支机构所在地金融市场,仅依靠自身力量筹措资金,海外分支机构的资金需求就难以得到满足。跨国公司将投融资管理决策权较多地集中在母公司,可以在全球范围内有所选择且能及时地为海外分支机构筹措低成本资金;可以有效调剂各分支机构的资金余缺,优化公司内部的资金配置;还可以加强对分支机构生产经营的管理与控制。

4. 有利于克服外汇风险

海外分支机构在生产经营中大多使用东道国货币,而且东道国是发展中国家的外汇市场,往往规模较小和交易品种单一。因此,海外分支机构在生产经营以及与母公司财务往来中会经常面临外汇风险,同时海外分支机构克服外汇风险的能力也十分有限。将投融资管理决策权较多地集中于母公司,跨国公司就可以凭借母公司优秀财务专家的智慧和才能,灵活调整海外分支机构的外币种类和结构,并且在国际外汇市场上进行外汇交易和套期保值,进而减少外汇风险对公司造成的经济损失。

(二) 投融资管理决策权集中于母公司的缺点

1. 容易挫伤海外分支机构经理的积极性

投融资管理决策权是跨国公司向海外分支机构经理授权的重要组成部分,特别是投融资管理决策权大小对海外分支机构的生产经营和经济利益都有较大影响。通常,投融资管理决策权集中于母公司会在一定程度上削弱海外分支机构经理的生产经营自主权,也会影响他们的财物支配权和自身经济利益,这容易使分支机构经理消极怠工,甚至对母公司抱有不满情绪。

2. 容易损害海外分支机构与东道国居民的关系

海外分支机构所在国居民直接参与分支机构的生产经营活动,特别是所在国居民还可能是分支机构的股东或投资者。跨国公司是以其全球利润最大化为战略目标的,投融资管理决策权集中于母公司,就可能忽视海外分支机构的具体情况和直接利益,特别是损害来自东道国的员工、股东和投资者的切身利益,进而会引起他们对跨国公司海外分支机构的强烈不满。

3. 容易造成跨国公司与东道国政府之间的摩擦

跨国公司将投融资管理决策权集中在母公司,就可以通过内部调拨和转移价格等手段,在海外分支机构之间调剂原材料、零部件、机器设备以及知识产权等生产要素,并且将海外子公司和分公司的资金和利润转移至"避税港公司",以绕过东道国政府政策法规的限制,达到逃避东道国的关税和所得税的目的。这一切都会造成跨国公司与东道国政府之间的摩擦,甚至导致东道国对跨国公司的严厉打击。

4. 容易增加海外分支机构经营业绩考核的困难

由于跨国公司实行集中的投融资管理,一些海外分支机构迫于母公司的压力,就不得不放弃东道国市场上的机遇或牺牲自己的经济利益,以服从跨国公司全球利润最大化的需要;而另一些分支机构却因跨国公司全球利润最大化的需要,能够低成本或无偿地获得母公司和兄弟姐妹子公司或分公司的各种支持,获得本不属于它们的"良好经营业绩"。这样,跨国公司就难以真实、公平地考核海外分支机构的经营业绩,并根据它们对跨国公司全球利润最大化的实际贡献进行合理奖励。

(三) 专家的观点与建议

如前所述,跨国公司投融资管理决策权是集中在母公司还是分散在海外分支机构,各有利弊，且难有定论。以罗宾斯和斯托鲍夫（Robbins and Stoubaugh,1988）为代表的许多专家学者对跨国公司投融资管理决策权的配置进行了调查研究。他们提出的观点与建议值得借鉴。

小型跨国公司因母公司缺乏足够的资金来源和优秀的财务专家，往往较多地把投融资管理决策权交给海外分支机构经理，实行分散化的投融资管理。因此，海外分支机构在财务上是相对独立的，它们要靠自己筹集生产经营所需要的资金，并且有较大的自主权调度和运用资金。

中型跨国公司拥有较强的经济实力和较多的优秀财务专家，大多实行相对集中的投融资管理。通常，母公司通过政策指导、下达命令、信息交流以及规定的报告程序，统一管理和协调海外分支机构的投融资活动。

大型跨国公司资金雄厚，拥有大批优秀财务专家，母公司往往倾向于实行高度集中的投融资管理。但因其产品种类多、地区分布广和所处经营环境复杂，大型跨国公司实际上较多地实行集中与分散相结合的投融资管理。在这些公司，母公司的财务专家只是向海外分支机构提供指导、咨询和信息；在不违背跨国公司整体利益的前提下，海外分支机构经理根据所在地具体情况进行日常的投融资管理。

除跨国公司规模外，跨国公司的股权结构和技术水平也会对投融资管理决策权的配置产生影响。如果海外分支机构大多是跨国公司独资经营的，那么跨国公司的投融资管理决策权就会相对集中；如果海外分支机构大多是跨国公司与东道国企业合资经营的，那么跨国公司的投融资管理决策权就会相对分散。在技术含量较高的跨国公司，母公司大多把主要精力放在技术研发与应用方面，因此会倾向于分散投融资管理决策权；在技术含量较低的跨国公司，母公司大多重视投融资管理效能的提高，因此会倾向于集中投融资管理决策权。

由于管理理念的差异及其影响，欧洲跨国公司的母公司与海外分支机构之间存在比较浓厚的"母子关系"，因此欧洲跨国公司的投融资管理决策权主要集中在母公司，即由母公司统一管理和协调海内外投融资活动，海外分支机构的投融资管理决策权则相对有限。而美国跨国公司比较强调发挥海外分支机构的积极性，其母公司一般不直接对海外分支机构的投融资实行集中管理，它们大多是通过间接指导和干预的方法对海外分支机构的投融资管理施加影响。

有迹象表明，随着经济全球化步伐的加快，特别是国际市场竞争加剧，越来越多的跨国公司在资金返回、转移价格、专利费、管理费、税收规划等涉及公司整体利益等方面的投融资管理决策权趋于集中，而在筹措资金、原材料采购、生产制造以及产品营销等接近东道国市场前沿等方面的投融资管理决策权则趋于分散。

在实践中，跨国公司投融资管理决策权的配置既不能走极端，也不能一成不变，而是应该根据海内外生产经营的要求和所处经营环境的变化，在集中与分散之间做出理性选择，并随着时间的推移，对投融资管理决策权的配置进行动态调整。

三、海外分支机构的资金来源

跨国公司的地理分布广、产品种类多，而且面临复杂的经营环境，这都决定了它必须向全球性生产经营过程投入大量资金。例如,国际间的产品运输、库存保管、消费信贷、销售促进等业务的资金开支大,占用时间长;为捕捉海外国家或地区的市场机遇,特别是克服贸易保护主义壁垒,跨国公司还要投入大量资金在海外国家或地区建立生产经营实体。因此,跨国公司投融资管理的重要职能之一就是寻找各种资金来源,以较小的成本和风险保证海外分支机构的资金供应。

充分认识可供选择的资金来源,是跨国公司及时并且以较低成本向海外分支机构提供资金的必要前提。跨国公司的资金来源是多样化的,可主要分为公司内部资金和公司外部资金两大类。

(一) 公司内部资金

公司内部资金主要是由跨国公司母公司和分支机构提成的折旧费和未分配利润构成。跨国公司母公司完全拥有公司内部资金,且能够自由支配,这是海外分支机构的重要资金来源。在生产经营国际化的初始阶段,海内外分支机构,如子公司和分公司生产经营所需的资金大多来自公司内部资金。

1. 投资入股

母公司利用内部资金,主要是将未分配利润作为向海外分支机构的投资入股,一方面向海外分支机构提供生产经营所需要的资金,另一方面能获得对海外分支机构的控制权,还能够按投资大小获取股权收益。

2. 提供贷款

母公司利用内部资金,直接或间接地向海外分支机构提供贷款,以满足它们生产经营对资金的需求。同时,母公司向海外分支机构提供贷款,可以减少海外分支机构在东道国的税负,因为大多数国家在计征税收时,都是把利息支出算作融资成本从盈利中减去的。

3. 财务往来账款

跨国公司的内部财务往来账款也可以成为海外分支机构的资金来源。例如,海外分支机构应向母公司支付的管理费、专利费、技术转让费、股息和利息等应付款项,在没有实际支付前都构成对跨国公司的资金占用,相当于从母公司获得了短期和无息的贷款。母公司要求以低于市场价格,甚至以低于成本的转移价格为海外分支机构调拨生产资料和零部件,以减少海外分支机构的资金支出,这也能达到向海外分支机构提供资金的效果。

4. 赠予和转让

跨国公司内部的赠予和转让既包括资金也包括实物,而且往往是无偿、单方面的。母公司向海外分支机构赠送款项、转让实物,在客观上增加或节约了海外分支机构的资金。一般来说,海外独资的分支机构比较容易得到母公司的赠予和转让。

(二) 公司外部资金

随着国际资本流动规模迅速扩大和生产经营国际化深入发展,跨国公司的内部资金已不能满足海外分支机构生产经营对资金的需求,公司外部资金已逐步成为跨国公司筹集资金、保证海外分支机构资金供应的重要来源。公司外部资金可分为来自母国的资金、来自东道国的资金、来自第三国的资金,以及来自国际金融机构的资金。

1. 来自母国的资金

母国通常是指跨国公司注册地或母公司所在的国家。跨国公司熟悉母国的政府机构和金融市场，并与母国的金融机构保持广泛联系，因此能够比较便捷地从母国筹集海外分支机构所需要的资金。例如，母公司或海外分支机构可以以比较优惠的条件，从母国的商业银行等金融机构获得贷款；可以通过投资银行、信托机构和证券公司等，或自己直接在母国金融市场上发行股票和债券；还可利用母国政府鼓励对外投资和商品出口的专项资金等为海外分支机构提供资金。

2. 来自东道国的资金

当跨国公司内部资金和母国资金来源不能满足海外分支机构的资金需求时，特别是当东道国的融资环境较好和资金成本较低时，跨国公司便会在东道国筹措资金。例如，海外分支机构可以从东道国的政府、商业银行和其他金融机构获取贷款；可以在东道国金融市场上发行股票和债券；可以在东道国寻求当地投资者。另外，跨国公司的海外分支机构还可以从母国对东道国的资金援助项目中取得资金，因为一些发达国家对发展中国家资金援助中的一部分往往是指定用于支持本国跨国公司设在发展中国家的分支机构的。

3. 来自第三国的资金

来自第三国的资金渠道多、融资规模大，可以为跨国公司提供大量资金和选择机会，如欧洲货币市场已成为第三国资金的主要来源地。欧洲货币市场是指在某种货币的发行国外，进行该货币储存和贷放的市场。在欧洲货币市场上交易的货币主要是美元、欧元、英镑和日元等可以自由兑换的货币。欧洲货币市场还包括短期资金市场、长期资金市场和证券市场。短期资金市场，主要是指一年以下的银行借贷市场和银行同业拆借市场。长期资金市场，主要是指一年以上的放款市场，涉及商业信贷、出口信贷、政府贷款和混合贷款等。证券市场，主要是指在某种货币发行国外，以该货币为面值发行债券的市场。由于海外分支机构对可自由兑换货币的需求和海外直接投资对中长期资金的需求都比较大，跨国公司已成为欧洲货币市场的主要参与者。

4. 来自国际金融机构的资金

一些跨越政治疆域的国际金融机构出于不同目的，也能够为海外分支机构的工程建设、设备采购、生产制造和其他生产经营活动提供资金。按照规定和要求，跨国公司可以从国际金融机构获取全球性生产经营所需要的资金。目前，比较重要的国际金融机构包括世界银行、国际开发协会（International Development Association）、国际金融公司（International Finance Company）、美洲开发银行（Inter-American Development Bank）、欧洲投资银行（European Investment Bank）、亚洲开发银行（Asia Development Bank），以及金砖国家新开发银行（New Development Bank）等。

四、海外分支机构的资金供应

跨国公司通过多种资金来源，以不同方式向海外分支机构供应生产经营所需要的资金，这有利于为跨国公司提高投融资管理绩效提供各种机遇，而且也会增加跨国公司投融资管理的复杂性。在有效利用各种资金来源的同时，如何正确选择向海外分支机构供应资金的方式,这是跨国公司提高投融资管理绩效的关键所在。

通常,母公司向海外分支机构供应资金的方式主要有三种:一是投资入股,即母公司向海外分支机构投资入股,跨国公司的收益主要是股息;二是资金借贷,即母公司向海外分支机构提供贷款,或海外分支机构从其他渠道借款,跨国公司或债权人的收益主要是利息;三是公司内部调拨,如通过跨国公司内部的技术转让、财务往来款项和转移价格等,间接向海外分支机构提供资金,跨国公司的收益主要是转让费和管理费等。

跨国公司选择哪一种资金供应方式向海外分支机构提供资金,这主要取决于各种资金供应方式的融资成本。但是,由于国际经营环境复杂多变,跨国公司的选择还会受到非融资成本因素的影响,如跨国公司的经营目标、技术水平、资金来源、不同国家的税收政策和外汇管制,以及东道国的政治稳定性和国际收支状况等,都会对跨国公司选择向海外分支机构的资金供给方式产生影响,有时这些非融资成本因素还可能产生决定性影响。

(一) 选择投资入股方式

母公司利用内部资金,主要是将未分配利润向海外分支机构投资入股。其主要优点是:有利于降低海外分支机构资金供应的成本,提高海外分支机构的负债能力,加强对海外分支机构的控制。其主要缺点是:容易遭受东道国的歧视性政策、资金返回限制和外汇风险所造成的经济损失。

(二) 选择资金借贷方式

跨国公司利用内部资金,向海外分支机构提供贷款;或海外分支机构从母公司所在国、东道国和第三国的金融机构获得贷款。其主要优点是:海外分支机构从母公司获得贷款,或有选择性地从母公司所在国、东道国和第三国的金融机构获得贷款,能够以较低的成本以及相对优惠的条件获得生产经营所需要的资金;因为贷款所支付的利息可从海外分支机构的纳税基数中减去,所以选择资金借贷方式能够减轻海外分支机构的纳税负担;东道国政府通常不限制海外分支机构还本付息的资金流动,因此选择资金借贷方式有利于海外分支机构规避东道国政府对资本流动的管制;在东道国金融机构获得贷款,海外分支机构所面临的政治风险和外汇风险比较小。其主要缺点是:资金借贷属于债务融资,不利于母公司加强对海外分支机构的控制;东道国金融机构的资金供给有限,往往不能满足海外分支机构的资金需求;从东道之外的金融机构获得贷款,海外分支机构会面临较大的外汇风险。

(三) 选择公司内部调拨方式

跨国公司主要采用其内部的技术转让、财务往来款项和转移价格等手段,向海外分支机构提供资金,或节约海外分支机构的资金支出。其主要优点是:母公司能够灵活地在公司内部调拨资金,有利于海外分支机构降低资金成本、防范外汇风险、避开东道国对资金返回的限制,以及减少关税和所得税的负担。其主要缺点是:受跨国公司规模和实力的制约,公司内部调拨能够向海外分支机构提供的资金有限;公司内部调拨容易引起海外分支机构与东道国政府,或海外分支机构与当地居民之间的利益冲突;公司内部调拨还会加大母公司对海外分支机构经营业绩考核的难度。

五、海外分支机构的资金返回策略和利润规划

跨国公司采用各种方式向其海外分支机构提供生产经营所需要的资金,是为了所投入资金的较大增值和顺利返回,进而实现其全球利润最大化。因此,跨国公司投融资管理不仅主要涉及公司投融资管理决策权配置、海外分支机构的资金来源和资金供应,而且还涉及海外分支机构的资金返回策略和利润规划。

(一) 资金返回策略

资金返回策略是跨国公司指定的海外分支机构向母公司返回资金的原则和程序。通常,海外分支机构向母公司返回的资金主要包括管理费、技术转让费、专利费、贷款利息和股息红利。

跨国公司的资金返回策略受到诸多因素影响,如跨国公司的生产经营目标、东道国的市场机遇、海外分支机构的资金来源状况、海外分支机构再投资的需要、货币兑换的汇率和成本、东道国的政治经济形势、东道国的税收结构、东道国政府对资金返回的限制以及海外分支机构在东道国的形象等。

由于生产经营目标和所处经营环境不同,每家跨国公司的资金返回策略都有其侧重点或独到之处。但大量研究文献和实际调查表明,跨国公司的资金返回策略还是有共性可循的,主要有以下几个方面:

(1) 在政治动荡不安、经济发展不稳定国家的海外分支机构,可加快向母公司返回资金的速度,并且尽量缩短返回资金的期限,以避免系统性风险,特别是政治风险造成的损失。

(2) 对于目标市场前景看好、富于增长潜力的海外分支机构,可允许它们适当延长向母公司返回资金的期限,以从资金上支持海外分支机构扩大生产经营规模和捕捉市场机遇。

(3) 对于趋于成熟或生产经营期限将满的海外分支机构,可要求它们加快向母公司返回资金的速度,并且增加每次返回资金的数量,以防止在分支机构生产经营终止时,突发性资金大量返回可能面临的利益冲突和政府限制。

(4) 在税率较高但对利润再投资实行免税的东道国,海外分支机构可放慢向母公司返回资金的速度,并且减少每次返回资金的数量,以规避将利润返回母公司所要承受的纳税负担。

(5) 在有货币贬值趋势且资金返回不受限制的东道国,海外分支机构可加快向母公司返回资金的速度,增加每次返回资金的数量,并及时将东道国货币转换为硬通货币或母公司所在国货币,以减少东道国货币贬值造成的损失。

(6) 在民族主义情绪高涨、资金十分短缺的东道国,海外分支机构可适当放慢向母公司返回资金的速度,减少每次返回资金的数量,以缓解海外分支机构与东道国政府和居民之间的摩擦,或塑造海外分支机构在东道国的良好公众形象,或继续保持,甚至加强海外分支机构与东道国政府的合作关系。

另外,针对海外分支机构生产经营的具体情况,母公司在制定资金返回策略时,还需考虑返回资金的性质,如技术密集型跨国公司通过海外分支机构返回管理费、技术转让费所获得的资金可能会多于海外分支机构返回股息红利的资金等。

(二) 利润规划

利润是衡量任何经济活动成功与否的主要指标之一。因此,对海外分支机构进行利润规划也是跨国公司投融资管理的重要内容。跨国公司从事全球性生产经营,面临复杂的经营环境,这既增加了利润规划的难度,也为利润规划创造了空间与条件。通常,跨国公司的地理分布越广,海外分支机构越多,跨国公司的利润规划也就越重要。

跨国公司进行利润规划,主要是为减少海外分支机构利润的跨国调度和归集过程中可能面临的风险和税负。有许多跨国公司采用汇集海外利润(收益和股息)的利润规划策略,即要求海外分支机构将其部分利润或可存放收益汇集到母公司,或汇往避税港公司。避税港公司是跨国公司设在政治稳定、税率很低、外汇风险较小、资本自由流动国家的,专门从事利润存放和拨付资金的下属公司。跨国公司利用汇集起来的利润和可存放收益,一方面向持股人发放股息,另一方面向具有较大发展潜力的海外分支机构提供资金。

还有一些跨国公司要求海外分支机构按照利润规划,将一定比例的收益定期汇往母公司或母公司指定的地点,其主要目的是加强对海外分支机构的控制。母公司财务经理认为,通过利润规划,可保证跨国公司海外收益的正常返回。如果海外分支机构违反了利润规划,这不是说明分支机构因东道国的有利因素而扩大了在东道国的投资,就是说明分支机构面临了新的问题或挑战。母公司财务经理还认为,通过利润规划,跨国公司还能够在母公司或避税港公司集中必要大量的利润资金,可以自主地向股东发放股息或进行投资。但也有母公司财务经理认为,要求海外分支机构按规定的比例,将其全部收益的一部分汇往母公司或母公司指定的地点,这会降低海外分支机构生产经营的灵活性,甚至会引起海外分支机构与东道国政府之间的冲突,以及海外分支机构与母公司之间的摩擦,而这是有损于跨国公司整体利益的。

越来越多的跨国公司倾向于采用富有弹性的利润规划。采用富有弹性的利润规划,跨国公司不再硬性规定海外分支机构收益返回的比例、时间和地点,而是根据生产经营目标的要求,综合考虑海外分支机构的资金需求与供给、向分支机构供应资金的可能性、海外分支机构面临的外汇风险,以及东道国对利润返回的税收和限制等因素,灵活地进行利润和可存放收益的汇集、分配和投放。可以认为,在国际市场竞争日趋激烈的未来,富有弹性的利润规划将成为跨国公司在全球范围调度、使用和投放利润资金的重要选择。

第四节 国际资本流动理论

国际资本流动理论是国际金融理论的一个重要组成部分,旨在说明国际资本流动的原因、方式和影响。长期以来,西方学者采用宏观结构分析和微观行为分析的方法,从不同角度对国际资本流动现象进行了深入研究,已经提出许多不尽相同的理论观点。本节将择其要者,做专门评价。

一、国际资本流动的一般模型

国际资本流动的一般模型亦称为麦克杜格尔模型。麦克杜格尔(G. D. A.

Macdougall)较早地从经济学角度对国际资本流动的原因及其影响做了出色的分析[①],后来肯普(M. C. Kemp)又对他的分析做了进一步完善,从而形成了国际资本流动的一般模型。这个模型的内涵和分析方法都属于古典经济学派,并且从经济理论上为后来的研究奠定了重要基础。

麦克杜格尔和肯普认为,国际资本流动的原因是各国利率和预期利润之间存在着差异。在各国市场处于完全竞争的条件下,资本可以自由地从资本充裕国流向资本短缺国。国际间的资本流动将使各国的资本边际产出率趋于一致,从而可以提高世界的总产量和各国的福利。通过图 7 – 2,可对国际资本流动前后的影响进行对比分析。

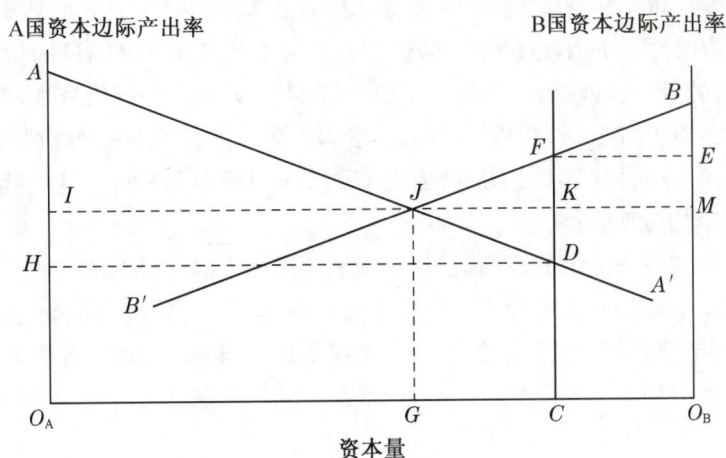

A国资本边际产出率　　　　　　　　　B国资本边际产出率

资本量

图 7 – 2　国际资本流动的一般模型

假定世界由投资国(A 国)和接受投资国(B 国)组成。在资本流动之前,投资国资本充裕,其资本的边际产出率低于接受投资国。再假定,资本是受边际产出率递减法则支配的,两国国内实行完全竞争,资本的价格等于资本的边际产出率。在这些假设前提下,再规定图 7 – 2 中,O_A 为 A 国的原点,O_B 为 B 国的原点。横轴为资本量,A 国资本量为 $O_A C$,B 国资本量为 $O_B C$,两者之和 $O_A O_B$ 为世界资本总量。纵轴为资本边际产出率。AA'线为 A 国递减的资本边际产出率曲线,也是 A 国的资本需求曲线;BB'线为 B 国递减的资本边际产出率曲线,或 B 国的资本需求曲线。

在资本流动前,A 国使用 $O_A C$ 量的资本和一定量的劳动,生产出 $O_A ADC$ 量的产品,B 国使用 $O_B C$ 量的资本和一定量的劳动,生产出 $O_B BFC$ 量的产品,世界总产量为 $O_A ADC + O_B BFC$。这时,A 国的资本边际产出率 CD 低于 B 国的资本边际产出率 CF,并由此引起 A 国的资本向 B 国流动,直至两国资本的边际产出率相等,这种流动才会停止。也就是说,将有 GC 量的资本从 A 国流到 B 国,进而导致两国的资本边际产出率相等,即 $GJ = O_A I = O_B M$。

在资本流动后,A 国的产量变为 $O_A AJG$,B 国的产量变为 $O_B BJG$。与资本流动前两国总产量 $O_A ADC + O_B BFC$ 相比,两国共增加了三角形 JFD 的产量。这表明,国际间资

---

① 麦克杜格尔:"外国私人投资的收益与成本""一种理论分析",见《国际经济论文集》,1968 年。

本的自由流动能够提高世界总产量。

资本流动对于 A 国来说,它的产量因对外投资而减少了 $GJDC$ 的量,但其国民收入并没有减少。因为它可以获得 $GJKC$ 量的对外投资收益(对外投资量×资本边际产出率,即 $GC×GJ$)。只要对外投资收入量多于生产减少量(图中净得 JKD)、投资国就能获得多于以前的国民收入。资本流动对于 B 国来说,它的产量因接受投资而增加了 $CFJG$ 的量,其中 $GJKC$ 支付给 A 国,国民收入可净增 JFK 的量。由此可见,国际间的资本自由流动,可使 A、B 两国分享世界总产量增加带来的利益。

另外,国际资本流动对 A、B 两国的资本和劳动有不同的影响。A 国的资本收入在资本流动前为 $O_A HDC$,在资本流动后为 $O_A IKC$(国内收入+国外收入,即 $O_A IJG + GJKC$),比以前增加了 $HIKD$ 的量。劳动收益在资本流动前为 HAD 的量,在资本流动后减少为 IAJ 的量。这就是说,劳动收益减少量 $HIJD$,被再分配给资本,产生了不利于劳动、有利于资本的影响。与此相反,B 国的资本收入从 $O_B EFC$ 减少到 $O_B MKC$,净减少量为 $MEFK$,而劳动收益则由 EBF 增加到 MBJ,净增量为 $MEFJ$。这也就是说,接受外国投资有利于增加劳动收益。

麦克杜格尔和肯普提出的模型,在一定程度上揭示了国际资本流动的一般规律,他们对国际资本流动的影响所做的分析有合理之处。但是,这一模型只是笼统地提出国际资本流动,而没有把差异较大的间接投资和直接投资区分开来,因而是有缺陷的。同时,这一模型假定各国市场处于完全竞争状态,资本在国际间可以自由流动,这与现实生活有较大的差距。

二、国际证券投资理论

国际证券投资理论主要有两种:一是古典国际证券投资理论,二是资产组合理论。前者着重说明国际证券投资的原因和流动规律,后者着重说明国际证券的选择和优化组合。

(一)古典国际证券投资理论

古典国际证券投资理论产生于国际直接投资和跨国公司迅猛发展之前。该理论认为,国际证券投资的起因是各国之间存在的利率差异。如果一国的利率低于另一国的利率,那么金融资本就会从利率低的国家流向利率高的国家,直到两国的利率相等为止。进一步说,在国际资本能够自由流动的条件下,如果两国的利率存在差别,两国的能够带来同等收益的有价证券的价格也会产生差别,即高利率国家有价证券的价格低,低利率国家有价证券的价格高,这样低利率国家就会向高利率国家投资购买有价证券。

有价证券的收益、价格和市场利率的关系可用式(7-1)表示:

$$C=\frac{I}{r} \qquad (7-1)$$

式中,C 为有价证券的价格;I 为有价证券的每年收益;r 为资本的市场利率。

假定,在 A、B 两国市场上发行面值为 1 000 美元、附有 5%息票(每年收益为 50 美元)的债券,A 国市场上的利率为 4%,B 国市场上的利率为 4.2%。根据(7-1)式计算,每一张债券在 A 国的售价为 1 250 美元,在 B 国的售价为 1 191 美元。由于 A 国的市场利率比 B 国的市场利率低,同一张债券的售价在 A 国比在 B 国要高。因此,A 国的资金就会流向 B 国购买有价证券,以获得较高的收益,直至两国的市场利率相等为止。

古典国际证券投资理论有助于说明国际短期资本流动和国际证券投资的原因,但也存在着一些缺陷。例如,它只说明资本从低利率国家向高利率国家的流动,而未说明国际间大量存在的双向资本流动;它是以国际资本自由流动为前提的,而现实中却对国际资本流动进行各种限制,即使国际间存在利率差异,也不一定导致国际证券投资。

(二) 资产组合理论

资产组合理论是美国投资学家马科维茨在 20 世纪 50 年代末提出来的,旨在说明投资者如何在各种资产之间进行选择,形成最佳组合,使投资收益一定时风险最小,或投资风险一定时收益最大。

该理论认为,投资者可凭借所拥有的证券获得投资收益,但因证券发行者不能保证投资收益的稳定性,投资者又必须同时承担投资风险。所以,投资者不能只把预期收益作为选择投资证券的唯一标准,还应该重视证券投资收入的稳定性。由多种证券混合的证券组合可以提高投资收益的稳定性,降低投资风险,因为组合中不同证券的收益与损失可以相互抵补,起到分散风险的作用。出于这种考虑,投资者可能选择不同国家的证券作为投资对象,从而引起资本在各国之间的双向流动。

通过多种证券混合的证券组合降低证券投资风险,可以用统计分析的方法来证明。假定投资者面临两种选择:证券 A 和证券 B。投资者将持有以 A 和 B 构成的证券组合,其中 A 的份额以 a 表示,B 的份额以 b 表示,且 $a+b=1$。如果投资者只持有 A,那么 $a=1,b=0$;如果只持有 B,则有 $a=0,b=1$。在大多数情况下,投资者将按不同份额同时持有 A 和 B。

以 A 和 B 构成的证券组合的收益(R_P)可以表示为各种证券收益(R_A 和 R_B)的加权平均数:

$$R_P = aR_A + bR_B \qquad (7-2)$$

这一证券组合预期的未来收益,将由 A 和 B 各自预期的未来收益决定:

$$R_P^* = aR_A^* + bR_B^* \qquad (7-3)$$

式中,R_P^*、R_A^* 和 R_B^* 分别为这一证券组合、证券 A 和证券 B 的预期收益。

如前所述,证券组合的风险与这一组合的收益的不稳定性相关联。某一变量围绕其中值或平均值发生变动的程度,称为方差。证券组合的方差,取决于每种证券在证券组合中的份额、各种证券的方差和它们的协方差:

$$V_{ar}(R_P) = a^2 V_{ar}(R_A) + b^2 V_{ar}(R_B) + 2ab\,\mathrm{Cov}(R_A, R_B) \qquad (7-4)$$

式中,V_{ar} 代表方差;Cov 代表协方差,表示 A 和 B 共同变动的程度。

如果某一种证券的收益比平均收益高,而其他证券的收益低于平均收益,则协方差为负数。由公式(7-4)可知,协方差为负,有助于减少证券组合的整体方差,从而降低其风险。

资产组合理论认为,任何资产都具有收益与风险的两重性,并且提出以资产组合方法降低风险的思路,这是对古典国际证券投资理论的突破,具有重要的理论和实践意义。同时,该理论能说明国际间资本双向流动的原因,而这也是古典国际证券投资理论所不能说明的。当然该理论也有自身的弱点,如它是建立在资本自由流动和金融市场高度发达基础上的,这与现实情况是不完全一致的。

三、国际直接投资理论

20 世纪 60 年代后,国际直接投资的规模明显扩大,特别是跨国公司的迅猛发展,更使得国际直接投资受到国际社会的重视。在国际直接投资的研究领域,专家学者从不同的角度提出了不同的理论。这里仅对具有代表性的,尤其是常用来解释企业国际直接投资行为的理论进行论述。

(一)垄断优势论

垄断优势论是最早研究国际直接投资的独立理论。它由美国经济学家海默(S. H. Hymer)在 1960 年首先提出,后来由约翰逊(H. G. Johnson)、凯夫斯(R. E. Caues)和金德尔伯格(C. D. Kindleberger)等人又做了进一步补充,其目的是解释企业的国际直接投资行为。

海默认为,企业之所以要对外直接投资,是因为它有比东道国同类企业有利的垄断优势。这种垄断优势可分为两类:一是包括生产技术、管理与组织技能以及销售技巧等一切无形资产在内的知识资产优势;二是由于企业规模大而产生的规模经济优势。因为东道国同类企业不具备这些优势,或要取得这些优势必须付出很大的代价,所以投资者可以凭借自己的垄断优势在东道国投资办厂,降低生产成本,参与当地市场竞争,赚取更多的利润。这两种垄断优势决定了对外直接投资的方向,即企业应到不具备垄断优势的国家和地区投资建厂、组织生产经营。

约翰逊认为,企业对外直接投资的垄断优势,主要来自对知识资产的占有和使用。这是因为,知识资产的生产成本很高,而通过直接投资来使用知识资产的成本却很低,东道国企业要取得同样的知识资产需付出很大代价,因此它难以与投资国企业相竞争。

凯夫斯认为,企业的垄断优势主要体现在它能使产品发生异质化的能力方面。也就是说,企业之所以能走向海外,是因为它能根据不同地区、不同层次消费者的偏好,设计和生产出适合不同消费者的产品,并且能够运用高超的销售技巧迎合消费者的心理需要。

金德尔伯格认为,投资国企业所处的政治、经济、文化和法律等环境因素与东道国企业相比有很多差距。因此,它必须拥有超过东道国企业的垄断优势进行投资,才能获得成功,而成功的关键在于它能提供东道国企业没有优势或根本没有的创新产品。

垄断优势论可以较好地解释知识密集型产业对外直接投资的行为,也可以解释技术先进国家之间的"相互投资"现象,在理论和实践上都具有一定的价值。问题在于垄断优势是对外直接投资的必要条件,而不是充分条件。拥有垄断优势特别是拥有技术优势的企业为什么不通过产品出口或技术转让方式,而是以对外直接投资方式去获取最大利润呢?对此,该理论未能做出进一步的回答。

(二)产品生命周期论

产品生命周期论是由美国哈佛大学教授弗农(R. Vernon)于 1966 年提出来的,它实际上是从时间顺序的角度,说明产品技术垄断优势变化对国际直接投资所起的作用。

　　该理论认为,每一项产品在其生命周期的不同阶段上有着不同的特点,而对外直接投资是与这些特点相联系的。在产品生命周期的第Ⅰ阶段,即新产品阶段,由于国内市场上需求价格弹性小,尚未出现竞争对手,企业可以利用其产品的技术垄断优势在本国组织生产,占领国内市场,适当组织出口,获取高额利润。在第Ⅱ阶段,即产品成熟阶段,由于产品需求增大,生产厂家增多,国内竞争日益激烈。同时,国外也出现类似产品和生产厂家,威胁到企业原有的出口市场。为此,企业在扩大出口的同时,开始在国外投资建厂,就近向外国市场提供产品,以降低生产和销售成本,扩大在当地的市场份额。在第Ⅲ阶段,即产品标准化阶段,产品标准化使得国内外企业都能加入同类产品的生产和销售,价格竞争已成为市场竞争的主要方式。为取得竞争优势,企业加快对外直接投资步伐,到生产成本低的国家和地区建立子公司或其他分支机构,在当地生产价廉物美的产品,一方面有效地占领外国市场,另一方面把一部分产品返销到本国市场。图7-3简明扼要地描述了产品生命周期与国际直接投资之间的联系。

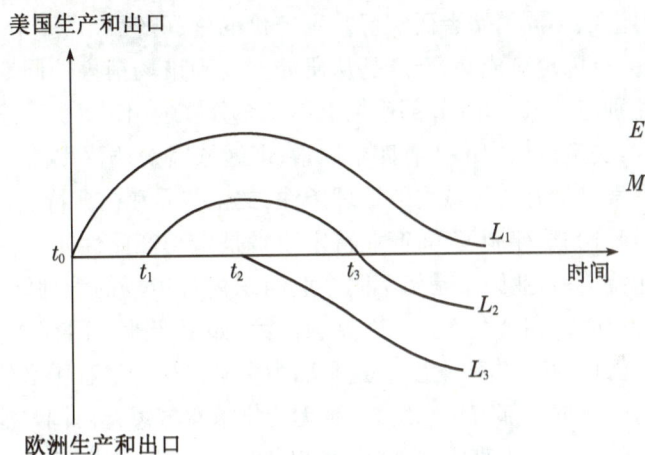

图7-3　产品生命周期与国际直接投资

　　在图中,L_1线、L_3线分别是美国和欧洲的生产产量线,L_2是美国和欧洲的出口线,在横轴以上部分表明美国出口、欧洲进口,在横轴以下部分表明美国进口而欧洲出口。其中,t_0t_1段是新产品阶段,表明美国的新产品生产和消费全在本国国内进行;t_1t_3段,是该产品的成熟阶段,表明美国的产量超过国内需求(L_1线与L_2线的差额);在t_1t_2段美国对欧洲出口其新产品;t_2t_3段,美国在出口的同时,开始对欧洲直接投资,从而L_3线出现;t_3点之后,美国国内产量大幅度下降,开始部分依赖从欧洲进口来满足国内消费。如果美国新产品研制企业在发展中国家直接投资,那么该产品就进入了第三个阶段,即产品标准化阶段。

　　产品生命周期论的理论视角和分析方法有新颖之处,用它来解释发达国家企业特别是拥有技术垄断优势企业的对外直接投资行为是有说服力的。但是,它不能解释西欧、日本和韩国等国企业在美国的直接投资行为,因为这些企业不一定拥有技术垄断优势,而且美国的生产成本也不低廉。另外,对于全球性跨国公司来说,它可以直接在国外开发新产品,又可省去产品出口过程,其对外直接投资行为难以用产品生命周期论做出解释。

（三）市场内部化理论

市场内部化概念最早由科恩(R. H. Kern)在 1937 年提出,主要是指把市场建立在公司内部,以公司内部市场取代公司外部市场的过程。20 世纪 70 年代中期,英国经济学家巴克利(P. J. Buckley)和卡森(M. C. Casson)等人在对科恩的观点进行补充和发展的基础上,系统地提出了市场内部化理论,并且引起广泛的注意。

该理论认为,由于外部市场的不完全性,若将企业拥有的半成品、工艺技术、营销诀窍、管理经验和人员培训等“中间产品”通过外部市场进行交易,就不能保证企业实现利润的最大化。因此,企业对外直接投资,在较大的范围内建立生产经营实体,形成自己的一体化空间和内部交换体系,就能够把公开的外部市场交易转变为不公开的内部市场交易,以实现利润的最大化。

巴克利和卡森提出,外部市场的不完全性主要表现为:在寡头占据市场的情况下,买卖双方比较集中,很难进行议价交易;在没有期货市场的时候,买卖双方无法订立期货合同;不存在按不同地区、不同消费者而实行差别定价的中间产品市场;中间产品的价格缺乏可比性,交易双方难以定价成交;新产品从研究开发到市场销售的周期较长,而新技术的应用又有赖于差别定价,这些在外部市场上不易充分体现出来。

巴克利还认为,决定市场内部化有四个因素,即区域因素、国别因素、产业特定因素和企业因素。区域因素是指有关区域内的地理条件、文化差异和社会特点等;国别因素是指有关国家的政治、经济和法律制度等;产业特定因素是指与产品性质、经济规模和外部市场结构有关的产业特征;企业因素是指不同企业组织内部市场的管理能力等。内部化理论注重的是产业特定因素和企业因素。巴克利认为,如果产业部门存在多阶段生产的特点,企业就会“跨地区化”甚至“跨国化”。这是因为多阶段生产过程中必然存在中间产品,若中间产品的交易需通过外部市场来组织,则无论供求双方怎样协调,也不可能避免外部市场剧烈变化造成的风险。为克服这种“中间产品”期货市场的“不完全性”,就会出现市场的内部化。

市场内部化理论是一种应用性较强的国际直接投资理论。它可用来解释外部市场不完全性造成的种种问题,也可用来解释许多企业对外直接投资的动机或原因。其不足之处在于:它没有从全球经济一体化的宏观角度分析国际生产与分工对企业直接投资行为的影响,并且还忽视了工业组织和投资环境在国际直接投资中的重要性。

（四）国际生产折衷论

国际生产折衷论又称国际生产综合论,是由英国经济学家邓宁(J. H. Dunning)于 1977 年提出来的,旨在解释跨国公司的对外直接投资行为。邓宁指出,海默的垄断优势论、巴克利和卡森的市场内部化理论、韦伯的工业区位论等都只对国际直接投资现象做了片面的解释,缺乏说服力。他主张把对外直接投资的目的、条件和能力综合起来加以分析,并由此形成了国际生产折衷论。

该理论认为,跨国公司之所以愿意并能够进行对外直接投资,是因为它拥有东道国企业所没有的所有权优势、内部化优势和区位优势。前两个优势是对外直接投资的必要条件,后一个优势是充分条件。当公司仅拥有所有权优势时,它可选择技术转让方式从事国际经济活动;当公司拥有所有权优势和内部化优势时,它可选择产品出口方式;当公司拥有所有权优势、内部化优势和区位优势时,它便可选择对外直接投资方式(表7-1)。

表7-1　直接投资、产品出口与技术转移的选择

方　式	优　势		
	所有权优势	内部化优势	区位优势
对外直接投资	1	1	1
产品出口	1	1	0
技术转移	1	0	0

注:"1"表示具备该种优势,"0"表示不具备该种优势

邓宁对所有权优势、内部化优势和区位优势的内容做了进一步阐述:

所有权优势主要是指一国企业拥有或能够得到别国企业没有或难以得到的生产要素禀赋(自然资源、资金、技术和劳动力等),产品的生产工艺、研究开发能力、专利、商标、销售技能和管理经验等。它说明企业为什么能够对外直接投资。

内部化优势主要是指企业建立自己的内部交易体系,把公开的外部市场交易转变为不公开的内部市场交易,从而克服外部市场不完全性造成的不利影响。它说明企业如何通过对外直接投资提高经济效益。

区位优势主要是指某个国家的投资环境优良,企业在那里可以获得廉价的自然资源和劳动力,享受当地政府给予的各种优惠待遇,并且利用当地的基础设施和市场便利等。它说明企业为什么要到特定的国家进行直接投资。

国际生产折衷论克服了过去国际投资理论只重视研究资本流动的局限性,把直接投资、产品出口和技术转移等综合起来考虑,并且从所有权优势、内部化优势和区位优势三个方面对企业国际经济活动方式的选择做了深入分析,这在理论和实践上都具有重要意义。用该理论来解释企业行为,特别是跨国公司的对外直接投资行为,则更加接近客观实际,具有较强的说服力。但是,如何解释中小企业的对外直接投资行为,并把国际投资理论与跨国公司理论有机地结合起来,该理论在这两个方面存在着明显的不足。

(五) 比较优势论

比较优势论是日本一桥大学教授小岛清在20世纪70年代中期提出来的。小岛清在研究中发现:美国和日本的对外直接投资行为及其影响有明显的差别,用来解释美国企业对外直接投资行为的理论不能解释日本企业对外直接投资的行为。其主要原因是,那些理论忽略了对宏观经济因素的分析,特别是忽略了国际分工原则的作用。

小岛清认为,美国企业的对外直接投资主要分布于自己拥有比较优势的制造业,这不符合国际分工原则,而且会引起国际收支不平衡和贸易条件恶化。这是因为,拥有比较优势的产业部门应该把生产基地设在国内,通过产品出口进入国际市场。如果它通过对外直接投资把生产制造活动转移到国外,就会减少本国同类产品的出口,使本国可以通过出口而保持的巨额贸易顺差丧失殆尽。这种贸易替代型的投资不利于促使国际收支平衡和改善贸易条件。与美国不同,日本企业的对外直接投资是偏重于贸易创造型的,即对外直

接投资不仅没有替代本国产品的出口,而且还带动了本国产品的出口。这主要是因为日本企业能够遵循国际分工原则,充分发挥自己的比较优势。日本到海外投资建厂的企业,一般都属于在国内已失去比较优势的产业部门。为维持或扩大原有的生产规模,这些企业就向具有比较优势的国家和地区投资,在那里建立新的生产和出口(向第三国出口)基地。而在本国组织生产的企业则属于在国内拥有比较优势的产业部门,它们可以利用比较优势,继续扩大自己的产品出口。这种贸易创造型投资使日本在扩大对外直接投资的同时保持了巨额国际贸易收支顺差。

小岛清主张,对外直接投资应该从本国(投资国)已经处于或即将陷入比较劣势的产业,即本国的边际产业(投资对象国具有明显或潜在比较优势的产业)依次进行(图7-4)。

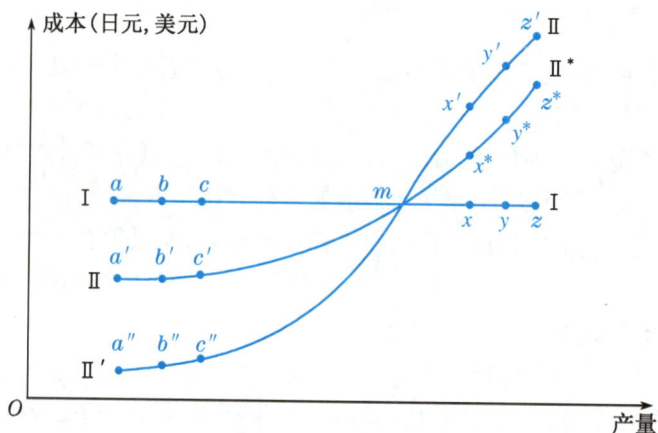

图7-4 比较优势与对外直接投资

图7-4中,Ⅰ—Ⅰ线代表投资国(日本)的商品成本线。其中,a到z分别表示投入100日元生产A到Z种商品的产出数量;Ⅱ—Ⅱ线表示投资对象国(美国)的商品成本线,a'到z'分别表示在投资对象国生产同类商品的相同产出数量所需支付的美元成本。m点表示第M种商品的两国生产成本在100日元兑换1美元的汇率水平下相等,即在投资国的生产成本为100日元,在投资对象国的生产成本也为1美元。在100日元兑换1美元的汇率水平下,投资国的边际产业表现为商品成本线Ⅰ—Ⅰ中m点左侧的产业,如a、b、c等;投资国的比较优势产业表现为商品成本线Ⅰ—Ⅰ中m点右侧的产业,如x、y、z。如投资国对外直接投资是以投资对象国的比较优势产业为投向,这就可以使投资对象国的比较优势进一步扩大,在图7-4中表现为投资对象国的商品成本线Ⅱ—m向下旋转为Ⅱ′—m,A、B、C等商品在投资对象国的生产成本分别从原来的a'、b'、c'下降低为a''、b''、c''。这样的对外直接投资是贸易创造型投资,如日本企业在投资对象国生产A、B、C等商品不仅可以向第三国出口,而且也不会妨碍日本企业在国内生产的X、Y、Z这三种商品向国际市场出口。

如果投资国(日本)是以具有比较优势产业中的企业对外直接投资,这会降低投资对象国生产X、Y、Z这三种商品的生产成本,即投资对象国的商品成本线m—Ⅱ向下旋转为m—Ⅰ*,在投资对象国生产X、Y、Z这三种商品的成本分别从原来的x'、y'、z'降低为x^*、y^*、z^*。这样的对外直接投资会产生贸易替代效应,如日本企业在投资对象国生产

X、Y、Z 这三种商品,会在一定程度上替代日本企业在国内生产 X、Y、Z 这三种商品的出口贸易。

另外,汇率变化也会影响对外直接投资(图 7-5)。

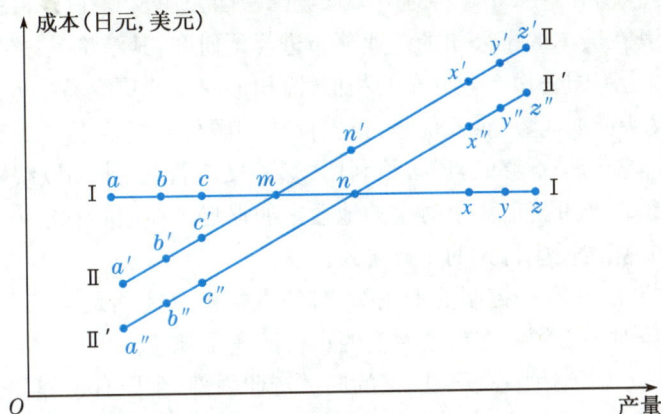

图 7-5　美元贬值与日本边际产业增加

假定美元对日元贬值,从 1 美元兑换 100 日元变化为 1 美元兑换 90 日元。由于美元贬值,美国的商品成本线 Ⅱ—Ⅱ 向右下方平移为 Ⅱ′—Ⅱ′。这时,日本的边际产业从原来 m 点的左侧变化为 n 点的左侧,即日本的边际产业增加了。比较 Ⅱ—Ⅱ 线上的 n' 点与 Ⅱ′—Ⅱ′ 线上的 n 点,可以发现,随着美元贬值,在 N 商品生产方面,原来美国的生产成本大于 1 美元(n' 点高于 m 点),美元贬值后,在美国生产 N 商品的生产成本等于 1 美元,即美元贬值降低了在美国生产 N 商品的成本,日本的边际产业也随之增加(n 点在 m 点的右边)。日本的边际产业增加,其属于边际产业的企业对外直接投资也会增加,但不会对属于本国优势产业的企业出口产生贸易替代效应。

小岛清从国际分工角度研究对外直接投资,这对从企业发展或产业组织角度研究对外直接投资的主流形成了较大冲击。与其他对外直接投资理论相比,比较优势论的特点是:① 主张本国对外投资企业与东道国企业的技术差距越小越好,因为这更容易使本国企业在海外"创造出新的比较成本优势"从而有利于扩大国际贸易。② 认为对外直接投资要适应东道国,特别是发展中国家的需要,因为这有利于增加就业、提高劳动生产率、普及生产技术和经营技能,推动东道国经济发展,进而发挥"教师的作用"。在这方面,中小企业在制造业的对外直接投资比大企业在制造业的对外直接投资效果更好。③ 强调在对外直接投资中起决定作用的是企业的比较优势,而不是企业的垄断优势。正是因为比较优势论的独到之处,许多专家学者支持"小岛清主张",但也有不少专家学者因"感到不谐调",或"感到性质不同"而不支持"小岛清主张"。这可能是因为比较优势论没有把对外直接投资理论与跨国公司理论有机地结合起来,比较优势论还没有对欧美跨国公司对外直接投资实践做出令人信服的解释。

(六) 产业内双向投资理论

产业内双向投资理论是针对 20 世纪 60 年代以后的 20 多年里,国际资本流向发生重大变化,大量资本在发达国家之间流动并集中投在相同产业内部的现象提出来的。一些专家学者对产业内双向投资现象进行了广泛的研究,试图从不同的方面对此做出正确的解释。

格雷姆(E. M. Gram)在1975年对187家美国跨国公司及其在欧洲的子公司和88家欧洲跨国公司及其在美国的子公司的产业分布进行了研究,其结论是:之所以出现产业内部双向投资,是因为跨国公司产业分布的相似性,相似的东西更容易接近。

海默认为,仅从资本优势、企业优势、技术优势和国外利润高等方面解释技术密集型产业内的双向资本流动是不够的,还必须利用"寡占反应行为"来加以解释。寡占反应行为是指各国垄断组织通过挤占竞争对手的地盘来加强自己在国际竞争中的地位。产业内交叉直接投资正是寡占反应行为的主要方式。

金德尔伯格指出,在寡头控制的工业中,对外直接投资往往是交叉进行的,其目的主要是防止少数竞争对手占领潜在市场而削弱自己的竞争地位。

邓宁认为,双向投资发生在发达国家的同一产业内部,主要有这样几个原因:① 发达国家之间科学技术水平接近,在产业内没有一个企业拥有独占的"所有权特定优势",而是几个企业拥有几乎相近或相同的所有权优势。② 从事多阶段生产活动的企业为获得垂直联合的优势,以扩大经济规模、降低生产成本,有必要进行产业内双向投资。③ 发达国家之间的国民收入水平相近,需求结构也基本相似,这样就会扩大对异质产品的需求,从而引起发达国家之间的产业内国际贸易倾向。一旦产业内国际贸易受阻,产业内的双向投资就会替代产业内的国际贸易。

还有人用"安全港"理论解释产业内的双向投资行为。该理论认为,在发展中国家投资的收益虽然比在发达国家的要高,但在发展中国家投资的安全性小,面临的政治经济风险大。因此,企业情愿把资本投向发达国家,特别是投向发达国家的同一产业内,以获得稳定而不低的投资收益。

以产业内双向投资理论解释产业内双向资本流动的现象有合理之处,但该理论还需进一步充实和系统化,使之趋于成熟。

(七) 避税论

一些学者从避税的角度解释国际直接投资产生的原因。他们认为,税率水平和税收政策历来是引导和左右资本流动的重要杠杆,各国税率水平和税收政策的差异及其变化能够吸引、驱动和引导资本的跨境流动。与逃税相比,避税具有合法和公开的特点。以避税为目的的国际资本流动,主要考虑各国税率、税基和通货膨胀水平的差异,从而最大限度地获取"避税红利"。避税动机导致的资本跨国流动主要包括私人资本以避税为目的的跨境转移和跨国公司以避税为目的的对外投资两个层面。它们的共同特征是将资本从高税率或税收优惠少甚至无税收优惠的国家向低税率、税收政策灵活、税收优惠多的国家转移,从而使资本获得更多的税收利益。

四、资本外逃理论

资本外逃(Capital Flight)是指,由于本国资产的实际收益率较低,或是为了逃避税收,或是为了防范政治风险等导致的一国资本与金融账户的"非正常"流出。资本外逃属于地下经济活动(Underdesk Economic),其主要特点:一是自发、非法,且不向政府交税;二是隐蔽性强,规模难以测定;三是对社会经济的变化很敏感,且具有突发性和"羊群效应";四是对国民经济乃至世界经济有较大的冲击力。

资本外逃的主要方式包括:① 用现金走私来转移。不法分子本人将现金夹带在行李中直接出境,这种方式简单、费用低,但可转移现金的数额有限,风险也比较大;通过某些代理机构(主要是地下钱庄)利用一些专门跑腿的"水客"以"蚂蚁搬家"、少量多次的方式在边境口岸来回走私现金,偷运过境后再以货币兑换点名义存入银行户头,这种方式手续比较麻烦且需支付地下钱庄一定的费用,但很难追查。② 利用离岸金融中心向境外转移资产。企业管理层与境外公司通过"高进低出"或者"应收账款"等方式,将国内企业的资产掏空并转移到境外。③ 海外直接收受。不法分子在境外直接完成贪污、受贿等过程,如发案单位在国外进行采购时,有实际控制权的不法分子可以通过暗箱操作得到巨额回扣,并且直接将资金存入不法分子在境外银行的账户,或转换成境外的房屋等不动产。④ 通过在境外的特定关系人转移资金。参与转移资金的特定关系人在他国已取得合法身份,或者是留学,或者是他国居民或公民,境内的不法分子可以通过其特定关系人以合法手续携带或汇出资金,也可以利用特定关系人在国外注册的企业,以投资形式在资金流出国设立企业或机构,然后以关联交易等形式向海外转移资产。

专家学者对资本外逃的原因或动机进行了比较深入的研究,其中具有代表性的理论主要是以下几种。

(一) 资本外逃动因论

金德尔伯格(Kindleberger,1937)在其经典著作《国际短期资本流动》中提出资本外逃动因论,他指出,在"资产所有者与政府两者的目标发生冲突"的情况下,一国资本由于惊恐或疑虑而不正常地外流,这种非正常的资本外流就是"资本外逃"。特别是面临"财产被征收、通货膨胀和汇率贬值时,资本外逃便会加速实施"。

(二) 资本投机论

卡丁顿(Cuddington,1986)认为,资本外逃主要是指短期投机性资本(Short-term Speculative Capital),即游资(Hot Money)的外流。它不是为了进行长期投资以获得较长时期稳定、持久和连续的回报,而是为了应对"国内货币贬值、通货膨胀、赋税加重、政治或金融风险、预期资本管制加强等因素而做出的迅速反应,目的是获取突发性的短期收益"。

(三) 违背社会契约论

英格·沃尔特(Ingo Walter,1985)提出,资本外逃是私人部门对隐含的社会契约的违背。这种隐含的"社会契约"是指政府部门与私人部门之间达成的一种默契,体现为宏观经济目标和微观经济目标之间的协调性。私人投资者对资产进行有利于自身的配置时,可能威胁到政府部门宏观经济目标的实现,或加大了实现宏观经济目标的成本,即私人投资者违背了隐含的社会契约。正因为违约行为影响了政府宏观经济目标的实现,私人投资者会采取逃避政府管制的非法行为或"不道德"行为,以避免与政府管制正面冲突,从而形成资本外逃。

(四)"政治团体轮流执政"论

亚利桑姗那和泰柏林(Alesina A & G. Tabellini，1989)认为，资本外逃是由于发展中国家的政策不稳定导致的，而政策不稳定是由于不同政治团体轮流执政造成的。不同政治团体代表不同选民的利益，政治团体执政后都采取对自己选民有利的政策，如对非选民团体征收较高的税收，并向国外过度借债，对国民收入进行重新分配，将获取的收益转移给自己的选民。非执政团体的选民由于担心被不利于自己的政治团体掌控的政府征收较高税赋，进而产生资本外逃的动机，并最终将资本外逃的动机付诸行动。特别是在新的政治团体登上执政舞台时，原先的既得利益团体因担心遭到政治上的报复和经济上的清算，便会将其资本秘密转移至境外。在那些政权更替频繁、政治团体轮替执政周期短的国家，资本异常地跨境流动会频繁且持续地发生。

(五)"公共地悲剧"论

托内尔和韦拉斯科(Torneill & Velasco，1992)用制度经济学的典型案例"公共地悲剧"来解释发展中国家的资本外逃。他们指出，类似于在公共的草地上放羊和共有的湖泊中捕鱼，如果没有一个排他性的产权安排，公共资源就会因滥用而枯竭。发展中国家的私人产权不能得到很好的保护，每个利益集团都害怕其国内投资的收益被其他利益集团所挤占，从而试图将资本转移到海外私人产权得到较好保护的地方。

本章小结

国际资本流动是指资本从一个国家或地区转移到另一个国家或地区。按资本使用期限的长短不同，国际资本流动可分为长期资本流动和短期资本流动。长期资本流动又可分为直接投资、证券投资和国际贷款三种类型；而短期资本流动也可分为贸易性资本流动、金融性资本流动、保值性资本流动和投机性资本流动。国际资本流动无论是对资本输出国还是资本输入国，乃至整个世界的经济发展都有重大影响。因此，对国际资本流动进行管理和控制是必要的。跨国公司是指在两个以上国家或地区投资建立生产经营实体，从事国际化生产、销售和其他经营活动的企业。跨国公司的投融资管理不仅对其实现全球利润最大化目标具有重要影响，而且会在很大程度上决定国际资本流动的方向和规模。通常，跨国公司投融资管理主要涉及母公司与海外分支机构之间的投融资管理决策权配置、海外分支机构的资金来源与供应，以及海外分支机构的资金返回策略和利润规划等。

长期以来，许多学者从不同角度对国际资本流动现象进行了深入研究，提出不尽相同的理论，其中影响较大的理论有：国际资本流动的一般模型、古典国际证券投资理论、资产组合理论、垄断优势论、产品生命周期论、市场内部化理论、国际生产折衷论、比较优势论、产业内双向投资理论，以及资本外逃理论。

复习思考题

1. 根据投资者的动机不同，国际直接投资可分为哪些类型？

2. 短期国际资本流动的主要特征是什么？

3. 分析长期国际资本流动对资本输入国经济发展的影响。

4. 分析短期国际资本流动对社会经济活动的影响。

5. 试述跨国公司投融资管理决策权集中在母公司的利弊。

6. 跨国公司海外分支机构的资金来源主要有哪些？

7. 试述跨国公司海外分支机构的资金返回策略。

8. 图示并说明国际资本流动的一般模型。

9. 市场内部化理论的主要内涵是什么？

10. 试述产业内双向投资理论及其现实意义。

11. 试述主要的资本外逃理论。

第八章 国家风险与金融危机

随着金融全球化步伐加快和金融创新层出不穷,国际资本流动的规模越来越大,其在推动各国经济、区域经济和世界经济发展的同时,也带来了巨大的风险和损失。国家风险,特别是金融危机就是产生于国际资本流动的消极结果,对其进行研究和防范,已成为国际金融理论与实务中的重要内容。

第一节　国家风险概述

国家风险的内涵比较广泛,有时甚至是混淆不清的,它与主权风险(Sovereign Risk)或政治风险(Political Risk)常被当作同义词来交互使用。实际上,这些风险各有其特定的含义与分类,不可混为一谈。因此,有必要对国家风险的内涵进行辨析。

一、国家风险及其分类

国家风险(Country Risk)是伴随着国际贷款活动的出现而产生的,其历史渊源可追溯到早期殖民扩张时期。如今,国家风险已成为金融理论界和实务部门高度关注的焦点之一。

国家风险是指跨越国境,从事信贷、投资和金融交易可能蒙受损失的风险。在此定义下,广义的国家风险还包括商业风险,即商业活动中的信用危机。以国际金融为理论视角,人们关注的是狭义的国家风险,即在对外从事信贷、投资和金融交易时,因借款国的社会经济环境或政府政策等因素变化,引起借款者无法偿还债务或延期偿债的可能性,以及造成的损失。这种风险源于借款国内部,在很大程度上是私营企业或个人所不能控制的,而政府对其则具有较大的影响力。

一般说来,以本币计量的国内资金融通所导致的风险属于国内商业风险,不属于国家风险的范畴;而政府能够控制的事件所导致的损失才是国家风险。例如,政府更迭、经济政策失误等引起经济衰退和企业破产,进而无法按期履约的现象属于国家风险;而企业本身经营不善所导致的违约现象,则属于商业风险。

按照不同的标准,可把国家风险划分为不同的类型。

(一) 按发生事件的性质划分

有许多事件的发生,往往引发国家风险。因此,国际上经常使用这个标准,对国家风险进行具体的分类。

1. 政治风险

它是指一国对外关系发生重大变化,如与他国发生战争、领土被侵占等;或一国内部动荡不安,如意识形态分歧导致政变、恐怖事件造成骚乱、经济利益集团间发生冲突、地方性争斗以及政党分裂等因素所可能酿成的损失。一国发生战争、政变或骚乱等不仅会直接影响该国政府履行对外偿债义务的能力,而且还会因政治形势的不稳定导致一国政体或领导人的更替。新政府除可能拒绝承认旧政府的债务外,有时还出于意识形态或经济上的原因强行采取没收外国资本、企业国有化、贸易垄断和外汇管制等政策,进而降低政府和该国居民履行对外偿债的可能性。

引发政治风险的因素是多种多样的,但政治风险常以主权风险的形态出现。值得注意的是,只有当直接对主权国家政府贷款,或由主权国家政府担保而提供贷款时,因政府行为而招致贷款损失的风险才是主权风险。除此之外,其他以主权风险形态出现的风险仍然是一般政治风险。主权风险仅是政治风险的一种形态,政治风险的内涵远大于主权风险的内涵。直接对主权国家政府贷款的特殊之处,在于其风险无法通过法律途径得到补偿,因为主权国家政府可以不接受外国法律的裁决。例如,1979 年伊朗爆发伊斯兰革命后,新政府就不顾国际社会和国际诉讼的压力,拒绝承担旧政府的对外债务。

2. 社会风险

它是指因发生内战、种族冲突、宗教纠纷、分配不均和社会阶层之间的对立等导致的社会秩序混乱或不稳定。社会风险会危及国民经济的发展和削弱经济政策的效果,进而降低一国政府和居民的偿债能力。埃塞俄比亚的内战、中东的巴以种族冲突和菲律宾的宗教纠纷等造成的拒付外债,就是社会风险的典型例证。

3. 经济风险

它是指一国经济低速增长、投资意愿低落、生产成本剧增、出口收入减少、国际收支状况恶化、粮食和能源进口需求高涨,以及外汇短缺等原因造成的拒付外债及其产生的损失。国际社会的实践表明,一国长期不能履行偿债义务或陷入债务危机,大多是由经济原因所致。引发经济风险的诸多原因均会对国际收支产生不利的影响,如经济疲软、物价上扬、进口依存度增加和产品竞争能力削弱等都会使国际收支发生困难。当国际收支发生困难时,一国取得的外汇有限,进而无法拿出足够的外汇偿还对外债务。这种因创汇能力低下导致外汇短缺进而不能如期偿还对外债务的风险,又被称为"汇兑风险"或"国际收支风险"。

由于经济发展水平的限制,发展中国家的外汇较为短缺。为节约有限的外汇资源,它们往往实行十分严格的外汇管制,不允许外汇自由买卖和流动。在这种情况下,债务人即使拥有足够的本国资金可用来偿还国外债务,但因无法取得或汇出外汇,也不能履行偿债义务。

汇兑风险有的是由经济形势变化产生的,有的是由政府行为造成的。以下不同类型的国际贷款所涉及的汇兑风险程度是不尽相同的:

(1) 对私营企业贷款,政府未提供任何担保;

(2) 对银行贷款;

(3) 对私营企业贷款,由外国政府对资金的汇出提供担保;

(4) 对私营企业贷款,由外国政府对还款提供无条件的担保;

(5) 直接对外国政府贷款。

在上面五种国际贷款类型中,第一种类型贷款的汇兑风险最大,其他类型的贷款依次排列,汇兑风险越来越小。在第一种类型的贷款安排下,如果借款国国际收支状况恶化,随后采取严格的外汇管制,私营企业就很难取得必要的外汇资金来支付到期外债的本金和利息。在第二种类型的贷款安排下,虽然政府未对偿还外债提供任何担保,但银行为维护其在国际金融界的信誉,往往容易取得政府的同情和理解,优先获得所需要的外汇。在第三和第四种类型的贷款安排下,由于得到政府的担保,其汇兑风险要相对小得多。在最后一种类型的贷款安排下,汇兑风险完全消失,其不能履行偿债义务的可能性已纯属主权风险。

(二) 按借款人的行为划分

在发生偿债困难时,借款人采取的不同行动对债权人构成损失的风险程度各有差异。按借款人的行为划分,国家风险可细分为赖账、不履约、重新谈判、延长偿债期限等风险。一般说来,其风险程度依次由大到小。

(三) 按借款人的形态划分

在这种分类标准下,国家风险可细分为政府风险(主权风险)、私营部门风险、公司风险和个人风险等。

(四) 按贷款目的划分

出于不同的贷款目的,国家风险可细分为信用额度、进出口融资、计划融资、国际收支融资和开发性融资等放款风险。

(五) 按风险大小程度划分

根据借款人采取不同行动所产生的不同后果,国家风险可细分为高度、中度和低度风险。例如,赖账或不履约属于高度风险,重新谈判属于中度风险,延长偿债期限则属于低度风险。

在以上五种分类标准中,最常用、最重要的是第一种、第二种。这主要是因为,它们具有较强的可操作性和较高的实用价值。例如,按发生事件的性质分类,便于探究国家风险发生的根源,测定和掌握风险的大小,并采取有针对性的风险管理措施;按债务人的行为分类,则有利于债权人直接监测和评估债务人的行为及其产生的后果,进而能及时采取对策,以确保债权的安全或减少风险造成的损失,国际银行界大多采用这种分类标准。

二、停止偿债与进行协商

国际债务累积以及由此造成的偿债困难对国际资金融通有巨大的消极影响,甚至还会因少数国家的偿债困难产生多米诺骨牌效应,导致国际金融体系的崩溃。然而,这种危及国际金融体系安全的债务累积问题本质上还是属于国家风险的范畴。因此,国际金融机构和商业银行在从事国际信贷活动时,除要考虑一般性商业风险外,还必须考虑借款国本身独有的政治、经济、社会和债务累积等风险。只有这样,才可能防范国家风险,避免国际信贷中的重大损失。

在面临偿债困难的时候,债务国不是单方面停止偿债,就是与债权方进行协商,以重新安排债务。与进行协商相比,停止偿债容易动摇债权方对债务国的信心,使债务国失去未来再借款的机会,甚至会遭到严厉的报复,如强行冻结或查封债务国的海外资产等。通常,债务国更多的是采用协商方式缓解偿债困难。

停止偿债,即债务国运用国家主权单方面地拒绝偿还到期债务,具体表现为不履约和赖账两种方式。不履约是指债务人明确地向债权人表示,因其没有能力或没有意愿而停止履行偿债义务。赖账是指债务人否认债务的存在,从而拒绝承担偿债的义务。赖账对借款国的信用损害极大,现实生活中也很少发生。因此,停止偿债大多是指不履约。值得注意的是,不履约与技术性不履约(Technical Default)在含义上是有差别的。技术性不履约是指债务国因暂时困难,或行政上耽搁而无法满足部分付款条件,但最终是会履行全部付款义务的。在耽搁期内,借款国通常继续支付贷款利息。

进行协商,即债务国与债权方展开谈判,寻求双方能够共同接受的方式,以缓解偿债的困难。常见的方式有两种,一是再融资(Refinancing),二是延期偿债(Rescheduling)。再融资是指债权方向债务方提供一笔数额相当于到期债务的新贷款,以借新还旧方式清偿到期债务。新贷款的融资条件一般要比原条件优惠,如利率较低、费用较少或期限较长等。延期偿债是指将到期债务(包括本金和利息)延展偿还期限,均分在数年内偿还,因而每年分摊偿还金额较少,有利于缓减债务国的还债压力。但在延展期内,利率和费用等原定的融资条件不变。需要进一步说明的是,延期偿债有别于宽限偿债(Moratorium)。宽限偿债是指对债务的偿还给予一个宽限期(Grace Period),在宽限期内暂缓清偿债务。债务延期往往包括一个宽限期和一个延展期。

不论是停止偿债还是进行债务协商,债务国不能如期履行偿债义务,都会对债权方造成直接的重大损失。1985年召开的拉美会议要求债权国一笔勾销一些债务国的债务,1988年法国率先做出反应,宣布免除原法属殖民地国家的债务,接着日本宣布取消20个亚非最贫困国家55亿美元的债务,原西德宣布取消6个国家的债务。2009年,面对国际金融危机的冲击,塞舌尔共和国与巴黎俱乐部进行深入谈判,获得约7000万美元的债务减免,占巴黎俱乐部债权人债务的45%。2010年,巴黎俱乐部豁免了利比里亚所欠的12.6亿美元的债务,帮助利比里亚克服应对经济衰退的困难。同年,巴黎俱乐部债权人认为阿富汗政府在经济改革和消除贫困方面取得较大进展,同意免除阿富汗10多亿美元的债务。发展中国家偿债困难,对债权方造成直接的重大损失由此可见一斑。

与停止偿债相比,进行协商、重新安排债务对债权方造成的损失较少,但其对债权方资产的安全性、流动性和盈利性会有不可忽视的影响,至少为进行协商而产生的管理成本就是一项明显损失。据统计,1982年至1985年间重新安排债务共有119起,通过巴黎俱乐部重新安排的债务共计201.1亿美元,国际商业银行重新安排的债务协议金额达到

1 358 亿美元。2020 年,多哥政府通过两次债务重组在国际金融市场上筹集超过 2.5 亿欧元的资金,从而缓解了所面临的债务危机。同年,为应对新冠疫情在世界的蔓延,中国积极参与并落实二十国集团暂缓最贫困国家债务偿付的倡议,宣布向 77 个发展中国家和地区暂停债务偿还。延长偿债期限及为此进行谈判的各项开支,在很大程度上削弱了债权方,并且降低了债权方金融资产的盈利水平。

国际债务偿还问题不仅对债权方产生十分不利的影响,而且威胁到世界经济的发展和国际金融的稳定。发展中国家经济是世界经济的重要组成部分,其迫于债务偿付问题的压力,势必会减少进口数额,进而影响世界经济的发展。根据联合国贸易和发展组织估计,1982—1984 年由于全球性债务危机,工业化国家对发展中国家的出口萎缩。从 1982—1988 年的 6 年里,美国在与拉丁美洲国家的贸易中至少损失了 500 亿美元。同时,旷日持久的债务偿付问题一方面严重降低了发展中国家的国际支付能力,另一方面又会阻碍国际资本的正常流动,进而危及国际支付和国际借贷体系,使国际金融形势动荡不安。20 世纪 80 年代以后,国际债务问题一波未平,一波又起,"有问题银行"不断增多,甚至引发了亚洲金融危机、国际金融危机和欧洲债务危机,这些都是与国家风险不无关系的。

由此可见,认真评估发展中国家的债务负担和偿债能力,防范国家风险及其造成的不利影响,是各国政府和国际贷款机构的重要任务之一。特别是对国际金融机构来说,降低风险与损失,实现利润最大化,更需加强对国家风险的管理。

第二节　国家风险评估

国家风险评估是指采用定性和定量的方法,系统分析可能导致国家风险的各种因素,进而测定这些因素及其变化对债务国偿债能力的影响。国家风险评估主要涉及评估要素和评估方法两方面的内容。作为国家风险管理的首要环节,国家风险评估历来受到国际信贷组织和机构的高度重视。

一、评估要素

国家风险评估,首先应确定可能诱发国家风险或影响偿债能力的主要因素。在国家风险评估的实践中,政治、社会和经济三大要素是评估的重点。

(一) 政治要素

一国的政治状况对其信用和偿债能力有很大影响。特别是由政治要素直接引发的国家风险,往往是债权方难以规避的,其造成的损失也是无法挽回的。激进的新政府拒绝承担旧政府遗留下来的偿债义务,就是典型例证。政治要素的内涵十分丰富,如政体与政权转移方式、政治形势及其稳定性、权力关系与强权人物、政府对外国资本的态度、以往国有化的记录、外交政策与外交关系,以及国际压力导致政治制度巨变的可能性等。表 8-1 对政治要素及其内涵做了简要概括。

表 8-1　政治要素及其内涵

政治要素	内　涵
政体与政权转移方式	1. 民主(内阁制或总统制); 2. 君权与独裁; 3. 政权通过和平或暴力手段转移; 4. 政治制度的弹性
政治形势及其稳定性	1. 统治者的民众基础; 2. 执政党与在野党的力量对比; 3. 执政党的基本准则; 4. 政治长期稳定; 5. 政治稳定,但内部有分歧; 6. 有政变的可能性
权力关系与强权人物	1. 政府的结构特征; 2. 政府的行政效率; 3. 国家的管理哲学与政策; 4. 政府官员的素质与决策能力; 5. 强权人物的影响力
政府对外国资本的态度和以往国有化记录	1. 欢迎或不欢迎; 2. 差别待遇; 3. 征收外国资本或国有化记录
外交政策与外交关系	1. 独立自主或依附大国的外交政策; 2. 与邻国的关系; 3. 与其他国家的经贸关系; 4. 与国际组织的关系; 5. 国际外交形象
国际压力导致政治制度巨变的可能性	1. 国际间矛盾激化; 2. 外国势力干涉; 3. 条约与联盟关系; 4. 国与国之间的战争

(二) 社会要素

每个社会都有自己的特征,如社会发展背景、社会发展状况和社会不安定程度等。这些特征每时每刻都体现在政府与民众的行为之中,进而直接或间接地影响一国的偿债能力。因此,国家风险评估不能忽视对社会要素的评估。社会要素及其内涵如表 8-2 所示。

表 8-2　社会要素及其内涵

社会要素	内　涵
社会发展背景	1. 历史; 2. 宗教; 3. 种族; 4. 语言与文化; 5. 社会结构与组织; 6. 生活习惯

社会要素	内　涵
社会发展状况	1. 生活水准； 2. 教育普及程度； 3. 人民的寿命与健康水平； 4. 死亡率或出生率； 5. 居住环境； 6. 人口结构与分布； 7. 人民的工作意愿； 8. 人民参与政治的程度
社会不安定情况	1. 种族冲突； 2. 宗教纠纷； 3. 社会阶层对立； 4. 贫富差距； 5. 罢工； 6. 暴动； 7. 叛乱

(三) 经济要素

一切政治和社会要素对一国信用和偿债能力的有利或不利影响,最终都反映在该国的经济统计之中。特别是一国的外汇储备是否充足,国际收支是否平衡,乃至综合经济实力是否强大等,都在很大程度上决定了该国的信用和偿债能力。可以认为,在国家风险评估中,对经济要素的评估最为重要,其涉及的内容也最为广泛。

1. 资源开发与政府经济发展计划

(1) 天然资源,可用来说明一国主要天然资源的蕴藏量和开发利用状况。

(2) 劳动力资源,可用来说明一国劳动力的数量、素质,以及接受教育和训练的情况。

(3) 经济发展计划,可用来说明一国经济发展计划的制订和执行情况,观察该国是否有计划地配置各种资源,以实现经济增长的目标。

(4) 国民生产总值(GNP)或国内生产总值(GDP),可用来说明一国的经济规模和生产能力。GNP 或 GDP 的增长可提高一国的对外偿债能力,与国家风险管理有密切的关系。

(5) 经济增长率,可用来说明一国的名义经济增长和实际经济增长水平,分析该国经济增长的趋势。

(6) 人均国民收入,可用来说明一国人口与经济的关系。除少数石油输出国外,人均国民收入高,通常表示该国经济发展水平较高,政治制度和社会组织较完善,发生社会动荡和剧变的可能性较小。

(7) 资本积累率,可用来说明一国资本积累的速度和规模。资本积累率较低的国家往往会有资金短缺现象,对外来资金的需求较大。

(8) 工业化程度,可用来说明一国的产业结构,以及工业产值占国民总产值的比重。工业化程度较高国家的偿债能力一般大于工业化程度较低国家的偿债能力。

（9）消费水准,可用来说明一国消费与积累的关系,消费与 GNP 或 GDP 的关系,以及消费与进出口的关系。

2. 财政和金融政策

（1）货币供给,可用来说明一国的货币政策是膨胀性还是紧缩性的。如果货币供给过多,短期内可能刺激经济发展,但就未来的发展而言,可能引起通货膨胀,削弱出口创汇能力,对偿还外债产生不利的影响。

（2）通货膨胀率,可用来说明物价上涨的原因。通货膨胀与偿债困难有明显的相关性,即通货膨胀推动物价上涨,进而影响出口产品的竞争能力和创汇能力,最后导致一国没有足够的外汇偿还外债。

（3）利率结构,可用来说明一国长短期借贷利率的变化和货币政策的导向。

（4）信用工具,可用来说明一国金融制度的进化程度,以及民众使用信用工具的习惯。

（5）金融市场,可用来说明一国金融媒介的功能、货币与资本市场的发达程度,以及政府通过公开市场操作、实施货币政策的效果。

3. 政府预算

（1）预算净值,可用来说明一国财政是属于赤字预算、剩余预算,还是平衡预算。赤字预算常会导致经常项目收支状况恶化,对外来资金需求上升,增加偿还外债的压力和困难。

（2）政府支出占 GNP 或 GDP 的比重,可用来说明政府为社会经济发展所提供的资金,以及政府在诱导社会投资中所扮演的角色。

（3）财政赤字或剩余占 GNP 或 GDP 的比重,可用来说明政府运用财政政策促进经济增长所发挥的财政作用。

4. 工资、劳资关系和就业水平

对这些要素所做的分析,有助于了解一国的劳动力成本、劳动力市场供求状况、工会所能发挥的作用等。

5. 进出口贸易

（1）出口及其扩张能力,可用来说明一国的出口现状和前景。一国的出口多,创汇能力强,其面临的偿债困难就小;不然,则相反。

（2）出口的多元化,可用来说明一国出口商品的多样性。出口商品的多样性有利于避开国际市场波动的影响,保证创汇水平的稳定。

（3）外销市场的分布,可用来说明一国出口市场的集中或分散程度。外销市场的分布越分散,商品出口受外国的政治、社会和经济形势变化的影响就越小。

（4）进口数额和增长率,可用来说明一国的进口规模和变动趋势,以及该国在生活必需品、原材料、设备和技术等方面的进口依存度。进口规模大或进口依存度高,都要耗用大量外汇,进而削弱偿还债务的能力。

（5）进口种类和地区分布,可用来说明一国进口商品的单一程度和进口地区的集中程度,以了解该国对某些商品进口的依赖性及其与国外的经贸关系。

（6）出口值/最低进口值，可用来说明一国将全部出口收入支付最低进口费用的能力。

（7）贸易条件（出口加权平均价格/进口加权平均价格），可用来说明一国在对外贸易中是否处于有利的价格地位。

（8）非要素性劳务出口，可用来说明一国在旅游、运输、金融与保险等劳务出口方面的创汇水平。

（9）贸易管制措施，可用来说明一国为保护国内产业和市场而设立的关税与非关税壁垒。

6. 国际收支状况

（1）经常项目收支差额，即贸易收支、劳务收支与转移收支三大部分的总差额，或对外总收入（Gross External Revenues，GER）减去对外总支出（Gross External Expenditures，GEE）之差额。经常项目收入大于支出，即为经常项目发生盈余，表示外汇收入多于外汇支出，国家的外汇积累增多；反之，则表示该国有超支现象，外汇积累减少，结果是偿债困难加重。

（2）资本项目收支，由直接投资、资产组合投资（Portfolio Investments）、长期债务和短期债务等四个部分组成。通过对资本项目收支的考察，可以掌握一国资本流动和债务增减的状况。

（3）全面收支（Overall Balance or Payments），是一国与世界其他国家所有经济贸易往来的综合结果，不论是属于外汇流入还是属于外汇流出的交易项目均包括在内。所有这些交易的最后差额均反映为官方储备资产的增减，因此全面收支有时也被称为"官方清算收支"。对一国的全面收支进行考查，可以了解该国外汇流动的数量和方向，以及该国外汇储备的增减情况。

（4）经常项目收支占国民总产值的比率，可用来说明一国经济内外部门之间的关系，以及该国经济的对外依赖程度。

（5）经常项目差额占对外总收入的比率，可用来说明经常项目失衡之大小，也可用来说明一国维持对外收支平衡的困难程度。

7. 国际储备与外汇市场

（1）货币的价值与稳定，可用来说明一国货币可兑换性及其币值过去、现在和未来的走势，或升值与贬值的情况。

（2）外汇市场的特征，可用来说明一国外汇交易的自由化程度、外汇市场操作的方式和效果。如该国实施外汇管制，则要进一步分析外汇管制对货币兑换和资金流动所产生的影响。

（3）国际储备及其增长，可用来说明一国在紧急状况下，应对资金流动性危机的能力。国际储备充裕，即使因突发事件而造成一国的外汇收入短少或外汇支出增大，该国也可动用储备资产如外汇、特别提款权和黄金等来履行偿债义务。

（4）在国际货币基金组织的借款权，这项权利被称为一国的"第二储备"。当一国发生资金流动性危机时，该国可通过国际货币基金的安排获得短期贷款。拥有较多借款权的国家,克服偿债困难的能力就较强。

(5) 国际储备支付进口费用的能力(国际储备资产价值/全部进口价值),可用来说明一国支付其进口的清算能力。另一种表示方法是以外汇储备替代国际储备资产除以全部进口价值,然后将求得的比值再乘以 12(1 年可分为 12 月),其结果可解释一国外汇储备能够满足几个月的进口需要。一般认为,如果一国外汇储备不足以满足 3 个月的进口,该国的外汇储备就显得不足。

8. 对外债务情况

(1) 外债总额占 GNP(或 GDP)的比率,可用来说明一国外债与该国经济实力的关系。尽管一些国家外债总额的绝对值很大,但与其 GNP 相比,却相对小得多,由此可断定这些国家的债务负担并不重;不然,则相反。

(2) 借债比率(一国外债余额/当年出口外汇收入),可用来说明一国今后还有多大的举债能力。根据国际经验数据,这个比率以不超过 100% 为宜。如果超过这个水平,就意味着该国的负债程度已经很高,不应再扩大外债的规模。

(3) 到期应偿还债务占 GNP(或 GDP)的比率,可用来说明一国的年度国民总产值中,有多少资源可被用于偿还外债的本金和利息。这个比率越高,该国国民的生产成果就较多地被用于偿还债务,其用于国内生产与消费的部分则相对较少。国际上的经验数据为 5% 左右。

(4) 偿债比率(Debt Service Ratio, DSR),即一年内到期应偿还的外债本金和利息占一年内物品与非要素劳务出口收汇额的比值。世界银行最早采用这个比率,并经常用它来评价发展中国家的短期偿债能力。该比率越高,表示债务负担越重或偿债困难越大。世界银行认为,20% 的负债比率为偿债能力的"警戒线",低于 20% 的国家信用良好,高于 20% 的国家则可能面临偿债困难。

(5) 以往偿债记录,可用来说明一国过去是否都能如期偿债,或曾发生不履约、延期偿债等问题的情况,并可从中探究问题出现的原因。

9. 经济发展前景的展望

为正确地判断一国的偿债能力,仅对该国各项经济要素的过去和现状进行评估是不够的,还要在此基础上,对其未来经济发展中可能出现的机遇和挑战进行预测。

二、评估方法

国家风险评估,就是对可能导致偿债困难的各主要因素进行系统和综合分析,以确定借款国的风险程度,为国际信贷提供决策依据。世界上各种银行和非银行金融机构所采用的评估方法不尽相同,但总体而言,国家风险评估的方法按其主要特征,可分为定性评估方法和定量评估方法两大类。

(一) 定性评估方法

定性评估方法是对各项评估要素做出主观上的分析和判断。这种方法偏重于利用经验和准则,而不是用量化的数据比较来说明各项评估要素的特性及其与偿债能力的关系。按照评估内容的复杂性与深浅程度,该方法又可分为简述报告法和详述报告法。

1. 简述报告法

国家风险评估者根据贷款业务的实际需要,选择其认为重要的评估要素进行深入的分析,并在此基础上提出国家风险评估报告。这种方法没有统一报告格式,可以省略对许多要素的评估,主要是按照评估者的主观判断做重点论述,极少利用统计资料和数据做辅助性说明,因此简单易行,所费人力和物力较少。美国大多数区域性商业银行均采用此法。但简述报告法也有明显的缺陷,如对评估要素的选择与分析易受个人主观意志的影响,会忽视某些评估要素,可能降低评估结果的准确性;同时,因没有统一报告格式而难以进行国与国之间的比较等。

2. 详述报告法

国家风险评估者按照既定的标准格式,对较多的评估要素进行系统的分析,并借助必要的经济指标和统计资料做补充说明,进而评定一国的信用等级。通常,既定的标准格式至少有五个部分:① 国内经济;② 国外经济;③ 政策环境;④ 基本政治因素;⑤ 外债。这种方法的优点在于它有明确完整的报告形式,涉及的内容比较全面,而且可对一些重要事项做较为详尽的论述。这种方法的缺点是其依然带有浓厚的主观性,往往局限于对历史资料的分析,较少利用经济指标和统计数据进行预测,其评估结果还是不足以使人真正了解国家风险的性质和大小。

(二) 定量评估方法

为弥补定性评估方法的不足,许多银行和非银行金融机构纷纷采用定量评估法,即把各项评估要素及其可能产生的影响数量化,或用明确的数字表示,以增强评估结果的客观性、可比性和可操作性。事实也表明,将风险量化能够减少主观判断的误差,有利于对国家风险进行国际间比较,为贷款决策提供参考依据,并达成国际银行间统一而合理的计费标准等。按照国家风险评估的复杂性和深度,定量评估方法也可分为两种:一是检查表法(Check-list Approach),二是数量法(Quantitative Approach)[1]。

1. 检查表法

国家风险评估者在选定的检查表内,将一国的政治、社会和经济等各种可能造成国家风险的主要因素分别列出,再按其表示的实际状况和影响力的大小,给出相应的等级评分,最后把各要素的等级评分加总,得出一国信用总分,并按总分的高低评定不同的信用等级。这种定量评估方法比较典型,已被大多数银行和非银行金融机构采用。

检查表法的优点是简单扼要,较为客观,而且有利于国家风险评估的规范化。它的缺点是局限于对过去资料的分析,各种要素的评分等级和重要性权数的设定带有一定的主观性。

2. 数量法

为避免主观性,弗朗克(C. R. Frank,1971)在《国际经济学》杂志发表的《偿债能力的评估:判别模型的运用》一文中提出要用计量经济学技术(Econometrics Technique),通过

---

① 详见鞠冬生:"浅谈国家风险评级",载于《国际金融》,1991 年第 7 期。

建立数理统计模型,对国家风险进行客观的评估①。后来的一些经济计量学家和财务分析专家对弗朗克的观点与方法做了进一步的研究,从而使得数量法逐渐地完善和流行起来。实际上,数量法就是利用数量分析与经济学原理,寻求国家风险程度与各种评估要素之间的函数关系,并在此基础上建立计量经济模型,然后再将评估要素带入模型进行运算和逻辑判断,进而得出评估的结果。

数量法是以严谨的计量经济模型进行分析和推论,这在很大程度上避免了国家风险评估中的主观性,而且有利于评估方法的规范化和评估结果的可比性。但是,数量法及其运用所得到的结果能否科学地说明一国的信用和偿债能力,不免令人怀疑。这是因为,用计量经济模型预测,是以过去的行为预测未来的行为,一旦有偶发性事件发生或新的变化,其功效即告丧失;一些社会现象,如政治风波、人才素质和民族特征等,是不能被数量化并带入模型体系进行运算和逻辑判断的;由于统计资料的正确性、完整性和可能性等方面问题,评估的结果也会受到影响。因此,在具体实践中,数量法因自身的缺陷而难以充分发挥作用,常被作为一种补充性的评估方法。

(三) 风险等级的评定

定性评估方法和定量评估方法具有各自的优势和局限性,仅仅凭借其中一种方法是很难对一国的信用和偿债能力做出准确评估的。大量事实表明,在评估过程中,一方面采用详述报告法对一国的基本国情进行分析和判断,另一方面采用检查表法对影响一国偿债能力的要素进行量化和推断,两者并举、相辅相成,往往能够取得较好的评估效果。

为直观地显示一国的风险程度,方便地比较国与国之间的风险大小,进而提高国际信贷决策和国家风险管理的水平,银行和非银行金融机构必须对国家风险评定等级。风险等级的评定有许多做法,但其主要内容却有相似之处。日本公债研究所的做法具有典型意义,现简述如下。

1. 评级标准和评分等级

在日本公债研究所的牵头组织下,成立由银行、商社和工业公司代表参加的 14 个专家小组,同时进行风险评估。各个专家小组分别以打分方式对每一单项风险以及综合风险进行评估。单项风险和综合风险都分为 A～E 五级。单项风险的等级评分是:A 级 10分、B 级 8 分、C 级 6 分、D 级 4 分、E 级 2 分。以简单算术平均数求得的 14 个小组的评分均值就是一国各单项风险的得分。综合风险的等级评分是:A 级 9 分以上;B 级 8.9～7.0分;C 级 6.9～5.0 分;D 级 4.9～3.0 分;E 级 2.9 分以下。不论是单项风险还是综合风险,都是以分数的高低评定风险等级,即分数越高,级别就越高,表示风险越小;不然,则相反。

日本公债研究所的做法有两大优点:一是各专家小组在分析大量资料后对单项风险评估,并在此基础上评估综合风险,有利于避免主观随意性,能够比较客观地反映一国的实际情况;二是使用国家风险评级资料的行业不同、目的不同,侧重点也不同。由各专家小组分别打分、同时公布,既能比较全面地反映一国的整体风险程度,又能反映不同行业

---

① 　C. R. Frank and W. Cline:Measurement of Debt Servicing Capacity, an Application of Discriminant Analysis, *Journal of International Economics*,1971,Vol. 1.

所面临的主要风险,从而更好地满足国际信贷决策和国家风险管理的需要。

2. 评议标准

日本公债研究所评议标准所涉及的内容可概括为三个方面:政治和社会的稳定性,经济的稳定性和增长潜力,对外关系的稳定性和对外支付能力。这三个方面又可分解为 14 个单项风险,最后归纳为一个综合风险。

(1) 发生内乱和革命的可能性(　　)。

A. 完全没有　　　B. 估计没有　　　C. 比较稳定　　　D. 有发生的征兆

E. 很可能发生或已经发生

(2) 现政权(体制)的稳定性(　　)。

A. 很稳定　　　B. 稳定　　　C. 还算稳定　　　D. 存在不稳定因素

E. 很不稳定

(3) 因政权更迭而影响政策的连续性(　　)。

A. 根本不会影响　　　　　B. 大体上能保持连续性

C. 虽有摩擦,但变化不大　　　D. 可能改变某些政策

E. 会发生剧烈的政策变动

(4) 产业的成熟程度(　　)。

A. 高度成熟　　　B. 比较成熟　　　C. 差不多　　　D. 有些不成熟

E. 不成熟

(5) 经济活动的扭曲性(通货膨胀、失业等)(　　)。

A. 扭曲现象少　　　　　B. 扭曲现象比较少

C. 一般　　　　　　D. 扭曲性大

E. 扭曲性很大

(6) 财政政策的有效性(　　)。

A. 很有效　　　B. 比较有效　　　C. 一般　　　D. 不太有效

E. 基本无效

(7) 金融政策的有效性(　　)。

A. 很有效　　　B. 比较有效　　　C. 一般　　　D. 不太有效

E. 基本无效

(8) 经济增长的潜力(　　)。

A. 有极其优越的条件　　　　B. 有优越的条件

C. 一般　　　　　　D. 尚嫌不足

E. 明显缺乏潜力

(9) 战争的危险(　　)。

A. 根本不存在　　　　　B. 估计没有

C. 有隐约的征兆,但估计不会发生　　　D. 存在危险的征兆

E. 处于一触即发状态,或战争已爆发

(10) 国际交往中的可信赖程度(遵守国际协调与契约的态度)(　　)。

A. 姿态极高　　　B. 姿态高　　　C. 过得去　　　D. 缺乏信赖

E. 完全不可信赖

(11) 国际收支结构（　　）。

A. 极好，可以放心　　　　　　　B. 良好，大体上可放心

C. 尚可　　　　　　　　　　　　D. 有些担心

E. 极其不好，很不放心

(12) 对外支付能力（　　）。

A. 极好，可以放心　　　　　　　B. 良好，大体上可放心

C. 尚可　　　　　　　　　　　　D. 有些担心

E. 极其不好，很不放心

(13) 汇率政策（　　）。

A. 一贯强势　　　　　　　　　　B. 暂时疲软，趋势看涨

C. 币值能保持稳定　　　　　　　D. 存在小幅度下跌的可能性

E. 存在大幅度下跌的可能性

综合风险程度（　　）。

A. 完全可以放心

B. 可以放心

C. 存在令人担心的因素，但问题不大

D. 令人担心

E. 令人十分担心

目前，世界上有若干权威机构定期发布国家风险等级的报告，如《欧洲货币》杂志每半年公布一次包括一百多个国家的最新风险等级。从事国际信贷的银行和非银行金融机构常把这些评估报告作为其决策的重要依据，或组织自己的专门班子有针对性地对某些国家进行国家风险评估。

第三节　国家风险防范

国家风险的防范是在风险评估的基础上，采取有效措施，以规避国家风险，或将国家风险可能造成的损失降低到最小限度。它主要包括四个方面的内容，即确定贷款的限额、风险性债权的归属、国家风险的监测以及减少风险损失的主要措施。

一、确定贷款的限额

根据不同国家的风险等级，确定不同的贷款限额，以作为发放贷款的"警戒线"，从而有利于改善银行和非银行金融机构的国际贷款决策，加强债权管理，分散信贷风险，使有限的资金得到最优配置。通常，贷款限额与风险程度成反比，风险越大，贷款限额就越小；不然，则相反。贷款限额又与市场需求成正比，市场需求越大，贷款限额就越大；反之，则越小。因此，在确定对某一特定对象的贷款限额时，既要考虑国家风险程度，又要考虑借款者的潜在市场和经济规模等其他因素。其主要方法如下：

（1）对借款国设立放款的最大百分比，即针对各国的政治、社会和经济状态，以及贷款所涉及的项目种类、交易性质和借款者偿还能力等，根据可供贷放的资金数额，分别对其设立一个固定的百分比。对特定国家的贷款不得超过相应百分比所决定的限额，而只能在这个限额内灵活掌握。

（2）按资本总额设立放款百分比，即按照放款者自有资本总额和不同国家风险程度，分别设立对某一国家贷款的最高百分比。风险越小的国家可享有的放款百分比越大，从而防止信贷资金过多地流向国家风险较大的市场。

（3）根据外债状况设立最高信用限额，即以一国所能承担的外债及其偿债能力为依据，分别设立最高信用限额，实际贷款的数额不得大于这个最高限额。

（4）按照风险评估等级授予信用额度，即按国家风险评估等级的差异，分别授予有关国家不同的信用额度。以日本公债研究所公布的风险等级为例，等级为 a（完全可以放心）的国家与等级为 b（可以放心）的国家相比，可以获得较大的信用限额；以此类推，等级为 e（令人十分担心）的国家，可获得的信用限额最小。

（5）针对具体贷款的性质设立信用额度，即不事先确定最高限额，而是对具体贷款的性质和所涉及的项目进行逐件审理，进而核定全年的信用额度。该方法需要对贷款事项进行跟踪调查，因为只有这样，才能使同一时期的债务与偿债能力相配合，并可依据将来预期的偿债能力决定新增贷款的数额。

二、风险性债权的归属

上述确定贷款限额的方法不尽相同，但其目的均不外乎于把银行或非银行金融机构的风险性债权控制在某一范围之内，且不致使风险集中在某一特定的国家和地区。事实上，在复杂的国际信贷环境中，准确制定风险性债权的归属也是有效控制国家风险所不可缺少的。

国家风险债权（Country Risk Exposure）是指放款者暴露于一国的风险资产总额。在衡量风险性债权时，决定它的归属是比较困难的。例如，一家船运公司在巴拿马注册，所有者为希腊人，而其船只却悬挂着利比里亚的旗帜在世界各地航行。那么，对其船舶贷款的风险是属于巴拿马、希腊，还是利比里亚？又例如，国内某制造公司向马来西亚买主提供中长期出口贷款，并由美国花旗银行新加坡分行提供还款担保，这种贷款的风险究竟属于马来西亚、美国，还是属于新加坡？

金融机构，特别是商业银行通常采用两种方式确定国际风险性债权的归属。

（一）法定归属

这种确定方式是以最后应负偿还责任或担保责任的国家为归属之依据的。按此方式，上述对船舶贷款的风险应归属于巴拿马，对马来西亚出口贷款的风险应归属于美国。法定归属强调法律上的最终责任，因此放款风险可经由第三国担保，而被转移至第三国。通过这样的操作，可将风险由信用较差的国家转移到信用较好的国家，从而达到降低国家风险的目的。

（二）经济或功能归属

这种确定方式是以借方还款来源所在国为归属依据的。在采用这种方式的时候，如果对外贷款是由借款者所在国政府提供担保,则其风险与法定归属一样,同为借款者所在国。但上述对马来西亚的出口融资若按此判定方式,则风险应归属于马来西亚,也就是说,即使美国花旗银行必须对该贷款负有最后还款的责任,但马来西亚的政治、社会和经济状况对贷款的偿还具有决定性的影响。

上述两种确定风险性债权归属的方式有其互不相同的依据和特点。在实践中,国际金融机构大多同时采用两种判定方式来归纳和计算风险性债权,即一方面考虑到借款者国家的直接归属,另一方面又考虑到各种风险的转移归属,以加强对整体国家风险性债权分布的了解和控制。

三、国家风险的监测

在对国家风险进行认真评估和必要的预测之后,特别是当放款者已将巨款投入某一国,或者某一借款者所在国的风险趋于上升时,金融界还必须对国家风险的演变进行定期或不定期的监测。原则上说,自前期评估之后,一国偿债的意愿和能力不论是改善还是恶化,都应受到严密的监视。这是因为国家风险监测的目的与国家风险评估的目的不同,前者是为认清风险情况的变化,而后者是为衡量风险程度的高低。

对国家风险进行全面监测可从两个方面入手:一是对过去评估所选用的指标或做预测时所设定的重要假定进行检讨。如果过去选择的指标没有发生重要变化,所做的大部分假定依然成立,则只需对原有的评估和预测做适当的修正;如果过去选择的指标发生重要变化,所做的大部分假定已不成立,则整个国家风险评估的结果已失去功效,需要重新对国家风险进行评估。二是对影响国家风险程度的主要因素的变化趋势,如政治、社会、经济、国际收支和外债等的变化趋势进行监视,以测定一国近期和将来偿债能力可能发生的变化。这两个方面的监测交替进行,可以达到相辅相成、提高准确性的效果。

对国家风险进行监测的具体作业方法主要有:① 逐日监测,即通过广泛订阅国际性报纸杂志等资料,逐日收集各国政治、社会和经济等方面发展的最新情况;② 及时更新记录,即通过各种渠道获取新的信息和数据,及时对所掌握的记录进行更新;③ 定期检讨或评估,即根据国际贷款业务的需要,按月份、季度或每半年重新检讨或评估国家风险的变化。

四、减少风险损失的主要措施

在防范国家风险的过程中,银行和非银行金融机构还必须在贷款的具体安排上进一步采取措施,努力把国家风险可能造成的经济损失降低到最小限度。其中主要的措施有三个。

(一) 寻求第三者担保

为减少风险造成的经济损失,绝大多数商业银行在从事国际贷款时,都要求借款人争取有实力的第三者对贷款的偿还提供担保。常见的担保者为借款国的政府、中央银行,以及第三国的银行或非银行金融机构。如果借款人不能按期履行偿债义务,那么担保者将对此负有责任。在由借款国政府或中央银行担保的情况下,债权银行所面临的国家风险便可转变为风险程度较低的主权风险。欧美的大银行在向发展中国家提供贷款时,一般都要求借款国财政部或中央银行出面担保。在由第三国银行或非银行金融机构担保的情况下,债权银行所面临的国家风险则被转移到信用较好的国家。一些国际银行在向原英法殖民地国家提供贷款时,经常要求英法银行和非银行金融机构对贷款的偿还进行担保,以达到把国家风险从发展中国家转移到发达国家的目的。

20 世纪 60 年代后,跨国公司迅猛发展,以其雄厚的实力和广泛的分布在世界经济领域占有举足轻重的地位。当国际贷款的对象为跨国公司在某一国的子公司时,银行可要求设在第三国的母公司或其他子公司提供担保,以便向信用较好的国家转移国家风险。由于跨国公司有其庞大的、遍及全球的生产经营网络,在对其子公司贷款时,银行在转移国家风险方面的选择较多,具有很大的灵活性。

另外,为鼓励本国出口和资本输出,许多发达国家的官方金融机构也对本国银行的对外贷款提供担保或保险,使借款国不能如期偿债的风险全部或部分地转由本国政府承担。例如,美国进出口银行、英国出口信贷担保局、法国对外贸易银行、德国出口信贷银行和日本进出口银行等就提供多种担保和保险服务。

(二) 采用国际银团贷款方式

当国际贷款金额较大、期限较长时,贷款银行面临的国家风险及其可能造成的经济损失就很大,因此很难取得第三者的担保。在这种情况下,贷款银行可牵头组织或参与国际银团贷款,联合数家银行共同承担风险,减少其单独贷款时所面临的风险和损失。采用国际银团贷款方式时,通常由牵头银行(Lead Bank)负责行政、管理和联系工作,各参加银行彼此交换情报,共享牵头银行提供的资料和评估报告,而且银团内成员有着共同的利益和准则。借款国为维护其在国际金融市场上的信用,或迫于银团内数家甚至数十家银行的威慑力,一般不敢轻易违约。这样,个别银行从事国际贷款的国家风险就相对减少了。

同样,商业银行也可以参加世界银行、美洲开发银行、欧洲复兴银行和亚洲开发银行等国际金融机构的贷款项目,通过合作融资降低国家风险。这些国际金融机构具有从事贷款的丰富经验,而且其风险评估与管理的水平较高,它们的放款很少有不能收回的问题。与它们的合作融资,可以使商业银行的国际贷款获得良好的保障。

此外,商业银行在从事国际贷款时,还可以寻求国际金融管理机构和有关国中央银行等的帮助,以达到减少贷款风险的目的。国际货币基金组织在对国际收支发生困难的发展中国家提供贷款时,通常都会对借款国的申请进行严格审查,并要求借款国实行经济改革计划。国际货币基金组织随时监督借款国经济改革计划的实施情况,同时还加以指导和协调,以保证借款国如期还本付息。一些国家的金融管理机构对本国商业银行的国际贷款业务也有一套管理和检查制度。通过这套制度,金融管理机构随时向本国商业银行提供国际贷款动态等方面的信息,提醒本国商业银行在从事国际贷款业务中应注意的有关事项。因此,与国际金融管理机构和有关国家中央银行保持紧密的联系与合作,有利于降低国家风险发生的可能性。

(三) 力求贷款形式多元化

遵循资产优化组合和风险分散化原则,商业银行应力求贷款形式多元化,以使其总的资产组合(Portfolio)不会因某一笔贷款不能如期偿还而遭受重大经济损失。贷款形式多元化是指贷款的币种、担保、产业、地区和到期日等贷款要素的多元化。其中,贷款地区的多元化最为普遍,它对防范国家风险具有重要意义。20 世纪 80 年代的全球性债务危机爆发后,从事国际贷款的银行越来越重视贷款形式的多元化,并且在减少风险损失方面取得了明显的效果。

第四节　金融危机

在各国经济相互融合、相互依赖和相互作用的全球化时代,当一国经济运行的缺陷与国际游资交集在一起时,就可能爆发金融危机。金融危机的爆发和蔓延是 20 世纪 90 年代以来世界经济发展面临的严峻挑战,2008 年由美国次级抵押贷款问题引发的当代国际金融危机和 2009 年爆发的欧洲主权债务危机就是典型例证。因此,识别和防范金融危机,已成为理论与实务部门高度重视的课题之一。

一、金融风险与金融危机

金融风险是引发金融危机的可能性,是金融危机产生的前提;而金融危机则是金融风险充分暴露,并产生全局性重大损失的结果。研究和防范金融危机,首先要理解金融风险的基本内涵。

(一) 金融风险

金融风险,是指在金融市场迅速发展和金融创新工具不断涌现的背景下,因金融交易的期限性、逐利性、投机性以及与实物交易严重脱离等而引发灾难性结果的可能性。20 世纪 80 年代后,金融风险明显增大,并且引发了墨西哥金融危机、东亚金融危机、阿根廷金融危机、美国次贷危机以及欧洲主权债务危机等,对危机爆发国乃至世界经济发展造成了沉重的打击。一般说来,金融风险具有以下五个特征。

1. 不确定性

在市场经济中,特别是在金融市场上,各种经济要素相互交融,不同交易行为相互影响,人们心理预期又变化无常。所以,市场经济本身就充满了不确定性,金融风险就是由这种不确定性引起并且会对经济金融体系产生破坏性的结果。

2. 普遍性

在资金融通过程中,由于投融资双方的规模、期限和利率结构不同,特别是市场行情和社会经济形势变化又可能影响投融资双方的履约能力,资金融出方有可能无法按时、按期收回本金和利润,而资金融入方也可能无法按时、按期还本付息。这种可能性普遍存在于资金融通过程之中,从而使金融风险具有普遍性。

3. 扩散性

资金融通是以信用为基础的,并通过信用关系将众多投融资主体连接成庞大和复杂的金融交易网络。如果处于这个网络中的每个地区或金融机构出现金融风险,金融风险就会产生"多米诺骨牌效应",迅速地在网络中蔓延开来,造成大范围的资金链断裂和社会信用崩溃,直至引发金融危机。

4. 隐蔽性

因为金融市场和金融机构具有创造信用的能力,所以金融机构和其他投融资主体可以通过不断创造新的信用,来掩盖自己流动性差和已经出现亏损的问题,进而使金融风险的征兆不易被察觉。

5. 突发性

正是因为金融风险具有隐蔽性和扩散性,潜在的金融风险就会不断积累。风险压力加大,并且出乎意料地喷发而出、迅速蔓延,在短期内会猛烈冲击社会经济特别是金融业的稳定与发展。

根据金融风险涉及的行为主体不同,可以将其分为个人金融风险、企业金融风险和政府金融风险;根据金融风险涉及的范围不同,可以将其分为系统性风险和非系统性风险;根据金融风险产生的原因不同,又可以将其分为国家风险、信用风险、利率风险和汇率风险等。

导致金融风险的主要因素是技术性因素、心理性因素和制度性因素。技术性因素的表现形式是信息的不对称和非理性操作;心理因素的表现形式是所谓的"动物精神"(Animal Spirits)或"集体无意识"(Collective Unconsciousness);制度性因素的表现形式是实体经济与货币金融的分离,以及相关经济制度的缺陷。

(二)金融危机

金融危机是金融风险积聚到一定程度后的总爆发,集中表现为全部或大部分金融指标,如短期利率,证券、房地产和土地等资产的价格,企业破产数以及金融机构倒闭数等急剧和超周期的恶化,并且已对社会经济发展造成了灾难性的影响。

根据 IMF 在《世界经济展望 1998》中的分类,国际金融危机大致可以分为以下四大类。

1. 货币危机(Currency Crisis)

货币危机又叫汇率危机。当某种货币的汇率受到投机性力量的攻击时,该货币出现持续性贬值,或迫使当局抛出大量外汇储备,大幅度提高利率。货币危机或汇率危机甚至会迫使货币当局动用外汇储备,直接干预外汇市场,如 1992 年英镑汇率危机中,英国货币当局就数次动用外汇储备,直接干预英镑兑马克的汇率,防止英镑汇率继续大幅度下跌;1997 年亚洲金融危机中,东亚多国货币当局都动用本国外汇储备来稳定本币兑美元的汇率,但大多数国家的努力都失败了,只有香港特区政府经过与国际投机资本持续一年的搏杀后才保住了港币与美元的联系汇率制,进而维护了香港地区金融制度和金融秩序的稳定。

2. 银行业危机(Banking Crisis)

如果越来越多的银行不能如期偿付债务,或迫使政府出面提供大规模援助,以避免违约现象的发生,那么银行业危机便会发生。一家银行的危机发展到一定程度,很可能波及其他银行,从而导致整个银行业的危机。银行业危机的本质是多家银行的信用危机,由信用危机引发的社会恐慌和挤兑风潮会给整个银行业带来灾难性的后果。20 世纪 90 年代,俄罗斯以及西欧和东南亚不少国家都发生过挤兑风潮和银行业危机。2007年后,在美国次贷风险引发的国际金融危机,以及欧洲主权债务危机中,也多次出现过银行业危机,但都被本国政府和国际组织的积极救援所化解。

3. 国际债务危机(Foreign Debt Crisis)

当一国的国内支付系统严重混乱、运转失灵,特别是不能按期偿付所欠的外债本金和利息,就会导致国际债务危机。国际债务危机又分为私人外债危机和主权债务危机,前者是指私人(公司和个人)不能如期清偿外债,后者则是指国家不能如期清偿外债。一般来说,私人外债危机可以依据现代企业制度、现代银行制度以及金融监管来化解,也可以通过本国政府的救援来消除,因而对社会经济发展的冲击较小;而国家层面上的债务危机,即主权债务危机对本国社会经济发展的冲击力和跨越国界的传染效应就要大得多,造成的后果也十分严重,如2009年爆发的欧洲主权债务危机是迄今为止规模空前、持续时间最长、造成社会震荡最强的主权债务危机,这一危机几乎使欧元区分崩离析。

4. 全面危机(Systematic Financial Crisis)

全面危机是指一国、多国或全世界所有重要的金融领域都出现危机,如货币危机、银行业危机、国际债务危机同时或相继发生。全面危机必然导致一国或多国的经济秩序严重混乱,经济增长持续失速,经济结构明显失衡等不良后果,而且要摆脱全面危机并不容易,需要付出沉重的代价。例如,2008年由美国次贷风险引发的国际金融危机就是在美国和世界多国同时出现货币危机、银行业危机和国际债务危机的全面危机。虽然各国政府和国际社会为克服国际金融危机积极协调、共同努力,但美国乃至世界经济发展都受到重创,如今世界上大多数国家还是没有完全走出国际金融危机的阴影。

(三) 金融危机的主要表现

1. 股市行情暴跌

股市行情暴跌是金融危机发生的主要标志之一。股市行情是国民经济运行的晴雨表,更是金融稳定状况的指示器。金融危机往往会导致股市价格指数迅猛下跌。1997年至1998年亚洲金融危机期间,香港恒生指数从1997年8月9日的最高点16800多点跌至1998年8月中旬的6600点以下,一年之间总市值蒸发了近2.2万亿港元,平均每个投资者损失267万港元,在当时仅有600多万人口的香港,负资产人数达到17万人。1998年8月17日,俄罗斯中央银行突然宣布年内将卢布兑换美元汇率的浮动幅度扩大到9.5∶1,并推迟偿还外债及暂停国债交易,俄罗斯股市应声暴跌,还引发美欧国家股市的剧烈波动。2008年受美国次贷风险及其引发的国际金融危机影响,全球股市大跌,不到一年时间,全球金融资产就缩水了27万亿美元。2020年3月前后,受新型冠状病毒疫情的冲击,全球股市在40个交易日内就下跌30%左右,同时期标普500指数的累计跌幅接近30%,这引起投资者的高度恐慌。如果不是政府救市措施的出台和新冠疫苗的研发与使用,全球股市就会继续下跌,很可能引发金融危机。

2. 资本大量外逃

资本外逃是金融危机爆发的又一主要标志。资本的趋利性和避险性是资本外逃的重要动机。1997年上半年,泰国在爆发金融危机前夕,国内资本大量外逃,迫使泰国政府不得不对外逃资本进行严厉的管制;1998年8—9月,俄罗斯债务危机爆发,大量资本从俄罗斯外逃,涌入欧洲市场,使本应随着欧洲统一货币日期的临近而下跌的德国债券价格急剧上扬,一批著名的国际投机机构因此沉沙折戟;2000—2001年阿根廷金融危机、2006年巴西金融动荡时,两国政府都采取了比较严厉的资本管制阻止资本外逃。2020年新型冠状病毒疫情在全球蔓延,受投资者恐慌情绪的影响,不少发展中国家的资本外逃。据国际货币基金组织估计,投资者从发展中国家的固定收益和可变收益市场中撤出了830亿美元,对所在国的金融稳定产生了巨大冲击。

3. 银行信用关系遭到破坏

金融危机爆发往往伴随着银行挤兑、流动性紧缺和金融机构大量破产倒闭等现象。例如,在1997年爆发的亚洲金融危机中,香港各大银行面临高强度挤兑,不少银行陷入破产倒闭的困境。由于流动性紧缺,1997年11—12月,香港资金市场上隔夜拆借利率一度达到300%,为历史罕见,这沉重打击了实体经济。银行正常的信用关系一旦遭到破坏,必然带来客户恐慌、挤兑风潮以及银行接连倒闭的多米诺骨牌效应。在2008年美国次贷风险引发的国际金融危机中,仅美国就有近百家中小商业银行倒闭,其享誉全球的五大投资银行也倒闭了3家(雷曼兄弟、贝尔斯登和美林证券),只剩下摩根士丹利和高盛独撑危局。

4. 官方储备减少、货币贬值和通货膨胀

金融危机如果是由于对外债务引发的,必将直接使危机发生国的官方储备锐减;如果是其他原因引发的,就会使本国货币面临巨大贬值压力,政府为稳定本币汇率,必然要动用外汇储备入市干预,也会引起官方储备的骤减。在金融危机中,政府如果不干预外汇市场,或干预外汇市场失败,这必然引起本币大幅贬值,急速推高本国的通货膨胀。1992年夏天,面对国际投机资本强力狙击英镑,英国政府入市干预,造成英国近百亿英镑官方储备的流失;干预失败后,英镑对外大幅贬值,并且引发国内通货膨胀。1997年上半年,国际游资对泰铢发动猛烈攻击,泰国政府不惜动用320亿美元的外汇储备维护泰铢汇率的稳定,不到半年,泰国官方储备消耗殆尽,7月2日,不得不放弃实行了长达14年之久的泰铢与美元固定汇率制,当天泰铢贬值20%,半个月内累计贬值60%。在1997年爆发的亚洲金融危机中,印尼、马来西亚、菲律宾、新加坡、韩国、中国台湾等国家和地区保卫本币汇率的努力失败,其官方储备锐减,本币纷纷贬值,而且出现明显的通货膨胀,如印尼盾累计贬值高达83%,国内也出现了严重通货膨胀。在2009年爆发的欧洲主权债务危机中,欧洲中央银行及其成员国政府动用官方储备进行干预,但效果不佳,一向坚挺的欧元汇率持续走低,欧元区的通货膨胀压力不断增大。

5. 难以如约偿还外债

金融危机爆发一方面会使政府的官方储备减少,另一方面会造成资本外逃和外来投资锐减,再加上银行信用危机造成的恐慌,就会导致危机发生国难以按照约定偿付外债的本金和利息。在1997年爆发的亚洲金融危机中,韩国因为偿债困难,动员民众向政府捐献金银外汇,以帮助政府渡过债务危机。在2000—2001年阿根廷金融危机期间,阿根廷

政府面临偿还外债的严重困难,不得不求助国际社会进行援助和重新安排债务;在2009年爆发的欧洲主权债务危机中,希腊、西班牙、意大利、爱尔兰和葡萄牙等国都不能如期偿还债务,债务危机不但重创了这些国家的经济发展,而且还对欧元区的统一和生存形成了威胁。2020年新型冠状病毒疫情爆发后,阿根廷经济陷入困境,政府宣布无力偿还到期或即将到期的外债,请求债权人部分减免所要偿还的本金和利息,并且同意未来三年内不偿还任何外债。斯里兰卡也因经济困难不能偿还到期或即将到期的外债,其政府与日本、中国、欧盟、美国、加拿大和印度等双边合作伙伴进行谈判,提出推迟或暂缓两年偿还债务的要求。

6. 经济出现明显衰退

金融危机爆发与蔓延会沉重打击实体经济,导致经济增长速度明显下降。在1997年爆发的亚洲金融危机中,在经济增长中占重要地位的香港楼市遭受重创,累计跌幅超过50%,退回到10年前的水平;受金融危机的冲击,印尼1998年6月的国内生产总值仅相当一年前的16.6%,国内经济严重衰退至50年前的水平。时任马来西亚总理的马哈蒂尔悲痛地说:"东南亚人民四十多年辛勤积累的财富,毁于一旦。"2008年美国次贷风险引发的国际金融危机来势凶猛、危害极大。根据国际货币基金组织的统计,2009年全球经济增长下降至1.3%,这是自二战以来全球经济增长首次出现大幅度下降;同时期新兴市场国家的经济增长仅为0.01%,远低于2008年的5.2%。国际金融危机的阴影尚未消散,又爆发了欧洲主权债务危机;许多国家经济尚未走出金融危机的阴影,新型冠状病毒疫情再雪上加霜。2020年10月,IMF发布《世界经济展望报告》,认为,2020年中国将是全球唯一实现正增长的重要经济体,认为发达经济体经济将衰退5.8%,新兴市场和发展中经济体经济将衰退3.3%。

二、美国次贷风险引发的国际金融危机

2007年,美国次级抵押贷款风险累积引发了严重金融危机。由于世界政治经济大国的巨大影响力,美国次贷风险引发的金融危机迅速向全球范围蔓延,进而演变为前所未有、损失惨重的当代国际金融危机。

(一) 美国次级贷款风险的形成、放大与积聚

美国家庭自有住房比率高达68%,人均居住面积约60平方米,房地产占美国家庭净资产的1/3以上,房地产业是美国的第一大产业。住房抵押贷款亦称按揭贷款,作为消费信贷的一个重要产品,是银行为支持借款人购买住房而以住房为抵押向借款人发放的贷款。次贷危机前,美国购买住房的居民90%以上都使用住房抵押贷款,房地产按揭在金融体系信贷中的比例高达61%。

美国根据借款人的信用等级,将房地产抵押贷款客户分三类:第一类是优质贷款客户,信用评分660以上,大多采用15或30年固定利率抵押贷款形式,且利率低;第二类是Alt-A贷款客户,泛指信用不错或很好,但无固定收入的人,信用得分为620~660,利率比优质贷款高1~2个百分点;第三类是次级贷款客户,这类客户信用记录较差或信用受限,其信用评分在620以下,向他们提供贷款的利率高于优质贷款2~3个百分点。美国

政府为刺激消费,带动国内经济发展,自 20 世纪末推行了"居者有其屋"的政策,鼓励居民买房。美国政府通过"两房"(房地美和房利美,美国政府的政策性金融机构)等金融机构,为商业银行提供住房按揭资金。这样一来,即使是没有固定收入的群体,也能获得住房抵押贷款。这些贷款就是次级贷款。美国次贷危机的源头正是这些住房抵押次级贷款。

2000—2006 年,美国房地产价格持续上涨。获得次级贷款的普通房产投资人,其经济实力本来只够买自己的一套住房,但他们看到房价快速上涨,便有了房产投机的念头。他们把自己的房子抵押给银行或其他金融机构,通过贷款购买投资房。这类贷款利息在 8% 甚至 9% 以上,凭他们自己的收入很难支付,不过他们可以继续把房子抵押给银行,借钱付利息,次贷风险实际上在贷款的一级市场上就已经被放大。

2007 年年底,美国住房抵押贷款一级市场总规模约 11.16 万亿美元,次级贷款市场总规模 1.3 万亿美元,仅占约 11% 的份额。这些次级贷款的风险原本由商业银行和其他贷款机构承担。美国金融市场发达,金融创新活跃,金融工具不断翻新,商业银行和其他贷款机构通过资产证券化途径,用资产抵押支持证券和保险合同等形式通过金融市场向社会公众转嫁次贷风险;如果国外机构和个人投资者大量买进资产抵押支持证券和保险合同,美国国内的金融风险就转化为国际金融风险。

美国银行业及其他金融机构住房贷款(包含次贷)的资产证券化是通过以下六个步骤完成的:第一步,根据贷款资产现金流构造资产证券化产品;第二步,组建特殊信托机构实现真实资产的出售;第三步,完成对资产抵押支持证券的信用增级;第四步,聘请国际信用评级机构对资产抵押支持证券进行信用评级;第五步,安排证券销售,将收入支付给发行人;第六步,安排资产抵押支持证券挂牌上市,等待贷款到期还付本息。到此,包含次级债的住房抵押贷款经过证券化,转化为住房抵押担保支持证券(以住房抵押贷款为支持的票据)。资产证券化的承销商是投资银行。它们把资产推销给合格的机构和个人。有些投资银行买入这些证券,进一步组合成各种类型的理财产品。例如,华尔街的"债券之王"雷曼兄弟公司以次贷与非次贷的利率之差为基础,推出各种类型的固定收益产品,并冠以 3A 级信用标签。这一类理财产品收益率高,很受机构投资者欢迎。甚至一些外国政府及其金融机构也购买了这类理财产品,使其成为另一主权国家的外汇储备资产。此时,次级贷款的风险完全从贷款机构转移到证券市场上。

次级贷款的风险转移除了直接证券化的途径外,还有一条途径,就是将次级贷款进行保险或债务担保,再通过卖出保单或卖出债务担保凭证的形式将贷款风险转移出去。

银行为了赚取暴利,往往采用了 20~30 倍的杠杆操作。例如,某银行有 30 亿美元的资产,30 倍杠杆就是 900 亿美元。这个银行以 30 亿美元资产为抵押,借入 900 亿美元来投资,假如投资盈利 5%,那么该银行就获得 45 亿美元的盈利。相对于该银行自身的资产而言,这是 150% 的暴利。反过来,假如投资亏损 5%,那么这家银行赔光了自己的全部资产后还欠 15 亿美元。

按照正常的规定,银行不能进行这样高风险的杠杆操作,于是银行就把杠杆投资拿去做"保险",于是产生了保险合同。另一家机构(可能是另一家银行,也可能是保险公司)做成这笔保险生意之后转手卖出;下家再把保险合同挂牌出售,这种保险合同就像股票一样流到了金融市场上,可以自由交易和买卖。这些保险合同在市场上被反复地炒卖,次贷危机爆发前,美国金融市场上保险合同的总市值已经炒到 62 万亿美元。美国债券市场上,担保债务凭证也被转卖和炒作。2000 年担保债务凭证的发行量几乎为零,2007 年超过了两万亿美元,从而构成另一种金融风险。

美国房贷二级市场经过各种创新,推出大量衍生产品,导致次贷二级市场规模不断扩大,风险从银行转移到整个金融市场。住房抵押贷款证券化和保单化的过程,就是金融衍生产品的创造过程。在这个过程中,次贷风险被成倍地放大,并在金融市场上积累起来。

房价涨到一定的程度就涨不上去了。后面没人接盘,房子就卖不出去。房产投资(机)人却要不停地支付高额利息,到了走投无路时,贷款人就把房子甩给了银行。此时贷款违约就发生了。一旦贷款违约集中发生,金融风险就转化为金融危机。

2004—2007 年,美联储连续加息 17 次,利率从 1% 上升至 5.25%,贷款买房人的利息负担猛增,房价不再上涨,次贷人纷纷违约,导致相关贷款和衍生证券损失严重,金融危机由此爆发。

(二) 美国次贷危机的爆发与蔓延

2007 年 2 月 13 日,美国第二大次级抵押贷款公司——新世纪金融(New Century Financial Corp)发出 2006 年第四季度盈利预警。为此,汇丰控股迅速在美国次级房贷业务项目中增加了 18 亿美元的坏账准备。面对来自华尔街 174 亿美元的逼债,4 月 2 日,新世纪公司宣布申请破产保护,还要裁减 54% 的员工,从而拉开了次贷危机的序幕。

2007 年 7—8 月,危机集中显现,大批与次级住房抵押贷款有关的金融机构纷纷破产倒闭。8 月 6 日,美国第十大抵押贷款机构——美国住房抵押贷款投资公司正式向法院申请破产保护;两天之后,美国第五大投资银行——贝尔斯登旗下的两只基金因次贷风险而倒闭(贝尔斯登后来被摩根以 2.4 亿美元收购)。花旗集团几乎同时宣布,2007 年 7 月份由次贷引起的损失达 7 亿美元,花旗集团股价也由高峰时的 23 美元跌到了 3 美元。美联储被迫由“持续加息通道”转轨进入“降息周期”。

2007 年年底至 2008 年年初,花旗、美林、瑞银(UBS)等全球著名金融机构因次级贷款出现巨额亏损,市场流动性压力骤增,美联储和一些西方国家的中央银行被迫联手干预金融市场。

2008 年 7—9 月,美国两大住房抵押贷款融资机构——美国联邦国民抵押贷款协会(房利美)和美国联邦住宅抵押贷款公司(房地美)陷入困境,9 月 7 日,美国政府接管“两房”并对其紧急注资 1 000 亿美元。9 月 15 日,美国五大国际投资银行之一、具有 158 年历史的雷曼兄弟公司宣布倒闭,美林证券随后被转卖。9 月 16 日,美国最大的保险类金融服务商美国国际集团(American International Group,AIG)因累计亏损 400 亿美元,股价缩水 79% 并被美国政府接管 79.9% 的股权,美联储向其紧急贷款 850 亿美元;9 月 22 日,最初创立于上海、具有 89 年历史、2008 年在《福布斯》全球公司排名第 18 位的美国国际集团黯然谢幕(被除名)。此时,美国破产倒闭的各类金融机构已达数千家,金融市场风声鹤唳、动荡加剧,并且迅速蔓延到世界各地,如冰岛几乎陷入“国家破产”的境地,欧洲经济受到重创,新兴市场国家经济下行,全球实体经济和虚拟经济都低速不振,美国次贷危机最终演化为国际金融危机。

(三)美国次贷危机对世界经济的影响

1. 世界金融业遭受重创

美国次贷危机引发了全球性金融危机,这场危机造成的最直接影响是大批美国之外的著名金融机构损失惨重。例如,2007 年 8 月 9 日,法国第一大银行巴黎银行宣布投资美国次级债券而蒙受巨大损失,不得不冻结旗下三只基金,欧洲股市应声暴跌。2007 年 9 月 13 日,英国第五大信贷银行 Northern Rock 因次贷危机而出现流动性困难,大批客户到银行挤兑,一天之内提走 10 亿英镑,如不是英国央行(英格兰银行)紧急注资,Northern Rock 在劫难逃。2007 年 10 月 1 日,瑞银发表报告称,受美国次级住房抵押贷款市场危机的影响,银行亏损额超过 40 亿瑞士法郎(30.4 亿美元),再次引起国际金融市场的巨大震荡。美国次贷危机造成全世界金融机构大面积的亏损和倒闭,2008 年 4 月,IMF 称仅全球银行业因次贷危机造成的亏损就超过了 1 万亿美元。

2. 不少国家面临"国家破产"的风险

2008 年 8—9 月,北欧小国冰岛爆发主权债务危机,该国债务达 GDP 的 9 倍,整个冰岛因此面临"破产",政府被迫接管本国三大银行,实行非常严厉的经济紧缩措施。2008 年 10 月上旬,巴基斯坦的外汇储备捉襟见肘,国家无力偿还到期债务,标准普尔将巴基斯坦的主权信用评级下调至 CCC＋,该国已达破产的边缘。与此同时,拉美最大股市——巴西圣保罗股市一周内股指从 44 502 点下降到 35 609 点,2008 年以来股指下跌幅度达到 44.26％,巴西等国的货币大幅贬值,这些国家的金融资产严重缩水,所欠外债难以偿还。一些国家,如乌克兰、哈萨克和阿根廷相继拉响了国家濒临破产的警报。2009 年又爆发了欧洲主权债务危机,欧元区不少国家也在国家破产的边缘痛苦徘徊。

3. 贸易保护主义抬头

受美国次贷危机的影响,2009 年全球出口贸易量缩减 12.2％,进口贸易量缩减 12.9％,其中出口贸易量不仅低于 2008 年 2.1％的增长水平,更远远低于 4.1％ 的 10 年平均增长水平,为 70 年来的最大下滑幅度。在这样的背景下,贸易保护主义不断回溯与出新,使世界贸易组织(WTO)所倡导的灵活与自由的全球贸易体系受到严重挑战。据世界银行统计,从美国次贷危机爆发到 2009 年第三季度,20 国集团(G20)中有 17 个国家共出台了 78 项贸易保护措施,包括提高关税、增加出口补贴、实施交易禁令、滥用贸易救济措施以及多种形式的非关税贸易壁垒等。

第五节　金融危机理论

20 世纪 70 年代中期以前,几乎所有金融危机理论都包含在经济危机理论体系之中。发轫于 70 年代后期的金融危机理论研究,由经济金融视角到货币金融视角再到技术金融视角,逐步向前推进,填补了以往对金融危机理论研究的空白与不足,丰富了经济危机理论体系,在全球经济一体化趋势不可逆转、金融改革不断加速、资本管制日趋放松的背景下,国际投机资本主动攻击、兴风作浪使长期积累起来的潜在金融风险显性化,并集中性地爆发和蔓延,由此触发许多国家的国内金融危机,再转化为区域性乃至全球性的经济危机。正因为如此,系统掌握和研究金融危机理论具有重要的现实意义。

一、早期的危机理论

(一) 西斯蒙第的危机理论

西斯蒙第(Sismondi)是 19 世纪著名的经济学家,他既是法国古典政治经济学的最终完成者,又是小资产阶级经济学的创始人。早在 1819 年,他就指出了资本主义经济危机的必然性,成为经济学说史上系统研究经济危机并指出经济危机客观必然性的第一人。在西斯蒙第之前,萨伊(Say)、李嘉图(Ricardo)等经济学家从"商品购买商品"这一公式出发,否定经济危机的必然性。西斯蒙第则阐述了在资本主义社会爆发经济危机的客观必然性,他将发生经济危机的原因归结为消费不足,强调消费是生产的动力和目的,生产应该服从于消费。他认为,在资本主义条件下,生产无限地扩大,但分配制度不合理,劳动生产者收入不足,从而使国内市场日益缩小,产品实现受到阻碍,导致生产过剩,最终必然导致经济危机。

(二) 马克思主义的危机理论

马克思主义的经济危机理论是在对古典政治经济学的批判过程中建立起来的。马克思系统地分析了资本主义的生产方式和生产过程,揭示了资本运动的规律;全面地分析了资本主义生产、流通、消费、分配的各个环节,论证了资本运动过程中爆发经济危机的可能性。马克思还从理论上阐述了资本主义经济危机由可能性转化为现实性的条件和方式,明确指出资本主义经济危机的本质是生产相对过剩,表现为包括生产危机、流通危机和金融危机等多种形式的危机,从而创立了马克思主义的经济危机理论。列宁结合垄断资本主义的时代特征,丰富和发展了马克思主义的经济危机理论。他指出,资本主义经济危机的根源在于资本主义基本矛盾的不可调和性,垄断资本的统治使资本主义基本矛盾加剧,经济危机的发生更加频繁、更加剧烈,危机带来的灾难性后果日趋严重。列宁之后的马克思主义经济学理论与时俱进,一些马克思主义学者深入研究全球性经济危机的新特点、新规律。他们明确指出,虽然在经济全球化的时代资本主义生产关系可以做出一些有利于生产力发展的调整,但不能从根本上消除资本主义的基本矛盾,也就不能从根本上避免经济危机的发生;同时,经济全球化可以使经济危机在更宽大的范围、更广阔的领域中蔓延,并带来更加严重的后果。

马克思认为,在信用条件下,商品的买和卖因分离而脱节,或交易时的商品价值低于此前用货币衡量的商品价值,出售商品的回款就不能覆盖相应的生产成本,或不能清偿相应的债务。如果这种分离或脱节发生链式反应——在商业信用链条上,某一环节商品的买卖分离或价值尺度与支付手段脱节,并在信用链的上下游扩散、传递,就会引发交易危机、支付危机、清偿危机和信用危机等连环性危机。所谓经济危机,实际上是指商品交易的分离和货币价值尺度与支付手段职能脱节达到一定程度后,通过危机方式强迫上述分离或脱节回归统一的过程。马克思指出,如果说危机的发生是由于商品买和卖的彼此分离,那么,一旦货币执行支付手段的职能,危机就会发展为货币危机。因此,只要出现了第一种形式的危机,就必然会出现第二种形式的危机。金融危机是扩大的货币危机,也是广义的货币危机。由此可见,交易危机、支付危机、清偿危机和信用危机不过是金融危机的前兆、某一侧面,而金融危机则是交易危机、支付清偿危机和信用危机的扩大、延伸和综合。

马克思指出,无论是简单再生产还是扩大再生产,两大生产部类之间都要保持质量上的对应关系和数量上的比例关系,而且两大部类中的有关副类之间也要保持适当的比例关系和交换联系;资本在循环周转过程中需要分别采取货币资本、生产资本和商品资本三种资本形态,社会总资本必须做到三种资本形态在空间上并存、在时间上继起,社会再生产才能顺利进行。一旦上述条件遭到破坏,达到一定程度就会爆发经济危机。

列宁论述了垄断资本主义时代金融资本的地位和作用。他认为,从产业资本中独立出来的金融资本已经由商品交易的简单中介人转变为万能垄断者。在垄断资本主义时代,金融资本已经渗透到社会再生产的各个环节,渗透到社会经济生活的各个角落。由此可以推论,金融危机是经济危机最常见的表现形式。从现实的角度来看,金融危机给社会经济带来的震荡和破坏,位居各种形式的经济危机之首。

根据马克思主义的经济危机理论,资本主义并非每时每刻都处在经济危机之中,而是每隔若干年爆发一次危机。资本主义经济危机具有周期性,这是由资本主义基本矛盾决定的。当生产迅速扩大和有支付能力的消费需求相对狭小的矛盾发展到极其尖锐的程度时,社会资本再生产的实现条件就会遭到严重破坏,经济危机便会爆发。危机毁掉了已经生产出来的大量商品,破坏了生产力,强迫生产能力倒退去适应相对狭小的支付能力,从而使社会资本再生产实现的条件暂时得到恢复。然而,危机的爆发只是资本主义基本矛盾暂时的、强制性的缓和,资本主义的基本矛盾并没有消灭。随着危机过后资本主义经济的恢复和发展,它又会引起新的冲突,进而又使资本主义经济陷于危机之中。

危机的周期性由经济周期所决定。经济周期从危机阶段开始,经过萧条、复苏、高涨,再到危机。危机爆发后,经济会经过一段时间的停滞,由于资本家销毁存货、关闭企业、缩减生产,剩余的商品在市场上大量减少,商品供应超过消费能力的状况得到改善,危机阶段过渡到萧条阶段。在萧条阶段,虽然生产不再继续下降,企业不再大批倒闭,失业人数也不再增加,商品价格暂停下跌,但商品销售仍然困难,对货币资本的需求不旺,信用关系停滞,整个经济处于萧条状态。为摆脱困境,资本家继续销毁或者廉价拍卖库存的商品。萧条持续一段时间后,过剩商品库存减少,市场销售好转。资本家为提高自身竞争能力,千方百计降低成本,削减工人工资;更新固定资产,促进企业劳动生产率的提高。固定资本的更新带来了对生产资料的需求增加,从而使生产资料部门和消费资料部门的生产都得到恢复和发展。随着整个社会生产的逐步发展,就业人数不断增加,商业和信用也逐渐活跃起来。这样,经济就从萧条阶段逐渐转入复苏阶段。在复苏阶段,市场扩大,物价上升,利润逐渐增大,进一步刺激着资本家加大投资、扩大生产。当社会生产和流通赶上并超过危机前的最高点时,复苏阶段便转为高涨阶段。高涨阶段市场繁荣,生产规模扩大,就业充分,工资水平也有所提高。此时市场兴旺,商品价格上涨,利润丰富,商家大批买进商品,银行贷款十分活跃,整个资本主义社会经济呈现出一片繁荣景象。但是,资本主义经济的繁荣是暂时的。生产规模迅速扩大,很快超过有支付能力的需求。这样,又会引发新的经济危机,资本主义经济进入了下一个周期。危机阶段是所有经济周期的必经阶段。没有危机,便没有资本主义生产的周期性,也就不存在经济周期;而经济周期,又决定了经济危机的周期性特征。

(三) 有效需求不足引发危机的理论

1820 年,英国经济学家马尔萨斯(Malthus)发表《政治经济学原理》,提出由于社会有效需求不足、资本主义存在产生经济危机的可能性。1936 年,又一位英国经济学家凯恩斯发表了《就业、利息、货币通论》,重提有效需求不足,建立起有效需求不足的理论体系,同时也阐明了有效需求不足与经济危机的内在联系。

凯恩斯认为,边际消费倾向递减规律、资本边际效率递减规律以及灵活偏好规律,导致包括消费需求不足和投资需求不足在内的有效需求不足,而有效需求不足必然引发包括金融危机在内的经济危机。

凯恩斯在有效需求不足理论中特别强调资本边际效率与危机的关系。他认为,在经济繁荣的后期,人们一般会对资本的未来收益抱有乐观预期,成本和利率也随之攀升,投资的资本边际效率下降,从而造成投资吸引力减弱和人们对货币流动偏好加强,促使投资规模骤降,经济危机由此爆发。

凯恩斯还提出了各种反危机的政策主张,其核心是人为地扩大有效需求、逆经济周期干预经济运行。凯恩斯重视运用财政政策和货币政策预防或化解各种类型的经济危机。他的政策主张在不同程度上为一些国家所奉行,成为西方国家制定包括反金融危机、反经济危机政策在内的整个宏观经济政策的重要依据。

二、外债危机理论

(一)"债务—通货紧缩"理论

1933 年,著名经济学家兼数学家、美国耶鲁大学教授欧文·费雪(Irving Fisher)提出"债务—通货紧缩"理论。该理论的核心思想是:企业在经济上升时期为追逐利润"过度负债",当经济陷入衰退时,企业赢利能力减弱,逐渐丧失清偿能力,引起连锁反应,导致货币紧缩,形成恶性循环,金融危机就此爆发。费雪认为,金融危机的传导机制是:企业为清偿债务而廉价销售商品,这使企业存款减少、货币流通速度降低,总体物价水平下降;于是,企业净值减少、债务负担加重、赢利能力下降,造成企业破产和工人失业,人们对经济增长丧失信心、悲观情绪弥漫;在悲观的经济环境中,人们开始追求更多的货币储藏、积蓄增加,名义利率下降、实际利率上升;资金盈余者不愿贷出,资金短缺者不愿借入,最终引发通货紧缩。

(二)"资产价格下降"理论

20 世纪 80—90 年代,澳大利亚籍经济学家、前世界银行行长詹姆斯·戴维·沃尔芬森(James David Wolfensohn)提出了"资产价格下降"理论。该理论的核心思想是:由于债务人的过度负债,在银行不愿提供贷款或减少贷款的情况下,资金需求者被迫降价出售资产,就会造成资产价格的急剧下降。资产价格的骤降产生两方面的效应:一是资产负债率提高,二是使债务人拥有的财富减少。这两个方面的效应都削弱了债务人的负债承受力,增加了其债务负担。债务欠得越多,降价变卖资产就越多;而资产降价变卖越多,资产就越贬值,债务人的负担就越重,由此陷入恶性循环。

(三)"综合性国际债务"理论

1986 年,经济金融学家舒特(Suter)从经济周期角度提出了"综合性国际债务"理论。该理论认为,随着经济的繁荣,国际借贷规模扩张,中心国家(通常是资本充裕的发达国家)的资本为追求更高回报流向资本不足的边缘国家(通常是发展中国家),边缘国家的外债增多;债务的大量积累导致债务国偿债负担加重,当经济周期进入低谷时,边缘国家赖以还债的初级产品出口的收入下降,导致其逐渐丧失偿债能力,最终爆发债务危机。

三、银行业危机理论

(一)"货币政策失误"论

20 世纪 70 年代末,美国芝加哥大学教授、货币主义学派的代表人物弗里德曼(Friedman)提出了"货币政策失误"理论。该理论认为,货币需求函数具有相对稳定性,货币供求失衡的根本原因在于货币政策的失误。而且,货币政策的失误(如突然的通货紧缩)可以使一些轻微的、局部性的金融问题通过公众对银行信用的怀疑和恐慌而加剧,最终演变为剧烈的、全面的金融动荡。

(二)"金融不稳定假说"

美国经济金融学家海曼·P. 明斯基(Hyman P. Minsky)对金融的内在脆弱性进行了分析,提出了"金融不稳定假说"。他将市场上的借款者分为三类:第一类是"套期保值型"借款者(Hedge-financed Unit)。这类借款者的预期收入不仅在总量上超过债务额,而且在每一时期内,其现金流入都大于到期债务本息。第二类是"投机型"借款者(Speculative-financed Unit)。这类借款者的预期收入在总量上超过债务额,但在借款后的前一段时期内,其现金流入量小于到期债务本息,而在以后的每一个时期内,其现金流入量均大于到期债务本息。第三类是"蓬齐型"借款者(Ponzi Unit)。这类借款者在每一时期内,其现金流入量都小于到期债务本息,只是在最后一期,其收入才足以偿还所有债务本息。第三类借款者不断地采取"借新债还旧债"的对策,把"后加入者的入伙费充作先来者的投资收益",以致债务累计越来越多,潜伏的危机越来越大。

在一个经济周期开始时,大多数借款者属于"套期保值型"借款者;当经济从扩张转向收缩时,借款者的赢利能力缩小,逐渐转变成"投机型"借款者和"蓬齐型"借款者,金融风险因此增大。

(三)"银行体系关键"理论

诺贝尔经济学奖获得者、美国耶鲁大学教授詹姆斯·托宾(Tobin)1981 年提出了"银行体系关键论",其核心思想是:银行体系在金融危机中起着关键性作用。在企业过度负债的经济状态下,经济、金融扩张中积累起来的风险日益增大并显露出来,银行可能遭受损失。所以,银行为了控制风险,必然要提高利率、削减贷款规模。银行的这种行为会使企业投资减少,甚至导致企业破产,或者迫使企业低价出售资产以清偿债务,造成资产价格急剧下降。这种状况会引起极大的连锁反应,震动也极其强烈,使本来已经脆弱的金融体系崩溃得更快。托宾认为,在债务——通货紧缩的条件下,"债务人财富的边际支出倾向往往高于债权人",因为在通货紧缩——货币升值的状况下,债务人不仅出售的资产会贬值,而且其拥有的资产也会贬值。在债务人预期物价(尤其是资产价格)继续走低的情况下,必然采取"变卖资产还债"的应对之策。

(四)"金融恐慌"理论

1983 年,经济学家戴尔蒙德和荻伯威格(Diamond & Dybvig)提出了"金融恐慌"理论,又称"银行挤兑论"(即"D—D 模型"),该理论认为,银行体系脆弱性主要源于存款者对流动性要求的不确定性以及银行的资产较之负债缺乏流动性之间的矛盾。民众的金融恐慌必然引起银行挤兑。该理论的核心思想是:银行的重要功能是将存款人的不具备流动性的资产转化为流动性的资产,以短贷长,实现资产增值。在正常情况下,依据"大数定理",所有存款者不会在同一时间取款,但当经济中发生某些突发事件(如银行破产或经济丑闻),就会发生银行挤兑。查瑞和加根纳森(Chari & Jagannathan)进一步指出,一些原本不打算取款的人一旦发现排队取款的队伍变长,也会加入挤兑者的队伍中,正是这种"从众效应"加剧了金融恐慌和银行挤兑。

(五)"道德风险"理论

美国经济学家罗纳德·麦金农(Ronald Mekinnon)提出了"道德风险"理论。该理论认为,由于存款保险制度的存在,以及政府和金融监管部门在关键时候扮演着"最后贷款人"的角色,一方面会使银行产生道德风险,敢于且愿意从事具有更高风险的投资,从而增加了存款人受损害的可能性;另一方面,存款者也会忽视或疏于对银行的监督。麦金农的"道德风险"理论得到实证的支持。世界银行和 IMF 对 65 个国家在 1981—1994 年间发生的银行危机做过计量测试,测试结果表明,在设有存款保险制度的国家,发生危机的概率要高于没有设立存款保险制度的国家。

四、金融危机成因理论

进入 20 世纪 70 年代后,关于金融危机成因的研究取得重要进展,其中影响较大的理论是:Salant 和 Henderson(1978)提出的金本位制度下的黄金投机理论。Krugman(1979)将黄金投机理论应用到固定汇率体系的分析中,最后经 Flood 和 Garber(1986)加以完善,形成第一代金融危机理论与模型。Obstfield(1994、1996)在第一代金融危机理论与模型的基础上,采用内生政策分析方法,提出了第二代金融危机理论。Krugman(1999)等人在对亚洲金融危机研究后,提出亚洲银行、企业和政府之间特殊关系的道德风险模型,从而形成了第三代金融危机理论。

(一)第一代金融危机理论

第一代金融危机理论认为,金融危机的发生是因为政府宏观经济管理政策失当导致实际经济恶化,投机者根据实际经济基础的变化情况,在预计到现有的固定汇率体制难以维持时对其货币发动攻击,从而引起固定汇率制的解体。这类模型强调实际经济基础的变化,并注重分析汇率制度的选择与国内财政政策和货币政策的冲突。另外,根据第一代金融危机理论,一国通过未来的出口收入平衡经常项目赤字的能力,是能否维持稳定的汇率制度的重要因素。换言之,一国货币当局是否有足够的外汇储备来维持现行的汇率制度非常重要。

第一代金融危机理论以克鲁格曼(Krugman,1979)的研究为代表。2004 年诺贝尔经济学奖获得者克鲁格曼当时认为,中央银行在维持固定汇率制时会面临这样的困境:如果政府采取与固定汇率制相矛盾的宏观经济政策,如采取扩张性的货币政策和财政政策,在国际资本自由流动的条件下,将不可避免地导致固定汇率制度的瓦解。这主要是因为,在政府存在着大量财政赤字时,中央银行必然增发货币为财政赤字融资,进而使货币供应量增加,本币趋向于贬值;本币贬值会带来以本、外币分别表示的资产收益率的变化,公众就要据此调整资产结构,如抛售本币、购买外币,金融市场上的投机者也会推波助澜;随着政府持续地为财政赤字融资和在外汇市场上反向操作,其外汇储备逐步枯竭,最后中央银行别无选择,只能任本国货币汇率自由浮动,结果引发以本币大幅度贬值为主要特征的金融危机。

从市场投机的角度看,在强大投机性资本的攻击下,即使一国在事实上并没有很大的财政赤字,也不能排除爆发金融危机的可能性。假定一国没有公共赤字,但是其私人部门却遇到了一系列危害公司和银行营利性的投机性冲击,那么,政府会被要求补贴那些遇到财务困难的私人机构。政府财政补贴的本质是在金融中介和纳税人之间造成重新分配收入和财富的效应。当国际金融市场上的投机者发现私人部门存在的问题,并且预期政府将为其进行补贴性干预,从而政府将被迫采取扩张性的货币政策时,国际投机资本就对该国的货币发起攻击,导致该国货币大幅度贬值。

长时间的经常项目赤字也会引发金融危机。一国的经常项目赤字表明该国对其他国家的净负债,长时间的经常项目赤字意味着增加了对国外资本的依赖性。如果该国的贸易条件突然恶化,那么它偿付外债的能力就会明显削弱,外国投资者也不愿意再向该国提供贷款。如果该国的私人部门无力偿付境外债权人的债务,而且私人部门的负债又转化为公共部门的债务负担,政府就不得不通过扩张性货币政策来融资,由此导致金融危机。

Flood 和 Garber(1984)针对在固定汇率制下国内货币供应量的持续增加必然会导致外汇储备的枯竭进而导致金融危机的现象,构建了第一代金融危机模型:

$$M_d/P_t=a-b\pi_t,b>0 \tag{8-1}$$
$$\pi_t=\Delta P_t/P_t \tag{8-2}$$
$$P_t=E_t \tag{8-3}$$
$$M_s=R_t+D_t \tag{8-4}$$
$$\Delta D_t=\mu,\mu>0 \tag{8-5}$$

式中的 M_d、P_t、π_t 分别代表国内货币存量、物价水平和预期通货膨胀率;a 是常数;b 是货币需求与通货膨胀的相关系数,这里的货币需求函数表明实际货币需求与预期通货膨胀呈反向变化的关系。式(8-2)中的 ΔP_t 表示物价变化率,这是一个理性预期假定,即预期的通货膨胀率和实际通货膨胀率完全相等。式(8-3)中 E_t 代表以直接标价法表示的即期汇率,是一个特殊的购买力平价方程。它假定国外物价水平不变,即可以简化为1,此时的汇率就等于国内的物价水平。式(8-4)中 R_t、D_t 代表外汇储备和国内信贷量,它实际上是一个货币供给函数,表示名义货币供给量等于国内信贷总量加上外汇储备换算为本币后的货币量。式(8-5)表示为了弥补国内财政赤字,国内信贷量以固定比例增加,所以 μ 为大于零的常数。

将式(8-2)、式(8-3)代入式(8-1),可得:

$$M_d = aE_t - b\Delta E_t \tag{8-6}$$

式(8-6)表明货币需求和汇率变化率 ΔE_t 成反比例关系,即外币升值时,货币需求量减少。但由于政府采取固定汇率制 E_0,固定汇率为 $\Delta E_0=0$,因此:

$$M_d = aE_0 \tag{8-7}$$

根据货币恒等式 $M_d = M_s$,得:

$$R_t = aE_0 - D_t \tag{8-8}$$

其中 aE_0 为常数,对等式进行微分可得国际储备变化率:

$$\Delta R_t = -\Delta D_t = -\mu, (\mu > 0) \tag{8-9}$$

国际储备变化率与国内信贷变化率成反向变化,$\mu>0$,所以 $\Delta R_t<0$,国际储备会持续减少,直至耗竭。假定外汇储备的最低下限为零(即政府不向国际金融机构借入外汇),那么在没有投机性攻击的情况下,固定汇率可以维持的时间为 R_0/μ_0,R_0 为初始时间的外汇储备量。

图8-1给出了投机性攻击发生的时段,水平线 E_0 表示固定汇率,向上的斜线 E_t 表示在没有政府干预的条件下由简单购买力平价决定的随国内货币供应增加而增加的"影子汇率",A 点是均衡点,点 R_0/μ_t 表示货币当局的外汇储备能维持固定汇率的时间。投机者不会在影子汇率上升到与固定汇率相等之前,即 $t>A$ 点之前进行投机,因为在 A 点之前,投机者以固定汇率买下外汇后,在市场上只能得到比固定汇率更低的价格。相反,理性的决策应是向政府出售外汇,在这时,官方的外汇储备会比较充足。

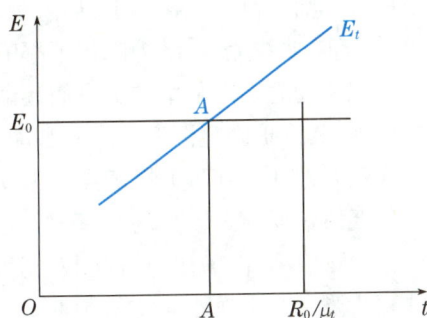

图8-1　投机性攻击的时段

同样,投机者也不会在 R_0/μ_t 点之后进行投机,这时的国际储备已被用尽。因为只要影子汇率高于固定汇率水平,即在点 A 之后,央行就会动用外汇储备维持原有的汇率水平,很有可能在外汇储备没有耗尽之前,该国就会放弃固定汇率制。每个投机者都希望在货币当局放弃固定汇率制之前购进外汇,于是出现了投机狂潮,外汇储备很快耗尽,最后爆发了金融危机。因此,投机者进行投机的时段在点 A 和点 R_0/μ_t 之间。

第一代金融危机理论与模型能够较好地解释固定汇率制条件下由经济基本面变化而引起的金融危机,但它没有考虑微观经济主体的行为方式和公众的预期,而且对固定汇率制度下国际收支特别是经常项目收支的变化未给予足够的重视。

(二) 第二代金融危机理论

1992年,欧洲货币危机爆发。然而与其他金融危机不同的是,危机爆发国家的信贷并没有快速扩张,而且在危机爆发两年之后,这些国家货币的币值就恢复到危机前的水平。这表明,即使在基本面运行良好的情况下也可能出现金融危机。在对此研究的基础上,Obstfeld 等人(1994、1996)提出了金融危机的第二代理论与模型。

Obstfeld 等人认为,货币当局维护固定汇率的成本与公众的预期密切相关,公众的贬值预期越强(外币的远期汇率大幅上升),维护固定汇率的成本就越高,公众预期变化是导致金融危机的重要原因。根据利率平价原理:

$$E_f = (R_d - R_f)/(1 + R_f) \approx R_d - R_f \qquad (8-10)$$

式中,E_f 表示外币的远期汇率,R_d、R_f 表示国内、外利率。远期汇率的升值幅度约等于国内、外利率差。因此,在国外利率不变而远期汇率预期上升时,要维持固定汇率不变,国内利率就必须相应地上升,以维持利率平价;否则,套汇投机将使资本大量外流,直至外汇储备枯竭和固定汇率制度瓦解。但是,利率上升又抑制了国内的投资和消费,增加了政府和企业的债务负担,放慢了经济增长速度,并有可能导致企业大规模破产。如果投机者预期政府无法承担这么高的成本,他们就会对本币发动攻击;如果投机者预期政府愿意付出巨大的经济和社会成本来维持本币汇率,他们便会放弃对本币的攻击。

通常,国内宏观政策目标与汇率目标的冲突越大,政府保持国民经济内部均衡的偏好也就越强,维持固定汇率的成本因此而进一步加大,投机的预期又会更加强烈。图 8-2 中,向上倾斜的直线是简化了的利率平价曲线,表示利率随预期外汇的汇率上升而上升;政府的成本曲线以递减速率上升,表示政府既不喜欢国内的利率提高,又不喜欢外汇的汇率上升;随着曲线上升,维护固定汇率的成本越来越大,曲线向上凸现,预期汇率对利率的边际替代率随着国内利率的上升而逐渐减小。当利率无限上升时,政府维护固定汇率的成本增加,其维护固定汇率的决心和动力也相应减小。

在图 8-2 中,有两个均衡点 C 和 D,$C<D$,当较高的贬值预期导致较高的利率时,政府有动力选择较高的贬值率,市场在均衡点 D 处运行。如果政府能阻止公众产生强烈的贬值预期,那么利率不会上升,市场将在均衡点 C 运行。

在标准的第一代金融危机模型中,政府和私人部门的行为都是线性的。前者表现为一个固定速度增长的信贷政策,后者表现为一个固定的货币需求函数。这两种线性和投机产生的可预见性,决定了一个可预见的投机攻击时刻。第二代金融危机

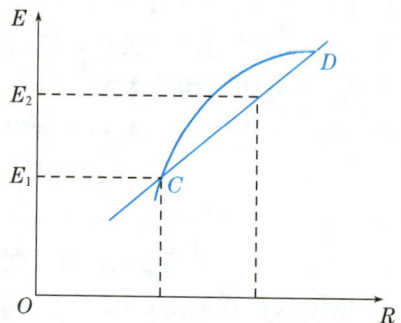

图 8-2　政府政策行为的非线性

模型引入了政府和私人行为的非线性,也就是研究了政府政策对私人行为变化的反应,或政府在汇率政策和其他政策目标之间进行权衡时所发生的情况。即使政府的其他经济目标与固定汇率目标相一致,政府根据市场变化做出的政策选择也可能引发投机性攻击;同时,市场预期的变化也可能改变政府的目标权衡并导致自我实现性的金融危机。另外,在投机者发现了获利机会但还没有去利用这个机会时,金融危机不会爆发。

第二代金融危机模型表明,政府行为的非线性可以产生多个均衡点。假定一国的货币当局努力维持固定汇率制,但在本国遭遇周期性经济衰退和对外借款超过国内借贷的特殊情况下,外国投资者就会认为该国货币贬值的可能性非常大,他们因此会对所贷出的款项提出较高的风险升水,进而提高该国的借贷成本、减少其借款机会,从而抑制了该国

经济的增长。如果该国货币当局认为维持固定汇率制成本太高,并选择通过本币贬值拉动社会需求和增加就业,就证实了外国投资者先前的贬值预期(图 8-2 中的均衡点 D),投资者的预言有了自我实现的功能,即"贬值预期→风险升水→借贷成本(利率)提高→维持固定汇率制的成本提高→货币确实贬值"。另一种情形是外国投资者没有预期该国货币将来会贬值,因而也没有要求风险升水。在这种情况下,借贷成本仍然很低,货币当局也可以维持固定汇率制(图 8-2 中的均衡点 C)。由于存在着"多重均衡"(Multiple Equilibrium),在相同的经济基本面下,金融体系可能稳定,也可能不稳定,市场预期的变化可能在短期内突然引发金融危机,货币当局维护固定汇率制的成本十分高昂。

第二代金融危机模型之所以要区分这些均衡点,是为了从两个层面分析引起金融体系不稳定的原因:一是与金融市场活动有关的原因,二是与宏观经济基本面有关的原因。这两个层面的原因在现实生活中不一定互相排斥,却有可能互相作用。第二代金融危机理论认为,市场情绪,即金融市场参与者预期的突然性和任意性是引发金融危机的根本原因。正如 Masson(1999)所言,第二代金融危机模型"对全球金融市场的各种表现概括得更好"。但是,第二代金融危机理论与模型没有解释究竟是什么因素造成市场预期的变化,而这一点对分析金融危机中投资者的预期和行为却是非常重要的。

(三) 第三代金融危机理论

1997 年亚洲金融危机爆发,并且严重冲击了亚洲国家的社会经济发展,也引起了理论界和实务部门的高度重视。这次金融危机呈现出不同以往的特征,如危机发生前,不少亚洲国家都创造了经济高速发展的神话,而且大多实行了金融自由化。更难理解的是,这些国家和地区经济(尤以韩国为例)在金融危机爆发后较短时期内就实现了经济复苏,甚至在某些方面的表现还好于金融危机前。

强调一国经济政策之间冲突及其导致的汇率制度崩溃是金融危机爆发主要原因的第一代金融危机理论与模型,以及强调市场投机和羊群行为是金融危机爆发主要原因的第二代金融危机理论与模型都不能较好地解释亚洲金融危机的爆发与蔓延。克鲁格曼等(1997)认为,第一、二代金融危机理论都忽视了一个重要现象,即在发展中国家普遍存在的道德风险。他们对亚洲金融危机进行了深入研究,进而提出第三代金融危机理论。

第三代金融危机理论强调发展中国家普遍存在的道德风险是导致金融危机的主要原因。该理论认为,政府对企业和金融机构的隐性担保,以及政府与这些企业和金融机构的裙带关系必然产生道德风险,这会导致经济发展过热、股票和房地产市场泡沫以及泡沫破裂导致的资金外逃,进而引发金融危机。

第三代金融危机理论进一步认为,金融过度(Financial Excess)、亲缘政治、金融体系脆弱性、流动性危机、信息不对称以及"羊群"效应等共同导致亚洲金融危机的爆发与蔓延。金融过度主要是指金融中介机构和大量资金涌入证券和房地产市场所形成的金融资产泡沫。亲缘政治主要是指政府为与政客们有裙带关系的银行、企业提供各种隐性担保,进而会增加银行和企业的道德风险,并且形成大量不良资产。金融体系脆弱性主要是指企业的高杠杆、高债务以及大量外币债务导致的金融体系脆弱。流动性危机主要是指企业和个人目前及未来的全部收益不足以偿付所欠债务,而且无法从金融市场上筹借到足够资金用于偿付到期债务。信息不对称主要是指筹资者没有进行充分的信息披露,而且信息传递效率低下,这造成投资者掌握的信息不完全,进而使筹资者与投资者处于信息不对称状态。"羊群"效应主要是指投资者缺乏必要的经济理性和决策信息,从而使其投资行为具有盲从性,不是仿效他人"追涨"就是追随他人"杀跌"。

第三代金融危机理论主张在应对金融危机时,可采取比较严格的资本管制和外汇管制。

四、第四代金融危机理论

第四代金融危机理论是在第一、二、三代金融危机理论的基础上,由克鲁格曼和阿吉翁(2018)提出的。该理论认同第一、二、三代金融危机理论的基本观点,又进一步指出:一国企业部门的外债水平越高,"资产负债表效应"越大(即杠杆效应越大),该国金融乃至经济出现危机的可能性就越大。这主要是因为,企业持有大量外债导致国外债权人会悲观地看待企业所在国经济,从而减少对该国企业的贷款,使该国货币贬值,该国企业的价值也随之下降,这会导致该国企业获得的国内外贷款数量减少,全社会投资规模相应地降低,最终使该国流动性紧缩和经济萧条,一旦面临国际短期资本流动的巨大冲击,就很容易引发金融危机。

第四代金融危机理论在一定程度上是对第一、二、三代金融危机理论的补充,还没有形成比较成熟的理论体系,有待进一步完善。

本章小结

国家风险是指跨越国境,从事信贷、投资和金融交易可能蒙受损失的风险。国际社会经常按发生事件的性质,把国家风险分为政治风险、社会风险、经济风险三种类型。在国际经济活动中,国家风险具有较大的危害性,对其进行评估、管理已成为政府和金融机构的重要任务。一般说来,国家风险评估的重点是对政治、社会和经济三大要素进行评估,具体评估方法可分为定性评估和定量评估两大类。在对国家风险进行监测和评估的基础上,金融机构可采取不同方法把风险造成的损失降低到最低程度,如寻求第三者担保、采用国际银团贷款和力求贷款形式多样化等。

金融危机是金融风险积聚到一定程度后的总爆发,集中表现为全部或大部分金融指标,如短期利率,证券、房地产和土地等资产的价格,企业破产数以及金融机构倒闭数等急剧和超周期的恶化,并且已对社会经济发展造成了灾难性影响。在现实生活中,金融危机可具体地表现为货币危机、银行业危机、国际债务危机和全面危机,特别是由美国次贷风险引发的国际金融危机重创了世界经济发展。1929—1933年世界性经济危机后,专家学者就对金融危机的成因及其影响做了大量研究,形成了不同的理论和观点,为防范、克服金融危机提供了理论指导和政策依据。

复习思考题

1. 简述国家风险的概念。
2. 简述国家风险的特征。

3. 简述风险等级评定的主要方法。

4. 简述国家风险监测的主要方法。

5. 简述减少国家风险造成损失的主要措施。

6. 简述金融危机的内涵和特征。

7. 简述美国次贷风险引发国际金融危机的原因和影响。

8. 简述马克思的金融危机理论。

9. 简述第一代、第二代和第三代金融危机模型(理论)的主要内涵。

第九章 国际货币体系

第一节　国际货币体系概述

一、国际货币体系的概念及构成

国际货币体系又称国际货币制度,指在国际经济关系中,世界各国政府对货币在国际间发挥国际货币职能及其他有关国际货币问题所制定的原则、法规和建立的相关组织机构的总称。

随着资本主义生产方式的发展和世界市场的形成,国际间的贸易往来、资本转移等活动日趋频繁,这些活动涉及的货币兑换、储备资产的供应、汇率制度的制定等货币关系都需要一整套制度安排去协调,国际货币体系正是在这一基础上形成的。完备的国际货币体系通常包括以下方面:

(1)国际收支的调节机制,指各国对本国国际收支失衡问题所采取的各种调整措施。由于一国国际收支失衡往往会对其国内的物价水平、汇率波动性、国际支付能力乃至国际关系造成不利影响,在此情况下,一国货币当局就有动机通过种种措施纠正国际收支失衡问题以保证本国社会经济的正常运行。

(2)国际储备资产管理,即各国货币当局为满足国际支付和国际收支调节的需求,选择用何种在国际范围被普遍接受的资产作为储备资产。一国储备资产的确定不但依赖各国本身的经济状况,也取决于国际间的协调或国际上的普遍接受性。在此基础上,如何调整国际社会对于储备资产的需求与供给,新的储备资产创造等,这些问题都需要国际性的规则与制度做出妥善安排。

(3)汇率体制安排,指各国货币当局需确定本国货币与其他国家之间的汇率如何确定。具体包括货币比价确定的依据、货币比价波动的边界、维持货币比价所采取的措施等。此外,各国货币当局也会根据本国自身情况,通过颁布法律法规,针对货币的可兑换性施加的不同程度的限制,以维护本国金融与社会经济的稳定。不同汇率体制也会影响一国的国际收支调节能力和国际储备结构。

(4) 国际货币关系的协调,指协调各国货币活动和与之相关的经济政策。无论国际收支调节机制、储备资产管理方式还是汇率制度的选择都是各国根据其自身的社会经济条件及特定政策目标所确定的。在开放经济条件下,各国之间的相互联系会给各国的政策效果带来种种不确定性,也由此产生了针对各国间的货币活动进行协调和管理的需求。通常这种协调与管理是通过国际货币机构或组织进行的,具体落实在制定有关各方共同认可和遵守的规则、惯例和制度。

二、国际货币体系的演进

纵观国际货币体系的发展历史,可以根据不同本位货币将其分为国际金本位制和储备货币本位制阶段。前者一般指 19 世纪发端于英国,以黄金充当本位货币的国际货币体系,而后者包括二战后建立起的以美元为中心的布雷顿森林体系以及现行的牙买加体系。

国际金本位制度(1870—1936 年)。一般认为,现代国际货币体系始于 19 世纪晚期的国际金本位制。所谓"金本位",是指以黄金作为一般等价物的货币制度。随着 1914 年一战的爆发,各参战国纷纷实行了黄金禁运和黄金停兑的政策,导致该制度遭到了严重破坏。1918 年,一战结束后,各国试图恢复金本位制,并形成了两种变形的金本位制,即金汇兑本位制和金块本位制。然而,由于缓慢增长的黄金产量始终无法满足世界经济增长的需求,在"大萧条"的冲击下,以英国为首的各国相继于 1931 年至 1936 年间宣告终止了黄金的承兑义务,也意味着金本位制的彻底崩溃。

布雷顿森林体系(1944—1973 年)。二战以后,为了适应新形势下的世界经济与贸易环境,以美英两国为首的各国确立并接受了美元与黄金挂钩,各国货币与美元挂钩的新型的国际货币体系,即"布雷顿森林体系"。布雷顿森林体系的核心是黄金—美元本位制,其汇率制度是一种可调整的固定(或钉住)汇率制。虽然布雷顿森林体系为二战后世界经济的重建提供了稳定的货币环境,但其内在的缺陷也伴随 20 世纪 60 年代数次美元危机的爆发逐步显现。1971 年,美国关闭了黄金窗口,标志着布雷顿森林体系的崩溃,国际货币体系也再次陷于混乱。

牙买加体系(1973 年以后)。经过几年的协商,在 1976 年的牙买加首都金斯顿举行的"国际货币制度临时委员会"上,确认了既成事实的多元化国际货币体系,也就是人们通常说的牙买加体系。该体系的中心是以美元为主的多元化储备体系以及浮动汇率合法化。在这一时期,汇率并非仅由自由市场的供需力量决定,政府的干预手段有时也能起到很大作用。同时,由于各国可自由地选择汇率制度,因此国际社会有人把这一时期称为"无制度"的时代。但也有经济学家认为这一时期实际上是"有体系"的,因为在这一时期国际货币关系仍受到一定的国际制约和监督。

第二节　国际金本位制

一、国际金本位制的起源与发展

黄金在货币体系中发生作用,最早可追溯到16—18世纪被各资本主义国家广泛采用的复本位制度。金币和银币作为该制度下被同时使用的两种本位币,可以依据法定的比率被自由兑换。然而,作为金属货币,其天然的缺陷就是由流通过程中的磨损造成的价值减耗。由于银币相对金币价值较低,其使用更为频繁,磨损程度也就更加严重。长此以往,未磨损的良币大多被私藏或融化,而流通中的皆为磨损严重的劣币,这就是著名的"劣币驱逐良币"现象,即"格雷欣法则"。另一方面,由于当时英国的金银法定比价相对其他国家较高,在套利机制的作用下,白银不断流出英国,黄金则不断涌入。这直接导致英国流通中的银币日益短缺,且多数为磨损严重的劣币。在此背景下,金币取代银币已成为不可逆转的事实。1816年,英国通过《金本位制度法案》,宣布实施单一的金铸币本位制,使得白银彻底处于从属地位。1819年英国政府规定英格兰银行发行的银行券可以自由兑换金条和金币,并取消对黄金出口的限制。而此时的欧洲其他国家,诸如德国邦、奥匈帝国、俄国仍然实行金币与银币同时流通的复本位制度。19世纪70年代以后,工业革命使得英国率先成为当时的世界经济强国,它的货币活动也开始对于国际货币体系逐渐产生影响。一方面,从英国流出的白银输入到与英国贸易关系紧密的国家,造成该国通货膨胀。为维持物价稳定,这些原来采用复本位制的国家不得不放弃复本位制而实行金本位制。同时,由于货币铸造技术的提升,金币可以被更精细地切割铸造以代替原本在小额交易中经常使用但易被伪造的银币。因此,废除复本位制度,实行金本位制度已成为当时各国的必然选择。在1871年德国也开始实行金本位制度后,荷兰、法国、俄国、美国、日本等主要工业国相继宣布实施该制度。直到20世纪初,大多数国家形成了以黄金为主要储备货币和最终结算手段的国际货币体系,国际金本位制随之形成。可以说,国际金本位制度并非是各国协商的结果,而是自发形成的安排。

二、金币本位制度及其运行机理

金币本位制是最典型的金本位制度,其特点在于:任何人或机构均可将持有的黄金铸造成金币,金砖和金币之间可以自由兑换;金币作为无限法偿的货币,任何人或机构有权将其持有的纸币或黄金按固定价格通过货币当局自由兑换;各国均规定了本国金币的重量和成色,即含金量。两国间的货币比价要用各自的含金量来折算,两种货币的含金量之比称为铸币平价(Mint Par);黄金可以在国际间自由流动。

从金本位的主要规则看,其运行机制具有以下特点。

(一)汇率自动稳定机制

由于各国的货币发行量须与该国黄金储备挂钩,而各国间汇率由各自货币的含金量之比——金铸币平价决定。通过这种安排,形成了各种货币之间的固定汇率。例如,1925

年,英国和美国的单位货币含金量分别为 7.322 38 克和 1.504 656 克,因此英镑和美元的铸币平价为 7.322 38/1.504 656,即 1 英镑＝4.866 5 美元。然而,汇率会随着货币实际供求关系围绕铸币平价上下波动,波动幅度受到黄金输送点(Gold Points)的限制。所谓的黄金输送点,是指两国间的铸币平价加减两国间的运金费用。其中,铸币平价加上运金费用为黄金输出点,是汇率波动的上限;铸币平价减去运金费用为黄金输入点,是汇率波动的下限。在金本位制度下,国际结算的方式包括外汇结算和黄金直接结算。相较于黄金直接结算,利用外汇结算更加便利,然而,一旦由于供求因素的变化导致汇率波动的幅度超过黄金输送点,运送黄金就可以被用作替代外汇结算的手段。随着黄金输入与输出量的增加,外汇的供求压力得到缓解,汇率也逐渐回归至铸币平价。

(二) 国际收支自我调节机制

金本位制度下,一国国际收支出现赤字,意味着本国黄金的净流出,同时其国内流通的以黄金储备作为发行基础的货币供应就会相应地减少,从而引起物价水平下降,进而使其本国商品出口的价格竞争力得到加强,于是出口增加,进口减少,国际收支的赤字也逐渐减少并最终全部消除。另一方面,国际收支盈余国的货币供应的增加会导致物价上升,不利于其出口,从而使盈余趋于消失。这就是由著名哲学家大卫·休谟提出的物价—铸币流动机制(Price-specie-flow Mechanism)。

(三) 英镑充当主要国际结算手段

除了黄金成为当时国际货币体系中储备货币的主要选项外,以英镑作为主要国际结算手段也是国际金本位制的重要标志。从 17 世纪末开始,英格兰银行为交易便利大量发行银行券,这是现代意义上的纸币。1844 年英国政府通过了《皮尔法案》,以立法的形式确立了银行券(纸币)运行的准则,即英镑纸币发行以黄金为保证,同时可以无限兑换黄金。英国在当时国际经济与政治方面的优势地位,使得其国内的货币制度的变化也很快反馈到了国际货币体系的通货制度层面。由于英镑的无限法偿性和便利性,截至一战前夕,英镑已成为当时国际货币体系下最重要的结算手段。

三、金本位制度的崩溃

1914 年一战爆发,黄金被用于海外购置战争物资。在积累资金的导向下,各国纷纷通过立法禁止黄金出口,并禁止一切外汇交易行为。同时,为调动战争资源,各国陆续废止发行货币需要黄金或外汇支持的法规,并大量发行法币(不兑现货币)用于支付国内物资的采购,这直接造成了各国的恶性通货膨胀,并引起了国际货币体系的混乱。一战结束后,实现世界经济复苏,重建国际贸易和金融体系成了各国共同的目标。1922 年,英国、法国、意大利等国在意大利热那亚召开国际经济会议上通过了全面恢复执行金本位制的行动纲领。然而,由于此时战争已大大削弱了金币流通的基础,多数国家只能选择实行不完全的金本位制度,"金块本位制"和"金汇兑本位制"也由此产生。实行"金块本位制"的主要国家有英国和法国,而德国、奥地利、意大利、丹麦和挪威等十个国家则实行的是"金汇兑本位制"。

金块本位制的规则主要有:纸币为本位币,金币退出流通;纸币只有在一定数额以上才能兑换成金块,小额的金币不再允许被铸造和流通。比如,英国规定银行券兑换黄金的最低限额为相等于 400 盎司黄金(约合 1 730 英镑),低于限额的银行券不予兑换。法国规定银行券兑换黄金的最低限额为 21 500 法郎,等于 12 kg 的黄金。同时,私人在国际间的黄金输出入行为受到管制。该制度使得黄金的流通数量大大减少,节约了黄金的使用。

实行金汇兑本位制度的国家以实行金币本位或者金块本位国家的货币作为外汇储备和货币发放的准备金;本国发行的货币不能直接兑换成黄金,但可以通过兑换成某种外币,然后利用该种外币兑换成黄金;本币与可兑换黄金的外币之间的汇率可以通过本国中央买卖外币在维持其汇率。金汇兑本位制度事实上体现了小国对大国在政治和经济方面的依附关系。

无论是金块本位制还是金汇兑本位制,尽管在一定程度上缓解了当时黄金匮乏的压力,但仍然无法满足各国经济发展的需求。1924 年到 1929 年,缓慢增长的黄金供给与战后各国经济复苏所需的额外流动性逐渐形成巨大反差。各国在面临刺激经济增长、提高就业率等压力的同时,还必须保证本国货币价格稳定。此外,由于实行金汇兑本位制的国家使本国货币依附于英镑、美元或法郎,一旦这些国家的经济发生危机,本国的货币也会发生动摇。1929 年美国证券市场危机拉开了全球经济"大萧条"的序幕。1931 年 5 月奥地利信用银行的倒闭成为触发世界信用危机的导火索。同年 7 月,德国两家银行破产,德国政府宣布停止偿付外债,禁止黄金输出,放弃了金汇兑本位制。另一边,恐慌情绪的蔓延令英镑持有者也纷纷将英镑兑换成黄金,迫使英国放弃了金块本位制。随着萧条的持续,荷兰、瑞士、意大利也相继于 1936 年放弃了金汇兑本位制,意味着金本位制度彻底崩溃。

为了重新建立国际货币秩序,英国、美国和法国于 1936 年达成了一项"三国货币协议",逐步形成以英镑、美元和法郎为中心的国际货币集团。但该协议随着不久之后第二次世界大战的爆发快速瓦解,国际货币体系也再一次陷入动荡之中。

四、金本位制度的评价

金本位制度要求各国须维持本国货币固定的黄金价格,使货币供给与需求保持一致,进而实现国际收支平衡,这体现了该制度的自发性。金本位的自动调节机制的效力同时发生于国际收支盈余和赤字国,两国均需承担调节责任。因此,国际金本位制度具有对称性。此外,金本位也限制了各国中央银行的货币扩张政策,使各国通货膨胀能都得到有效限制,从而保证一国货币价值的稳定性。

虽然金本位制度极大地促进了当时世界各国经济发展与国际贸易规模的扩大,但也存在着其固有的缺陷:

首先,世界黄金存量面临绝对供应不足与相对分配不均的问题。由于当时黄金产量的增长幅度远远低于商品生产增长的幅度,造成以黄金为发行基础的货币供给无法满足日益增长的商品流通需要。同时,各国经济发展不平衡,贸易逆差国黄金持续外流,导致少数强国掌握大部分黄金存量。一战前,美、英、德、法、俄五国掌握世界黄金存量的三分之二,使得其他国家货币制度的基础遭到严重削弱。

其次,金本位的自动调节机制受多方面条件制约。金本位制要求各国政府有义务维护黄金于通货之间固定的平价关系,以及允许黄金自由进出口。但在金本位末期,各国为增加黄金储备,往往以国际收支顺差作为目标,故顺差国并不会对黄金流入采取调节措施,而国际收支逆差国为避免黄金外流,会采取紧缩的货币政策,从而加剧了其经济的紧缩偏向。因此,金本位制度会使一国丧失国内政策的独立性,以至于其国内的经济状况会过度依赖外部经济环境的变化。

最后,金本位制造成极大的资源浪费。大量黄金被充当储备资产,使得本来就稀缺的黄金资源无法充当重要材料投入工业应用。同时,黄金不仅不能像货币一样可以通过固定收益资产实现增值,在运输和储藏的过程中还需花费大量的费用,因此持有黄金的成本极高。

第三节　布雷顿森林体系

两次世界大战和大萧条,使国际货币局势陷入极度混乱的环境中。为缓和国际货币关系的矛盾,恢复战后经济发展与国际合作,探索建立统一的国际货币体系已成为各国的共同目标。

一、布雷顿森林体系的建立

二战后,重建国际货币体系已成为当时各国的共同目标。但与战前相比,各国的经济与政治势力均发生了显著变化。其中,德国、意大利、日本作为战败国,国民经济被破坏殆尽。同时,英法等盟国在战争中遭到重创,势力大为削弱。相反,美国经济规模急剧增长。1944年,美国的GDP在全球占比达到约50%,其黄金储备约占世界黄金存量的70%。截至1948年,美国成为当时全球最大的经济体,同时也是世界最大债权国。这也使得建立一个以美国为主导的国际货币体系成为可能。然而,由于同为战胜国和前世界经济领导者的英国在世界政治与经济方面仍保持着相当重要的地位,英镑仍是世界上主要的国际储备货币,这就出现了分别代表美英两国立场的"怀特计划"和"凯恩斯计划"之争。

所谓"怀特计划"指由时任美国财政部部长助理哈里·怀特(H. D. White)提出的"联合国平准基金"(International Stabilization Fund)方案。该方案主张由各国共同出资设立基金并发行一种与美元关联的国际通货"尤尼塔"(Unitas),同时要求各国货币都要与之保持固定比价。此外,基金组织可以为成员国提供短期信贷,以解决国际收支不平衡问题。该方案的目的是建立一个以美元为基础的国际货币体系,反映了美国的利益诉求。另一边,"凯恩斯计划"指由英国财政部顾问凯恩斯(J. K. Keyanes)提出的"国际清算同盟计划"(International Clearing Union)。他主张建立世界性中央银行,实现对各国债权债务在中央银行的记账清算。同时设立国际通货"班珂"(Bancor),并与黄金保持联系。各成员国在联盟中所承担的份额不必以黄金或货币缴纳,而只是开设往来账户,当一国国际收支有盈余时,就将款项存入账户,当发生赤字时,可以按规定份额申请透支或借款。凯恩斯方案的目的在于允许各国在中央银行以记账形式贷款,避免本国货币贬值。此举有利于英国恢复英镑区,而不利于建立以美元为中心的货币体系。经过激烈的博弈,1944

年 7 月,在美国召开的联合国货币金融会议,通过了以"怀特计划"为基础制定的《国际货币基金协定》和《国际复兴开发银行协定》,确定了以美元为中心的国际货币体系,即布雷顿森林体系。1945 年 12 月,国际货币基金组织和国际复兴开发银行正式成立。

二、布雷顿森林体系及作用

(一) 布雷顿森林体系的主要内容

布雷顿森林体系是一种以美元为中心的国际货币体系。其基本内容是美元与黄金挂钩,其他货币与美元挂钩的固定汇率制度,具体包括以下方面。

1. 黄金—美元本位制

各国须保证汇兑自由是布雷顿森林体系的基础。同时,为防止竞争性的外汇贬值,确立美元与黄金 35 美元=1 盎司黄金的固定比例关系。其他国家政府规定各自货币的含金量,通过含金量比例间接地确定同美元的汇率,这就是所谓的"双挂钩",即美元与黄金挂钩、各国货币与美元挂钩。这意味着美元同黄金一样,可以作为国际储备与结算货币。

2. 可调整的钉住汇率制度

按照《国际货币基金协定》,会员国各国有义务维持本国货币对美元汇率在法定汇率上下 1%的区间内浮动。同时,除非发生"根本性国际收支不平衡",会员国不得提议改变其货币平价。在实践中,一旦平价浮动超过 10%时,就必须得到 IMF 批准。这是由该协定承认各国政府负有维持内部平衡的义务,而一旦该国出现长期的经常项目赤字,维持固定汇率会以牺牲国内就业为代价,从而引起经济混乱。

3. 恢复经常项目货币自由兑换

《国际货币基金协定》第 8 条规定,成员国不得限制经常项目的支付,不得采取歧视性的货币措施,要在兑换性的基础上实行多边支付。此条款要求成员国履行货币兑换的义务,其目的就是努力消除阻碍多边贸易和多边清算的外汇管制,以保障国际结算与国际支付的自由,促进世界经济的发展。考虑到具体情况的复杂性,虽然 IMF 不允许成员国政府在经常项目交易中限制外汇的买卖,但容许对资本项目实行外汇管制。此外,IMF 还为成员国开放经常项目预留了不超过 5 年的过渡期,但实际上直至 1958 年年末,主要工业化国家才取消了经常项目的外汇管制,恢复了货币自由兑换。

4. 专门的管理机构

为确保各国能够遵守新规则,通过设立国际货币基金组织作为世界各国央行的"央行"来负责监督体系的运行,并为经历暂时国际收支危机的国家提供储备与流动性,以帮助其走出收支危机,恢复经济的外部平衡。国际复兴开发银行则主要为欧洲的战后重建提供贷款。

(二) 布雷顿森林体系的主要作用

第一,由于布雷顿森林体系下可调整的固定汇率制确保了各国汇率的长期稳定性,从而降低了全球汇率风险,令国际贸易、投资环境得到极大改善。据统计,全球贸易总额从1948 年的约 580 亿美元迅速扩张到 1973 年的 5 800 亿美元,在 26 年间,以 15.5%的年复合增长率,增长了 10 倍左右。

第二,布雷顿森林体系形成后,IMF 为国际收支逆差国提供多种类型的短期和中期贷款,缓解了国际收支危机。1947—1969 年 IMF 贷款总额约为 202 亿特别提款权,这避免了为纠正国际收支失衡而必须采取本币贬值或紧缩性宏观经济政策给该国带来的负面影响。

第三,布雷顿森林体系把各国置于统一的协定之下,在无形中增强了各国的联系。第二次世界大战结束后,各国需要一个多边支付和贸易体系来促进战后世界经济的复苏。布雷顿森林体系通过确立美元的储备货币地位,一定程度上弥补了当时普遍存在的清偿力的不足和支付手段的匮乏,有效地促进了 20 世纪 60 年代国际贸易自由化和国际金融一体化。

三、布雷顿森林的瓦解

布雷顿森林体系的核心是黄金与货币的自由兑换,但这对于战后除美国外的其他参战国是很难实现的。由于战后生产力的损毁及储备资产的流失限制了这些国家进行生产、贸易活动的能力,进而导致这些国家的经常账户基本处于赤字状态。因此,为合理配置稀缺的储备资产以进口稀缺的资源,不得不对货币兑换实施严格的管制。同时,为了鼓励资本流入、避免黄金外流、促进出口,一些主要国家并没有严格执行 IMF 的相关规定,对美元纷纷贬值。为改善并加快各国实现自由兑换的条件,帮助欧洲和日本等国家解决美元短缺问题,美国先后在欧洲推出"马歇尔计划",在日本推出"道奇计划",为各国的战后重建提供美元物资,从而帮助这些国家恢复出口能力,进而获得贸易结算和储备所需的美元。得益于这些措施,到 1952 年,OECD 国家工业生产增长了 39%,出口增长了 200%,经常账户终于实现了盈余。此后,1955 年英格兰银行开始通过外汇操作固定其货币平价,1958 年 8 个国家宣布承诺经常账户的可自由兑换。然而,美国在向外输出美元的同时,其自身的经常账户却不断恶化。

1960 年,美国的外国货币债务首度超过其黄金储备。三年后,美国对外国机构负债也超过了其黄金储备。由于担心美元与黄金的可兑换性,欧洲各国开始纷纷通过抛售美元换回黄金以改变其国际储备结构,从而引发了第一次美元危机。1968 年 3 月,美国 121 亿美元的黄金储备和 331 亿美元的短期外债形成巨大反差,引发了伦敦、巴黎和苏黎世抛售美元、抢购黄金的第二次美元危机。为摆脱美元危机的困境,IMF 于 1969 年通过设立"特别提款权"旨在以新的储备资产替代美元用于维护布雷顿森林体系的稳定。然而,SDR 对于扭转黄金储备的不足几乎没有发挥大的作用。在 1969—1970 年期间,美国为应对经济衰退,采取扩张性的经济政策,加速了通货膨胀,国际收支持续恶化。1971 年,美国对外贸易发生了自 1893 年以来的第一次巨额逆差,从而使美国的国际收支逆差进一步加剧,达到了 220 亿美元。当时美国的黄金储备仅为 102 亿美元,而对外短期债务却高达 520 亿美元。同年 5 月初,西欧主要金融市场出现了大量抛售美元、抢购黄金和德国马克的风潮。由于担心发生通货膨胀,德国停止买入美元,并允许马克汇率上浮。随后,其他欧洲国家也纷纷效仿,对本国货币的汇率进行了重估。另外,越南战争的扩大以及约翰逊政府的"伟大社会"计划,加剧了美国的通货膨胀与国际收支的不平衡,使得美元的国际信用不断下降。由此,第三次美元危机爆发。

　　面对高额的外债而黄金严重短缺的局面,尼克松政府于 1971 年 8 月 15 日被迫宣布实行"新经济政策"(又称"尼克松冲击"),其主要内容:对内冻结工资和物价;对外停止履行按每盎司 35 美元或其他价格兑换黄金的义务,并对进口商品征收 10% 的附加税。在随后的 4 个月里,工业国家对国际货币体系改革进行了广泛的协商,最终在同年 12 月中旬华盛顿的史密森尼(Smithsonian)会议上达成了协议:美元贬值 8%,黄金官价从每盎司 35 美元提高到 38 美元;其余货币相对价格变化浮动区间在 1%～2.25% 不等;取消 10% 的进口附加税,但并没有重启黄金兑换。这一协议通常被称为"史密斯协定"。美元停止兑换黄金和美元在战后第一次公开贬值,是美元危机发展的必然结果,它标志着战后建立的以美元为中心的国际货币体系已经开始瓦解。

　　1973 年,美国政府被迫宣布美元兑欧洲主要货币贬值 l0%,即将黄金官价从 1 盎司 38 美元提高到 42.22 美元。此后,日本、意大利、瑞士和英国等国纷纷宣布放弃本国货币与美元的固定比价,实行浮动汇率,还有 30 多种货币与美元的汇价也做了调整。自此,布雷顿森林体系成了历史。

四、布雷顿森林体系的缺陷

　　尽管布雷顿森林体系的建立对当时的全球经济发展起到了重要的促进作用,美元也因此成为国际货币体系中的中心货币。然而,该体系的内在缺陷最终决定了其崩溃的结局。

　　首先是国际清偿力供应与美元信誉保证的矛盾。在布雷顿森林体系下,由于各国以美元同时作为国际贸易结算货币和储备货币,一方面要求美元必须长期保持国际收支逆差,为全球提供足够数量的美元以保证国际清偿力的供给;另一方面,作为国际储备货币,美元必须保证币值的稳定与坚挺,这又要求美国必须保持国际收支顺差,否则一旦外国持有的美元超过美国的黄金储备,将导致对美元信心的动摇。这两个互相矛盾的要求成为布雷顿森林体系的固有缺陷的集中表现形式,也是美国耶鲁大学教授罗伯特·特里芬在《黄金与美元危机》一书中提出的观点,故也称"特里芬难题"。从 20 世纪 50 年代后半期起,随着美国黄金储备大量外流,美元危机的频频发生,以美元作为中介的主权信用货币已无法维持与黄金的可兑换性,便是对"特里芬难题"的最好印证。

　　此外,缺乏弹性的汇率制度限制了各国调节国际收支的能力,间接削弱了各国实现国内宏观经济目标的自主性。布雷顿森林体系要求各国有义务维持汇率稳定,对于国际收支逆差国而言,由于货币贬值,其国币当局必须通过抛售美元购入本币,以维持固定汇率,尽管国际收支得到一定的调节,但这无异于在公开市场上紧缩国内货币供应量,从而引发经济的衰退和国内的失业。同时,该调整机制还具有严重的不对称性。由于美国在国际上的绝对支配地位,使其能够通过宽松的货币政策调整国际收支逆差,从而满足其国内的经济目标,且不用受到他国约束。

　　最后,IMF 未能发挥其应有的作用。根据《国际货币基金协定》,当一国出现长期而严重的国际收支不平衡时,经过 IMF 同意,可以对本国货币平价做出一次性调整,从而达成外部经济均衡的目标。然而,各国在实践中违反上述规定而频繁调整本国汇率的行为时常发生。这严重地削弱了 IMF 的权威性。另一方面,对于出现暂时性外部失衡的国家,虽然可以 IMF 申请资金援助以避免外部经济的进一步恶化,但援助的金额十分有限,且条件苛刻,同样使得当时的国际收支调节难以顺利进行。

第四节　牙买加体系及国际货币体系改革

随着以美元为中心的布雷顿森林体系的瓦解,寻求一种新型的国际货币体系就成了国际金融领域的中心课题。1974 年 6 月,IMF 成立了"国际货币制度临时委员会",负责研究有关国际货币制度改革问题,并向 IMF 理事会提供意见。1976 年,IMF 的 100 多个成员国在牙买加首都金斯敦达成了修改国际货币基金组织条款,即《牙买加协议》,并通过《国际货币基金协定第二修正案》,从而为现行国际货币体系奠定了基础。因此,也有人称目前的国际货币体系为牙买加体系。布雷顿森林体系崩溃后,牙买加体系开始进入历史舞台。

一、牙买加体系的基本内涵

(一) 实行浮动汇率制度的改革

"牙买加协议"做出了正式确认浮动汇率制合法性的决定,会员国可自由选择汇率制度安排。IMF 组织允许固定汇率与浮动汇率暂时并存,但要求各成员国的汇率政策接受监督,并对各国的经济政策进行协调。在条件许可的情况下,实行浮动汇率的成员国应逐步恢复固定汇率制。同时,如果经 85％以上的成员国同意,IMF 可恢复可调整的固定汇率制。

(二) 黄金非货币化

"牙买加协议"决定逐步使黄金退出国际货币体系,并为此规定:废除黄金官价,各成员国中央银行之间不再以黄金作为货币定值标准,允许黄金价格随市场供求变化自由浮动;各成员国之间及各成员国与基金组织之间,取消以黄金清算债务债权。各成员国以缴纳外汇的方式取代缴纳黄金作为基金份额;出售国际货币基金组织 1/6 的黄金,所取得的收益用于建立帮助低收入国家优惠贷款基金。

(三) 提高特别提款权的国际储备地位

特别提款权(SDRs)逐步代替黄金和美元成为主要国际储备资产。协议规定委员会会员国可以自由地进行 SDRs 交易,IMF 中一般账户持有的资产一律以 SDRs 表示,IMF 与会员国之间的交易以 SDRs 代替黄金,尽量扩大 SDRs 的使用范围。

(四) 扩大对发展中国家的信贷额度

IMF 以出售黄金所得建立信托基金,以优惠条件向最穷困的发展中国家提供贷款,将基金组织的信贷部分贷款额度由会员国份额的 100％提高到 145％,并提高基金组织"出口波动补偿贷款"在份额中的比重,由占份额的 50％提高到占份额的 75％。

二、牙买加体系的特点

（一）以浮动汇率为主的多元汇率制度得到发展

由于"牙买加协议"认可各国可以自由做出汇率方面的安排，同意固定汇率制与浮动汇率制暂时并存，根据 IMF 的统计，截至 1987 年 6 月底，各个主要工业国家全部都实行了浮动汇率制，其中美国、日本、加拿大、澳大利亚和新西兰国家的货币独立浮动，欧洲货币体系中的西德、法国、比利时、荷兰、意大利、爱尔兰、卢森堡和丹麦八个国家的货币联合浮动。其余的 6 个工业国家和 131 个发展中国家的货币或实行管理浮动汇率，或是单独浮动，或是钉住美元、法郎及其他货币或"特别提款权"或自选的一篮子货币，或者是按照一组经济指标（官方外汇储备、进出口贸易、与主要贸易伙伴国的通货膨胀率差异、国际收支等）进行浮动。1999 年起，国际货币基金组织进一步将汇率制度分为以下八类：无法定货币的汇率安排；货币局制度；传统的钉住汇率安排；平行钉住的汇率安排；爬行钉住的汇率安排；爬行区间浮动的汇率安排；无区间的有管理浮动汇率；自由浮动的汇率安排。

（二）国际收支调节机制的多样化

相比在固定汇率制度下，国际收支失衡只能依靠国际储备来调整，手段较为单一。在牙买加体系下，又增加了汇率调节机制、利率调节机制以及 IMF 的政策调节。首先，当一国收支不平衡时，可以采取汇率的调整来改善对外贸易收支，从而调节国际收支情况。由于目前世界主要国家都采用浮动汇率制度，因此以汇率机制调节国际收支失衡是该体系的主要特征之一；"牙买加体系"的另一特征是存在发达的国际金融市场，因而国际间的实际利率差异很容易导致资金的频繁流动。一国通过严格的政策手段抑制通货膨胀率，从而抬高实际利率，促使国际资金流入，进而取得改善国际收支的效果。例如，20 世纪 80年代，美国里根政府推行宽松的财政政策和紧缩的货币政策，通过压低通货膨胀率、抬高实际利率的方式吸引国际资金的大量流入，改善了资本项目。另外，《牙买加协定》扩大了IMF 向国际收支逆差国提供贷款的额度，并通过建立信托基金向发展中国家提供了大量援助性贷款，从而在一定程度上帮助这些国家解决了国际收支困难。

（三）以美元为主的国际储备体系的建立

在国际储备资产方面，与布雷顿森林体系下单一的美元资产相比，现行国际货币体系下的资产结构显得更加多元化。布雷顿森林体系瓦解后，美国经济在世界经济中所占据的份额开始下降，而欧元区和日本的经济实力却不断提升。这在国际货币体系领域表现为，美元虽然仍是居于主导地位的国际货币，但欧元和日元开始在国际金融和贸易领域占据越来越重要的地位。近年来，人民币的影响力伴随中国经济的发展也获得了显著提升。根据 IMF 发布的最新统计，人民币在国际储备中的比重仅次于美元、欧元、日元、英镑之后，排名第五。

（四）国际资本流动规模不断扩大

布雷顿森林体系崩溃后，欧洲、日本等发达国家相继推行了金融自由化政策。这些国家在开放资本账户的同时，也放松了对本国金融机构的监管，从而导致跨境资本流动在这些国家之间的流动规模不断提高。20 世纪 90 年代以来，随着新兴市场经济体的迅速发展,金融自由化扩散到了更多国家,使得跨境投资活动越来越频繁,国际资本市场迅速膨胀,从而进一步推进了全球经济与金融的一体化发展进程。然而,由于缺乏相应的保障措施与金融体系的不健全,许多发展中国家在国际资本的冲击下均爆发了不同程度的金融危机,严重地威胁了世界经济的稳定发展。

三、对牙买加体系的评价

(一) 牙买加体系的积极作用

(1) 摆脱了国家之间的相互牵制,在一定程度上解决了"特里芬难题"。布雷顿森林体系的弊端之一就是各国货币与美元挂钩,使得基准通货国家与依附国家相互牵连。在"牙买加体系"形成之后,实现了国际储备货币多元化,美元已经不是唯一的国际储备货币和国际清算及国际支付手段。除美元外,仍会有其他国际储备货币和国际清算及支付手段解决国际清偿力的不足。由于美元早与黄金脱钩,即使发生美元贬值的预兆,各国也不可能用自己的美元储备向美国联邦储备银行挤兑黄金,所以,现行体系已经基本上摆脱了基准通货国家与依附国家相互牵连的弊端。

(2) 多样化的汇率安排适应了多变的世界经济形势。牙买加体系下的各主权国家货币的汇率可以根据市场供求状况自发调整,可以灵敏地反映客观经济状况。这使各国货币的币值得到了充分体现和保证,有利于国际贸易与金融及其他经济交往的进行。同时,多种汇率安排能使各国充分考虑本国的客观经济条件,使得宏观经济政策更加具有独立性和有效性。此外,以浮动汇率为主的混合汇率体制下,各国可以减少为了维持汇率稳定而必须保留的过多的外汇储备,从而可以提高这部分外汇资金的使用效率。

(3) 多种调节机制相互补充调节国际收支。牙买加体系下的多种国际收支调节手段相互补充,在一定程度上缓和了布雷顿森林体系下国际收支调节失灵的困难。在牙买加体系下,各国对国际收支的调节除了向 IMF 贷款、变动外汇储备、运用财政政策和货币政策工具以外,还可以采用变动汇率、向国际金融市场融资等方法。这些调节方法可以单独使用,也可以结合运用进行相互补充,比较适应当今世界经济发展不平衡,各国经济发展水平相差悬殊,以及各国发展模式、政策目标和客观经济环境都不相同的特点,从而缓和了布雷顿森林体系下国际收支调节失灵的困难,对世界经济的正常运转和发展起到了一定的促进作用。

(二) 牙买加体系的主要缺陷

1. 多元化国际储备体系的缺陷

虽然储备货币的多元化增加了全球货币供给,缓解了国际支付工具不足的困难,但由于国际储备货币仍具备世界货币和主权货币的双重职能,因此"特里芬难题"并没有得到根本的解决。具体而言,当前国际储备货币的主要供给是通过储备货币发行国国际收支逆差实现的。一旦储备货币发行国选择增加其国际收支逆差以扩大国际储备货币的对外供给规模,虽然各国的支付与储备需求得到了满足,但储备货币信誉和币值下降,这就会增加储备国的储备成本和资产损失。如果储备货币发行国压缩国际收支逆差,减少储备货币的对外供给,虽然维护了储备货币的币值稳定,但各国的支付储备需求就无法得到满足;此外,由于与黄金的彻底脱钩,目前各种储备货币缺乏统一稳定的货币发行基础,其价格在多种复杂因素影响下随供求关系频繁大幅波动和相互交叉影响,增加了国际金融市场动荡和储备资产价格的不稳定性,增加了汇率风险和管理储备资产的难度;最后,尽管全球储备货币形式多元化格局改变了单一美元储备货币的体系,但在现行体制下,对世界主要储备货币特别是美元的依赖性仍然过大。世界储备货币对各国制定执行经济政策的影响仍然过大,储备货币发行国仍可通过"铸币税"和输出通货膨胀攫取大量不公平的货币利益。

2. 多元汇率制度的不稳定

由于现行国际货币体系下浮动汇率制的合法化,各国都不同程度地放松汇率管制,致使全球汇率波动频繁而剧烈,严重影响了国际贸易和国际资本流动的稳定环境。一方面,汇率的频繁波动抬高了进出口企业成本与利润的核算难度,进而增加了外汇风险损失的概率;另一方面,汇率的不稳定同样会恶化国际借贷市场中的债权债务关系,甚至引发债务危机,从而影响国际信用的发展。同时,在资本账户开放过快的情况下,频繁的汇率波动也助长了外汇投机活动。特别是对于多数发展中国家,由于其国内金融市场发展相对滞后,缺乏有效对冲风险的金融工具,只能选择采取钉住美元的汇率制度,从而导致其经济政策的制定与执行效果受制于美元的汇率波动。在现阶段,对于发展中国家尤其是小型经济开放体,已陷入若采用浮动汇率制则汇率波动过大,而选择钉住汇率制又会受制于他国的两难境地。

3. 国际收支调节机制的不健全

在牙买加体系下,由于各种调节机制的不健全,全球性的国际收支失衡问题非但没有得到解决反而更趋严重。首先,通过汇率机制改善国际收支、促进资源配置的效果并不明显。这是由于,多数发展中的贸易商品缺乏弹性,不具备马歇尔—勒纳条件,致使汇率调节机制经常失灵;通过利率调节国际收支则可能产生本国贸易条件的恶化、失业增加、经济增长缓慢甚至衰退等副作用;此外,由于 IMF 并未对国际收支调节机制做出明确的规定,在制度上也无任何设计和约束来敦促或帮助逆差国恢复国际收支平衡。因此,国际收支逆差国不得不诉诸商业银行贷款、实施保护性贸易政策和紧缩国内经济等方式来解决逆差,从而不可避免地增加逆差国外债负担,许多发展中国家由此沦为重债国而爆发债务危机。

4. 国际金融机构的非对称性

现行国际货币体系缺乏平等的参与权和决策权,致使国际货币基金组织决策的独立性和权威性受到挑战,制约了其作用的有效发挥。国际货币基金组织的内部决策机制由份额和投票权两方面构成。这种内部决策机制使得发达国家在 IMF 占主导地位。首先,从基金份额方面来看,美国等发达国家的基金份额明显高于其他国家。在国际货币基金组织中,份额是每个成员国向国际货币基金组织认缴的一定数量的资金。份额显示了成员国在国际货币基金组织中的地位,成员国在基金组织中的投票权、获得贷款、特别提款权等都由基金组织份额来决定。各个成员国在世界经济中相对地位的变化是通过增加份额来完成的。到目前为止,以美国为代表的发达国家占有了绝大部分份额,而发展中国家则少之又少,这与当前新兴国家的快速发展是十分不相称的。其次,从投票权而言,基金组织规定,重大决议必须经过全球成员国及投票 85% 的票数才能生效。目前,美国的投票权为 16.7%,意味着 IMF 的任何重大的方针政策未经美国统一都无法实施。此外,IMF 过多地强调对发展中国家和新兴国家的监督,而对重要发达国家则缺乏有效的制约,这也决定了发展中国家的利益诉求往往难以得到满足。

上述问题的综合作用便是国际金融市场的失衡和动荡进一步加剧,金融货币危机不定期的爆发。1985 年,美国为扭转贸易逆差,联合英法德日五国签署广场协议,通过干预外汇市场,诱导美元对主要货币的汇率有序贬值,间接引发了日本经济泡沫破灭。1992—1993 年,德国为抑制本国通胀,单方面提升利率使得马克升值,引起欧洲汇率大幅动荡,英镑和意大利里拉被迫退出欧洲汇率机制,史称欧洲货币危机。1997—1998 年,亚洲等国相继爆发金融危机:由于泰国等国家在汇率制度选择、金融监管政策之间的不协调,在国际游资的投机短期冲击下,汇率大幅贬值,股市下挫,企业倒闭,银行坏账与失业率飙升。2008 年,美国房地产泡沫破裂引发次贷危机,美联储在救市过程中通过量化宽松政策,使得美元基础货币扩张了近 3 倍。由于美元的全球储备货币地位,美元的滥发引发了对全球尤其是新兴国家流动性过剩的风险。2009 年,由希腊开始的主权债务危机蔓延至整个欧洲,欧元作为仅次于美元的全球储备货币,在巨大的冲击下大幅贬值。虽然欧盟与IMF 联合推出多项危机应对措施,但欧元特殊的货币制度使得施救措施效果并不明显,危机或仍将在未来一段时间持续影响全球经济稳定。

四、国际货币体系改革

历次金融货币危机的爆发无不体现出当前国际货币体系的种种弊端。由此,如何对现有体系进行完善已成为国际社会的一项长期而艰巨的任务。

针对国际储备货币格局所存在的不稳定性问题,国内外学者的观点主要分为两类:建立超主权储备货币与建立多极化储备货币体系。所谓超主权储备货币,是指由一个超主权国家的货币管理机构发行的用于国际范围内计价尺度、交换媒介与贮藏手段的货币。扩大特别提款权也就是这种改革思路的产物之一。2009 年 3 月,时任中国人民银行行长的周小川提出创造一种与主权国家脱钩并能保持币值的长期稳定的国际储备货币,从而避免主权信用货币作为储备货币的内在缺陷,且由于 SDR 具有超主权储备货币的特征和潜力,因此应特别考虑发挥 SDR 的作用,拓宽 SDR 的使用范围,推动 SDR 的更加广泛的分配。斯蒂格利茨(Stiglitz)则在 2010 年提出了另一份方案,他主张建立一个国际储备基金,各成员国以本国货币向该基金兑换新的全球货币,在这种情况下,非储备货币发行国通过持有新的全球货币以替换美元或其他硬通货,并通过贸易的顺差从而获得的外汇可用作进口,而不需要将其进行储存。

尽管创造单一超主权货币的设想很完美,世界各国不会再受到储备贬值风险以及汇率波动的干扰,但其实施的难度却是空前的。这类方案也被认为过于理想主义,尤其是在政治层面上,会受到现行国际货币体系中占主导地位国家的巨大压力。同时,在操作层面也缺少相应的配套措施,短期实施的可能性不大。另一方面,建立多极化储备体系的改革方案是被多数学者认可的方案。多极化的储备货币是指建立以美元为主导,欧元、日元和人民币等主要货币作为补充的多元化国际货币金融体系。其中美元起主要作用,其他的主要货币也分担了世界货币的责任。该方案的支持者认为,多极化的储备货币体系能够适应发展全球经济的多极化趋势,且多极化也为各国提供了分散的选择,促进了国际货币竞争,从而有助于约束发行国遵守货币纪律。因此,多极化的储备货币体系比单一货币体系更为稳定。

关于汇率制度与汇率调节机制的改革问题,包括应该采取何种稳定而又灵活的汇率制度、汇率变动的界限和逆差国与顺差国对汇率调节所应承担的相应责任等。其中,实行汇率目标区制度是备受国际社会关注的重要改革设想。该方案最早由荷兰财政大臣杜森贝里(Duilsenbery)于 1976 年提出,经威廉姆森(Williamson)、克鲁格曼等学者不断完善、改进得出的。按照该方案,主要工业化国家估算出一组可调整的基本参考汇率(或均衡汇率),并制定出实际汇率围绕基本参考汇率浮动的范围在目标区域范围内,汇率由外汇市场供求决定。一旦汇率超出目标范围,各相关国家必须采取措施进行联合干预,使汇率保持在目标区内。这就会增强公众心理预期,从而提高干预效率。然而,该方案在实践上会遇到许多困难,如基本参考汇率如何准确地确定、汇率目标区如何有效地维持等,这些问题目前还无法很好地解决。此外,对于发展中国家来说,他们更适合采用固定汇率制。这就要求任何形式的国际货币体系改革都应该考虑为发展中国家创造足够的国际储备和流动性,放松 IMF 对发展中国家的贷款条件,国际货币基金组织的决策应更加公开和透明化并提高发展中国家在整个决策中的发言权。

关于国际收支调节机制改革。2008 年金融危机后,全球经济失衡进一步凸显,这其中的国际收支失衡问题尤为严重。围绕平衡国际收支的讨论中,关于强化 IMF 在全球金融体系中的积极作用被多次提及。具体包括,为 IMF 提供反周期的增资机制;将贸易盈余国征税转移给 IMF;以 IMF 为核心构建全球系统性金融风险的保险机制等。然而,允许 IMF 发挥更核心作用的前提条件是关于 IMF 治理结构的改革。由于美国和欧盟拥有 IMF 重大决议中的一票否决权,而快速成长的新兴市场和发展中国家却没有获得和自身经济相匹配的投票份额,这导致 IMF 在其改革进程中的丧失了决策的独立性,令其功能的缺陷不能得到合理的改善。尽管此后的二十国集团(G20)对于 IMF 治理结构的改革达成了一些共识,但除提高新兴经济体的投票份额外,其他并无实质性进展。

国际资本流动(特别是国际投机性资本流动)的监管及其国际合作问题。20 世纪 90 年代以后爆发的一系列区域性金融危机,使人们普遍认识到国际资本流动的危害。针对国际资本流动的管理也逐渐被纳入国际货币体系改革的讨论范围。其中,由美国经济学家詹姆斯·托宾于 1978 年提出的"托宾税"是一种较为流行的方案。他主张对不同货币之间的兑换征收交易税以限制短期资本流动,从而稳定国际货币体系。在实践中,世界上已经有许多国家采用了类似"托宾税"的方法。早在 1991 年,智利政府规定,对流入智利的短期外国贷款实施无息准备金要求。同时,为鼓励长期投资,对于 1 年期以上的外国直接投资免交无息准备金。这项措施此后也被国际社会称为"智利税"。2008 年国际金融危机之后,巴西政府为控制短期资本流入,缓解汇率升值压力,开启了对外国短期资本征收金融交易税的政策。

当然,实践中实施"托宾税"也可能存在征税对象识别困难的问题。比如在日常交易中,难以将投机性交易与正常的流动性交易进行区分。同时,由于金融产品的可替代性,利用远期交易等金融衍生工具也能够在一定程度上规避征税。因此,"托宾税"的实施反而会增加交易成本,造成市场价格扭曲等问题。虽然关于"托宾税"的话题始终存在争议,但其对于防范投机性资本流入,抗击金融市场冲击是有效的。

本章小结

国际货币体系又称国际货币制度,指在国际经济关系中,世界各国政府对货币在国际间发挥国际货币职能及其他有关国际货币问题所制定的原则、法规和建立的相关组织机构的总称。从历史发展顺序来看,国际货币体系大致经历了国际金本位制度、布雷顿森林体系及现行的牙买加体系三个阶段。

国际金本位制度的主要特点包括:黄金是唯一的储备货币,各国根据铸币平价建立固定比价关系;各国间的国际收支失衡主要依靠价格—现金流动机制进行调节;英国的优势地位促使英镑发展为金本位制度下的主要结算货币。

布雷顿森林体系是一种以美元为中心的储备货币本位制度。该体系下,美元与黄金挂钩,而各国货币与美元保持固定比价,从而形成了可调整的固定汇率制度。国际收支的调节主要以从 IMF 获取融资及调整汇率等方式得以实现。该体系存在的"特里芬难题"、僵化的固定汇率制度、IMF 功能的不完善等缺陷引发了数次美元危机,并最终导致该体系瓦解。

牙买加体系,即现行国际货币体系,其主要特点包括:浮动汇率的合法化;国际收支调节的多样化;储备体系的多元化;国际资本流动的日趋频繁。该体系的主要问题在于"特里芬难题"仍未得到有效解决,同时,汇率机制的不稳定和国际收支调节的不健全等缺陷在各种外部冲击下也愈发凸显,主要表现为数次金融危机的爆发。由此,针对现行国际货币体系的改革也逐渐成为国际社会各界讨论的焦点。

复习思考题

1. 简述国际金本位制的主要规则。
2. 简述国际金本位制的特点。
3. 简述布雷顿森林体系的主要规则。
4. 简述布雷顿森林体系的作用。
5. 简述布雷顿森林体系的缺陷及崩溃原因。
6. 简述牙买加体系的主要规则与特点。
7. 简述次贷危机以后国际货币体系改革的思路。

第十章 欧洲货币一体化

自 20 世纪 70 年代以来,伴随区域经济一体化程度的不断加强,区域货币一体化也逐渐成为国际货币体系发展的新趋势。所谓区域货币一体化,指某一地区内的有关国家为共同维护汇率稳定、抵御外部冲击等目的,在货币金融领域进行多方面协调与合作,并最终建立一个统一的货币体系的过程。在诸多区域货币一体化实践中,欧洲货币一体化通常被认为是最具典型的代表。作为欧洲经济一体化的重要领域,欧洲货币一体化不仅对于欧洲统一大市场的建立起到了至关重要的作用,对于布雷顿森林体系瓦解后的国际货币体系格局也产生了极为深远的影响。

第一节 欧洲货币一体化概述

欧洲货币一体化的发展并非一蹴而就,而是欧洲各国在政治、经济及金融等领域长期协调的结果。一般认为,欧洲货币一体化发端于二战后的欧洲支付同盟,历经欧洲货币体系阶段,再到欧洲货币联盟,最终实现了单一货币——欧元的启用。

一、欧洲货币一体化的历史渊源

(一) 欧洲支付同盟与《罗马条约》

第二次世界大战结束后,西欧各国在"马歇尔计划"的推动下,建立了一系列经济合作组织。1948 年美国与受援国成立欧洲经济合作组织(OEEC,经济与合作组织 OECD 的前身),负责为受援国调配援助物资等。此后,为消除战后欧洲各国之间的经常账户交易的严格限制从而更好地解决贸易与支付问题,在 OEEC 的协调下,1950 年欧洲支付联盟(European Payment Union,EPU)成立。EPU 通过决定每个国家的配额来平衡欧洲国家相互之间的赤字。例如,一旦某国家的出口所得不足以覆盖其进口支付时,该国可以从 EPU 获得信用额度补齐差额,EPU 也可通过制裁机制要求某国家偿还信用额度。这种安排有效地推进了西欧各国自由贸易的发展,加速了欧洲经济的复苏。1951 年,德、法、意、荷、比、卢六国于巴黎正式签署《建立欧洲煤钢共同体条约》,实行煤钢联营,标志欧洲第一个超国家主权组织——欧洲煤钢联盟(the European Coal and Steel Community, ECSC)的成立。在 ECSC 随后的发展中,各成员国通过煤钢领域的合作均获得了较多的利益,也加速了欧洲经济一体化的发展。1957 年上述 6 国在 ECSC 的基础上,签署了《欧洲经济共同体条约》和《欧洲原子能共同体条约》(统称《罗马条约》)。其中,欧洲经济共同体是关税同盟层次的经济合作组织,它的目标是通过打破各国间的贸易壁垒,从而建立一个资本、劳动力和商品自由流动的共同市场。在货币问题上,由各国中央银行和财政部部长代表组成的货币委员会,负责协调关税同盟等有关的货币事务。1965 年 4 月,6 国又签订了《布鲁塞尔条约》(Brussels Treaty),决定将欧洲煤钢联盟、欧洲原子能共同体和欧洲经济共同体统一起来,建立欧洲共同体(European Communities,EC,以下简称"欧共体")。

(二)《维纳报告》与"蛇形"汇率机制

20 世纪 60 年代,国际货币体系发生了重大变化,布雷顿森林体系的缺陷随着美元危机的爆发而逐步显现。在此背景下,欧共体进一步加快了货币一体化的议事日程。1969 年 12 月,在荷兰海牙欧共体各成员国召开了各国首脑会议,讨论建立欧洲经济与货币联盟。1970 年,以卢森堡首相兼财政大臣维纳(Pierre Werner)为首的小组向欧共体理事会(European Council)提交了一份报告,这就是历史上有名的《维纳报告》(The Werner Report)。《维纳报告》提出了最终实现固定汇率和统一货币政策的目标,并将通往欧洲经济与货币联盟的道路划分为三个阶段。第一阶段从 1971 年年初到 1973 年年底,逐步缩小各成员国货币汇率的波动幅度,从而实现汇率的稳定。同时,加强货币政策的协调,并着手建立货币储备基金。第二阶段从 1974 年年初到 1976 年年底,通过在成员国之间订立协定,明确汇率的变动范围。第三阶段从 1977 年年初至 1980 年年底,将欧洲经济共同体建设为一个要素与商品自由流动的经济一体化组织,推动固定汇率向统一货币发展,并建立以货币储备基金为基础、具备制定统一货币政策职能的中央银行。

欧共体理事会采纳了《维纳报告》关于逐步收窄各国货币之间汇率波动以最终实现固定汇率的主张,并于 1972 年 3 月决定建立欧洲第一个汇率协定,实行可调整的中心汇率制——"蛇形浮动"的汇率机制。该机制提出规定:第一,各成员国货币对美元汇率的浮动幅度不超过其中心汇率的±2.25%,后来又规定了各成员国货币汇率之间的波动幅度,即成员国货币间的汇率波动幅度不超过其中心汇率的±1.125%;第二,中心汇率可根据各成员之间的经济发展状况、对外贸易及国际收支状况情况加以调整;第三,该机制要求其成员国不得使用美元而只能通过成员国内部的货币用于外汇市场干预和支持中心汇率,以此保证在干预有效的前提下,既强化了各成员国的货币合作,同时在货币市场摆脱对美元的过度依赖;第四,建立欧洲货币合作基金以监督各成员国在外汇市场上的干预活动,从而保证外汇市场的稳定。

"蛇形"汇率机制对维持欧洲外汇市场的稳定发挥了一定的作用,但同时也存在严重缺陷。一方面,由于经济实力较弱国家的外汇储备相对不足,在面临外部冲击时,难以抗衡来自外汇市场的巨大压力。同时,该机制对于欧共体成员的加入和退出也并无强制性要求,致使英国、丹麦和意大利等国在"石油危机"、布雷顿森林体系崩溃等冲击下相继退出,也标志欧洲货币统一早期计划的中止。

(三) 欧洲货币体系的建立和发展

一般认为 20 世纪 70 年代中后期是欧洲货币一体化进程的一个低谷。1977 年 9 月,美元再次贬值,欧共体经济进一步疲软。严峻的形势促成了 1978 年 4 月哥本哈根会议的召开。会上前联邦德国总理施密特、法国总统密特朗联合提出以欧洲货币体系代替"蛇行浮动"的汇率机制的建议,并于同年 12 月由欧共体首脑在布鲁塞尔达成协议,决定于 1979 年 1 月 1 日建立欧洲货币体系(European Monetary System,EMS)。后因前联邦德国与法国因共同农业政策补偿方面的问题发生争执,该体系延迟到 1979 年 3 月 13 日才正式成立。

欧洲货币体系包含以下主要内容:① 实行稳定汇率机制(Exchange Rate Mechanism,ERM)。成员国货币之间保持相对固定的汇率,并允许成员国货币汇率围绕中心汇率波动,波动的幅度是±2.25%。若经双方同意,中心汇率可以调整。当一国的货币汇率波动幅度超过规定的范围时,该成员国中央银行有责任对外汇市场进行干预。这里需要注意区分欧洲货币体系和汇率机制的区别:所有的欧共体成员国都是欧洲货币体系的成员,但是并非所有成员国在任何时候都参加了汇率机制。② 设立可调整的欧洲货币单位埃居(European Currency Unit,ECU)。埃居是在欧共体各国经济实力的基础上加权计算后形成的一种"篮子货币",各国在共同体内部的经济实力是决定每种货币权重的标准,其中德国马克所占份额最多,为 27.3%。欧洲货币单位主要作用在于:确定了各成员国货币之间的固定比价和波动幅度的标准;成为欧共体各机构经济往来的记账单位;用作成员国货币当局的储备资产;作为欧元的雏形,为日后欧元的启用提供了宝贵的经验。③ 建立欧洲货币基金(European Monetary Cooperation Fund,EMCF)。欧洲货币基金是以欧洲货币合作基金为基础,通过逐步集中成员国的外汇储备和黄金储备支持成员国对外汇市场的干预,促进内部汇率体系的稳定,协调各成员中央银行的信贷,逐步集中成员国的外汇储备。

欧洲货币体系虽然在运行的最初一段时间内发展顺利,通过稳定了成员国间汇率,推动了成员国在货币金融、财政税收、农业等各方面更加密切的合作,促进了各国经济和贸易的发展,进而加快了欧共体经济与货币联盟的建设。但自 20 世纪 90 年代以来,面对外汇市场的投机冲击,欧洲货币体系也暴露了其内在的巨大缺陷。20 世纪 90 年代初,前联邦德国政府为实现两德统一,通过宽松的货币政策和财政政策协助前民主德国地区经济发展。在两德实现统一后,为缓解通货膨胀的压力,德国政府开始陆续将央行贴现率从 1990 年底的 6% 不断调高至 1991 年 6 月底的 8.8%。然而,此时西欧其他国家经济状况不佳,无力通过提高利率维持 ERM 规定的汇率波动浮动,继而引发了外汇市场出现英镑与里拉遭遇大规模抛售,而马克被哄抢的风潮。经过多方协调干预后,英国和意大利宣布退出联合浮动机制,令欧洲货币体系的汇率机制遭受沉重打击。

由此可见,在欧洲货币体系下,各国对于维持汇率稳定的义务是非对称的。弱币国承担了大部分调整汇率的义务,而汇率失衡的原因却在于强币国过紧的货币政策。这也说明各国独立的货币政策同欧洲货币体系的稳定是不可协调的,只有更高程度的货币一体化——固定汇率或单一货币联盟才是保证稳定货币体系的发展方向。

二、欧洲货币联盟

(一)《德洛尔报告》与建立单一货币计划

自 20 世纪 80 年代以来,欧洲一体化进程明显加快。1986 年欧共体成员国签署的《单一欧洲法案》(Single European Act,SEA),为完善内部市场制定了一个明确的最后期限。该法案规定 1992 年成员国承诺完善内部市场,决定在 1993 年 1 月 1 日清除欧共体内部对货物、资本以及人员流动的控制,从而实现欧共体内部统一大市场。同时,进一步强化欧洲货币体系为形成统一内部市场,实现资本流动自由化的必要条件。在 1988 年 6 月召开的汉诺威首脑会议上,欧洲理事会决定建立一个专门委员会,就欧洲共同体如何建立经济货币联盟提出报告。该委员会由当时的欧共体委员会主席雅克·德洛尔(GJaques Delors)主持,并于 1989 年向欧洲理事会提交了一份报告,即所谓的《德洛尔计划》(Delors Plan)。该计划建议分三个阶段,以渐进的方式实现欧洲货币一体化,即建立欧洲经济与货币联盟(EMU)。其重要作用在于:① 首次在欧共体官方文件中提出为实现货币联盟,要求各成员国做出货币政策协调的实质性努力,经济联盟与货币联盟建立要平行发展。该计划还同时提出要争取把所有欧共体成员都纳入欧洲货币体系,并消除在使用欧洲货币单位埃居问题上的一些障碍。② 更为明确地提出把建立欧洲中央银行体系,各成员国货币政策的决定权将逐步让渡给共同体作为第二阶段的重点,为创建共同货币做准备。③ 强调经济政策协调的必要性,要求建立各国国内预算赤字的规则和融资规模规则,以及对欧洲联盟货币政策负责的独立机构,以便为实现共同货币政策扫清财政上的障碍。

(二)《马斯特里赫特条约》与欧元的具体部署

根据《德洛尔报告》,欧洲理事会马德里会议决定引入并修订全面经济和货币联盟的条约,即《欧洲联盟条约》。该条约在欧洲理事会 1991 年马斯特里赫特会议上被各国政府首脑正式采纳,并于 1992 年 2 月 7 日正式签署,亦被称为《马斯特里赫特条约》(*Maastricht Treaty*,简称《马约》)。《马约》所提出的总目标概括起来就是统一市场、统一货币并最终结成政治联盟,其中单一货币不仅是统一市场的核心,也是政治联盟的纽带。《马约》就如何建立欧洲中央银行,以确保独立性和权威性,对中央银行货币政策目标及其与财政政策及政府其他经济政策的关系,对为达到经济货币联盟条件各国必须满足的"趋同标准",对经济货币政策的协调与监督机制等均做出了详细的规定。该条约声明欧洲联盟将通过三个连续阶段在 20 世纪末建立,并为此设置了精确的时间表。

第一阶段开始于 1990 年 7 月。该阶段最主要的目标是加强欧洲各国货币合作,要求各成员国加入 EMS;清除市场行政障碍,完成单一市场建设;取消外汇管制,实现资本的自由流动。

第二阶段从 1994 年 1 月 1 日开始。成员国必须在经济政策趋同方面取得进展;同时各国须赋予中央银行独立性并且通过建立公共融资的规则,包括禁止各国中央银行向其政府直接提供信贷、禁止对国有企业的特殊保护以及对公共债务的强迫投资等,以严肃各国政府的财政纪律;建立欧洲货币局(European Monetary Institute, EMI),即欧洲中央银行前身。其主要作用在于监管各国货币汇率的波动幅度,实现各国货币的可自由兑换和向永久固定汇率过渡,加强各国中央银行间的合作,为进入第三阶段做必要准备。

第三阶段从 1999 年 1 月 1 日开始建立单一货币,完成欧洲货币联盟的建设。参加国货币之间的汇率被最终锁定,由与 ECU 等值的统一货币欧元,统一货币取代各成员国本国货币。与此同时单一货币政策开始确立并将此权力赋予欧洲中央银行(European Central Bank,ECB)体系。ECB 由各国中央银行行长以及欧洲中央银行共同构成。各成员国将其全部黄金和外汇储备纳入欧洲中央银行账户,并受《马约》规定的趋同指标的约束。若大多数成员国能在 1996 年达到趋同标准,则在 1997 年启动第三阶段;若没有足够的国家达标,欧洲经济与货币联盟则将于 1999 年 1 月启动。

欧洲经济与货币联盟的实现,意味着各参加国在经济上要接受单一欧洲货币政策的调节。而这种单一货币政策能否有效地落实,又取决各国经济的趋同。为保证各国经济可持久的趋同以顺利过渡到第三阶段,《马约》规定了趋同标准,所有参加国只有在满足了这些标准之后,才可以进入第三阶段。对参加国是否符合这些标准的核查,以欧盟委员会和欧洲货币研究所的报告为基础,这些标准包括:① 持续稳定的财政状况。赤字对国内生产总值的比率不得超过 3%;同时,政府负债对国内生产总值的比率不得超过 60%。② 价格水平稳定。在考核之前 8 个月内,通货膨胀率不得高于表现最好的三个成员国的 1.5%。③ 利率趋同。在考核前 1 年,长期利率水平不得高于 3 个经济运行最为平稳的成员国长期平均利率的 2%。④ 汇率稳定。必须在考核日之前至少两年内,能够遵守由欧洲货币体系的汇率机制所规定的正常波动幅度。

三、欧元的正式启动

根据《马约》规定的目标和时间表,欧洲经货联盟自 1990 年 7 月 1 日开始启动,虽然在 1992—1993 年一度受到欧洲货币危机的影响而有所放缓,但包括建立欧盟内部的统一市场,成立单一银行业市场等第一阶段目标最终还是在 1993 年年底前完成了。1994 年 1 月 1 日开始进入第二阶段。作为欧洲中央银行前身的欧洲货币局在法兰克福成立,单一货币各项更为具体的技术性工作进入筹备阶段。1995 年 12 月 15 日,欧盟马德里峰会通过了《关于进入单一货币具体方案的绿皮书》正式将未来单一货币命名为"欧元"(EURO),并最终确定了欧元启动的三个阶段性目标。

第一阶段(1998 年 1 月 1 日至 1998 年年底):1998 年确定第一批符合资格进入欧元区的成员国名单;成立欧洲中央银行,该年年末,开始生产欧元的纸钞和硬币。

第二阶段(1999 年 1 月 1 日至 2001 年年底):1999 年 1 月 1 日开始,参加国的货币汇率将不可逆转地被固定。各有关国家的货币政策,包括在外汇市场上对第三国货币的干预、银行准备金的管理、公开市场业务以及新发行的政府债券等,都必须以欧元进行。此外,银行间批发市场,也可按欧元计价。

第三阶段(2002 年 1 月 1 日以后):2002 年 1 月 1 日,欧元的纸币和硬币开始进入流通领域。最迟到 2002 年 7 月 1 日,欧元将完全替代各国的纸币和硬币作为唯一的法偿货币进行流通。

1997 年 10 月 2 日,作为对《马约》的技术性补充,15 国外长签署了《阿姆斯特丹条约》

(Amsterdam Treaty),并通过了以下三个涉及货币问题的关键性文件:一是《稳定和增长协定》。该协定要求参加国必须承诺追求平衡或接近平衡的预算,且对于未采取措施以消除赤字的参加国施加惩罚。二是《新的货币汇率机制》。文件允许未能在首批加入欧元区国家的货币与欧元的汇率波动扩大至±15%。三是《欧元的法律地位》。确立了欧元作为欧元区内的储备功能、流通手段、计价单位的法律地位。以上三个文件是货币事务上对《马约》的有效补充,也是保证货币联盟顺利进入第三阶段的前提。

1998 年 5 月 2 日,欧盟 15 国在布鲁塞尔首脑级欧盟特别理事会上,确认了包括奥地利、比利时、芬兰、法国、德国、爱尔兰、意大利、卢森堡、西班牙、荷兰和葡萄牙在内的 11 国将于 1999 年 1 月 1 日率先进入欧洲经济货币联盟第三阶段,成为欧元区创始国。

1999 年 1 月 1 日至 2001 年 12 月 31 日为过渡期间,各国货币与欧元汇率被不可撤销地永久固定,欧洲中央银行正式接管各成员国的货币政策并开始进行跨境结算操作。欧元成为欧洲中央银行进行货币市场操作和外汇市场交易的唯一货币。在此期间,希腊被认定符合欧元区的要求,并于 2001 年 1 月 1 日正式成为欧元区第 12 个成员国。

2002 年 1 月 1 日,各国货币开始陆续退出市场,并开始全面使用欧元。同年 3 月 1日,欧元提前取代各成员国的货币成为欧洲统一的法定货币。此后,在 2007 年至 2015 年的 8 年间,先后又有斯洛文尼亚、塞浦路斯、马耳他、斯洛伐克、爱沙尼亚、拉脱维亚、立陶宛加入欧元区。至此,欧元区成员国增至 19 个。

第二节　欧元启动的经济影响

欧元的启动是布雷顿森林体系崩溃以来国际金融史上的重要里程碑。它不仅推动了欧元区经济一体化的进程,还对整个国际金融市场和国际货币体系产生深远而重大的影响。

一、欧元启动对欧元区的经济影响

(一) 有助于创造良好的经济环境

为了达到《稳定与增长公约》的趋同标准,欧盟各国均需采取控制公共财政支出、削减政府预算、改革税制等财政措施,这将会为欧元区经济创造一个低通胀的运行环境。同时,在欧洲央行统一的货币政策下,各成员国之间的经济政策也将逐步协调与趋同,这在相当程度上避免由成员国相互之间经济政策的冲突所带来的不利影响,从而为欧元区经济的稳定增长提供良好的宏观经济环境。

(二) 有助于促进国际贸易发展

欧元区的国际贸易主要集中在成员国内部,成员国之间的贸易占欧元区进出口贸易总额的六成以上,欧元的使用极大地降低了区内贸易货币汇率波动的风险,从而为进出口商减少了用于货币兑换和规避汇率风险所花费的成本。另一方面,由于单一货币的实施,各成员国都采用欧元作为贸易商品的计价货币,使成员国之间的价格更加透明,这有助于减少价格搜寻成本和价格信息成本,从而能够加快商品流通的速度,降低商品交易的成本,促进欧元区成员国之间贸易的快速发展。

(三) 有助于吸引外国直接投资

欧元启动后,由于区内劳动、资本、技术和信息等生产要素的跨国界流动将变得更为通畅,这也使外国投资者可以充分利用区内各种资源,发挥规模经济的优势,降低生产成本,提高生产效率,为其从事国际直接投资提供巨大便利。

(四) 有助于提高企业国际竞争力

欧元的启动对欧元区企业来说是机遇与挑战并存:一方面,统一货币的实施和区内生产要素的自由流动,为欧元区企业大规模兼并和重组提供良好的机遇,欧元区企业可以在更大范围内进行生产要素的重新配置,加快企业结构改革和调整的步伐,从而提高企业的国际竞争力;另一方面,欧元区统一大市场的形成,也使欧元区企业面临更为严峻的挑战,市场范围的扩大和透明度的提高,使欧元区企业面临国内外企业特别是跨国公司的双重竞争压力,同时也倒逼欧元区企业将不得不加快知识创新和技术进步的步伐,这从客观上也提高了企业应对挑战的能力和国际竞争力,并成为促进欧元区经济持续稳定增长的根本保证。

二、欧元启动对国际金融市场的影响

(一) 对外汇市场的影响

欧元的启动对于国际外汇市场的影响最为直接。由于欧元区货币的统一,各成员国原货币间的交易相继退出市场,这就导致了欧元区各国银行和交易商原本来自外汇交易手续费和套汇收益的大幅度减少。据估计,欧元的启动直接导致巴黎、马德里、米兰、阿姆斯特丹、斯德哥尔摩等欧洲主要的金融市场与外汇交易相关的收入减少了约50%。另一方面,由于欧洲市场与全球市场的深度融合,欧元也逐渐发展成其他币种交易的重要"媒介通货",并形成了由法兰克福、苏黎世、巴黎及一些小规模市场组成的欧洲大陆外汇交易市场网络。其中,法兰克福外汇市场的交易规模甚至一度超过东京外汇交易市场,成为全球第三大外汇交易市场。

(二) 对国际债券市场的影响

在所有金融市场中,欧元对国际债券市场产生的影响是最为显著的。虽然欧洲大陆有着悠久的发债历史,作为欧元出现前最大的债券市场,德国债市的规模也只有美国的四分之一。这是由于当时的欧洲债券市场是割裂的,欧洲各国的本地银行在承销政府以本币计价债券时往往具有优先权。而欧元的出现,则大大削弱了本地银行享有的竞争优势,打破了资本流动的限制。随着1999年欧元的启动,欧元区各国发行债券的计价单位就由原来的本国货币转换为欧元,欧元也随即成为世界上第二大债券交易货币。据统计,欧元计价国际债券余额由1998年年末的28.9亿美元骤增至1999年的近5 612.5亿美元。随后,欧元债券规模不断扩张,也曾一度超过美元债券位居世界第一。近年来,由于欧债危机和欧元区经济持续低迷,以欧元计价的国际债券发行量逐步下降,并于2015年再次被美元债券超越。

(三) 对股票市场的影响

同债券市场的情况类似,欧元的出现,根本地改变了欧洲地区股票市场上的竞争结构。欧洲单一货币的出现,根本性地改变了欧洲地区公司债券和股票市场上的竞争结构。一方面,无论在一级市场的承销业务还是在二级市场交易中,本国金融机构原先因对订单流程及对本国货币政策的较好理解而获得的竞争优势逐渐消失。另一方面,投资者也不再局限于本国市场或以本币计值的证券,而是将投资范围扩大至整个欧元区,投资的焦点也由面向国家转为面向行业。

第三节　欧洲主权债务危机及其应对

欧洲主权债务危机,亦称欧债危机,是指 2008 年全球金融危机后发端于希腊、并迅速蔓延至欧洲其他国家的大规模主权债务偿付危机。这场危机不仅严重威胁了国际金融体系的安全,阻碍了世界经济的复苏,同时也凸显了欧元区制度安排的严重缺陷。

一、欧洲主权债务危机

欧元区主权债务危机发端于希腊。2009 年 10 月,新一届政府披露前任的财政预算赤字占 GDP 的比率从之前的 5％修正至 12.7％,同时公共债务达到 113％,远远超过《稳定与增长公约》规定的 3％和 60％的上限。随后,三大国际信用评级机构于同年 12 月相继下调希腊的主权信用评级,也充分体现了市场对于希腊潜在违约风险的担忧。为了维持社会经济的正常运转,希腊不得不借助大量外债并积极寻求国际上的支持。2010 年 4 月 23 日,希腊正式向欧盟和 IMF 申请 450 亿欧元的求助资金以用来满足当年未清偿的债务需求。几天后,标准普尔再次下调希腊主权债务评级至 BBB＋,前景展望为负面,这直接引发了市场的极度恐慌,全球股市与欧元也随即下跌。然而,这只是一场危机的开始。

由于没有采取有力的措施救治,导致主权债务危机不断在欧元区国家中蔓延开来。与希腊不同,爱尔兰主权债务危机并非源自政府的过度支出,而是在本国银行业危机中政府救助导致的财政赤字问题。全球金融危机的爆发使爱尔兰银行业过度投资的房地产泡沫迅速破裂。据估计,爱尔兰的银行业在 2007 年损失了约 1 000 亿欧元。为救助本国银行业,爱尔兰政府于 2008 年 9 月为本国银行的存款和债券提供了一笔 2 年期的担保,并创建了国家资产管理机构来收购银行的相关贷款。此举使爱尔兰国家财政状况迅速由 2007 年的盈余恶化至 2009 年的巨额赤字,约占其 GDP 14.3％,这也招致了市场对其偿债能力的强烈质疑。在国债收益率不断攀升的情况下,标准普尔决定将爱尔兰的长期主权信用评级从"AA－"下调至"A",同年 11 月 21 日,爱尔兰政府不得不向欧盟和 IMF 寻求援助。

伴随着欧债危机愈演愈烈,葡萄牙也不幸陷入了风暴之中。由于葡萄牙金融市场发展水平的相对滞后,外部资金并没有被有效地配置至促进经济增长的实体部门,而是更多地流入了技术含量较低的服务业,导致其经济增长水平陷入长期的停滞状态。在欧债危机的冲击下，外部资本流入的突然停止，造成葡萄牙银行业危机、财政赤字水平的恶化。2010 年的夏天，穆迪下调葡萄牙的主权债券评级，直接加剧了其国债压力。2011 年 4 月，为了稳定公共财政支出，葡萄牙向 IMF 和欧盟申请了 780 亿欧元的求助。

在希腊、爱尔兰和葡萄牙还未见好转时，危机继续蔓延至西班牙。相较其他国家，西班牙在危机爆发之前的债务始终维持在较低水平，其公共债务与 GDP 的比率在 2010 年只有 60%，这一数据不仅大幅度低于意大利、爱尔兰与希腊，甚至低于德国、法国或美国。这是由于西班牙政府在危机爆发的前十年从房地产泡沫中获得了大量税收收入，从而避免了其债务规模在财政支出大幅增加的情况下出现大规模的扩张。然而，与爱尔兰相似的是，西班牙几家主要银行却在美国次贷危机的波及下积累了大量坏账，迫使政府最后不得不花费大量资金来进行救助。银行的救助行动和经济衰退增加了西班牙政府的赤字和债务水平，也导致其信用评级被大幅调低。为重获金融市场的信任，西班牙政府开始推行一系列紧缩措施。2011 年，西班牙政府通过了一项宪法修正案，旨在到 2020 年实现国家和地区层面的财政预算平衡。

2011 年 11 月 9 日，意大利 10 年期国债收益率升至 7.48%，为 1997 年以来最高纪录。11 月 17 日，法国 10 年期国债收益率攀升至 3.81%，创下欧元面世以来的最高纪录。至此，欧债危机有向欧元区核心国家蔓延的趋势。

二、欧洲主权债务危机的成因

（一）欧洲主权债务危机的直接成因

1. 美国次贷危机的延续

为应对美国次贷危机引发的全球金融危机，欧盟各成员国政府均实施了不同程度的扩张性财政政策，以维护金融市场的稳定、避免经济增长陷入停滞。据欧盟统计局数据显示，自 2008 年金融危机发生以来，欧盟各成员国利用财政资金累计向金融系统提供了高达约 3.3 万亿欧元的流动性，导致各国财政赤字急剧增加。同时，欧洲央行所采取的宽松货币政策与低利率环境也为各成员国政府的债务融资创造了良好的条件，从而使各国的债务规模持续升高。

2. 外部评级机构的助推

2009 年 12 月，总部位于美国的三大国际评级机构——穆迪、标准普尔和惠誉——相继调低了希腊的主权信用评级，直接导致希腊政府融资环境的恶化。截至 2010 年 4 月 27 日，希腊两年期国债收益率已攀升至 15%，意味着希腊已无法通过债务融资。此后，国际信用评级机构又对爱尔兰、西班牙等欧元区国家实施了降级警告和信用评级的调低，加剧了市场的恐慌，同时也加大了欧盟救市行动的实施难度，致使债务危机加速向欧元区其他国家蔓延，在客观上助推了危机的扩大和升级。

（二）欧洲主权债务危机的内在原因

1. 欧元区的制度缺陷

欧债危机的主要内因之一在于欧元区内各国财政政策与货币政策的分离，即欧洲央行负责在欧元区内行使统一的货币政策,而财政政策却由各成员国分而治之。作为现行国际货币体系下各国进行宏观调控的两大重要政策工具,财政政策和货币政策被协调运用于调节经济周期、实现财政收支平衡等宏观经济目标,从而保证一国经济的平稳运行。然而,在欧元区内,由欧洲央行统一实施的货币政策无法顾及欧元区所有成员国面临的复杂经济情势,迫使经济持续低迷的国家只能通过扩张的财政政策刺激本国经济,以避免陷入衰退。虽然《稳定与增长公约》设定了财政赤字不得高于 GDP 的 3%、债务存量不得高于 GDP 的 60% 的上限,且一旦连续三年超过该上限将会受到严厉的处罚。但由于缺乏严格的执行纪律,约 1/3 的国家在 2001 年至 2006 年期间均在不同程度上违反了上述规定,却没有受到任何制裁。财政政策的过度扩张致使赤字规模不断增加,同时也抬高了整个欧元区资本市场的利率水平,导致其他成员国债务负担的加重,也进一步提高了债务违约的可能性。

2. 欧元区成员国经济结构存在缺陷

欧元区成员国经济发展结构失衡,是导致欧债危机发生的根本原因。一方面,以德国、法国为代表的具有强大产品出口力的欧元区核心国家,通过购买大量南欧国家的国债以消化其以出口积累的高额储蓄。据国际清算银行的数据显示,希腊、葡萄牙和西班牙约 70% 的外债由德国和法国银行所持有。另一方面,由于希腊、西班牙等外围国家的劳动生产力普遍偏低,在资源和技术方面没有明显优势,也因此成了核心国家的出口市场。同时,来自核心国家的外部资金又推高了外围国家的工资和物价,进一步削弱了其产品的出口竞争力,造成其国际收支的严重失衡与国内失业率的上升。虽然根据欧元区建立之初的设想,劳动力等生产要素在欧元区内的自由流动可以有效缓解外围国家的国际收支失衡,降低其失业率,但实际上由于语言、文化、技能等因素的差异限制了劳动力的迁移,致使外围国家只能通过不断举债维持本国实际收入与就业水平。如此循环,造成欧元区内部各成员国经济发展水平差异不断扩大,外围国家的债务风险因素也不断累积。

3. 高福利制度加重了财政负担

大多数欧洲国家以高福利为特点的社会保障体系,在保障国民生活水平和维持社会稳定方面发挥了重要作用。但高昂的社会福利支出不仅加重了政府的财政负担,同时降低了国民的工作意愿,造成政府财政收支失衡,债务水平不断被推高。在此情况下,一旦遭遇金融危机等外部冲击,高额的债务会迅速演变为债务偿付危机。长期来看,高福利支出不但挤压了教育、科研等方面的资金投入,也严重制约了社会生产力的发展,最终导致经济增长陷入停滞。

三、欧洲主权债务危机的影响

1. 使世界经济"雪上加霜"

由美国次贷危机引发的当代国际金融危机重创了世界经济发展,全球经济持续低迷不振、难以复苏。在这样的背景下,又遭遇欧洲主权债务危机的打击,世界经济企稳回升道路更加艰难,如欧洲主权债务危机直接威胁世界各国在欧洲市场的资产安全。根据巴克莱资本 2010 年 2 月 10 日的统计,仅美国银行业在希腊、爱尔兰、葡萄牙及西班牙的风险敞口就达 1 760 亿美元。又例如,欧洲主权债务危机使欧元持续贬值,这对欧元区外国家的出口造成巨大压力,2010 年后国际贸易增速明显放缓。再例如,为应对危机和刺激增长,欧美日等国纷纷采取量化宽松的货币政策,发展中国家(尤其是新兴国家)也被迫采取低利率政策来防止国际游资对本国金融市场的冲击,全球性通胀压力将拖累世界经济增长。

2. 加大国际银行体系的不稳定性

欧洲主权债务危机的爆发与延续,欧元区政策整合与协调的复杂性,使得国际银行体系危机四伏。以希腊、葡萄牙、意大利、爱尔兰以及西班牙为代表的主权债务问题始于银行业的流动性短缺,通过政府的救助,风险开始由银行体系向本国政府传导。银行持有大量政府债券,随时可能因债务问题而面临较大的资本损失。同时,银行由政府持股或控制,政府在危机时刻会被迫对具有系统重要性的银行出手相救。这样,风险或危机就会不断地在银行与政府之间相互传导和累积,一旦银行大批破产和政府无力偿还债务,在欧元区银行与区外银行高度关联的全球化背景下,国际银行体系就可能面临灭顶之灾。

3. 对区域货币统一的理论与实践提出挑战

欧元启动和欧元区形成是国际货币体系演进中的伟大变革。然而,欧洲主权债务危机及其严重后果是对区域货币统一理论与实践的严峻挑战,特别是危机后出现的"反欧盟"民族主义思潮,以及成员国领导人对欧洲联盟的热情消退,令人担忧"欧元区这辆列车能否驶向终点"(基辛格,1999)。如果欧元区继续前行,那路在何方?又将如何走下去?如果欧元区难以为继,那成员国如何回到过去?国际金融格局又将发生什么变化?从这个角度看欧洲主权债务危机产生的影响是不确定的和深远的。

四、欧洲主权债务危机的应对

为维护欧元区稳定,避免危机深化进而导致更大的金融危机,欧盟理事会、欧洲中央银行以及 IMF 陆续出台了多项救助措施,主要包括临时性的欧洲金融稳定基金及永久性的金融稳定机制等。

(一) 欧洲金融稳定基金

为向处于困难的欧元区国家提供财政援助以维护金融稳定,欧盟 28 个成员国于 2010 年 5 月 19 日一致同意建立欧洲金融稳定基金(The European Financial Stability Facility, EFSF)。欧洲金融稳定基金可以在市场通过发行债券等方式来筹集资金,以用于购买危机国国债及对其政府提供贷款来帮助金融机构进行资本重组。而欧洲金融稳定基金提供救助的前提是成员国须满足经济结构调整或财政状况改善等条件。债券的发行量将由欧元区成员国按各自在欧洲央行的资本份额提供担保支持,其中欧元区各国共同担保 4 400 亿欧元,欧洲金融稳定机制提供 600 欧元贷款以及由 IMF 提供最多可达 2 500 亿欧元的支持。EFSF 成立后,先后参与了希腊、葡萄牙和爱尔兰的救助计划。

(二) 欧洲金融稳定机制

2011 年 1 月 5 日,欧盟创建了欧洲金融稳定机制(The European Financial Stability Mechanism, EFSM),EFSM 由欧盟委员会是一个以欧盟预算为抵押物、由欧洲委员会背书的紧急拨款项目。在欧盟委员会的监督下,它将在市场上筹集到的资金用于向处于经济困难中的成员国提供财政支持。在所有 28 个欧盟成员的担保下,欧洲金融稳定机制的规模最大为 600 亿欧元,且惠誉、穆迪和标准普尔三大评级机构均给予其最高信用评级。

(三) 欧洲稳定机制

无论 EFSF 还是 EFSM,都属于临时性的救助措施,并将于 2013 年到期。届时如果危机仍未结束,欧洲将面临新的金融压力。为了解决这一问题,2010 年 10 月,欧盟领导人提议设立永久性的救助机制以维护欧元区金融稳定。2010 年 12 月 16 日,欧洲议会通过对《里斯本条约》内容的修改,允许欧盟建立欧洲稳定机制(European Stability Mechanism,ESM),并于 2013 年接替现存的 EFSF 及 EFSM。2011 年 3 月,欧洲议会在取得由欧盟委员会而不是欧盟各成员国负责运行这一机制的保证后,批准了该修订。作为欧洲金融稳定基金和欧洲金融稳定机制的永久性替代,欧洲稳定机制于 2012 年 9 月 12 日推出,并于同年 9 月 27 日正式生效。

欧洲稳定机制提供了"金融防火墙"的功能。该机制可以通过担保部分乃至全部的金融债务,确保即使在一国违约的情况下,危机不会产生连锁反应从而威胁到其他国家和银行的安全。这样一来,单独的违约事件将不会大规模蔓延,系统性金融风险也会得到有效控制。此外,欧洲稳定机制具有更加灵活的特征:它可以绕开政府直接向陷入危机的成员国银行注资;同时,救助的前提条件也放宽到只要该成员国已经采取措施削减财政赤字和债务即可,而无须强制接受新的紧缩或者改革要求。

(四) 欧洲央行救助措施

除了上述欧盟层面的救助措施,欧洲中央银行也在此轮危机中扮演了重要的角色。在通货膨胀压力缓解的背景下,为消除实业与个人消费领域的流动性紧张,欧洲央行在传统利率政策的基础上,引入了多项"非常规措施"(non-standard measures),包括通过公开市场操作政府与私人债券的同时进行冲销;启动美元互换项目等。

2011 年 12 月,欧洲央行推出了长期再融资操作(Long Term Refinance Operation,LTRO),向包括希腊、爱尔兰、意大利和西班牙等国家的 523 家欧洲商业银行提供了为期 3 年、贷款利率为 1% 、共计 4 890 亿欧元的流动性。此举旨在帮助银行可以有足够的现金偿还到期债务,也保证了银行的正常运营,以防止出现信贷紧缩。2012 年欧洲央行再次实施了 LTRO,并为 800 家商业银行提供了 5 295 亿的廉价贷款。

此外,欧洲央行与 2012 年公布了一项非常规措施——直接货币交易(Outright Monetary Transaction,OMT)购债计划。按照 OMT 计划,如受困国满足申请 EFSF/ESM 一级市场购债条件,欧洲央行可在二级市场上购买其 1～3 年期的短期债券,表明欧洲央行相信危机可以在短期内完全解决;同时,欧洲央行对于 OMT 购买不设额度上限的设计也向市场传递了其为保护市场流动性,维护金融稳定的坚定决心;此外,欧洲央行与各国中央银行对定期公布 OMT 项目的余额、到期期限及债券价值总额等信息,从而能够保证项目的透明性。最后,所购债券将会被完全冲销,并且 OMT 所购债券不具债权人优先地位。

OMT 计划公布后,欧洲债市形势迅速出现的逆转也反映出市场信心正逐渐恢复,受危机困扰的西班牙 10 年期国债平均收益率从 8 月份的 6.58％降至 9 月时的 5.91％,意大利从 5.82％降至 5.25％,葡萄牙从 9.89％降至 8.62％,希腊从 24.34％降至 20.91％;而具避险功能的德国 10 年期国债收益率则从 1.34％升至 1.49％,欧洲股市与欧元汇率也纷纷上扬。国债市场融资能力加强,成本下降。自此,从重获市场信心和维持金融稳定的角度来讲,欧债危机已得到缓解,作为主权债务可持续性的危机已经触底,金融体系也已经趋于稳定。但是,欧元区各国家需要进行的内部结构改革,从经济增长恢复,从欧元区的组织架构改革和建设来说,彻底摆脱欧债危机仍的影响需相当长的一段时间。

第四节　最优货币区理论

与货币一体化直接相关的理论是最优货币区理论(The Theory of Optimum Currency Area,OCA)。该理论以实行固定汇率制度或采用单一货币的最适条件为主要研究对象,也因此被视作欧洲货币一体化实践的指导理论。自 1961 年由蒙代尔首次提出以来,该理论经众多经济学家的完善得以不断发展,并在欧洲货币一体化的进程中发挥着其重要的影响力。

一、传统最优货币区理论

(一) 最优货币区理论的内涵

根据《新帕尔格雷夫经济学大辞典》的定义,最优通货区是指一种最优的地理区域,在此区域内,支付手段或是单一的共同货币,或是几种货币,这几种货币之间具有无限的可兑换性,其汇率在进行经常交易和资本交易时互相盯住、保持不变;但是区域内的国家和区域以外的国家之间的汇率保持浮动。最优通货区理论主要研究如何确定一个通货区的最佳范围,即具有怎样特征的国家或地区可以结合成为一个通货区,或者说对于这些国家或地区在怎样的条件下加入通货区是利大于弊。

1961 年蒙代尔发表《最优货币区理论》一文,明确提出最优货币区理论,主张用生产要素的充分流动性作为确定最优货币区的标准。他认为,内部生产要素在一个区域内能够充分流动,而在另外的区域之间不能流动时,那么内部要素自由流动的区域就构成一个货币区。这样的区域可以采用单一货币或者固定区域内各地区的货币汇率,从而构建一个最优货币区。蒙代尔假设了这样一种情形:世界上只有两个国家 A 和 B。A 国生产一种商品甲,B 国生产另一种商品乙,当对甲商品的需求减少,而将需求转移到乙商品时,A 国就会出现贸易逆差,而 B 国则会出现贸易顺差。这时,浮动汇率机制会解决两国间国际收支失衡的问题,A 国可以通过降低本国货币汇率,对 B 国货币贬值,在满足马歇尔—勒纳条件的前提下,A 国出口与就业均实现增长,同时 B 国的通货膨胀率得到抑制。但若这两种商品同时在 A、B 两国生产,当发生上述需求转移时会导致两国生产甲商品地区的失业和通货膨胀,这时对其中任何一国来说,如果通过提高汇率和紧缩的政策来避免乙商品地区的通货膨胀,就会恶化甲商品地区的失业,如果通过降低汇率和通货膨胀的政策来缓和甲商品地区的失业,则会加剧乙商品地区的通货膨胀。在这种情况下,以生产要素的流动解决不同地区间的需求转移问题要比浮动汇率的调节机制更加有效。基于以上分析,蒙代尔得出,要使浮动汇率更好地发挥作用,就应该根据生产要素的流动性来划分货币区,而不能以国家为划分标准来发行货币。在货币区内,生产要素流动代替汇率的浮动成为调节各国国际收支失衡的机制。由此,可以将蒙代尔的理论归纳为:诸如欧洲等生产要素流动性较高的地区,可以组成一个货币区。各成员国间的货币可实行固定汇率甚至采用单一货币,而对区外的其他货币则实行浮动汇率。

最优货币区理论一经提出就引发了经济学家热烈的讨论,同时,关于"要素流动性标准"也受到了普遍质疑。反对的观点认为,所谓"要素流动性"并没有明确具体是哪一种生产要素,而不同要素的流动性是有差异的;即使以蒙代尔强调的劳动力流动性作为标准,在现实中,由于受到语言、气候、文化和环境等条件所制约,地区间的劳动力流动机制也是很难实现的;另外,即使劳动力能够自由流动,通过劳动力调整国际收支失衡的速度也远低于汇率的浮动频率,导致要素调整无法替代浮动汇率调整。

(二) 单一标准分析

在蒙代尔提出最优货币区理论之后,弗莱明(J. Marcus Fleming)、英格拉姆(James Ingram)、麦金农(Ronald McKinnon)、坎南(Peter Kenen)和哈伯勒(G. Harberler)等学者分别从不同的角度对蒙代尔提出的最优货币区理论进行了修正和补充,并提出以经济开放度、产品多样化水平、金融一体化程度及通货膨胀率相似度等单一指标作为建立最优货币区的评判标准。

1. 经济开放度标准

麦金农以贸易品对非贸易品的比率作为经济开放度的指标,认为如果贸易品对非贸易品的比率很高,则贸易品的价格变化会对国内商品价格产生影响,使得浮动汇率调节内外平衡的作用减弱。特别地,小型经济开放体难以实行浮动汇率制度,其原因在于:第一,在充分开放的情况下,市场汇率的轻微变化可能造成小国国内物价的剧烈波动;第二,当充分开放的小国消费过于依赖进口时,运用贬值改善国际收支逆差会导致其国内居民生活成本上升,从而使存在于封闭经济中的货币幻觉消失,进而带来工资上涨的压力抵消贬值的作用。因此,浮动汇率并不适合充分开放的经济体,而这些贸易关系密切的国家可以组成最优货币区。

2. 产品多样性标准

坎南则以宏观需求波动导致了国际收支失衡为假设,提出以产品多样化作为评判标准。他认为产品多样化程度越高的国家能够应对需求转移的能力越强。这是由于,一国在就业、进出口贸易等方面形成的多样化组合有利于分散外部需求变化对某个特定部门的影响,从而保证经济秩序的稳定运行。因此,产品的多样化程度降低了通过名义汇率工具调整贸易条件的必要性,因而可以实行固定汇率制度。

3. 金融一体化标准

英格拉姆超越了实物标准的分析,提出以金融一体化作为组成最优货币区的标准。在国际金融市场高度一体化的环境下,只要国际收支失衡导致利率发生微小的变动,都会引起足够的资本流动来恢复平衡,从而降低了通过汇率的变动来改变地区贸易条件的需要。因此,考虑到汇率变动带来的风险,英格拉姆认为对于金融完全一体化的地区组成最优货币区,实行固定汇率是利大于弊的。

4. 通货膨胀率趋同标准

通货膨胀率相近的国家,可以维持货币之间的固定汇率,适合组成最优货币区,这是由弗莱明和哈伯勒提出的主张。他们认为因为通货膨胀率的差异可以影响汇率和利率的变动,从而影响资本的流动,导致国际收支的不平衡,可见通货膨胀率的差异是经常项目不平衡的重要原因。虽然通货膨胀率相近并不能保证经常项目的平衡,但是通货膨胀率相差很大,固定汇率不可能长期维系下去。因此,通货膨胀率趋同是建立最优货币区的必要条件。

二、GG-LL 模型

传统最优货币区理论的重要特点是强调单一标准,而众多单一标准各自的研究范围过于狭窄,且相互之间具有不相容性,由此,如何将不同的指标纳入统一的框架体系,对加入货币区的成本和收益进行综合比较分析成为推动该理论研究的思路。其中,最具代表性的是由克鲁格曼于1991年提出的GG-LL模型。模型通过分析挪威加入欧元区的成本—收益曲线,直观形象地展示了单个国家加入货币区的利弊得失,从而成为确定一国是否加入货币区的一个重要分析工具。

GG-LL模型有三个前提假设,一是货币区的规模越大,货币区内价格水平的稳定性和可测性就越高;二是货币区内固定汇率的承诺有保证;三是一个国家与货币区的经济联系密切,则在该国加入货币区以后,就会获得显著的效率收益。而且随着跨国贸易的发展和要素的流动的加速,加入货币区的收益就越高。

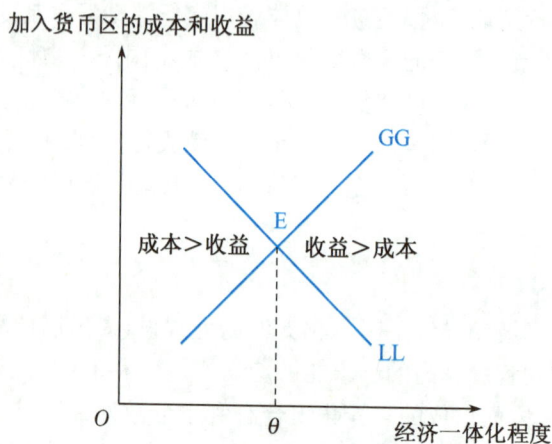

图 10-1　是否加入通货区的决策

用图10-1来说明GG-LL模型的观点。其中,横轴表示本国与货币区的经济一体化程度;纵轴表示本国的收益。GG曲线表明了本国与货币区的经济一体化程度和该国加入货币区后货币效率收益之间的关系,向上倾斜的GG曲线说明了本国与货币区的经济一体化程度越高,其加入货币区的收益越大。这是由于货币区内的固定汇率安排,避免了结算、交易成本的损失以及浮动汇率带来的不确定性。

然而,加入货币区能够为一国带来货币收益的同时,也令该国可能面临承担一定损失的风险。根据"不可能三角",在资本自由流动的条件下,维持固定汇率意味着本国汇率政策和货币政策独立性的丧失,从而导致该国不仅不能通过调控本国货币供应量来调节宏观经济以实现内部均衡,同时也无法运用汇率政策实现外部均衡。随着货币区各国经济一体化程度的提高,货币区的协调机制不断得到加强,则该成本也会降低,因此,经济一体化程度与加入货币区成本的负相关关系可以用一条向右下方倾斜的 LL 曲线来表示。

将 GG 曲线和 LL 曲线结合在一起,就构成了通过收益和成本的综合分析以判断一国是否应加入货币区的 GG - LL 模型。由图 10 - 1 可知,GG 曲线和 LL 曲线的交点 E 决定了该国是否加入货币区所依据的经济一体化的临界程度 θ,若该国与其他国家的经济一体化程度大于 θ,GG 曲线就落在 LL 曲线上方,表明加入货币区的收益超过成本,该国应该加入货币区;反之,则该国不宜加入货币区。

图 10 - 2 解释了一国经济环境变动如何影响其是否加入货币区的决策。假设该国的出口需求变动的幅度和频率加大,放弃汇率政策和货币政策的成本就会提高,导致 LL 曲线由 L_1L_1 右移到 L_2L_2,在同等的经济一体化水平上,L_2L_2 线上产出与就业的损失较之 L_1L_1 出现上升,以致决定该国是否加入货币区的经济一体化临界程度由 θ_1 提高到 θ_2。可见,一国对外经济状况的变化会对其是否加入货币区的决策产生很大影响。

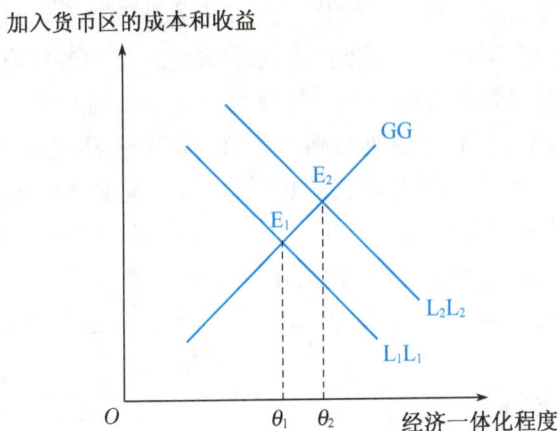

图 10 - 2 外部环境变化对一国加入货币区决策的影响

建立在单一指标基础上的 GG - LL 模型,分析了一国加入货币区的成本和收益,为一国是否加入货币区提供了全面的判断依据。然而,囿于收益和成本的定义较为模糊且难以估算,一国在实践中也很难确定自身的 GG 曲线和 LL 曲线。此外,无论单一指标分析还是成本收益分析,均将各类标准视为独立于汇率选择的外生变量,忽略了汇率选择与各类标准之间动态的相互作用,这一缺陷也为后来最优货币区理论的完善提供了思路。

三、最优货币区内生性理论

20 世纪 90 年代初,随着欧洲货币一体化实践的发展,最优货币区理论不再满足于"事先(ex-ante)"标准的讨论,而是更多地转向加入货币区"事后(ex-post)"效应的研究。

即使"事先"并未满足最优标准的国家在加入货币区后,随着货币与经济一体化的深入,也会在"事后"逐步接近或符合最优标准,即所谓的最优货币区内生性理论(Endogenous OCA Theory)。该理论的提出源于欧盟委员会和克鲁格曼关于经济一体化与非对称冲击关系的争论。所谓非对称冲击是指,由于受到诸如战争、自然灾害或金融危机等外部冲击,不同国家或不同部门受到的不利经济影响是非同步的。1990 年,欧盟委员会在其发布的名为《一个市场,一种货币》(One Market,One Money)的报告中提出,货币区的建立能够促进区域内贸易一体化程度,各国经济差异化程度不断收敛,从而降低外部冲击的非对称性。克鲁格曼则认为,贸易关系密切的产业会随着贸易壁垒的减少而在地理上的集聚性得到加强,最终在货币区内形成几个不同专业的生产区。一旦外部环境发生变化,某一产业受到的特定冲击会随着产业集聚区在不同国家的形成转变为对某些特定国家的冲击,从而加剧了冲击的非对称性。

以上两种不同的观点引发了学者们热烈的讨论。其中,弗兰克尔(Frankel)和罗斯(Rose)于 1998 年通过对 20 个工业国家近 30 年的数据进行分析发现,贸易联系密切的国家之间,其商业周期也呈现趋同,并由此提出了最优货币区内生性假说。该假说认为,货币联盟的建立能够使各国货币之间的汇率变化趋于稳定,从而显著地降低了交易成本,促进区域内部的贸易一体化、金融发展水平与经济周期的趋同。因此,加入货币区的收益与成员国之间的经济相关性及贸易一体化程度成正相关关系。图 10-3 中的 OCA 曲线表示加入货币区的净收益为零的贸易一体化与经济相关性的组合,处于 OCA 曲线的右侧表明采用单一货币更加有利,而处于左侧的国家更倾向于保留各自原有的货币。同时,向右上方倾斜的 RR 曲线则表示各国贸易一体化与经济相关性的动态关系。在初始状态下,处于 OCA 曲线左侧点 E_1 的各国通过建立松散的货币联盟,逐步加强了经济相关性和贸易一体化程度,从而促使各国更加紧密的货币合作,直至最终移动到 OCA 曲线的右侧点 E_2。此时,最高层次的合作形式——单一货币区——得以实现。图 10-3 同时也揭示了最优货币区内生性假说的重要含义,即货币一体化将遵从"汇率稳定—增强贸易一体化—提高区域对称性和产出关联—增加汇率稳定的合意性"这一内生性的自我强化路径而实现。

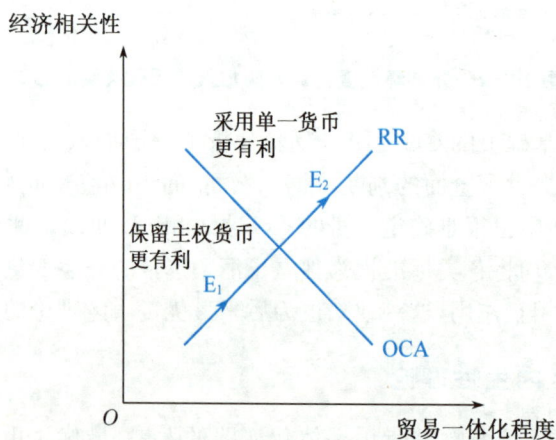

图 10-3 最优货币区内生性的自我强化路径

此后,在弗兰克尔和罗斯开创性研究的基础上,关于最优货币区的通货膨胀率、金融发展水平、失业率、财政赤字等其他维度的内生性假说也相继得到证实,从而形成了最优货币区内生性理论。该理论不仅解释了各国在加入货币区后诸多经济指标均得到改善的原因,也极大地降低了加入货币区的成本和门槛。在欧洲强烈的政治意愿和内生性理论的支持下,欧元区成员国数量也迅速由 1999 年成立之初的 11 国扩张至目前的 19 国。

本章小结

欧洲货币一体化始于二战后的欧洲支付同盟,经过欧洲货币体系阶段与欧洲货币联盟阶段,最终于 1999 年 1 月 1 日实现了欧洲单一货币——欧元的正式启动。欧元不仅在欧洲统一大市场的建设进程中扮演了极为重要的角色,也为国际货币体系的改革带来了深远的影响。然而,2009 年发端于希腊的欧洲主权债务危机使得欧元区的一系列缺陷逐一暴露,同时也引发了国际社会对于欧元区的前景的广泛担忧。另一方面,作为欧洲货币一体化实践的理论基础,最优货币区相关理论也伴随欧洲货币一体化的发展而得到不断完善。最优货币区相关理论主要包括传统最优货币区理论和最优货币区内生性理论,其中前者以"事先"判别货币区是否为最优的单一指标法和成本收益分析法的 GG - LL 模型最具代表,而后者则强调成员国在加入欧元区"事后"的趋同效应。然而,无论上述何种理论,对于现实的解释能力都存在一定的局限性,也意味着该理论仍存在进一步改善的空间。

复习思考题

1. 试述欧元对于欧元区成员国的经济影响。
2. 试述"蛇形"浮动汇率机制的主要内容。
3. 试述欧洲货币体系的主要内容。
4. 试述引发欧债危机的主要原因。
5. 试述最优货币区理论单一指标法的具体内容。
6. 试述最优货币区理论的成本—收益分析法。
7. 试述最优货币区内生性理论的基本思想。

第十一章

中国涉外金融

　　中国经济的发展离不开国际金融体系的支持,世界经济的发展也需要中国的积极参与。在当前中国金融业对外开放走向纵深的背景下,与国际金融机构深入合作、促进国际资本有序流动、金融支持"一带一路"建设、推进人民币国际化都是中国涉外金融面临的理论与实践问题,需要加以认真研究和解决。

第一节　中国与主要国际金融机构的关系

　　国际金融机构是指从事国际金融业务,协调国际金融关系,维持国际货币及信用体系正常运作的超国家机构。从性质上看,凡是从事国际金融事务的协调和管理,旨在稳定和发展世界经济而进行国际金融业务的超国家的组织机构,都属于国际金融机构。国际金融机构在稳定国际金融、扩大国际贸易、加强国际经济合作、促进世界经济发展等方面发挥着日益广泛的积极作用。国际金融机构可以分为两种类型:第一类是全球性国际金融机构,如国际货币基金组织、世界银行集团等;第二类是区域性国际金融机构,如亚洲开发银行、亚洲基础设施投资银行、欧洲投资银行、美洲开发银行等。

一、国际货币基金组织

　　国际货币基金组织是一个致力于推动全球货币合作、维护金融稳定、便利国际贸易、促进高度就业与可持续经济增长以及减少贫困的国际组织。

(一) 国际货币基金组织概况

　　1944 年 7 月 1—22 日,来自美、英、中、苏、法等 44 个国家的 300 多位代表在美国新罕布什尔州的布雷顿森林,就重建国际货币体系召开会议,达成了《国际货币基金组织协定》,成立了永久性的国际货币基金组织(IMF)。该组织于 1945 年 12 月 27 日正式生效,1947 年 3 月 1 日开始运作,同年 11 月 15 日成为联合国所属专营国际金融业务的机构,总部设在华盛顿。IMF 最初有 39 个创始成员国,目前已拥有 189 个成员国和地区。

IMF 组织机构分为三个层次:理事会,执行董事会、总裁和副总裁,以及有关业务部门。最高决策机构是理事会,由各成员国财长或央行行长组成,每年秋季举行会议,决定该组织和国际货币体系的重大问题。执行董事会负责该组织的日常事务处理,是一个常设机构,由 24 名成员组成。执行董事会另设主席 1 名,主席同时为 IMF 总裁,每 5 年选举 1 次。执行董事会下设职能部门若干。在理事会和执行董事会之间还有临时委员会和发展委员会两个部长级委员会,每年举行 2~4 次会议。此外在 IMF 中还有分别代表发达国家和发展中国家利益的十国集团和二十四国集团两大利益集团。

IMF 的资金来源主要有三个方面:一是成员国交纳的份额,其性质相当于股份公司的股东所缴纳的股本金,凡参加 IMF 的成员国都必须认缴一定的份额,份额一旦认缴就成为 IMF 的资产;二是向成员国借款,IMF 可以通过协商从成员国借入资金,可以选择任何货币和任何来源寻求所需款项,不仅可以向官方机构借款,也可以向私人组织借款;三是出售黄金,建立"信托基金",IMF 于 1976 年 1 月将其所持有黄金的一部分按市价分 4 年出售,用所获得利润建立"信托基金",向最贫困的发展中国家提供优惠贷款。其中,成员国认缴的份额是 IMF 的主要资金来源,份额的大小不仅是一个成员国加入 IMF 时应认缴的款项,同时也决定了其在 IMF 内的投票、借款及 SDR 分配等权利。

IMF 的宗旨:① 通过设立一个常设机构就国际货币问题进行磋商和合作;② 促进国际贸易平衡发展,提高和保持高水平就业和收入,开发成员国生产性资源,减少贫困,促进经济增长;③ 促进汇率稳定,保持成员国之间有秩序的汇率安排,避免竞争性货币贬值;④ 协助在成员国之间建立经常性交易的多边支付体系,取消阻碍国际贸易发展的外汇限制;⑤ 在有充分保障的前提下,向成员国提供暂时性外汇资金融通以增强其信心,使其有机会在无损本国和国际繁荣的情况下,纠正国际收支失衡;⑥ 缩短成员国国际收支失衡的时间,减轻失衡的程度。

IMF 的职能主要有四项:① 汇率监督是 IMF 的一项重要职能,其目的在于保证有秩序的汇兑安排和汇率体系的稳定,消除不利于国际贸易发展的外汇管制,避免成员国操纵汇率或采取歧视性汇率政策以谋取不公平竞争利益。② 向国际收支发生困难的成员国提供必要的临时资金融通和金融援助,以使它们遵守上述行为准则,并避免采取不利于其他国家经济发展的经济政策。③ 为成员国提供国际货币合作与协商的场所、技术援助和培训,以帮助其建立实施稳健的经济政策所需的专长与制度。④ 为成员国提供建议,使其采纳有助于实现宏观经济稳定的政策,进而加快经济增长并缓解贫困。

(二) 中国与国际货币基金组织的关系

中国是 IMF 的创始成员国,在其成立过程中发挥过积极作用。1980 年以前,中国在 IMF 的席位一直被中国台湾地区当局所占据,经积极交涉,1980 年 4 月 17 日 IMF 执行董事会通过决议,恢复了中国在 IMF 的合法席位。在 IMF 的历次份额改革中,中国份额数量和占比逐次提升,当前已跃居第三位,仅次于美国和日本,但是与美国相比仍有较大差距,美国事实上在 IMF 重大事项调整中拥有一票否决权。自 1980 年以来,中国与 IMF 建立了良好的合作关系,并在不断地巩固和发展这种合作关系。在业务往来和国际金融活动的参与上,中国与 IMF 的合作是多方面的,主要表现在四个方面。

1. 改善国际收支状况

作为 IMF 的成员国,中国可以从 IMF 取得贷款,弥补国际收支逆差。1980 年,中国宏观经济失衡的矛盾严重,通货膨胀率上升,国际收支逆差增大,为了支持中国政府的经济稳定计划,IMF 向中国提供了 4.5 亿 SDR 第一档信贷和 3.05 亿 SDR 优惠贷款。借助于这些资金,中国较快地改善了国际收支状况,到 1983 年开始出现较大国际收支盈余,同年 8 月中国提前全额购回了 SDR,并于 1990 年还清了信托基金贷款。1986 年,中国再次向 IMF 借用约 6 亿 SDR 的第一档信贷以保持国民经济稳定增长,该项借款到 1991 年年底已还清。

2. 技术援助

自从中国恢复在 IMF 的合法席位后,IMF 向中国提供了多方面的技术援助,其范围包括银行管理与货币政策;国际金融统计数据收集方法;国际收支统计方法;金融立法;财政预算编制方法;中国通货膨胀问题研究;中央银行的业务稽查方法;税制改革、税收政策与税收征管制度;物价指数和贸易价格指数的编制方法;等等。在 IMF 工作人员的帮助下,中国已在改进国际收支统计编制方法、加强中央银行作用、推进税制改革、完善税收管理、建立外债管理指标和统一外债监测制度方面取得很大进展。

3. 在 IMF 中发挥积极作用

中国积极支持 IMF 为发展中国家的经济调整所做的努力,在 IMF 的资金使用上主张优先考虑低收入的发展中国家,中国经常主动放弃使用优惠贷款的权利,以支持贫困发展中国家获得更多优惠资金;在 1997 年泰国爆发金融危机后,中国政府参加了 IMF 的一揽子援泰融资方案,并向泰国提供了 10 亿美元的 3 至 5 年期的中期贷款,中国对 IMF 的支持受到了 IMF 成员国的普遍赞扬。此外,中国的执行董事积极参与 IMF 执行董事会就各类议题的讨论,人民银行行长每年率团参加 IMF 年会并发表讲话,积极参与对国际货币体系事务的研究与决策。

4. 磋商与交流

IMF 协定规定成员国每年与 IMF 举行年度磋商,成员国有义务向 IMF 提供本国国民经济统计数据,政府有关部门有义务就各自主管业务做政策说明。中国政府把这种磋商看作是向 IMF 和国际社会介绍中国经济情况和政策意向的途径,以便让世界更多更好地了解中国。中国还利用这一机会,认真听取 IMF 专家们对中国经济政策的评价和建议,这对中国下一年宏观经济政策的制定和调整都将是有益的借鉴和参考。IMF 还与中国联合举办过多次大型学术讨论会,这对加强中国与 IMF 的联系与合作,提高中国的宏观经济管理水平,起到了积极的促进作用。

二、世界银行集团

世界银行集团是多个全球性金融机构的总称,由国际复兴开发银行(International Bank for Reconstruction and Development, IBRD)、国际开发协会(International Development Association, IDA)、国际金融公司(International Finance Corporation,

IFC)、多边投资担保机构(Multilateral Investment Guarantee Agency，MIGA)和解决投资争端国际中心(International Centre for Settlement of Investment Disputes，ICSID)等五个机构组成,其中前三者是具有融资功能的金融机构,后两者是服务性附属机构。下面对前三个主要机构分别进行介绍。

(一) 国际复兴开发银行

1. 国际复兴开发银行概况

国际复兴开发银行(IBRD)简称世界银行,是 1944 年 7 月布雷顿森林会议后,与 IMF 同时产生的两个国际性金融机构之一,也是联合国属下的一个专门机构。IBRD 于 1945 年 12 月正式宣告成立,1946 年 6 月开始办理业务,1947 年 11 月成为联合国的专门机构。该行的成员国必须是 IMF 的成员国,但 IMF 的成员国不一定都参加 IBRD。

IBRD 是具有股份性质的一个金融机构,设有理事会、执行董事会、行长及具体办事机构。理事会是 IBRD 的最高权力机构,由每一成员国委派理事和副理事各一名组成,理事和副理事任期 5 年,可以连任。副理事只有在理事不在时才有投票权。成员国一般委派财政部长、中央银行行长担任理事。理事会的主要职责是:批准接纳新成员,决定普遍地增加或者调整成员国应缴股本,决定银行净收入的分配及其他重大问题。执行董事会负责银行的日常业务,行使理事会授予的职权。行长是 IBRD 的最高行政长官,负责领导 IBRD 的日常工作及任免高级职员和工作人员。

IBRD 的宗旨是:① 通过对生产事业的投资,协助成员国经济的复兴与建设,鼓励不发达国家对资源的开发。② 通过担保或参加私人贷款及其他私人投资的方式,促进私人对外投资,当成员国不能在合理条件下获得私人资本时,可运用该行自有资本或筹集的资金来补充私人投资的不足。③ 鼓励国际投资,协助成员国提高生产能力,促进成员国国际贸易的平衡发展和国际收支状况的改善。④ 在提供贷款保证时,应与其他方面的国际贷款配合。

2. 国际复兴开发银行的贷款业务

IBRD 主营贷款业务,初期主要用来资助西欧国家恢复被战争破坏了的经济,1948 年后欧洲各国开始主要依赖美国的"马歇尔计划"来复兴经济,IBRD 主要转向为发展中国家提供中长期贷款,促进发展中国家经济和社会发展。

IBRD 的资金来源于下列几个方面:① 银行股份。凡是 IBRD 的成员国都要认缴一定数额的银行股份,每个成员国认缴额的多少取决于其经济和财政力量以及它在 IMF 中所缴纳的份额。② 借款。这是 IBRD 的主要资金来源,具体分为两种:一是直接向成员国发行中短期债券,二是通过中间包销商向私人投资市场发行债券。③ 业务净收益。IBRD 历年来的业务净收益不分配给股东,除了部分资金保留特殊用途外,其他都留作资金来源。④ 转让债权。IBRD 将贷出款项的债权转让给商业银行等投资者,获得一部分资金以扩大经营周转能力。⑤ 收回的贷款。IBRD 将按期收回的贷款资金作周转使用。

IBRD 根据下列原则发放贷款:① IBRD 只向成员国政府,或经成员国政府、中央银行担保的公私机构提供贷款。② 贷款一般用于 IBRD 审定、批准的特定项目,重点是交通、公用工程、农业建设和教育建设等基础设施项目。③ IBRD 在成员国确实不能以合理的条件从其他方面取得资金时才考虑提供贷款。④ 贷款只发放给有偿还能力,且能有效运用资金的成员国。⑤ 贷款必须专款专用,并接受 IBRD 的监督。

IBRD 的贷款形式包括:① 项目贷款,用于资助成员国某个具体的发展项目。项目贷款从开始到完成必须经过选定、准备、评估、谈判、执行、总结评价六个阶段,这一程序被称为“项目周期”。② 非项目贷款,是指没有具体项目做保证的贷款。这类贷款只能用于成员国克服自然灾害、实行发展计划、进口自身短缺的原料和先进设备等有限几个方面。③ 部门贷款,分为部门投资及维护贷款、部门调整贷款和中间金融机构贷款,其中部门投资及维护贷款用于改善部门政策和投资重点,部门调整贷款用于支持某一具体部门的全面政策和体制的改革,中间金融机构贷款是 IBRD 通过借款国的中间金融机构将资金转贷给该国的分项目。④ 联合贷款,是指 IBRD 与借款国以外的其他贷款机构联合起来,对 IBRD 的项目共同筹资和提供贷款。⑤ 窗口贷款,设立于 1975 年 12 月,其贷款条件介于 IBRD 的一般贷款和 IDA 的优惠贷款之间,主要用于援助低收入国家。

(二) 国际开发协会

国际开发协会(IDA)是一个专门从事对欠发达国家提供无息长期贷款的国际性金融组织,它于 1960 年 9 月正式成立,同年 11 月开始营业,总部设在美国华盛顿。IDA 的宗旨是向欠发达成员国发放比一般贷款条件更优惠的贷款,以此作为 IBRD 贷款的补充,从而促进 IBRD 目标的实现,只有 IBRD 的成员国才能成为 IDA 的成员国。IDA 的组织机构及其管理方式与 IBRD 相同,IDA 的正副理事、正副执行董事、正副经理和办事机构,均由 IBRD 的相应人员兼任,IBRD 每年向 IDA 收取一笔管理费弥补因兼营协会业务而增加的开支。IDA 与 IBRD 实际上是“两块牌子、一套人马”,但是 IDA 又是一个独立的实体,它有自己的股本、资产和负债业务,有自己的协定、法规和财务系统。

组建 IDA 的目的是为了满足世界上较贫困的发展中国家筹措低成本的长期资金以建设经济基础设施的迫切需要。这意味着 IDA 的贷款带有援助的色彩,并与 IMF 和 IBRD 的贷款有着明显的区别。IDA 的贷款对象主要是较贫困的发展中国家,这一特点弥补了 IBRD 在职能上的缺陷。IDA 的主要任务就是通过向贫穷的发展中国家提供条件极其优惠的贷款,促进这些国家的经济发展。IDA 的贷款称为信贷,以区别于 IBRD 的贷款,其最大的特点是具有高度的优惠性。IDA 对发展中国家提供的是长期无息的优惠贷款,统称为“软贷款”(IBRD 的贷款称为“硬贷款”),主要用于发展农业、工业、运输和电力、电信、城市供水以及文教卫生和计划生育等。从 20 世纪 70 年代开始,IDA 发放的最大信贷是用于农业和农村发展的信贷。IDA 贷款的优惠性主要表现在四个方面:① IDA 的贷款不收利息,只收 0.75% 的手续费,对未用部分的贷款收 0.5% 的承担费。② 贷款期限长,可达 50 年,并有 10 年的宽限期。③ 获得贷款后,头 10 年不必还本,从第二个 10 年起,每年还本 1%,其余的 30 年每年还本 3%。④ 贷款可用部分或全部的本国货币偿还。

(三) 国际金融公司

国际金融公司(IFC)是 IBRD 的另一个附属机构,但从法律地位和资金来源来说又是一个独立的国际金融机构,它也是联合国的专门机构之一。与 IDA 不同,IFC 除了一些机构、人员也由 IBRD 相应的机构和人员兼任以外,还设有自己的办事部门和工作人员。IFC 的宗旨是向发展中国家尤其是欠发达成员国的生产性企业,提供无须政府担保的贷款与投资,鼓励国际私人资本流向这些国家,促进私人企业部门的发展,进而推动成员国经济的发展。IFC 的资金主要来源于成员国认缴的股金和外部借款,另有一部分是公司各项业务积累的收入。

与 IBRD 和 IDA 相比,IFC 的贷款与投资有如下特点:① IFC 主要向成员国的私人企业提供贷款或直接投资,其中贷款不需要成员国政府提供担保。② IFC 常常与私人商业银行等联合贷款,从而促进私人资本在国际范围流动。③ IFC 一般只对中小型私人企业提供贷款,贷款数额一般介于 200 万~400 万美元;而直接投资的对象仅仅是不发达国家的私人企业,投资额不超过项目资金的 25%,最低的只有 2%。④ IFC 在提供资金时,往往采取贷款与资本投资相结合的方式,但是公司并不参与投资企业的经营管理。⑤ 贷款具有较大灵活性,既提供项目建设需要的外汇,也提供本地货币开支部分,所贷资金既可以作为流动资金,也可用于购置固定资产。⑥ IFC 的贷款期限一般为 7~15 年,还款须用原借入时的货币,贷款利率根据投资对象的风险和预期收益而定,但一般高于 IBRD 的贷款利率,对于未提取的贷款资金收取 1% 的承担费。⑦ IFC 在进行投资时,还向项目主办企业提供必要的技术援助,向成员国政府提供政策咨询服务,以协助创造良好的投资环境,从而达到促进私人资本投资的目标。

(四) 中国与世界银行集团的关系

中国是 IBRD 的创始国之一,新中国成立后,中国在 IBRD 的席位长期为中国台湾地区当局所占据。1980 年 5 月 15 日,中国在 IBRD 和所属 IDA 及 IFC 的合法席位得到恢复。1980 年 9 月 3 日,该行理事会通过投票同意将中国在该行的股份从原 7 500 股增加到 12 000 股。中国在 IBRD 有投票权,在 IBRD 的执行董事会中单独派有一名董事,中国从 1981 年起开始向该行借款。此后,中国与 IBRD 的合作逐步展开扩大,IBRD 通过提供期限较长的项目贷款,推动了中国交通运输、行业改造、能源、农业等国家重点建设以及金融、文卫环保等事业的发展,同时还通过本身的培训机构,为中国培训了大批了解 IBRD 业务、熟悉专业知识的管理人才。

自中国在 IDA 的席位恢复后,中国在协会中享有投票权,IDA 主要向中国提供长期低息贷款,用于中国基础设施的建设与完善。自中国在 IFC 的席位的恢复后,中国按规定认缴股金并享有投票权。目前,中国与 IFC 的业务往来日益密切,从 1987 年该公司向中国中外合资企业提供融资开始,援助的范围不断扩大,现已涉及包括中外合资企业、集体企业(含乡镇)、私营企业及实行股份制的企业等,为中国这些企业竞争能力的提高及中国多种所有制经济成分的发展,做出了一定的贡献。

中国同世界银行合作了数十年,双方在贷款等领域开展了富有成效的合作,实现了互利共赢。中国仍是发展中国家,中国的发展需要世界银行的支持,世界银行的发展也离不开中国的贡献。在世界银行执行董事会审议通过的《2020—2025 财年对华国别伙伴框架》这一文件中,世界银行强调将与中国开展强有力并具有选择性的合作,在这 5 年期间 IBRD 对华贷款规模将保持在每年 10 亿~15 亿美元,IFC 对华业务规模将保持在每年 8 亿~12 亿美元。世界银行与中国的合作将聚焦市场与财政改革、绿色增长和包容性增长三大支柱领域,并致力于推动全球知识与发展合作,促进共享中国发展经验,帮助中国提高国际发展合作的标准和质量。

三、亚洲开发银行

(一) 亚洲开发银行概况

亚洲开发银行(ADB)简称亚行,是根据联合国亚洲及太平洋经济社会委员会会议的协议,于 1966 年 11 月正式成立的,同年 12 月开始营业,总部设在菲律宾首都马尼拉。亚行初建时有 34 个成员,其中 22 个来自亚太地区,12 个来自西欧北美地区;现在亚行有 68 个成员,其中 49 个来自亚太地区,19 个来自其他地区,所以亚行既是一个区域性国际金融组织,又带有明显的国际性。根据亚洲开发银行的章程,亚行的宗旨是为成员国提供贷款和技术援助,协助这些国家协调经济政策与计划,促进本地区的经济发展与合作。亚行是一个独立的机构,并与 IMF 和世界银行集团等国际金融机构以及其他国际经济组织保持着密切的联系。

亚行组织结构由理事会、董事会和亚行总部组成,其中理事会是亚行最高权力机构,董事会负责亚行日常事务,行长是亚行最高行政长官,兼任董事会主席,自亚行成立以来一直由日本人担任。成员国的投票权采用按股东份额计算的原则,所认缴的银行股本越多,投票权就越大,目前亚行成员国中发达国家的投票权占总投票权的 50% 以上,特别是日本和美国的认缴额在亚行成员国中占据前两名的位置。亚行的资金主要来源于下列几个方面:① 普通资金,它是亚行业务活动的主要资金来源,由股本、借款、普通储备金、特别储备金和其他净收益组成,这部分资金通常用于亚行的硬贷款。② 特别基金,这部分资金由成员国认缴股本以外的捐赠及认缴股本中提取 10% 的资金组成,主要用于向成员国提供贷款或无偿技术援助。目前亚行设立了三项特别基金:亚洲开发基金,用于向亚太地区贫困成员国发放优惠贷款;技术援助特别基金,为提高发展中成员国的人力资源素质和加强执行机构的建设而设立;日本特别基金,由日本政府出资建立,主要用于技术援助与开发项目。

亚行的主要业务活动包括四个方面:

(1) 提供贷款。亚行的贷款按贷款条件分为硬贷款、软贷款和赠款三类。硬贷款采用浮动利率,每半年调整一次,期限为 10~30 年(含 2~7 年的宽限期);软贷款即优惠贷款,贷款不收利息,仅收 1% 的手续费,期限为 40 年(含 10 年宽限期),仅提供给贫困且还债能力有限的成员国;赠款主要用于技术援助,资金由技术援助特别基金提供,赠款额没有限制。如果按贷款方式划分,亚行的贷款可分为项目贷款、规划贷款、部门贷款、开发金融贷款、综合项目贷款及特别项目贷款等。

(2) 股权投资。该业务通过购买私人企业股票或私人开发金融机构股票等形式,对发展中国家私人企业提供融资便利。亚行于 1983 年起开办此项投资新业务,目的是为私营企业利用国内外投资起促进和媒介作用。

(3) 技术援助。该业务是亚行在与项目有关的不同阶段向成员国提供资助,以提高成员国开发和完成项目的能力。技术援助可分为项目准备、项目执行、咨询性和区域活动技术援助,大部分以贷款方式提供,有的则以赠款或联合融资方式提供。

（4）联合融资与担保。亚行不仅自己为其成员国的发展提供资金，而且吸引多边、双边机构以及商业金融机构的资金投向共同的项目。亚行对参加联合融资和私营机构所提供的贷款还提供担保服务，这可以帮助成员国从私营机构那里争取到优惠的贷款。

（二）中国与亚洲开发银行的关系

1966 年亚行创建时，中国台湾地区当局以中国名义参加，自 1971 年中国在联合国的合法席位恢复后，中国台湾地区当局已不再向该行借款。1986 年 2 月 17 日，亚行理事会通过了接纳中国加入该行的决议，同年 3 月 10 日中国成为亚行正式成员国，中国台湾地区当局以"中国台北"名义继续留在该行。中国认缴股本 11.4 万股，约值 13 亿美元，占该行股本总额的 7%，是亚行的第三大认股国。在 1987 年亚行年会上，中国当选为亚行董事国，并于同年 7 月正式在亚行设立执董办公室。

中国成为亚行成员国后，双方在发展经济、消除贫困和保护环境等方面开展了广泛的合作，取得了较好的效果。亚行主要通过信贷业务对中国的工业、环保、扶贫、基础设施等领域的发展予以支持。亚行也通过技术援助对中国在制定可行性报告、人员技术培训及聘请咨询专家等方面发挥了应有的作用。中国作为亚行的大股东之一，积极参与亚行事务，在亚行战略政策制定、业务运作以及区域经济合作等方面发挥着重要作用。中国除了在信贷方面与亚行进行合作外，还多次与亚行联合举办经济研讨会，开展有关学术交流活动，增进了中国与亚行成员国之间的友谊与合作。此外，中国也应亚行邀请，经常派遣人员到国外参加研讨会或接受短期培训，以进一步了解国际经济发展情况、其他国家发展经验和亚行业务状况，同时提升自身素质与技术操作水平。

四、亚洲基础设施投资银行和金砖国家新开发银行

（一）亚洲基础设施投资银行概况

亚洲基础设施投资银行（AIIB）简称亚投行，是一个由中国倡议设立的政府间性质的亚洲区域多边开发机构，成立于 2015 年 12 月 25 日，总部设在北京，法定资本 1 000 亿美元，当前共有 104 个成员国。亚投行成立的宗旨包括两个方面：一是通过在基础设施及其他生产性领域的投资，促进亚洲经济可持续发展、创造财富并改善基础设施互联互通；二是与其他多边和双边开发机构紧密合作，推进区域合作和伙伴关系，应对发展挑战。亚投行的组织机构由理事会、董事会和银行总部组成，其中由所有成员国代表组成的理事会是其最高权力机构，董事会由理事会选举的行长主持，负责对日常事务进行管理决策。银行总部下设各职能部门，包括综合业务部、风险管理部、秘书部和仲裁部等，分别负责银行日常业务的开展。由于中国在亚投行中占有最大股份，首任行长由中国人担任。

亚投行的业务分为普通业务和特别业务。其中，普通业务是指由亚投行普通资本（包括法定股本、授权募集的资金、贷款或担保收回的资金等）提供融资的业务；特别业务是指为服务于自身宗旨，以亚投行所接受的特别基金开展的业务。两种业务可以同时为同一个项目或规划的不同部分提供资金支持，但在财务报表中应分别列出。银行可以向任何成员或其机构、单位或行政部门，或在成员的领土上经营的任何实体或企业，以及参与本区域经济发展的国际或区域性机构或实体提供融资。在符合银行宗旨与职能及银行成员

利益的情况下,经理事会超级多数投票同意,也可向非成员提供援助。亚投行开展业务的方式包括直接提供贷款、开展联合融资或参与贷款、进行股权投资、提供担保、提供特别基金的支持以及技术援助等。

亚投行的建立是亚洲经济发展的客观需要。亚洲经济占全球经济总量的30%以上,是目前世界上最具经济活力和增长潜力的地区,但因建设资金有限,一些国家铁路、公路、桥梁港口、机场和通信等基础设施建设严重不足,限制了该区域的经济发展。据估计,亚洲区域内至少需要投入8万亿美元(年均8 000亿美元)改善基础设施才能维持现有的经济增长。然而,现有的亚洲开发银行和世界银行资金有限,难以满足这个需求。目前,中国已成为世界主要对外投资国,而且经过多年的发展,在基础设施装备制造方面已经具备了完整的产业链。亚投行正是因为顺应了亚洲经济发展的需求而得以顺利筹建,并将在亚洲区域内发挥越来越重要的作用。

(二)金砖国家新开发银行概况

金砖国家新开发银行(BRICS)简称"金砖银行",是由金砖国家(包括中国、俄罗斯、印度、巴西和南非五国)共同倡议建立的国际性金融机构。2008年国际金融危机爆发以来,美国金融政策变动导致国际金融市场资金的波动,对新兴市场国家的币值稳定造成很大影响。尽管中国货币波动较小,但是印度、俄罗斯、巴西等国都经历了货币巨幅贬值,最终导致通货膨胀。而IMF的救助存在不及时和力度不够的问题,金砖国家为避免在下一轮金融危机中受到货币不稳定的影响,计划构筑一个共同的金融安全网,一旦出现货币不稳定,可以借助这个资金池兑换一部分外汇来应急。2013年3月27日,在南非德班举行的第五届金砖国家领导人峰会上,各国领导人同意成立金砖银行。2014年7月15日,在巴西举行的第六届金砖国家领导人峰会落实了金砖银行的成立问题。2015年7月21日,金砖银行正式开业。

金砖银行总部设在上海,核定资本为1 000亿美元,初始认缴资本为500亿美元,由5个创始成员国平均出资。金砖银行首任行长来自印度,首任理事会主席来自俄罗斯,首任董事会主席来自巴西。金砖银行的主席将在5国之间轮值,5年为一个任期。另外,第六届金砖国家领导人峰会上,还决定建立1 000亿美元金砖国家应急储备基金。金砖银行的宗旨是为金砖国家及其他新兴经济体和发展中国家的基础设施建设和可持续发展项目动员资源,作为现有多边和区域金融机构的补充,促进全球增长与发展。为履行其宗旨,金砖银行应通过贷款、担保、股权投资和其他金融工具为公共或者私人项目提供支持,同时还应与国际组织和其他金融实体开展合作,并为银行支持的项目提供技术援助。金砖银行主要资助金砖国家以及其他发展中国家的基础设施建设,对金砖国家具有非常重要的战略意义。巴西、南非、俄罗斯、印度的基础设施缺口很大,在国家财政力所不及时,需要共同的资金合作。金砖国家开发银行不只面向五个金砖国家,而是面向全部发展中国家,作为金砖成员国,可能会获得优先贷款权。

(三)亚投行与金砖银行的异同点

1. 亚投行与金砖银行的共同点

亚投行与金砖银行存在以下共同点:

（1）亚投行与金砖银行都是由新兴经济体主导建立的，是对现有国际多边开发金融体系的有益补充，有利于国际金融治理体系的完整和多元化。二者的功能既有区别又有重叠，但是并不冲突，是互补与合作的关系。二者的成立面临着相同的国际与国内背景，中国在其筹备过程中都发挥了积极重要的作用。

（2）亚投行与金砖银行在治理机制上更加公平，体现出协同合作的治理模式。亚投行法定股本域内与域外分别分配，投票权分配兼顾主权平等和权责适应原则，同时注重体现创始成员国的身份。金砖银行在治理主体、治理结构等方面均体现出平等的理念，体现了金砖国家协同合作的意愿。

（3）亚投行与金砖银行都旨在服务于基础设施建设，为本地区经济增长提供持久动力。中国倡议成立亚投行是为了充分发挥亚太地区基础设施建设方面的潜力，满足有关国家的基础设施投融资需求；而倡议成立金砖银行则是为了支持金砖国家及其他发展中国家和地区的基础设施建设及可持续发展。

2. 亚投行与金砖银行的不同点

亚投行与金砖银行也存在以下不同点：

（1）亚投行侧重于基础设施建设，不以减贫为主要目标，而是投资于准商业性的基础设施，主要服务于"一带一路"建设，旨在实现国家间的互联互通，进而促进全球经济增长。金砖银行则是为金砖国家及其他发展中国家的基础设施建设及可持续发展筹集资金，是以减贫为目的，其定位类似于世界银行和 IMF 的补充。

（2）中国在亚投行和金砖银行建设发展中都扮演着十分重要的角色。金砖银行是由印度于 2012 年首先提出的，后经由金砖国家领导人达成共识；亚投行是由中国于 2013 年倡议建立的，后经由中国分别与多个域内国家进行双边协商，最终进行多边协商而达成共识。

（3）金砖银行的初始认缴资本由金砖国家平均分担。中国在亚投行的初始认缴资金中所占比重较高，如果参与国家较多，中国出资比重就可以相应降低；但是按照经济权重计算，中国仍将持有最大份额。

第二节　中国利用外资与对外直接投资

一、中国利用外资

（一）中国利用外资的历程

新中国成立七十多年来，外资在中国经历了从无到有、从小到大、从单一到多元的发展历程，目前已经形成了全方位、多层次、宽领域的格局。外资在中国经济发展中做出了重要贡献。从利用外资的形式和规模来看，中国利用外资经历了以下几个阶段。

1. 1949—1978 年：以贷款为主，小规模引资

改革开放前，中国崇尚"既无外债又无内债"，严格限制外资尤其是外商直接投资的进

国际金融学

入。中国在 20 世纪 50 年代主要利用政府贷款的形式从苏联和东欧国家引进外资,在之后的 60 年代和 70 年代则以出口信贷和吸收外汇存款等形式从西方国家引入了不少商业贷款。这些贷款被用于中国经济建设初期所急需的核心和空白项目,推动了中国工业化的顺利起步。这段时期引资和投资完全由中央政府来决策,利用外资形式单一且总体规模小,投资项目普遍效益不高,偿债压力主要集中于中央财政上。

2. 1979—1991 年:以对外借款为主,扩大引资

党的十一届三中全会以来,中国政府确立了对外开放的基本国策,利用外资进入了一个崭新发展阶段,利用外资规模不断扩大。1979—1991 年期间,中国累计利用外资 796.28 亿美元,其中对外借款 527.43 亿美元,占 66.24%,是这阶段利用外资的主要方式;外商直接投资 233.48 亿美元,占 29.32%;而外商其他投资额为 35.37 亿美元,占 4.44%。此外,中国利用外资的形式也更加多样化,既有外国政府和国际金融机构的优惠贷款,也有外国商业银行贷款、出口信贷和发行国际债券,既利用外国直接投资,也积极开展海外融资。

3. 1992—2011 年:以外商直接投资为重点,加速引资

1992 年邓小平南方谈话后,中国进一步加快了利用外资的步伐。随着沿海 6 座城市、边境 13 座城市和内地 18 座省会城市的全面开放,中国利用外资朝着全方位、多层次方向发展。1992—2011 年期间,中国累计实际利用外资 12 897.72 亿美元,其中外商直接投资成为主要方式,1992 年占外资总额的比重为 57.32%,首次超过了对外借款,之后所占比重持续上升,到 2011 年已经高达 98.57%。同期,对外借款金额保持相对稳定,一直在 100 亿美元上下波动,且 2001 年之后已不包括在中国利用外资统计数据中。外商其他投资金额一直较少,方式包括加工装配、对外发行股票、国际租赁和补偿贸易等,其中补偿贸易又是外商其他投资的主要方式。

4. 2012 年至今:以外商直接投资为主要方式,引资质量持续提升

2012 年以来,外商直接投资继续成为中国利用外资的主要方式,尽管投资金额增长速度放缓,但每年投资额一直稳定在 1 000 亿美元以上,中国仍然是世界上最具吸引力的投资地之一。与此同时,中国高技术产业利用外资增长较快,占全部外商直接投资的比重整体上呈上升趋势,而通常认为对创新存在挤出效应的房地产业利用外资则出现明显回落。当前,中国利用外资主要领域已由制造业转变为服务业,西部地区利用外资快速增长,并购在外商直接投资中所占比重明显上升。总体来看,中国利用外资的特征可以归纳为总体规模稳定增长,产业和区域结构不断优化,利用外资质量持续提升。

(二) 中国外商直接投资的现状

外商直接投资作为中国利用外资的主要形式,对国民经济的发展起到了极为重要的推动作用,主要表现在以下方面。

1. 投资规模

中国外商直接投资金额从 1983 年的 9.20 亿美元增长到 2020 年的 1 443.69 亿美元,30 多年间增长了 156.9 倍。在大多数年份里,中国利用外资的总体规模都有显著增

长,尤其是 1992 年和 1993 年的年增长率分别达到 152.11％和 149.98％。尽管 1999 年出现过大幅下滑,但很快恢复了稳定增长。2010 年中国利用外商直接投资金额 1 057.3 亿美元,历史上首次突破 1 000 亿美元。2012 年之后中国外商直接投资增速放缓,但仍然一直呈稳定增长趋势,截至 2020 年中国利用外商直接投资金额已连续 29 年位居发展中国家首位。

当前中国累计利用外商直接投资已经超过两万亿美元,但也仅相当于美国利用外资金额的 15％左右,而且由于中国 GDP 增长较快和人民币汇率大幅升值,中国利用外资相对水平未来还会继续下降。中国利用外资存量与 GDP 之比也仅为 15％左右,与发达国家或者金砖国家相比均有较大差距。中国外商直接投资的平均项目规模不仅低于发达国家,也低于发展中国家,按中国划分项目大小的标准,绝大多数投资项目均属于中小型项目,但伴随着大型跨国公司在华投资,平均项目规模有望不断扩大。

2. 投资方式

长期以来,中国外商直接投资的进入方式主要为绿地投资,由于政策原因通过跨国并购完成的很少。近年来,中国关于外资并购的法规逐渐完善,国内市场潜力充分显现,对国际投资者的吸引力越来越大,并购日益成为外资直接投资的重要方式。可以预见,随着中国放宽外资准入以及外商投资管理体制改革的加快,外资并购作为成本相对较低的一种投资方式,其增速与比重将进一步提高。

中国外商直接投资的方式主要有中外合资经营企业、外商独资经营企业和中外合作经营企业,此外还有外资金融机构、中外合作开发等。从外资存量看,中外合资、合作企业仍是中国利用外资的主要方式,但重要性已逐年降低。与此同时,当前外商投资的独资化趋势日益明显,所占比重远远超过了中外合资和合作经营企业,已成为外资流入中国的一种主要形式。另外,先前进入中国的外资企业内部也普遍出现外资增资扩股以谋求企业控制权的现象,增资扩股已经成为中国利用外资的重要途径。

3. 资金来源

从资金来源地看,来华直接投资的国家和地区不断增加,改革开放初期由于国外不熟悉中国投资环境,外资主要来源于中国港澳地区,而当前来华投资的国家和地区已有两百多个,外资来源日益多元化。

从来源地经济发展水平看,中国外商直接投资主要来源于中国香港地区,所占比重超过 50％,远远高于其他外资来源地;其次是英属维尔京群岛,而直接来自发达国家的外资相对较少。发达国家对中国直接投资主要源于日本、新加坡、美国及欧盟国家,随着大型跨国公司在华投资增多,发达国家所占比例有所上升。

从地域分布看,亚洲经济体构成了中国外商直接投资的绝大部分,其中源于日本、新加坡、韩国及中国港澳台地区的投资占外商直接投资总额的比重接近 70％;欧盟国家是第二大来源地,其中德国、英国、荷兰和法国等国是主要投资国;北美地区是第三大来源地,其中美国为主要投资国。

4. 区域结构

从区域结构看,中国外商直接投资呈现出明显的"东重西轻"格局,分布很不平衡,东部地区由于经济比较发达,基础设施完善,特别是港口运输便利、劳动力素质较高等原因,一直是中国吸引外资最多的地区,占全国利用外资金额的80%以上。近年来,随着一些国家战略的推进,东部地区引领带动作用逐渐发挥,中西部地区承接东部地区产业转移增多。

与东部地区相比,中西部地区利用外资水平仍然较为落后,一是总体规模仍然较小,始终在低水平徘徊,这与中西部地区广大国土面积极其不匹配;二是利用外资的质量不高,所引进项目以劳动密集型、传统产品和小项目居多,且高污染项目较多,从长远来看会影响经济的可持续发展;三是外商投资形式单一,仍然以中外合资企业和中外合作企业为主,而投资效益和管理模式都较好的外商独资企业在数量上明显不足。

5. 行业结构

随着金融服务业市场开放和外资的大量涌入,当前中国外商直接投资结构有了明显的变化。一方面,制造业仍然是外资投资最集中的领域,占外资总量的比重仍然在25.0%左右,其中投资密集的行业有汽车制造、化工、微电子、家用电器、仪器仪表等行业,这有力地推动了中国产业结构的升级。另一方面,制造业在外资中的比重不断下降,其原因一是金融危机后发达国家积极吸引制造业回流,减少了对中国制造业的大规模投资;二是国内要素成本上升,劳动密集型制造业吸引外资比较优势下降。

中国通过放宽服务业准入门槛和大力发展服务贸易等一系列政策措施,积极承接国际服务业转移,使得服务业逐渐成为中国外商直接投资的热点。自从2011年开始,服务业所占中国利用外资总额的比重就已超过制造业,近年来服务业所占比重呈现出持续上升的趋势,在服务业中吸收外资金额最多的行业依次是房地产业、租赁和商务服务业、信息传输/软件和信息技术服务业、科学研究和技术服务业等行业。

(三) 中国利用外资的积极作用

利用外资在中国社会主义现代化建设中发挥了极其重要的作用,具体表现在五个方面。

1. 弥补建设资金不足和促进经济快速增长

长期以来,建设资金短缺一直制约着中国经济发展,因此中国各级政府均采取有力措施,积极引进外资,以弥补自有建设资金的不足,进而促进经济快速增长。当前外资已成为中国经济现代化建设的重要资金来源之一,1993—2002年期间外资在每年固定资产投资总额中所占比例一直维持在10%以上。尽管2002年之后,随着中国自有资金的增加和人民币的升值,外资所占固定资产投资比例持续下降,但是利用外资的绝对金额仍在不断上升,外商投资企业的工业产值也一直在全国工业总产值中占有重要份额,利用外资已经成为推动中国经济持续高速增长的重要动力之一。

2. 引进先进技术设备和管理经验

由于外商投资项目的生产经营状况直接关系到外商自身利益,外商均愿意提供较为先进的技术和设备,以提高企业的生产效率和能力,生产出具有竞争力的产品以占领市场,从而达到盈利的目的。改革开放以来,中国通过吸引国外大型企业来华投资,使这些企业的先进技术不断向中国转移。中国的轿车、家用电器、计算机、通信器材等领域均在制造和工艺技术方面有了大幅提升,缩小了国内外差距,提高了产品的国际竞争能力。此外,通过与外国投资者共同参与企业的经营、管理,学习到了国外先进的企业管理经验,培养了一批新型企业管理人员,显著提升了国内企业的经营管理水平。

3. 扩大出口贸易和增强产品竞争力

中国多年来通过各种形式利用外资,吸收国外先进技术、设备和经营管理经验,适应国际市场的需求,生产出适销对路和质量高的产品,进而不断提高产品在国际市场上的竞争力。同时,中国成功借助外商在国际市场的营销渠道,加快推动中国产品走进国际市场,为中国创收了大量外汇。利用外资推动了中国对外贸易事业的发展。当前外商投资企业出口总额占全国出口总额的比重接近一半,外商投资企业在推动中国出口增长中发挥着关键性作用。

4. 提高财政收入和增加就业机会

外资企业在中国境内依法经营和纳税,增加了政府财政收入,当前外资企业纳税额占全国税收收入的比重接近 20%,外资企业税收已成为政府财政收入的重要来源之一,有力地支持了国内重点项目建设。外商投资企业的建立和运营为中国提供了大量就业机会,解决了不少地区的就业问题。当前已开业外商投资企业累计超过 100 万家,雇用人员达数千多万人,极大地缓解了社会就业压力。同时,外商在中国境内开办企业,从当地聘用人员并进行培训,使他们掌握了现代技术和企业管理等方面的知识和技能,从而为中国培养出一批有用的人才。

5. 促进市场经济体制的建立和完善

利用外资对中国经济体制的转轨具有明显的促进作用。外商投资企业的发展促进了中国经济结构的多元化,推动了企业产权的流动和重组,积极促成了国有经济为主导、多种经济成分共同发展的格局。外商投资企业为中国带来了市场竞争的观念,有利于打破市场垄断,促进国内各种要素市场的培育,推动中国宏观经济管理体制的改革和政府职能的转变,对于建立和完善市场经济体制起到了积极促进作用。

二、中国对外直接外资

(一) 中国对外直接外资的历程

中国对外直接投资和利用外资一样,也是改革开放以后逐步发展起来的。中国企业对外直接投资主要经历了四个发展阶段。

1. 1979—1985 年:起步发展阶段

此阶段是中国企业对外直接投资的起步发展阶段。1979 年 8 月,国务院明确提出"允许出国办企业"的经济改革措施,开启了中国对外投资的序幕,1983 年国务院正式授权外经贸部审批和归口管理企业对外投资活动。在此精神号召下,一部分具有外贸业务和涉外经验的企业率先走出国门,开始对外投资的艰难探索。改革开放初期,中国企业的对外投资是在中央高度集中的严格审批下进行的,对外投资金额极为有限;投资主体主要是专业经贸公司和部分省市国际经济技术合作公司;投资业务以贸易活动为主,多以海外代表处或合资企业方式进入海外市场;非贸易性企业的投资大多集中在餐饮、建筑工程和咨询服务等行业。

2. 1986—1992年:较快发展阶段

此阶段是中国企业对外直接投资较快发展阶段。随着中国对外开放程度的提升,越来越多的企业参与国际市场的开拓。与此同时,政府也逐渐放宽非贸易类企业对外投资政策上的一些限制,以促进有经济实力的企业参与国际竞争,进而加速中国改革开放的步伐。同时,原外经贸部下放部分企业对外投资的审批权限,简化部分审批手续,为企业对外投资提供了便利条件。此阶段对外投资的特点是:对外投资主体类型增加,不仅是外经外贸企业,工业、科技和金融企业等也参与到了对外投资中;对外投资领域进一步拓宽,由服务业延伸到资源开发、加工装配、交通运输等行业;对外投资地域更加广泛,由45个国家和地区扩大到120多个国家和地区;海外企业数量迅速增长,海外非贸易型企业达1 300多家,贸易型企业达2 600家左右。

3. 1993—1998年:调整发展阶段

此阶段是中国企业对外直接投资调整发展阶段。20世纪90年代初期,中国整个国民经济发展中存在着经济发展过热、投资结构不合理以及物价上涨过快等现象,从1993年开始,中国决定实行经济结构调整,紧缩银根,让过热的经济软着陆。与此相对应,对外投资业务也进入清理和整顿时期,中国政府主管部门对新的对外投资实行严格控制的审批政策,并对各部门和各地方已开办的海外企业进行重新登记,对外投资的发展速度开始放慢。在这一阶段的后期,通过对以往对外投资经验教训的总结和对中国企业国际竞争力现实状况的分析,中国政府提出了发展对外投资的新的战略方针:鼓励发展能够发挥中国比较优势的对外投资,更好地利用两个市场、两种资源;组建跨行业、跨部门以及跨地区的跨国经营企业集团;在积极扩大出口的同时,要有规划、有步骤地组织和支持一批有实力、有优势的国有企业走出去,到国外,主要是到非洲、中亚、中东、东欧、南美等地投资办厂。

4. 1999年至今:快速发展阶段

此阶段是中国企业对外直接投资快速发展阶段。从1999年开始,为了推动出口贸易发展,加快产业结构调整,向海外转移国内成熟技术和产业,中国政府提出鼓励有实力的国内企业开展对外投资,通过开展境外加工装配,就地生产就地销售或向周边国家销售,带动国产设备、技术、材料和半成品出口,扩大对外贸易。上述新的政策措施被系统地概括为"走出去"战略。为了加快实施"走出去"战略,商务部先后向200多家企业颁发"境外加工贸易企业批准证书"。随后,国务院各有关部门又分别从财政、信贷、外汇和税收等方面制定了一系列具体的配套措施,这些都极大地促进了企业对外投资活动,由此中国对外投资规模和投资企业数量快速增长。与此同时对外投资主体、方式和行业结构也相应出现了新的变化。当前,中国对外投资行为更加合理,以市场为导向,以效益为中心,正逐步成为中国企业对外投资遵循的基本原则。随着对外直接投资进程的加快,中国的跨国公司应运而生,目前中国拥有如海尔、华为、中兴、美的集团等一批具有世界先进水平的优秀跨国企业。

(二) 中国对外直接投资的现状

经过多年的推进,中国对外直接投资在全球投资中的影响力不断扩大,对世界经济的贡献日益凸显。当前中国对外直接投资的特征表现在以下五个方面。

1. 投资规模

自从加入 WTO 以来,中国对外直接投资的步伐不断加快。中国对外直接投资流量从 2002 的 27 亿美元增加到了 2020 年的 1 537.1 亿美元,在短短 18 年期间增长了 56.9 倍,年均增速高达 25.2%。中国对外直接投资已经连续 9 年位列全球投资流量前三名,占全球投资流量的比重也连续 5 年超过一成,并于 2020 年首次跃居世界第一名,占全球份额的 20.2%。中国对外直接投资存量从 2002 年的 299 亿美元增长到了 2020 年的 25 806.6 亿美元,在规模上增长了 86.3 倍,占全球投资存量的份额由 0.4% 提升到了 6.6%,全球排名从第 25 名攀升到了第三位,仅次于美国和荷兰。

然而,中国与美国在投资存量规模上仍存在较大差距,截至 2020 年,美国存量规模为 81 285 亿美元,中国仅相当于美国的 31.7%,这与中美两国的 GDP 相对规模不匹配。从项目平均投资规模来看,目前中国境外投资企业平均规模较小,既低于发达国家平均投资额,也低于发展中国家平均水平。这是因为中国早期境外投资除资源开发型项目规模较大外,其他类型投资大多都属于中小型项目。近年来,随着大中型生产项目投资数量的增多,中国平均投资规模不断扩大,与世界平均水平的差距正在逐渐变小。

2. 投资主体

中国早期主要鼓励国有企业走出国门,这些国有企业投资以政府决策为主,缺乏实际自主权,对投资项目缺乏相应的市场调研和可行性研究,从而没有真正发挥出资金、技术和规模方面的优势。当前,中国对外投资主体正在不断优化,已经从单一的国有企业转变成多种所有制经济主体,大型国有企业数量占比逐渐下降。截至 2020 年,中国境内投资者达 2.8 万家,其中有限责任公司占 34.3%,是中国对外投资占比最大、最为活跃的群体;其次的私营企业占 29.9%;股份有限公司占 12.8%;外商投资企业占 5.5%;国有企业占 5.3%;其余类型投资者占比均在 4% 以下。

从境内投资者的行业分布看,制造业是对外投资最为活跃的主体,占境内投资者的 31.9%,主要分布在计算机/通信和其他电子设备制造业、专用设备制造业、通用设备制造业、医药制造业、电气机械和器材制造业、化学原料和化学制品制造业、纺织服装/服饰业等行业;批发和零售业紧随其后,占 23.9%;租赁和商务服务业占 12.8%;信息传输/软件和信息技术服务业占 8.2%;其余行业投资者比重均在 4% 以下。占比较高的行业是中国在国际市场上具有比较优势的行业,从而也成为中国企业对外投资的主要领域。

3. 投资方式

中国企业对外直接投资的出资方式越来越多样化,有的以现汇出资,有的以从国外获得贷款出资,有的以国内机械设备等实物出资,还有的以国内的技术专利或专有技术出资。从海外投资企业的股权结构看,中国海外非贸易性企业大多采用合资方式,而独资方式相对较少。这是因为,在某些发展中国家,对外资控股比例有一定的限制;在发达国家,中国企业通过合资可以学习外方的先进技术和管理经验,利用当地合作伙伴的优势,享受东道国优惠政策,也能帮助企业避免或减少政治风险。

从海外投资企业的设立方式看,中国企业早期多采用新建方式,而近年来跨国并购已经成为对外投资的主流形式,不仅数量越来越多,而且涉及行业越来越广泛。比如 2020年,中国企业共实施对外投资并购项目 513 起,涉及 61 个国家和地区,实际交易金额 282亿美元,其中直接投资 164.8 亿美元,占并购总额 58.4%;境外融资 117.2 亿美元,占并购总额的 41.6%。并购领域涉及电力/热力/燃气及水的生产和供应业、制造业、交通运输/仓储和邮政业、采矿业、信息传输/软件和信息技术服务业等 18 个行业大类。

4. 投资地域

中国对外投资从改革开放初期集中于美、日、欧等发达国家和中国港澳地区,发展到周边国家和亚洲、非洲、拉丁美洲以及东欧独联体等广大发展中国家和地区,呈现多元化发展格局。截至 2020 年,中国境内投资者共设立了 4.5 万家境外企业,资产总额达 7.9万亿元美元,分布在全球 189 个国家和地区。当前中国对外直接投资存量的近九成分布在发展中经济体,存量最多的 10 个主要国家和地区依次是中国香港、开曼群岛、英属维尔京群岛、美国、新加坡、澳大利亚、荷兰、印度尼西亚、英国和卢森堡。

从投资存量的地域分布看,亚洲仍然是中国对外直接投资的主要区域,其次的拉丁美洲也占有较高比例,而其余大洲所占比例均在 5% 以下。截至 2020 年,中国在亚洲的投资存量为 16 448.9 亿美元,占比为 63.7%,其中中国香港又占亚洲存量的近九成份额;拉丁美洲投资存量为 6 298.1 亿美元,占比为 24.4%,其中绝大多数分布在开曼群岛和英属维尔京群岛;欧洲投资存量为 1 224.3 亿美元,占比为 4.7%,主要分布在荷兰、英国和卢森堡等国;北美洲投资存量为 1 000.2 亿美元,占比为 3.9%,主要分布在美国和加拿大;非洲和大洋洲投资存量分别为 434 亿美元和 401.1 亿美元,所占比例均不足 2%。

5. 投资行业

我国的投资领域不断拓宽,由初期的进出口贸易、交通运输和餐饮等少数领域拓展到加工制造、资源利用、工程承包、农业合作和研究开发等国家鼓励的领域。以"一带一路"沿线国家为例,截至 2020 年中国境内投资者对"一带一路"沿线国家直接投资累计达2 007.9 亿美元,投资合作领域不断拓宽,合作方式不断拓展,除电力、交通、石油石化、建筑建设等传统领域外,在租赁和商务服务业、金融业、批发和零售业、信息传输、软件信息技术服务等领域的投资规模也将持续增加。

从中国对外直接投资的存量看,覆盖了国民经济所有行业类别。截至 2020 年,租赁和商务服务业、批发和零售业、信息传输/软件和信息技术服务业、制造业、金融业以及采矿业等六大行业存量合计 21 986.8 亿美元,占中国投资存量的 85.2%。其中租赁和商务服务业以 8 316.4 亿美元高居榜首,占比为 32.2%;批发和零售业以 3 453.2 亿美元位列第二,占比为 13.4%;信息传输/软件和信息技术服务业以 2 979.1 亿美元位列第三,占比为 11.5%;制造业以 2 778.7 亿美元位列第四,占比为 10.8%;金融业以 2 700.6 亿美元位列第五,占比为 10.5%;采矿业以 1 758.8 亿美元,占比为 6.8%;其余行业占比均在3% 以下。

(三) 中国对外直接投资的积极作用

当前中国已经成为世界上举足轻重的对外直接投资大国,对国内经济产生的积极作用主要体现在五个方面。

1. 有利于国际经济联系与合作

当今世界经济中,经济全球化使得国际贸易越来越难以满足各国参与国际技术、经济交流的要求,对外投资成了国际经济活动的重要形式,推动着全球经济的高速发展,衡量了一国经济发展水平和国际竞争实力。经济全球化还使世界经济格局发生了新的变化,各国不得不考虑自己在新的世界分工中的地位,认真分析如何在一个更加开放、更加相互依存、更加市场化的世界中生存与发展。中国作为世界大家庭中的重要成员,所取得的令人瞩目的经济成就和对外开放的经济本质,都决定了需要通过对外投资的方式积极参与国际竞争与合作,发挥自身的比较优势,为全球经济发展做出应有的贡献。

2. 有利于充分利用国外资源

经济发展需要各种资源,世界上各国都不可能拥有所需要的全部资源,都会遇到资源约束的问题。为了满足经济发展的需要,各国就需要从国外输入各种资源,与此同时也可以向国外输出本国相对充裕的资源。利用本国和他国的不同资源和优势,在国际间实现资源和要素的合理流动与重新组合配置,可以获得绝对和相对利益。随着中国经济的不断发展壮大,对资源的需求日益增加,资源短缺已成为制约中国经济发展的重要因素,而且一般的贸易进口不仅市场供应不稳定,而且价格会因为国际市场冲击而发生波动,为此开展对外投资,开发利用国外资源,对保持国民经济稳定增长是十分必要的。

3. 有利于扩大出口贸易

中国对外直接投资促进了出口贸易的发展,当中国企业在发展中国家开办合资企业时,一般以设备、物资、技术入股,这可以扩大国内成套设备和物资的出口;在国外合资开办制造加工、装配生产企业则可以扩大本国产原材料、辅助材料和半成品的出口;如果在合资企业中以技术入股,则可以带动专利、专有技术、商标权和软件技术的出口。此外,中国企业对外直接投资有利于迅速、准确地了解国际市场行情并及时反馈到国内,从而及时输出国外市场适销的商品。更为重要的是,中国在海外投资办企业,可以规避外国政府的贸易保护主义,带动国内商品进入国际市场,避开一些国家所设立的关税和非关税壁垒,加快了经济国际化的进程。

4. 有利于促进产业结构优化

长时间以来,中国经济已经从卖方市场转向买方市场,国内家电、纺织、重化工和轻工等行业的生产能力过剩,产品积压,技术设备闲置,严重影响了经济发展的速度与质量。在国内市场供过于求的情况下,企业既要考虑转产和提升技术水平,也应积极到海外投资设厂,向国外输出生产加工能力,把成熟的技术转移到其他有需求的市场上去。中国把产能过剩的行业转移到国外后,就可以把有限的资源集中到高技术、高附加值行业的发展中,这可以促进国内产业结构优化,拓展新的经济发展空间和经济增长点,从而增强中国经济发展的动力和后劲。

5. 有利于吸收国外先进发展成果

产品生命周期理论认为,当技术或产品成熟或达到标准化时,通过对外投资输出技术,对企业最为有利。中国利用外资主要引进了对方成熟或标准化技术,而难以获得世界上最先进的技术。中国对外投资则有利于打破国际技术封锁,主动、直接地学习和利用国外先进科技成果,了解和掌握国际经济和科技发展的新动向。与此同时,中国企业置身于激烈的国际竞争环境中,便于熟悉国际市场经济的运行机制,学习国外先进的管理经验和方法,培养出一批胜任国际竞争的技术和管理人才,这将加速中国企业的成长壮大,进而培育出更多中国的跨国公司。

第三节　中国对"一带一路"建设的金融支持

在世界各国深受全球性金融危机影响、全球经济复苏与增长乏力的现实背景下,中国于2013年9月和10月先后提出了共建"新丝绸之路经济带"和"21世纪海上丝绸之路"的重大倡议,两者合称为"一带一路"倡议(The Belt and Road Initiative,B&R)。2013年11月,中共十八届三中全会通过的《中共中央关于全面深化改革若干重大问题的决定》中明确提出"加快同周边国家和区域基础设施互联互通建设,推进丝绸之路经济带、海上丝绸之路建设,形成全方位开放新格局"。2015年3月28日,中国国家发展改革委、外交部、商务部联合发布的《推动共建丝绸之路经济带和21世纪海上丝绸之路的愿景与行动》中,指出"政策沟通、设施联通、贸易畅通、资金融通、民心相通"将是"一带一路"建设的合作重点。2016年11月,联合国大会第A/71/9号决议首次写入"一带一路"倡议,呼吁通过"一带一路"建设等加强区域经济合作,敦促各方为"一带一路"建设提供安全保障环境、加强发展政策战略对接、推进互联互通务实合作等。2017年10月,党的十九大通过了《中国共产党章程(修正案)》的决议,将推进"一带一路"建设写入了党章。当前,"一带一路"倡议已成为中国国家层面的重大事项,也成为影响全球政治经济格局的关键倡议,在提出及推进中得到了国内外的广泛关注与支持。

一、"一带一路"建设概况

"一带一路"建设是在古代丝绸之路的基础上重塑一个新的经济发展区域,是涉及亚欧非65个国家44亿人口,以经济走廊和自由贸易区建设为依托,贯穿欧亚大陆,东连亚太经济圈,西接欧洲经济圈,涵盖政治、经济、外交、安全等诸多领域的区域合作框架与双边合作框架相结合的综合性新型国际合作构想。"一带一路"建设的基本理念、框架思路及主要内容如下。

(一) 基本理念

"一带一路"建设顺应世界多极化、经济全球化、文化多样化、社会信息化的潮流,秉持开放的区域合作精神,致力于维护全球自由贸易体系和开放型世界经济。"一带一路"建设旨在促进经济要素有序自由流动、资源高效配置和市场深度融合,推动沿线各国实现经济政策协调,开展更大范围、更高水平、更深层次的区域合作,共同打造开放、包容、均衡、普惠的区域经济合作架构。

"一带一路"建设致力于亚欧非大陆及附近海洋的互联互通,建立和加强沿线各国互联互通伙伴关系,构建全方位、多层次、复合型的互联互通网络,实现沿线各国多元、自主、平衡、可持续的发展。"一带一路"的互联互通项目将推动沿线各国发展战略的对接与耦合,发掘区域内市场的潜力,促进投资和消费,创造需求和就业,增进沿线各国人民的人文交流与文明互鉴,让各国人民相逢相知、互信互敬,共享和谐、安宁、富裕的生活。

(二) 框架思路

"一带一路"贯穿亚欧非大陆,一头是活跃的东亚经济圈,一头是发达的欧洲经济圈,中间广大腹地,国家经济发展潜力巨大。它是一个陆海并进、依托亚洲、辐射周边的国际区域合作机制,重点涉及三条陆上线路,两条海上线路,六条经济走廊。

其中陆上依托国际大通道,以沿线中心城市为支撑,以重点经贸产业园区为合作平台,共同打造新亚欧大陆桥、中蒙俄、中国—中亚—西亚、中国—中南半岛等国际经济合作走廊。基于此,丝绸之路经济带重点贯通三个战略方向,分别是北线自中国经中亚、俄罗斯至欧洲(波罗的海);中线自中国经中亚、西亚至欧洲及北非地区;南线自中国经东南亚、南亚至印度洋。

海上以重点港口为节点,共同建设通畅安全高效的运输大通道,进一步推动中巴、孟中印缅两个经济走廊与"一带一路"的合作。基于此,21世纪海上丝绸之路的两大重点战略方向,一是从中国沿海港口过南海到印度洋并延伸至欧洲,二是从中国沿海港口过南海到南太平洋。

(三) 主要内容

"一带一路"沿线各国资源禀赋各异,经济互补性较强,彼此合作潜力和空间很大,"一带一路"建设以政策沟通、设施联通、贸易畅通、资金融通、民心相通为主要内容。

(1) 政策沟通。政策沟通是"一带一路"建设的重要保障,需要政府间加强合作,深化利益融合,促进政治互信;共同制定推进区域合作的规划和措施,协商解决合作中的问题。

(2) 设施联通。设施联通是"一带一路"建设的优先领域,需要沿线国家共同推进国际骨干通道建设,加强公路、铁路以及港口等交通基础设施建设;共同维护输油、输气管道等运输通道安全,推进跨境电力与输电通道建设,推进跨境光缆等通信干线网络建设。

(3) 贸易畅通。贸易畅通是"一带一路"建设的重点内容,需要着力研究解决投资贸易便利化问题,消除投资和贸易壁垒,构建区域内各国良好的营商环境;积极同沿线国家和地区共同商建自由贸易区,激发释放合作潜力。

(4) 资金融通。资金融通是"一带一路"建设的重要支撑,需要通过深化金融合作,推进亚洲货币稳定体系、投融资体系和信用体系建设;推动亚洲债券市场的开放和发展,加快丝路基金组建运营;加强金融监管合作,逐步在区域内建立高效监管协调机制。

(5) 民心相通。民心相通是"一带一路"建设的社会根基,需要广泛开展文化交流、学术往来、人才交流合作、媒体合作、青年和妇女交往、志愿者服务等,为深化双多边合作建立坚实的民意基础。

"一带一路"建设力求实施务实、民主的合作机制,加强双边合作,开展多层次、多渠道沟通磋商,推动双边关系全面发展;强化多边合作机制作用,发挥上海合作组织(SCO)、中国—东盟"10+1"、亚太经合组织等现有的多边合作机制作用。继续发挥沿线各国区域、次区域相关国际论坛、展会以及博鳌亚洲论坛、中国—东盟博览会等平台的建设性作用。支持沿线国家地方、民间挖掘"一带一路"相关历史文化遗产,联合举办专项投资、贸易、文化交流活动,办好丝绸之路(敦煌)国际文化博览会、丝绸之路国际电影节和图书展,建立"一带一路"国际高峰论坛。通过以上方式来共同打造开放、包容、均衡、普惠的区域经济合作架构,是国际合作以及全球治理新模式的积极探索。

二、"一带一路"建设的金融支持

"一带一路"建设的合作重点是"政策沟通、设施联通、贸易畅通、资金融通、民心相通",金融作为现代经济的血脉,是宏观调控和资源配置的重要工具,也是推动社会经济发展的重要力量,在"一带一路""五通"建设中具有举足轻重的作用,是政策沟通的物质前提,是设施联通的根本保障,是贸易畅通的重要连接,是民心相通的经济基础。"愿景与行动"中,从投融资体系建设、金融市场、金融机构、金融产品及金融监管等多方面提出了建设纲领和行动方案。当前中国对"一带一路"建设的金融支持主要借助于银行贷款、投资基金等传统融资渠道,而债券市场仍然处于起步发展中。下面从银行贷款、投资基金和债券市场几个方面来分析中国对"一带一路"建设的金融支持。

(一)银行贷款提供主要支持

1. 政策性银行和国有商业银行主导

政策性银行和国有商业银行是中国在"一带一路"沿线大型项目的主要融资方,以国家开发银行为代表的政策性银行和以中国银行为代表的国有商业银行在"一带一路"沿线国家均投放了大量贷款。中国国家开发银行是全球最大开发性金融机构,也是中国最大的对外投融资合作银行。国家开发银行积极服务"一带一路"建设,截至2020年年末累计向"一带一路"沿线国家项目投放贷款逾2 600亿美元,贷款余额逾1 600亿美元。中国银行积极响应"一带一路"倡议,全力为"一带一路"建设提供多元化金融产品及服务,促进"一带一路"资源互联互通及重大项目落地实施。截至2020年年末,在25个"一带一路"沿线国家设置了海外分支机构,累计跟进"一带一路"重大项目逾600个,累计完成对"一带一路"沿线国家和地区各类授信支持逾1 800亿美元。比较而言,政策性银行资金属性契合企业"一带一路"建设需求,具有防范金融风险和整合内外部资源的关键优势。政策性银行在"一带一路"项目融资中起到更为重要的引领示范作用,作为中国式开发性金融的践行者,政策性银行连接政府与市场,促进各方合作,以市场化的运作方式在广大发展中国家提供中长期信用支持。

2. 集中于距离相近和资源丰富的区域

中国对"一带一路"沿线贷款支持的区域集中度很高,无论是项目贷款还是银团贷款,都主要集中在以下两类区域。一是地理、文化和经济距离与中国临近的地区,东盟与中国地理相邻、文化相似度高、经贸往来密切,获得贷款支持的次数和金额最多;其次是南亚、西亚和中亚,这些地区与中国的距离和联系与东盟相比存在明显差距,所得贷款次数也远落后于东盟,但是在贷款金额上差距并不明显,说明中国银行在这些地区参与的项目普遍规模较大;此外位于"一带一路"远端的独联体和中东欧国家获得的贷款支持较少,除俄罗斯以外中国银行在这两个区域的信贷活动非常有限。二是资源和能源丰富的区域(国家),由于资源和能源开发利用需要巨额资金,这些国家成为中国银行对外贷款的重点对象,在东盟中国银行提供项目贷款和银团贷款次数的40%以上属于资源和能源类项目,其中油气和矿业资源丰富的印度尼西亚、大力发展清洁能源的泰国以及能源企业众多的新加坡都获得了中国银行的大量贷款支持;在其他区域中国银行参与的贷款项目集中在少数几个资源和能源大国,如西亚的卡塔尔、中亚的哈萨克斯坦和独联体的俄罗斯等。

3. 集中于资源能源和基础设施行业

从行业构成来看,资源能源和基础设施是中国银行在"一带一路"沿线提供贷款支持的主要领域。贷款项目大量分布于资源能源行业,已成为中国银行在境外开展贷款活动的重要特征,以油气、电力、矿业和清洁能源为代表的资源能源行业的贷款,占中国在沿线国家发放项目贷款和银团贷款的份额均接近50%;而基础设施也是中国银行贷款支持的主要领域,如铁路、公路、机场和油气管道建设等,基础设施类贷款占中国银行向沿线国家提供银团贷款和项目贷款的份额均在20%左右;此外,制造业和房地产行业也获得了一定的贷款支持,在制造业中一半以上的项目属于石化和金属冶炼项目,房地产项目则主要集中在早期,目前已不是贷款的重要领域。

(二) 投资基金体系逐渐形成

1. 丝路基金引领股权投资基金

2014年12月成立的丝路基金是中国按照市场化、国际化、专业化原则设立的开发性投资基金,丝路基金秉承"开放包容、互利共赢"的理念,重点致力于为"一带一路"框架内的经贸合作和双边多边互联互通提供投融资支持,与境内外企业、金融机构一道,促进中国与"一带一路"沿线国家和地区实现共同发展、共同繁荣。丝路基金的定位是中长期开发投资基金,通过以股权为主的多种投融资方式,重点围绕"一带一路"建设推进与相关国家和地区的基础设施、资源开发、产能合作和金融合作等项目,确保中长期财务可持续和合理的投资回报。

丝路基金具有三个明显特征:一,它是中央资金支持的专项投资基金。丝路基金由中央政府以外汇储备出资,在首期100亿美元资本金中占比65%,2017年5月"一带一路"国际合作高峰论坛后又获得1 000亿元人民币增资,由此形成了其在"一带一路"投资基金体系中的权威和引领地位。二是主要投向符合东道国(地区)发展战略的重大项目。截至2020年10月,丝路基金已累计签约项目47个,承诺投资金额178亿美元,涵盖基础设施、资源开发和产能合作等领域,其中大多是具有东道国官方背景的大型能源和资源项目。三是业务合作方式开放多样。可以运用股权、债权、基金、贷款等多种方式提供投融资服务,也可与国际开发机构、境内外金融机构等发起设立共同投资基金,进行资产受托管理、对外委托投资等。

2. 多层次投资基金体系初步形成

在丝路基金的引领下,中国中央政府参与的国际合作投资基金、各级政府设立的专项投资基金和企业出资的产业基金,也积极投资于"一带一路"项目,形成了多层次的投资基金体系。

首先,中国中央政府前期参与的双边和多边国际合作基金纷纷参与到"一带一路"沿线项目中。这类基金通常由政策性银行代表中央政府参与,基金规模介于 10 亿美元至 100 亿美元之间。例如,中国—东盟投资合作基金已在东盟地区完成了涉及港口、通信、矿产、建材等领域的多个投资项目,中国—欧亚经济合作基金、中国—中东欧投资合作基金和中国—东盟海上合作基金等也在沿线国家进行了投资。

其次,各级地方政府也在积极设立针对"一带一路"项目的专项投资基金。全国 31 个省市都已表明要积极参与倡议,比如江苏、广东、广西、河南和陕西等省已经与商业银行和地方骨干企业联合设立了地方版的"丝路基金"。这些地方基金的规模一般可达 100 亿元以上,不仅支持省内企业在沿线国家开展投资与合作,也投资于省内的基础设施和新兴产业以促进与沿线国家的联通和合作。

此外,一些大型的国有和民营企业也相继设立了"一带一路"概念的产业基金。这些基金多数为同一行业企业为在相关领域拓展投资机会而共同设立的产业基金,如陕西黄金集团、兴业银行等企业发起设立的丝绸之路黄金基金;也有以集团为单位,由下属多家企业联合组建的投资基金,如中信银行联合中信集团下属多家公司设立了首期规模 200 亿元的"一带一路"基金。

(三) 债券融资处于起步发展中

为了拓展融资渠道,中国开始积极推动服务于"一带一路"融资的债券市场发展,但是债券融资仍然处于起步发展中。一方面,少数沿线国家和企业开始进入中国发行人民币债券(熊猫债)。例如,波兰是欧洲首个进入中国市场发行熊猫债的主权国家,分别于 2016 年 8 月和 2021 年 10 月在银行间市场发行了两期价值均为 30 亿元的熊猫债;匈牙利政府于 2017 年 7 月首次发行了 10 亿元熊猫债,并在 2018 年 12 月和 2021 年 12 月继续发行了 20 亿元和 10 亿元熊猫债;俄罗斯铝业联合公司是首家在中国发行熊猫债券的"一带一路"沿线国家大型骨干企业,分别于 2017 年的 3 月和 9 月在上海证券交易所先后发行了 10 亿元和 5 亿元的熊猫债。另一方面,中国的金融机构和企业开始利用境外债券市场为"一带一路"项目寻求融资。例如,中国银行是国际上"一带一路"主题债券发行次数最多、规模最大、范围最广、币种最丰富的金融机构,在 2015—2019 年期间累计发行五期"一带一路"主题债券,总规模近 150 亿美元;少数企业也为开展"一带一路"沿线项目在国际债券市场融资,但因多数沿线国家资本市场发展落后、法律法规不健全等原因而进展缓慢。

三、金融支持"一带一路"建设的意义

经过中国多年的努力,"一带一路"金融支持体系建设已初见成效,在投融资体系建设、货币支付体系建设、金融风险防范及金融监管方面都取得了显著成绩。总体而言,金

融支持"一带一路"建设至少具有以下三个方面的重要意义。

(一) 满足投资项目资金需求

首先,"一带一路"沿线国家大多基础设施落后,提升沿线国家的基础设施建设水平是"一带一路"倡议的宗旨之一,然而基础设施建设资金需求具有数量大、周期长和供给可持续等特征,现有世界银行、亚洲开发银行等国际金融机构所提供资金不能满足这些国家的资金需求,这就需要有以中国主导的、专门的金融支持体系来满足沿线国家基础设施建设资金需求。其次,与沿线国家相比,中国在基础设施建设方面具有显著的比较优势,且中国与沿线国家在经济方面的互补性也比较明显,随着"一带一路"倡议的推进,中国大量企业将会通过参与"一带一路"建设而"走出去",然而要形成竞争优势而成功获得投资项目则需要大量的资金支持,这就需要建立专门的金融支持体系来缓解企业资金约束,从而推动企业的海外投资。再次,"一带一路"倡议已被写入联合国决议,未来参与"一带一路"建设的国家和金融机构的数量也越来越多,能够利用的资金来源也更加丰富,但也会因文化、金融制度等方面的差异而导致金融合作的难度加大,因而需要构架体系化的金融支持框架,分析与研究相关差异,整合不同来源资金,进而更好地满足"一带一路"建设中的资金需求。

(二) 有效规避各种投资风险

"一带一路"倡议作为一项致力于完善全球治理的中国方案,其推进过程中难免会遇到各种问题与困难:第一,在对"一带一路"沿线国家的投资中,存在沿线国家汇率波动带来的金融风险,文化与社会习俗差异带来的市场运营风险,以及政局动荡带来的地缘冲突风险等,这些风险都会引起在沿线国家投资中的不确定性。第二,与世界上一些知名跨国公司相比,中国的对外直接投资往往面临资金实力较弱、跨国投资运营经验不足等约束,而中国又是"一带一路"建设的主要资金来源,进而导致在中国对外投资中承担了更多的风险。第三,"一带一路"倡议参与主体多元、金融机构多元、金融制度异质、金融产品丰富以及金融市场发展参差不齐,包含的金融风险也更加突出,因而必须构建具有完整的金融体系来分散和规避各种投资风险。从金融支持视角来看,金融体系在满足投资项目资金需求的基础上,需要对外与沿线国家的金融机构和企业对接,对内与沿线项目的参与企业对接,提供融资顾问、财务顾问、投融资策略以及风险管理方案等综合性服务,并通过这些服务引导"一带一路"建设向纵深推进,实现阶段转换和循序拓展。

(三) 推动人民币国际化

当前,"推进'一带一路'建设金融创新"和"稳步推进人民币国际化"已成为中国未来一段时期内扩大金融开放的主要措施。在"一带一路"倡议的推进过程中,中国出资建设"丝路基金",牵头成立"亚投行",这些国家级的重大资金安排凸显了中国通过"一带一路"推进人民币国际化的目标和决心。事实上,人民币加入 SDR 货币篮子后,其作为全球储备货币的功能显现,加之"一带一路"建设势必带来沿线国家支付、结算等框架的逐步接轨与完善,将会推动人民币从传统的贸易结算货币向投资货币的转变,进而为扩大使用人民币建立良好基础。"一带一路"倡议为提升人民币国际化水平带来了新途径,而人民币的国际使用也为"一带一路"的顺利实施提供了便利。因而,以"一带一路"建设为契机,通过金融支持"一带一路"建设,将有助于推动人民币在更广阔地域、更深层次领域、更高水平上实现国际化。

第四节　人民币国际化

1978年改革开放后,中国的涉外经济规模不断扩大。如今,中国已成为世界上第一大进出口贸易国、第二大经济体和最重要制造业中心,并且对世界经济增长发挥了举足轻重的作用。在此背景下,人民币跨越国境,越来越多地在国外流通和使用,这无疑是中国涉外金融的亮点之一。

一、货币国际化的基本内涵

以货币功能发挥的地域或空间为视角,货币可分为国民货币和国际货币。国民货币是指在某一主权国家或特殊地区范围内流通和使用的货币,其一般功能为价值尺度、交易工具和贮藏手段。由于只能在某一主权国家或特殊地区流通和使用,国民货币就会有与生俱来的"货币原罪",即该货币不能直接用于国际间的支付结算和存储贷放,而且国民货币持有者在国际经济活动中难以规避将国民货币转换成国际货币或其他国家货币的汇兑成本和汇率风险,以及政府对货币兑换与交易的各种限制。

国际货币是指被世界各国普遍接受,可以自由兑换,并且在国际经济活动中广泛使用的货币。作为可跨越国境流通和使用的货币,国际货币可以避免,或在很大程度上避免"货币原罪"带来的成本、风险和限制,而且它除了具有价值尺度、交易工具和贮藏手段三个职能外,还具有投资工具、储备资产和外汇媒介三个职能。只有被世界各国的机构和私人普遍接受,可以自由兑换,在国际经济活动中广泛使用,且同时具有价值尺度、交易工具、贮藏手段、投资工具、储备资产和外汇媒介这六个职能,才能成为规范意义上的国际货币(表11-1)。

表11-1　国际货币的职能

货币职能 ＼ 使用者	官　方	私　人
价值尺度	货币锚	计价工具
交易工具	公开市场操作	国际支付与结算
贮藏手段	国家外汇储备	商业银行存款
投资工具	主权债券	私人债券与股票
储备资产	官方储备	机构和私人储备
外汇媒介	国别货币兑换	国别货币兑换

货币国际化是指国民货币演化为国际货币的过程。Hartmann(1998)认为,当国民货币被该货币发行国之外国家的机构和私人接受,并将其作为交换媒介、记账单位和价值储

藏手段时,该货币就启动了国际化的进程。基于大多数专家学者的共识,国民货币演化为国际货币的主要条件有五个:① 货币的币值稳定,具有良好信用,能够发挥货币锚的作用。② 货币具有计价与结算的便利性,能够被大多数国家的机构和私人所接受。③ 货币发行国的经济实力强,在国际贸易和投资等领域占有重要地位。④ 货币发行国的政治稳定、金融体系发达,能够在保持货币自由兑换的同时防范金融风险。⑤ 货币发行国的外交、军事,以及意识形态的影响力大,能够维护其货币的强势地位。

货币国际化通常可分为自由化、区域化和全球化三个阶段。在自由化阶段,货币发行国放松金融管制,实行利率和汇率市场化,允许货币自由兑换和出入国境,能够保持币值稳定,从而使该国货币具有良好的国际信誉。在区域化阶段,一国所发行货币能够在该国的邻国,或与该国经济贸易往来频繁的国家流通和使用,该国货币在边境贸易或双边贸易中成为价值尺度、交易媒介和结算工具,并且被这些国家作为官方储备货币之一。在全球化阶段,一国所发行货币在全球范围内流通和使用,能够有效地发挥价值尺度、交易工具、贮藏手段、投资工具、储备资产和外汇媒介等国际货币的职能。

二、人民币国际化的主要举措

在高度货币化的当今世界,几乎所有的资源配置和社会交易都离不开货币媒介。如果人民币国际化水平不能与中国作为世界第一大进出口贸易国、第二大经济体和最重要制造业中心的国际地位相匹配,中国就不能真正成为世界经济强国,甚至还会因此失去发展机遇,或面临国际金融霸权打压。

人民币国际化,就是将人民币从国民货币逐步转变为国际货币,即人民币能够跨越国境流通和使用,而且能够被越来越多国家的机构和私人所欢迎。

1948 年 12 月,中国人民银行在河北省石家庄市成立,并开始发行人民币。此后,尽管人民币的制度安排和流通范围发生了许多变化,人民币总体上还属于国民货币,主要在中国境内流通和使用。只是到 20 世纪 90 年代初,人民币才踏上国际化的道路。

1994 年年初,中国建立了全国统一的银行间外汇交易中心,开始实行“以市场为基础的、单一的、有管理的浮动汇率制”。1996 年 12 月,中国实现了人民币经常项目基本可兑换。1999 年 6 月,国际货币基金组织按事实分类法将人民币汇率制度划分为钉住汇率制度。人民币汇率制度改革是人民币国际化的重要起点。

2001 年,中国加入世界贸易组织。根据与世界贸易组织成员方达成的协议,中国不断加快经济体制改革和对外经济开放步伐,如减少关税与配额、放松外汇管制,以及推进汇率市场化改革等,这不仅迅速扩大了中国涉外经济规模,使中国经济融入世界经济,也为人民币国际化提供了广阔空间。

2009 年 4 月,中国政府批准上海、广州、深圳、珠海和东莞 5 个城市进行跨境贸易人民币结算试点,同年 7 月颁布《跨境贸易人民币结算试点管理办法》,这标志着人民币国际化迈出了历史性的第一步。随着经济改革与开放进一步深化,中国在跨境人民币贸易结算、人民币资本项目下可兑换,以及人民币成为国际储备货币等方面取得了突破性进展。

2013 年 9 月,中国(上海)自由贸易试验区在上海浦东成立。仅在上海自贸区成立的一年多里,中国人民银行、中国银行业监督管理委员会、中国证券监督管理委员会和中国保险监督管理委员会就出台了 50 多项金融改革开放政策与措施,其中有不少政策与措施涉及人民币国际化的探索,如允许在自贸区开展跨境双向人民币资金池业务,为跨国经营企业集中调度和统一使用境内外关联企业的自有资金提供便利;采用本外币自由贸易账户分账管理模式,实行自贸区内外金融市场的有限隔离,区内金融市场与国际金融市场相接轨;按照有关规定,自贸区内非银行金融机构和企业可以从境外借入人民币资金,在降低企业财务成本的同时促进人民币跨境流动;在自贸区建立上海国际黄金交易中心等,以人民币对黄金等大宗商品交易进行计价和结算。

2015 年 2 月,人民银行上海总部发布《中国(上海)自由贸易试验区分账核算业务境外融资与跨境资金流动宏观审慎管理实施细则(试行)》,允许在自贸区全面放开本外币境外融资,取消境外融资的前置审批,为自贸区内企业通过自贸区的自由贸易账户从境外融资提供更多便利,给予区内企业更多跨境融资的自主权。同年 10 月,人民币跨境支付系统(CIPS)一期正式在上海上线运行。在上海自贸区取得的成就和经验基础上,中国又在天津、广东、福建、江苏和海南等地设立自贸区,人民币国际化进程因此而明显加快。

还需要指出,香港人民币离岸市场迅速发展也为人民币国际化注入了强大动力。2004 年 1 月,经中国人民银行批准,内地银行发行的人民币银行卡(印有银联标识)开始在香港使用。2005 年 11 月,中国人民银行宣布扩大为香港银行办理人民币业务提供平盘及清算安排的范围。2007 年 1 月,国务院批准内地金融机构在香港发行人民币金融债券。2009 年 6 月,中国人民银行与香港金融管理局签署内地与香港跨境贸易人民币结算业务备忘录,启动在香港的人民币跨境结算业务。2009 年 9 月,财政部在香港发行 60 亿元人民币国债,这是首次在大陆以外发行人民币国债。2010 年 11 月,财政部与香港金融管理局签署《关于使用债务工具中央结算系统发行人民币国债的合作备忘录》,为在香港扩大人民币国债发行以及进行结算提供便利。2011 年 8 月,国务院宣布 36 项支持香港金融稳定的措施,允许以 RQFII[①] 投资境内证券市场、支持境外企业使用人民币赴内地直接投资、将赴港发债的发债主体扩至境内企业等。香港人民币离岸市场已经成为人民币出入国境的重要枢纽和集散中心,在有力推动人民币国际化的同时,也为香港国际金融中心增添了新的活力。

三、人民币国际化的重要里程碑

2015 年 11 月 30 日,经国际货币基金组织执行董事会批准,国际货币基金组织总裁克里斯蒂娜—拉加德宣布将人民币纳入国际货币基金的特别提款权货币篮子,从 2016 年 10 月 1 日起正式生效。这意味着继美元、欧元、英镑和日元之后,人民币成为 SDR 货币篮子中的第五种货币。克里斯蒂娜—拉加德总裁指出:"SDR 货币篮子的扩大对于特别提款权、基金组织、中国和国际货币体系都是一个重要的历史性里程碑。"

根据 2015 年国际货币基金组织对 SDR 货币篮子中货币权重确定方法的调整,SDR货币篮子中货币权重的计算公式为:每种货币权重由 SDR 审查时前 5 年的货币发行国的

---

① RQFII(RMB Qualified Foreign Institutional Investors)是指人民币合格境外机构投资者。

货物和服务出口占比、其他国家储备中对该货币的持有量占比,以及包括外汇交易量、国际银行负债(IBL)和国际债务证券(IDS)在内的补充性金融指标占比,再经加权平均后,计算出 SDR 货币篮子中的货币权重。其中,货物和服务出口占比的权重为 1/2,储备持有量占比的权重为 1/6,外汇交易量占比的权重为 1/6,国际银行负债(IBL)和国际债务证券(IDS)占比的权重为 1/6。2016 年 10 月 1 日,SDR 货币篮子中美元的权重为 41.73%,欧元的权重为 30.93%,人民币的权重为 10.92%,日元的权重为 8.33%,英镑的权重为 8.09%,人民币从此一跃成为仅列于美元和欧元之后的世界第三大货币(图 11-1)。

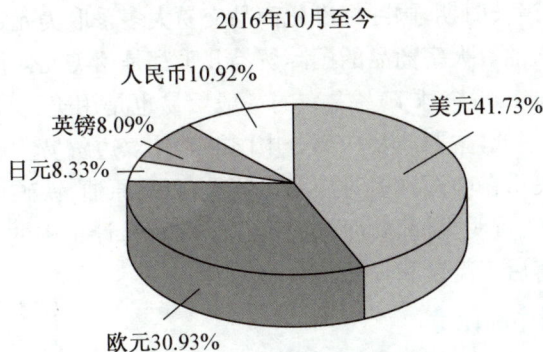

图 11-1　SDR 货币篮子中的货币权重

资料来源:国际货币基金组织。

2022 年 5 月 11 日,国际货币基金组织执行董事会完成了五年一次的特别提款权定值审查,这也是 2016 年 10 月 1 日人民币成为 SDR 篮子货币以来的首次审查。执行董事会决定:维持现有 SDR 篮子货币构成不变(SDR 篮子货币仍然为美元、欧元、人民币、日元和英镑),同时将人民币权重由 10.92% 上调至 12.28%,将美元权重由 41.73% 上调至 43.38%,将欧元、日元和英镑权重分别由 30.93%、8.33% 和 8.09% 下调至 29.31%、7.59% 和 7.44%,人民币权重仍保持在第三位。这一决定将在 2022 年 8 月 1 日正式生效。对此,中国人民银行表示,中国改革开放的信心和意志不会动摇,中国将进一步简化境外投资者进入中国市场投资的程序,丰富可投资的资产种类,完善数据披露,延长银行间外汇市场的交易时间,不断提升投资中国市场的便利性,进而为境外投资者和国际机构投资中国市场创造更有利的环境。

人民币被纳入 SDR 货币篮子,一跃成为世界第三大货币,这无疑是人民币国际化的重要里程碑。人民币被纳入 SDR 货币篮子,有利于深化中国经济的改革开放,有利于构建公平和稳健的国际金融体系,有利于促进全球经济的持续增长。同时,人民币被纳入 SDR 货币篮子,也意味着中国经济与世界经济的深度融合。过去人民币在外汇管制和资本管制的金融防火墙保护下主要在国内流通和使用,如今人民币一跃成为世界第三大货币,直接参与激烈的国际货币竞争,这是机遇与挑战并存的惊险一跳。

四、人民币国际化的进展评估

人民币国际化起步于 1994 年年初人民币汇率制度改革,在 2001 年中国加入世界贸易组织后取得突破性进展。随着人民币国际化进程加快,2016 年 10 月人民币一跃成为

SDR货币篮子中的世界第三大货币,如今人民币已经跨越国境,在不同程度上发挥着价值尺度、支付手段、外汇媒介、投资工具和储备资产,以及货币锚等职能。

(一) 在国际贸易计价中的比重

1944年7月,44个国家代表在美国新罕布什尔州的布雷顿森林参加联合国货币金融会议,确立了以美元为中心的国际货币体系,即布雷顿森林体系。1976年,国际货币基金组织的100多个成员国在牙买加首都金斯敦达成《牙买加协议》,进而形成了如今以美元为关键货币的国际货币体系。尽管美元的声誉起伏不定,但美元一直是国际贸易中最重要的计价货币。在相当长时期,国际标准化商品交易大多采取美元定价,如粮食、铁矿、铜矿、黄金、稀有金属、石油等大宗商品的国际贸易几乎都是用美元计价的,这些商品被称之为美元商品(dollar goods);全球70%左右的一般贸易也是用美元计价的,而人民币在国际贸易计价中的比重很低,主要涉及一部分中国的对外双边贸易。近十年来,随着人民币国际化进程加快,人民币在中国许多对外双边贸易,以及原油、铁矿石、铜和大豆等大宗商品国际贸易计价中的比重明显提高,但人民币在国际贸易计价中的比重还远不能与美元或欧元相比,甚至还落后于英镑和日元。

(二) 在国际支付中的比重

全球银行金融电讯协会(SWIFT)的数据显示,截至2021年8月,作为国际支付手段,美元在国际支付中的比重为40.04%,欧元的比重为37.95%,英镑的比重为5.72%,日元的比重为2.73%,人民币的比重为2.15%,位列第五(图11-2)。

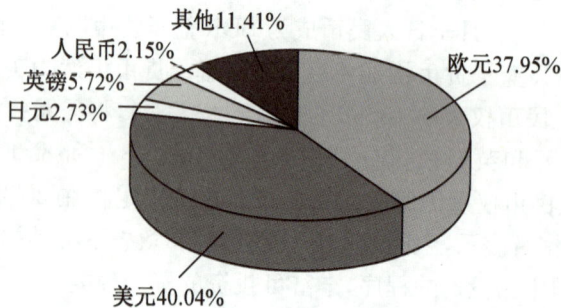

图11-2 五大货币在国际支付中的比重

数据来源:环球银行金融电讯协会。

(三) 在全球外汇交易中的比重

根据国际清算银行(BIS)的统计,2019年全球外汇市场交易中美元的占比为88.3%,欧元的占比为32.3%,日元的占比为16.8%,英镑的占比为12.8%,人民币的占比为4.3%,排名第八(表11-2)。

表 11－2　五大货币在全球外汇市场交易中的比重

币　种	2010 年		2013 年		2016 年		2019 年	
	比重(%)	排名	比重(%)	排名	比重(%)	排名	比重(%)	排名
美元	84.9	1	87.0	1	87.6	1	88.3	1
欧元	39.0	2	33.4	2	31.4	2	32.3	2
日元	19.0	3	23.0	3	21.6	3	16.8	3
英镑	12.9	4	11.8	4	12.8	4	12.8	4
人民币	0.9	17	2.2	9	4.0	8	4.3	8

资料来源：国际清算银行。

（四）在国际债务证券计价中的比重

根据国际清算银行的统计，截至 2020 年第四季度，以美元计价的国际债务证券未清偿余额占全球余额的比重为 45.1%，欧元的比重为 40%，英镑的比重为 7.9%，日元的比重为 1.7%，人民币的比重为 0.4%（表 11－3）。

表 11－3　五大货币在国际债务证券计价中的比重　（货币单位：10 亿美元）

时　间	2015 年第四季度		2020 年第四季度	
币种/债券余额	债券余额	占全球余额的比重(%)	债券余额	占全球余额的比重(%)
美元	9 196	44.0	12 156	45.1
欧元	7 992	38.2	10 798	40.0
日元	399	1.9	448	1.7
英镑	1 987	9.5	2 131	7.9
人民币	125	0.6	113	0.4

数据来源：国际清算银行。

（五）在官方外汇储备货币中的比重

自 2016 年 10 月人民币被纳入 SDR 货币篮子正式生效后，美元在官方外汇储备货币中的比重虽然呈下降趋势，但仍然长期保持在 60% 左右；欧元列位其次，长期保持在 20% 左右；日元、英镑和人民币在官方外汇储备货币中的比重都比较小，其中人民币的比重还位列日元和英镑之后。国际货币基金组织的统计显示，截至 2021 年第二季度，人民币在官方外汇储备货币中的比重为 2.61%，仅为美元的 1/60 左右（图 11－3）。

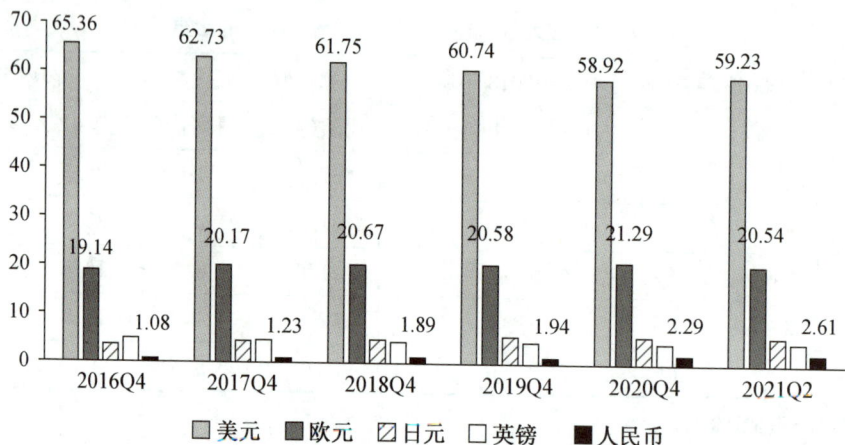

图 11-3 五大货币在官方外汇储备货币中的比重(%)

资料来源：国际货币基金组织。

(六) 在国际货币体系中作为货币锚

国际货币基金组织 2018 年的统计显示，在 192 个国家中，有 38 个国家货币的汇率钉住美元汇率，比重为 19.8%；有 28 个国家货币的汇率钉住欧元汇率，比重为 14.6%；有为数不多国家货币的汇率钉住英镑和日元等其他货币，比重为 4.7%；还有许多国家货币的汇率不采用钉住汇率制度。在国际货币体系中，人民币作为货币锚所发挥的作用还十分有限。

概言之，随着中国经济改革开放深入，特别是在加入世界贸易组织后，人民币国际化不断取得新进展，并在 2016 年 10 月一跃成为 SDR 货币篮子中的第三大货币，这表明人民币已经直接参与到"美元主导下的多元货币竞争"之中。目前，人民币国际化整体水平还难以比肩美元、欧元，甚至英镑和日元，更不能与中国作为世界第一大进出口贸易国、第二大经济体和最重要制造业中心的国际地位相匹配。因此，中国要深化改革开放、做优实体经济、增强军事实力和扩大外交影响，为进一步提高人民币国际化水平奠定坚实基础。

本章小结

国际金融机构是指从事国际金融业务，协调国际金融关系，维持国际货币及信用体系正常运作的超国家机构。国际金融机构在稳定国际金融、扩大国际贸易、加强国际经济合作、促进世界经济发展等方面发挥着日益广泛的积极作用。国际金融机构可以分为两种类型：第一类是全球性国际金融机构，如国际货币基金组织、世界银行集团等；第二类是区域性国际金融机构，如亚洲开发银行、亚洲基础设施投资银行、欧洲投资银行、美洲开发银行等。自 20 世纪 80 年代以来，中国与国际货币基金组织、世界银行集团及亚洲开发银行等在贷款业务、技术援助等方面一直保持着良好的合作关系，实现了互利共赢。近年来，中国先后主导成立了亚洲基础设施投资银行、金砖国家新开发银行，这是对现有国际多边开发金融体系的有益补充，有利于国际金融治理体系的完善和多元化，并将使中国在未来国际金融体系中发挥更大的积极作用。

外资在中国经历了从无到有、从小到大、从单一到多元的发展历程，目前已经形成全方位、多层次、宽领域的格局。外商直接投资作为中国利用外资的主要形式,当前在投资规模、投资方式、资金来源、区域结构和行业结构等方面都呈现出了新的特征。中国利用外资在弥补建设资金不足和促进经济增长,引进先进技术设备和管理经验,扩大出口贸易和增强产品竞争力,提高财政收入和增加就业机会,促进市场经济体制的建立和完善等方面发挥了积极作用。中国对外直接投资也是改革开放以后逐步发展起来的,经历了起步、较快、调整和快速发展几个阶段。经过多年的推进,中国对外直接投资在全球投资中的影响力不断扩大,对世界经济的贡献日益凸显,当前在投资规模、投资主体、投资方式、投资地域和投资行业等方面也呈现出新的特征。中国对外直接投资有利于国际经济联系与合作,充分利用国外资源,扩大出口贸易,促进产业结构优化以及吸收国外先进发展成果。

"一带一路"建设是在古代丝绸之路的基础上重塑一个新的经济发展区域,是以经济走廊和自由贸易区建设为依托,贯穿欧亚大陆,东连亚太经济圈,西接欧洲经济圈,涵盖政治、经济、外交、安全等诸多领域的综合性新型国际合作构想。"一带一路"建设的合作重点是"政策沟通、设施联通、贸易畅通、资金融通、民心相通",金融作为现代经济的血脉,是宏观调控和资源配置的重要工具,也是推动社会经济发展的重要力量,在"一带一路""五通"建设中具有举足轻重的作用。当前中国对"一带一路"建设的金融支持主要借助于银行贷款、投资基金等传统融资渠道,而债券市场仍然处于起步发展中。"一带一路"金融支持体系建设已初见成效,在投融资体系建设、货币支付体系建设、金融风险防范及金融监管方面都取得了显著成绩。金融支持"一带一路"建设在满足投资项目资金需求、有效规避各种投资风险以及推动人民币国际化等方面具有重要意义。

人民币国际化是指人民币能够跨越国境流通和使用,而且能够被越来越多国家的机构和私人所欢迎。人民币国际化起步于 1994 年年初人民币汇率制度改革,在 2001 年中国加入世界贸易组织后取得突破性进展。2016 年 10 月,人民币成为 SDR 货币篮子中的世界第三大货币,如今人民币已经跨越国境,在不同程度上发挥着价值尺度、支付手段、外汇媒介、投资工具和储备资产,以及货币锚等职能。中国要深化改革开放、做优实体经济、增强军事实力和扩大外交影响,为进一步提高人民币国际化水平奠定坚实基础。

复习思考题

1. 试述 IMF 的资金来源、宗旨及职能。
2. 试述 IBRD 银行的贷款业务。
3. 试述亚投行与金砖银行的异同点。
4. 试述中国利用外资的历程与现状。
5. 试述中国对外直接投资的历程与现状。
6. 试述"一带一路"建设的框架思路与主要内容。
7. 试述中国金融支持"一带一路"建设的现状及意义。
8. 试述国民货币和国际货币的基本内涵。
9. 试述国际货币的主要职能。
10. 试述人民币国际化的重要意义与主要路径。

主要参考文献

[1] Agarwal, J. P. Optimal monetary reserves for developing countries. *Weltwirtschaftliches Archiv*, 1971, 107(1), pp. 76 - 91.

[2] APPLEYARD D R, COBB S L, FIELD A J. International Economics [M]. McGraw Hill Higher Education. 2010.

[3] CARBAUGH R J. International Economics [M]. South-Western, Division of Thomson Learning. 2008.

[4] CRISTOBAL. International Finance[M]. Barnabas Cede Publishing. 2012.

[5] FEENSTRA R C, TAYLOR A M. International Economics[M]. U. S. Worth Publishers Inc. 2008.

[6] FEENSTRA R C, TAYLOR A M. International Economics [M]. Worth Publishers. 2011.

[7] Flanders, M. J. The demand for international reserves (No. 27). International Finance Section, Department of Economics, Princeton University, 1971.

[8] Frenkel, J. A. The demand for international reserves by developed and less-developed countries. *Economica*, 1974, 41(161), pp. 14 - 24.

[9] Heller, H. R. Optimal international reserves. *The Economic Journal*, 1966, 76 (302), pp. 296 - 311.

[10] Iyoha, M. A. Demand for international reserves in less developed countries: a distributed lag specification. *The Review of Economics and Statistics*, 1976, pp. 351 - 355.

[11] KRUGMAN P R, OBSTFELD M, MELITZ M. International Economics[M]. Marc Pearson Education Limited. 2011.

[12] LEVI M D. International Finance[M]. Routledge. 2009.

[13] PUGEL T A. International Economics [M]. McGraw Hill Higher Education. 2011.

[14] SALVATORE D. International Economics[M]. John Wiley & Sons. 2013.

[15] SALVATORE D. International Economics[M]. John Wiley & Sons. 2009.

[16] WITHERS H. International Finance[M]. E P Dutton, E P Dutton and Company BiblioLife. 2010.

[17] WITHERS H. International Finance[M]. Hardpress Publishing. 2012.

[18] 艾特曼,斯通西尔,莫菲特. 国际金融[M]. 12 版. 北京:机械工业出版社,2012.

[19] 巴里·艾森格林. 资本全球化:一部国际货币体系史[M]. 3 版. 北京:机械工业出版社,2020.

[20] 保罗·克鲁格曼,等. 国际经济学:理论与政策[M]. 11 版. 北京:人民大学出版社,2021.

[21] 陈燕. 国际金融[M]. 北京:北京大学出版社,2011.

[22] 陈雨露. 国际金融[M]. 4 版. 北京:中国人民大学出版社,2011.

[23] 池启水,张雅洁. 外汇储备最优规模:国外理论评述[J]. 西安财经学院学报,2008 (03):34-38.

[24] 仇娟东. 共建"一带一路"倡议的金融支持体系建设研究[M]. 北京:经济科学出版社,2019.

[25] 崔孟修. 现代西方汇率决定理论研究[M]. 北京:中国金融出版社,2002.

[26] 高海红. 变化中的国际货币体系:理论与中国实践[M]. 北京:经济科学出版社,2021.

[27] 黄志强. 国际金融[M]. 北京:清华大学出版社,2013.

[28] 姜波克. 国际金融新编[M]. 4 版. 上海:复旦大学出版社,2008.

[29] 杰罗姆·鲁斯. 主权债务简史:金融的结构性权力和国际危机管理[M]. 北京:中信出版社,2020.

[30] 凯伯. 国际经济学[M]. 13 版. 北京:中国人民大学出版社,2013.

[31] 李斌,伍戈. 信用创造、货币供求与经济结构[M]. 北京:中国金融出版社,2014.

[32] 马君潞,陈平,范小云. 国际金融[M]. 北京:科学出版社,2005.

[33] 莫瑞斯·奥博斯弗尔德,肯尼斯·若戈夫. 高级国际金融学教程[M]. 北京:中国金融出版社,2002.

[34] 潘英丽. 国际货币体系未来变革与人民币国际化[M]. 上海:格致出版社,2014.

[35] 裴长洪,于燕. "一带一路"建设与我国扩大开放[J]. 国际经贸探索,2015,31(10):4-17.

[36] 裴平,等. 国际金融学[M]. 4 版. 南京:南京大学出版社,2013.

[37] 皮尔比姆. 国际金融[M]. 3 版. 北京:中国人民大学出版社,2009.

[38] 普格尔. 国际金融[M]. 15 版. 北京:中国人民大学出版社,2012.

[39] 綦建红. 国际投资学教程[M]. 5 版. 北京:清华大学出版社,2021.

[40] 萨尔瓦多. 国际经济学[M]. 10 版. 北京:清华大学出版社,2011.

[41] 沈国兵. 国际金融[M]. 3 版. 北京:北京大学出版社,2018.

[42] 宋爽,王永中. 中国对"一带一路"建设金融支持的特征、挑战与对策[J]. 国际经济评论,2018(01):7,108-123.

[43] 谭中明,徐文芹,江红莉. 国际金融学[M]. 2 版. 镇江:江苏大学出版社,2021.

[44] 希尔. 国际金融[M]. 6 版. 北京:人民邮电出版社,2008.

[45] 奚君羊. 国际金融学[M]. 2 版. 上海:上海财经大学出版社,2013.

［46］杨胜刚,姚小义.国际金融［M］.4 版.北京:高等教育出版社,2016.

［47］杨晔,杨大楷.国际投资学［M］.5 版.上海:上海财经大学出版社,2015.

［48］约瑟夫·斯蒂格里茨.欧元危机:共同货币阴影下的欧洲［M］.北京:机械工业出版社,2017.

［49］张礼卿.国际金融［M］.2 版.北京:高等教育出版社,2018.

［50］赵雪燕.美元国际储备货币地位研究［M］.北京:人民出版社,2021.

［51］朱隽.新形势下的人民币国际化与国际货币体系改革［M］.北京:中国金融出版社,2021.

［52］朱梦楠.国际金融学［M］.2 版.厦门:厦门大学出版社,2013.

后　记

　　作为长期从事国际金融教学科研工作的高校教师,编著者对南京大学出版社出版的《国际金融学》有着难以割舍的情结。南京大学出版社在1994、1998、2006和2013年先后出版了裴平等编著的《国际金融学》第一、二、三和第四版,现在《国际金融学》第五版又呈现在读者面前。不同版本的《国际金融学》是编著者长期从事国际金融教学科研的重要结晶,也是编著者在国际金融领域艰苦探索和努力前行的真实写照。值得欣慰的是,《国际金融学》的不同版本一直受到普遍好评,许多同行和学生见到编著者都会提起南京大学出版社出版的《国际金融学》。

　　出于对国际金融教学科研的热忱和国际金融专业教师的敏感,编著者在对《国际金融学》第四版进行认真和全面的修改基础上,完成了《国际金融学》第五版的写作。在这个过程中,编著者依然坚持在《国际金融学》不同版本写作中的追求,即加强篇章结构逻辑性、提高理论层次和学术水平、讲求分析方法科学性、反映国际金融领域新成果和联系中国涉外金融实践。同时,编著者还以更加开阔的理论视野和更为严格的学术要求进行《国际金融学》第五版的写作。虽然还会有不足之处,但《国际金融学》第五版已不同于过去的几个版本,其内容和质量都得到了明显提高,希望《国际金融学》第五版能继续受到普遍好评。

　　《国际金融学》第五版的编著者及其分工情况如下:

　　裴平,1981年从南京大学经济系经济管理专业毕业留校,后又获比利时鲁汶大学工商管理硕士学位和南京大学管理学博士学位。1993—2004年担任南京大学金融与保险学系主任,2004—2015年担任商学院副院长,2013—2017年受聘为教育部高等学校金融类专业教学指导委员会委员。已出版《中国货币政策传导机制研究》《美国次贷风险引发的国际金融危机研究》和《国际金融学》等著作教材20多部,在《经济研究》《管理世界》和《金融研究》等期刊发表论文近300篇,40多次获省校级以上优秀教学科研成果奖。曾赴比利时、美国、日本和新加坡等国家攻读学位或从事学术交流。现为南京大学国际金融管理研究所所长,二级教授,博士生导师,南京大学教学名师和优秀共产党员,赵世良讲座教授,江苏省优秀研究生导师,国家精品课程《国际金融学》负责人,国家社会科学基金重大项目(14ZDA043)首席专家,享受国务院特殊津贴。兼任中国金融学年会理事、中国国际金融学会理事、中国保险学会理事、中国上市公司协会独立董事专业委员会副主任、江苏国际金融学会副会长、江苏保险学会副会长、江苏互联网金融协会副会长和江苏上市公司协会独立董事专业委员会主任等。主持《国际金融学》第五版的编著工作,制定了写作大纲,撰写了英文序言、导论、第三章、第四章、第七章和第八章,最后还审定和编纂了全部书稿。

曹献飞,2015 年毕业于南京大学商学院,获经济学博士学位。任教后,主要从事国际金融和国际贸易等方面的教学科研,主持和参与了国家社会科学基金、教育部人文社科基金和中国博士后科学基金等十多个科研项目,出版学术专著《中国企业创新资助绩效评价研究》,在《中央财经大学学报》和《国际经贸探索》等期刊发表论文十余篇。现为江苏科技大学经济管理学院副教授、硕士生导师,南京大学理论经济学博士后。在《国际金融学》第五版的编著工作中,撰写了第一章、第五章和第十一章(第一至三节)。

杜赫,2017 年毕业于日本广岛大学,获经济学博士学位。任教后,主要从事国际金融和绿色金融等方面的教学科研,主持教育部人文社会科学研究青年基金 1 项,出版著作《碳金融机制创新研究》,在 *The Hiroshima Economic Review* 和《统计与决策》等期刊发表论文 8 篇。现为南京大学应用经济学博士后流动站博士后研究员。在《国际金融学》第五版的编著工作中,撰写了第六章、第九章和第十章。

徐炜,1982 年毕业于南京工业大学,获工学士学位,后又获南京大学经济学硕士学位和经济学博士学位。任教后,主要从事货币银行学和国际金融学等方面的教学科研,已出版著作教材 4 部,发表学术论文 30 余篇,多次获优秀教学科研成果奖。现为南京工业大学经济管理学院教授,硕士生导师,兼任江苏国际金融学会理事等。在《国际金融学》第五版的编著工作中,撰写了第二章和第十一章(第四节)。

在《国际金融学》第五版的编著和出版过程中,南京大学出版社社长兼总编辑金鑫荣、南京大学出版社社长助理兼高校教材中心主任蔡文彬给予了大力支持,责任编辑武坦付出了辛勤劳动,南京大学金融学专业博士生占韦威和景灏协助校对了部分文稿。对此,编著者表示由衷的感谢。除已在教材中注明出处或列入主要参考文献外,编著者还参考了其它国内外文献和资料,在此向所有文献和资料的著作权人表示由衷的感谢。

欢迎专家学者和广大读者对《国际金融学》第五版的批评指正。

2022 年 5 月 20 日